나는 리드에게서 넷플릭스 문화를 직접 배우고 연구할 수 있는 특권을 누렸다. 이 책에서 그가 에린 마이어와 함께 내놓는 통찰은 탁월한 조직 문화를 조성하고 유지하려는 사람에게 더없이 소중한 자료가 될 것이다.

_사티아 나델라Satya Nadella, 현 마이크로소프트 CEO

제품의 수명이 짧아지고 시간 프레임이 압축되는 정보시대에는 '어떻게 혁신을 계속 이어갈 것인가' 하는 문제가 가장 절실한 화두다. 리드 헤이스팅스와 에린 마이어는 이 획기적인 저술을 통해 그 답을 제시한다. 두 사람은 혁신적인 글로벌 기업문화를 조성하고 유지하고 향상시키는 데 필요한 체계적이고도 검증된 방법론을 설계한다. 놀라운 작품이다. 브라보!

_벤 호로위츠Ben Horowitz, 실리콘밸리의 거물 투자자이자
《하드씽The Hard Thing About Hard Things》의 저자

리드 헤이스팅스는 위대한 기업을 건설하고 지속시키는 데 필요한 핵심 요소를 일찍이 간파한 몇 안 되는 기업가다. 이 책《규칙 없음》에서 리드와 에린 마이어는 넷플릭스를 가장 특이하고 인상적인 기업으로 만드는 데 원동력이 된 특유의 문화를 가르친다. 생생하고도 구체적인 여러 사례를 통해 헤이스팅스는 몇 가지 독특한 향내의 원료를 혼합하여 '자유와 책임freedom and responsibility'이라는 칵테일로 바꾼 동기와 그 결과를 밝힌다. 두 저자는 매우 유능한 '그리고의 천재Genius of the AND'이다. 글의 밀도가 조밀하면서도 쉽게 읽히고, 언제 읽어도 시의적절하며, 영감으로 가득 차 있으면서도 실용적이고, 스마트하면서도 현명하다. 이 책을 통해 독자들은 넷플릭스를 만든 비법을 거장으로부터 직접 전수받을 수 있다.

_짐 콜린스Jim Collins, 세계 최고의 경영사상가이자
《좋은 기업을 넘어 위대한 기업으로Good to Great》의 저자

텔레비전의 재발견은 부차적인 문제다. 리드 헤이스팅스의 진짜 업적은 기업문화를 재창조한 것이다. 《규칙 없음》에서 그는 넷플릭스를 21세기 최고의 혁신적 회사로 만드는 데 활용한 문화적 전술과 절차를 모두 공개한다. 그것이 자유와 책임이든 과격한 솔직성이든 키퍼 테스트이든, 이 책은 누구나 그들과 같은 탁월한 경영 능력을 각자의 기업에 적용할 수 있도록, 필요한 조치들을 아낌없이 알려준다. 논지가 분명하고 외면하기 어려울 만큼 매혹적인 데다, 몰아서 정주행하기에도 딱 좋다. 혁신적인 직장 문화 조성에 관한 비밀을 풀어보려는 사람들의 필독서다. 내가 처음 회사를 설립했을 때 읽었어야 할 책이며, 앞으로 나와 함께 일할 모든 CEO에게 건네주고픈 책이다. 비즈니스 리더라면 '필히 소장'할 것을 권한다.

_마크 랜돌프Marc Randolph, 넷플릭스의 공동설립자이자
《절대 성공하지 못할 거야That Will Never Work, the Birth of Netflix》의 저자

'자유와 책임'이라는 독특한 문화와 그 운용의 유연성은 넷플릭스를 세계적인 기업으로 끌어올린 놀라운 힘의 원동력이다. 리드 헤이스팅스와 에린 마이어는 넷플릭스의 눈부신 성공 스토리를 들려주는 한편, 최고의 인재를 확보한 다음 그들 가슴에 갇혀 있는 창조적 에너지의 굴레를 풀어, 그 탁월한 능력을 마음껏 발휘하게 만드는 실질적인 방법을 리더들에게 제공한다.

_수전 E. 라이스Susan E. Rice, 전 미 국가안보보좌관이자 전 유엔 주재 미국대사

규칙 없음

넷플릭스, 지구상 가장 빠르고
유연한 기업의 비밀

규칙 없음

리드 헤이스팅스,
에린 마이어 지음
이경남 옮김

NO RULES RULES

RHK
알에이치코리아

서문

 리드 헤이스팅스 "블록버스터Blockbuster는 규모가 우리의 1,000배야." 2000년 초 텍사스주 댈러스의 르네상스타워 27층 드넓은 회의실로 들어서며, 나는 마크 랜돌프Marc Randolph의 귀에 대고 그렇게 속삭였다. 그곳은 전 세계에 9,000개 가까운 비디오 대여점을 거느린, 홈 엔터테인먼트의 독보적 강자 블록버스터의 본사였다. 당시 그들의 기업 가치는 60억 달러에 달했다.

블록버스터의 CEO 존 안티오코John Antioco는 우리를 반갑게 맞이해 주었다. 수완이 뛰어난 전략가로 정평이 난 그는 도처에 깔린 초고속 인터넷이 이 산업의 판도를 완전히 바꾸리라는 것을 이미 알고 있었다. 다만 희끗희끗한 염소수염을 기르고 고급 정장으로 한껏 멋을 낸 그는 무척 여유가 있어 보였다.

반면, 나는 초조한 기색을 감추느라 안절부절못했다. 마크와 나는 2년 정도밖에 되지 않은 작은 스타트업을 운영 중이었다. 온라인으로 고객의 주문을 받아 우편 시스템으로 DVD를 대여해 주는 사업이었다. 100명가량의 직원에, 가입 회원이 30만 명 정도 되는 불안한 신생 기업이었다. 우리의 예상 손실액은 그 해에만 총 5,700만 달러였다. 회사를 매각하기 위해 몇 달을 공들인 끝에, 겨우 안티오코와의 만남을 성사시킨 상황이었다.

우리는 대형 유리 테이블에 둘러앉아 가볍게 환담을 한 후, 곧바로 흥정을 시작했다. 블록버스터가 넷플릭스를 인수한다면, 우리가 '블록버스터닷컴Blockbuster.com'을 개발하여 그들의 온라인 비디오 파트너로 운영하겠다고 제안했다. 연신 고개를 끄덕이며 신중한 자세로 이야기를 듣던 안티오코가 물었다. "우리가 넷플릭스를 인수한다면 얼마를 드려야 합니까?" 5,000만 달러라고 답하자, 그는 일언지하에 거절했다. 마크와 나는 자리에서 일어섰다. 처진 어깨가 영 올라가지 않았다.

그날 밤 자리에 누워 눈을 감았는데, 블록버스터의 6만 명 직원이 우리의 당돌한 제안을 듣고 폭소하는 모습이 떠올랐다. 안티오코의 시큰둥한 반응도 이해 못 할 것은 아니었다. 수백만 명의 고객과 막대한 수입, 남다른 수완의 CEO와 홈 무비의 동의어가 된 블록버스터 같은 거인이 무엇 때문에 손실을 감당하지 못해 전전긍긍하는 넷플릭스에 돈을 쏟겠는가? 거부하기 힘들 만큼 좀 더 낮은 액수를 제시했어야 했을까?

하지만 세상은 조금씩 변해갔고 다행히 우리 사업도 자리를 잡아 성장하기 시작했다. 그날의 만남 이후 2년이 지난 2002년, 우리는 넷플릭스를 상장했다. 그래도 블록버스터의 규모는 우리의 100배였다(50억 달러 vs. 5,000만 달러). 더구나 블록버스터의 소유주는 당시 세계에서 가장 가치가 높은 미디어 기업인 비아콤Viacom이었다. 그러나 2010년, 블록버스터는 파산을 선고했다. 2019년에 남아 있는 블록버스터 비디오 대여점은 오리건주 벤드의 단 한 곳뿐이었다. 블록버스터는 DVD 대여업에서 스트리밍 서비스로 넘어가는 변화의 물결에 적응하지 못했다.

2019년은 넷플릭스에서 주목할 만한 해였다. 우리가 제작한 영화 〈로마ROMA〉가 아카데미 작품상 후보에 올라, 3개 부문에서 수상하는 쾌거를 이루었기 때문이다. 감독상을 받은 알폰소 쿠아론Alfonso Cuarón은 넷플릭스가 어엿한 엔터테인먼트 기업으로 변신했다는 점을 강조했다. 우리는 이미 오래전에 우편을 통한 DVD 대여업에서 탈피해 인터넷 스트리밍 서비스로 190개 국가에 1억 5,000만 명의 회원을 확보했을 뿐 아니라, 자체 TV 프로그램과 영화를 생산해 전 세계에 보급하는 대형 제작자로 발돋움했다. 우리는 손다 라임스Shonda Rhimes, 조엘 코언과 이선 코언 형제Joel and Ethan Coen, 마틴 스코세이지Martin Scorcese 등 거물과 함께 일하는 특권을 누렸다. 우리는 사람들이 흥미진진한 이야기들을 보고 즐길 수 있는 새로운 방법을 도입했다. 그것은 영화를 보는 데 걸림돌이 되는 장애들을 걷어내고 우리 삶을 더욱 풍부하게 만드는 서비스 방식이었다.

나는 종종 "어떻게 그런 일이 가능했느냐?"는 질문을 받는다. 넷플릭스는 빠른 변화에 어떻게 적응했고 블록버스터는 왜 적응하지 못했을까? 우리가 댈러스로 갔던 그때만 해도 블록버스터는 좋은 패란 패는 다 들고 있었다. 그들에게는 브랜드가 있었고 힘과 자원은 물론, 비전도 있었다. 그래서 우리를 가볍게 내쳤다.

당시에는 나도 잘 몰랐지만, 우리에게는 블록버스터에 없는 것이 한 가지 있었다. 절차보다 사람을 소중히 여기고, 능률보다 혁신을 강조하며, 통제를 최대한 자제하는 문화였다. '인재 밀도talent density'를 기반으로 최고의 성과를 올리고, 통제가 아닌 맥락으로 직원들을 이끄는 데 초점을 맞추는 기업문화 덕분에, 우리는 지속적으로 성장하며 세상이 변하는 속도에 맞춰 같이 변화를 모색할 수 있었다. 그에 따라 우리 회원들의 요구 역시 우리와 함께 변신을 거듭했다.

넷플릭스는 다르다. 우리의 문화는 규칙이 없는 것이 규칙이다.

넷플릭스 문화는 좀 이상하다

 에린 마이어 기업문화는 모호한 언어와 불완전하고 애매한 설명이 질척거리는 습지다. 게다가 많은 기업이 내세우는 가치와 그들의 실제 활동이 일치하는 경우는 거의 없다. 포스터나 연례 보고서에 등장하는 번지르르한 슬로건은 대부분 공염불에 그친다.

미국에서 내로라했던 어느 기업은 본사 로비에 자신들이 추구하는 가치를 여러 해 동안 자랑스럽게 걸어놓았다. '진실, 소통, 존중, 탁월.' 어느 회사냐고? 2001년 파산한 에너지회사, 엔론Enron이다. 그들은 사상 최대의 기업 사기와 부패로 몰락하는 순간까지도, 자신들은 고결한 가치를 앞세웠다고 강변했다.

반면, 넷플릭스 문화는 매사에 있는 그대로 말하는 것으로 이미 유명하다. 아니 어쩌면 유명한 것이 아니라, 악명이 높은 것일 수도 있다. 지금도 무수한 기업인들이 넷플릭스의 '컬처 데크Culture Deck'를 연구하고 있다. 컬처 데크란 원래 넷플릭스에서 사내용으로 만든 127개의 슬라이드를 말한다. 그러나 2009년에 리드 헤이스팅스Reed Hastings는 이를 인터넷에 올려 전 세계인과 공유했다. 페이스북Facebook의 최고운영책임자COO인 셰릴 샌드버그Sheryl Sandberg는 이 넷플릭스의 컬처 데크를 두고, "실리콘밸리에서 나온 그 어떤 기록보다 더 중요한" 자료라고 평가하기도 했다. 내가 넷플릭스의 컬처 데크를 좋아하는 것은 그것의 정직성 때문이다. 그러나 동시에 나는 그 내용 때문에 컬처 데크를 혐오한다.

다음 페이지를 보면 그 이유를 짐작할 수 있을 것이다.

다른 회사와 똑같이,
우리도 채용을 잘하려고 애쓴다.

NETFLIX

다른 회사와 다르게,
우리는 다음과 같은 원칙을 지킨다.

*적당한 성과를 내는 직원은
두둑한 퇴직금을 주고 내보낸다.*

NETFLIX

이제 그런 사람들은 두둑한 퇴직금을 받고 나갔다.
우리에겐 새로운 스타를 맞이할 자리가 생겼다.

매니저는 다음 '키퍼 테스트'를 활용하라.

부하직원이 다른 회사로 가서 비슷한 일을 하겠다고 한다면,
어떻게 해서든 그를 붙잡겠는가?

NETFLIX

비범한 성과를 내지 못하는 직원은 해고한다? 이러한 기업문화의 윤리적 옳고 그름은 차치하더라도, 경영 측면에서 볼 때 이 슬라이드는 형편없는 발상이라는 생각을 지울 수가 없었다. 이는 하버드경영대학원의 에이미 에드먼슨Amy Edmondson 교수가 말하는 '심리적 안전psychological safety'에도 위배된다. 에드먼슨은 저서《두려움 없는 조직The Fearless Organization》에서, 혁신을 이루려면 사람들이 마음 놓고 꿈을 펼치고 자신 있게 발언하고 위험을 감수할 수 있는 환경을 조성해야 한다고 설명한다. 회사 분위기가 편안하고 안전하게 바뀔수록 혁신은 더욱 활발해진다. 아마도 넷플릭스 직원 중에 에드먼슨의 책을 읽은 사람은 없는 모양이다. 최고의 인재를 데려다 놓고, 남다른 성과를 내지 못하면 '두둑한 퇴직금'을 받고 쫓겨날 줄 알라며 겁을 주는 것이야말로 혁신에 대한 한 가닥 희망을 짓밟는 확실한 방법이 아닌가?

넷플릭스 컬처 데크에는 다음과 같은 슬라이드도 있다.

넷플릭스의 휴가 규정과 확인 절차

"규정도 없고, 확인도 하지 않는다."

복장 규정도 없지만,
벗고 출근하는 사람도 없다.

교훈: 일일이 규정을 정할 필요가 없다.

NETFLIX

직원의 휴가기간을 정해주지 않는 것은 아주 무책임한 발상 같다. 월차 한 번 내기도 쉽지 않은 착취적인 근무 환경을 조성할 수 있는 훌륭한 방법이다. 게다가 이런 것을 직원에게 주는 대단한 특전인 것처럼 포장하다니.

휴가가 있으면 직원들은 더욱 의욕적으로 일을 즐기게 되어, 생산성이 더욱 올라간다. 그런데도 개인에게 정당한 몫으로 주어지는 합법적인 휴가를 사용하길 주저하는 직원이 많다. 세계 최대 규모의 직장 평가 사이트인 글래스도어Glassdoor가 2017년에 실시한 조사에 따르면, 미국 직장인들은 주어진 휴가 중 54%만 사용했다고 응답했다.

회사가 휴가기간을 구체적으로 정해주지 않으면, 직원이 실제 사용하는 휴가 일수도 크게 줄어든다. 심리학자들이 말하는 '손실회피loss aversion' 성향 때문이다. 인간은 새로운 어떤 것을 얻으려는 욕구 이상으로 이미 소유하고 있는 것을 잃지 않으려고 애쓴다. 휴가 기회가 사라질 수 있으니 무슨 수를 써서든 기회를 잃지 않으려 휴가를 쓰게 되는 것이다.

애초에 정해진 휴가기간이 없다면 휴가를 잃을 걱정이 없으므로 휴가를 아예 안 쓰게 될 가능성이 크다. 전통적인 정책에 각인되어 있는 '써라, 쓰지 않으면 없어진다' 같은 규정은 제약처럼 들리지만, 사실은 직원들이 휴가를 쓰게끔 독려하는 것이다.

그리고 여기에 마지막 슬라이드가 있다.

물론 비밀과 거짓말을 아무렇지 않게 생각하는 일터를 대놓고 지지하는 사람은 없을 것이다. 그러나 정직한 것이 좋다며 퉁명스럽게 툭, 의견을 내놓는 것도 문제다. 선의의 거짓말도 필요하고, 같은 말이라도 기왕이면 약간의 기술을 발휘하여 외교적 언사를 구사한다면 더욱 좋은 결과를 얻을 수 있다. 실수를 연발하는 팀원의 사기를 북돋우거나 자신감을 키워줄 필요가 있을 때는 특히 그런 기술이 필요하다. 때로는 정직을 보류할 필요도 있다. '항상 정직하라'와 같은 원칙만 고집하다가는 관계를 망치고 의욕을 꺾어 서로를 못마땅하게 여기게 된다.

넷플릭스의 컬처 데크를 모두 보고 난 뒤, 나는 전반적으로 지나치게 남성적이고 대립적이며 노골적으로 호전적이라는 인상을 지울 수 없었다. 어쩌면 인간의 본성에 관해 다소 기계적이고 합리주의에 편향된 견해를 가진 엔지니어가 만들 법한, 그런 종류의 기업을 반영하는 문서인지도 몰랐다.

그러나 이 모든 생각에도 불구하고 한 가지 사실만은 부인할 수 없었다.

넷플릭스는 유별난 성공 가도를 달려왔다

넷플릭스가 기업공개를 하던 당시 1달러였던 주가는 17년 뒤인 2019년에 350달러까지 올랐다. 다른 기업의 주식과 비교해서 보자면, 넷플릭스가 상장했을 때 S&P 500이나 나스닥에 1달러를 투자했다면, 2019년에는 3달러나 4달러 정도밖에 안 됐을 것이다. 주식시장만 넷플릭스를 좋아하는 건 아니다. 소비자와 비평가들 역시 넷플릭스를 좋아한다. 〈오렌지 이즈 더 뉴 블랙Orange is the New Black〉과 〈더 크라운 The Crown〉 같은 넷플릭스 오리지널 프로그램은 10년 동안 대중의 사랑을 가장 많이 받는 드라마가 되었다. 〈기묘한 이야기Stranger Things〉는 아마도 세계인들이 가장 많이 시청하는 TV 시리즈일 것이다. 스페인의 〈엘리트들Elite〉와 독일의 〈다크Dark〉, 터키의 〈수호자 The Protector〉, 인도의 〈신성한 게임Sacred Games〉 등은 각각 그 나라 스토리텔링의 수준을 한껏 끌어올린 동시에, 국제적인 스타들도 다수 배출했다. 넷플릭스의 작품들은 지난 몇 년 동안 미국 에미상에 300회 이상 후보로 올랐고, 수차례에 걸쳐 아카데미상을 받았다. 게다가 넷플릭스는 골든 글로브 후보에 17회 올랐는데, 이는 다른 어떤 네트워크나 스트리밍 서비스가 거둔 기록보다 많은 횟수이며, 아울러 2019년에는 레퓨테이션 인스티튜트Reputation Institute가 매년 매기는 전국 순위에서 '가장 높이 평가받는 기업' 1위 자리를 차지했다.

직장인들 역시 넷플릭스를 사랑한다. 하이테크 인재를 구하는 닷컴 시장인 하이어드Hired가 2018년에 실시한 조사에서, 기술직 근로자들은 가장 일하고 싶은 회사 1위로 넷플릭스를 지목했다. 이는 구글(2위), 일론 머스크Elon Musk의 테슬라Tesla(3위), 애플Apple(6위) 등을 제친 성적이다. 기업의 임금과 평판을 조사하는 컴패러블리Comparably가 미국의 대형 기업 4만 5,000개의 임직원 500만 명 이상을 대상으로 2018년에 실시한 무기명 조사 '가장 행복한 직원Happiest Employee' 부문에서도, 넷플릭스는 다시 한번 수천 개의 기업을 제치고 당당히 2위에 올랐다(1위는 케임브리지에 본사를 둔 소프트웨어 전문기업인 허브스팟HubSpot이었다).

무엇보다 흥미로운 것은 산업 성격이 바뀔 때 적응하지 못하는 대다수 기업과 달리, 넷플릭스는 지난 15년 동안 소용돌이치는 엔터테인먼트 비즈니스 환경의 변화에 유연하게 대처해 왔다는 사실이다.

- 우편을 이용한 DVD 대여업에서, 오래된 TV 시리즈나 영화를 인터넷에서 스트리밍 서비스하는 사업으로 전환.
- 추억의 콘텐츠를 서비스하던 관행에서 벗어나, 〈하우스 오브 카드House

of Cards〉 등 외주 제작한 새로운 오리지널 콘텐츠 론칭으로 전환.

- 외주 콘텐츠를 라이선싱하던 방식을 버리고, 직접 제작사를 설립하여 권위 있는 상을 받은 TV 프로그램과 영화를 제작하는 방식으로 전환 (〈기묘한 이야기〉, 〈종이의 집 *La Casa De Papel*〉, 〈카우보이의 노래 *The Ballad of Buster Scruggs*〉 등).

- 미국 내수용 기업에서 190여 개국 전 세계인에게 즐거움을 선사하는 글로벌 기업으로 부상.

넷플릭스의 성공은 이례적이라는 말로는 모자란, 기적 같은 성과다. 뭔가 특별한 일이 벌어진 것이다. 2010년에 파산을 선고한 블록버스터에는 그런 특별함이 없었다.

색다른 유형의 직장

 블록버스터의 이야기는 특이한 사례가 아니다. 기업들은 그들이 속한 산업의 생태계가 변할 때 대부분 도태된다. 코닥Kodak은 종이 사진에서 디지털로 전환되는 과정에 적응하지 못했다. 노키아Nokia는 플립형 휴대폰에서 스마트폰으로 바뀔 때 흐름을 따라잡지 못했다. AOL은 전화접속 인터넷에서 브로드밴드로 전환하는 상황에 적응하지 못했다. 내가 처음 만든 퓨어 소프트웨어Pure Software 역시 업계의 변화에 적응하지 못했다. 퓨어 소프트웨어는 혁신에 최적화되어 있지 않았고, 유연성도 없었다.

내가 퓨어 소프트웨어를 설립한 해는 1991년이었다. 초창기 우리 문화는 정말 대단했다. 인원이라고 해봐야 12명이 전부였지만, 우리는 참신한 것을 만들어 돌풍을 일으켰다. 수많은 벤처 중소기업이 그러하듯, 우리 역시 업무 활동을 제한하는 규정이나 방침을 최소화했다. 마케팅 담당자는 일에 쫓길 때마다 자택 주방에서 일하겠다고 선언했는데, 럭키참스Lucky Charms 시리얼을 그릇에 쏟아붓는 것이 '생각하는 데 도움이 된다'는 이유에서였다. 그럴 때마다 따로 상사의 허락을 받지 않아도 됐다. 오피스디포Office Depot에서 호피 무늬가 새겨진 사무용 의자를 헐값에 처분한다면서, 설비 담당자가 의자 14개를 구매할 때도 그녀는 물품구입 청구서를 작성하지도, 최고재무책임자CFO의 결재를 받지도 않았다.

퓨어 소프트웨어는 차차 몸집을 키워갔다. 그때 새로 채용한 직원 중 몇몇이 상식적으로 납득할 수 없는 행동을 저질렀는데, 그로 인해 회사는 금전적으로 무시하지 못할 정도의 피해를 보았다. 그런 일이 반복되자, 나는 재발 방지를 위한 프로세스를 마련할 수밖에 없었다. 한번은, 영업사원인 매슈가 워싱턴 DC로 날아가 예비 고객을 만났다. 그 고객은 5성급 윌러드 인터컨티넨털 호텔Willard Intercontinental Hotel에 머무르고 있었다. 매슈는 그 고객 핑계를 대며 같은 호텔에 묵었다. 하룻밤 숙박비가 700달러였다. 어이가 없었다. 나는 인사과 직원에게 직원이 항공료와 식사와 숙박비에 얼마까지 쓸 수 있는지 명시한 출장 규정을 작성하게 했고, 정해진 금액을 초과할 때는 경영진의 승인을 받도록 했다.

재무 담당자 실라는 검은색 푸들을 한 마리 키우고 있었는데, 가끔 사무실로 데려오곤 했다. 어느 날 출근해 보니, 녀석이 회의실 양탄자를 물어뜯어 커다란 구멍이 나 있었다. 그 양탄자를 교체하는 데 어마어마한 돈이 들었다. 나는 또 규정을 추가했다. '인사과의 허락 없이는 사무실에 개를 데려오지 말 것.'

규정과 통제는 사무실의 기본 수칙이 되었다. 이를 잘 지키는 사람은 승진했지만, 창의력이 남다르고 독자적인 행보를 좋아하는 사람들은 이를 답답하다고 여겨 다른 직장을 구해 나갔다. 그들이 떠나는 모습을 지켜보자니 속이 쓰렸지만, 회사가 성장할 때는 으레 있는 일이겠거니 하며 애써 마음을 달랬다.

그러자 두 가지 현상이 눈에 보였다. 첫째, 신속한 혁신이 불가능해졌다. 능률은 꾸준히 올랐지만, 창의력은 떨어졌다. 더욱 성장하기 위해서는 혁신적인 제품을 가진 다른 회사를 매입하는 수밖에 없었다. 그 탓에 사업은 더욱 복잡해졌고 규정과 절차도 많아졌다.

둘째, 시장은 C++에서 자바Java로 바뀐 상태였다. 살아남기 위해서는 우리도 변해야 했다. 그런데 우리는 직원을 채용해 놓고 참신한 발상과 발 빠른 변화를 요구한 게 아니라, 절차를 따르게 한 것이다. 변화에 적응하지 못한 우리는, 결국 1997년에 회사를 가장 강력한 경쟁사에 매각했다.

그다음에 만든 것이 넷플릭스다. 같은 실수를 되풀이하고 싶지 않았다. 나는 실수 방지책이나 규정을 고수하는 대신, 유연성과 자유와 혁신을 장려하기로 결정했다. 하지만 회사가 성장할 때 규정이나 통제 절차로 직원을 관리하지 않으면, 조직이 쉽게 혼란에 빠지고 만다는 사실 또한 잘 알고 있었다.

여러 해 동안 시행착오를 거치며 조금씩 진화를 거듭한 끝에, 우리는 문제를 해결할 방법을 찾아냈다. 스스로 내린 판단을 실행에 옮길 때 거추장스러운 절차를 밟을 필요 없이 오히려 더 많은 자유를 갖게 되면, 직원들은 좀 더 나은 결정을 내리게 되고, 회사도 책임을 묻기 더 쉬워진다. 그러면 상황에 더욱 기민하게 대처할 수 있고 더 즐겁고 의욕적인 분위기가 되어 민첩한 조직이 된다. 단, 이 정도로 자유로운 토대를 마련하려면 우선 두 가지 요소가 뒷받침되어야 한다.

+ 인재 밀도를 구축하라

일반적인 회사들이 규정과 통제 절차를 마련하는 이유는, 일 처리가 미숙하고 프로답지 못하거나 무책임한 직원들을 다루기 위해서다. 애초에 이런 사람들을 채용하지 않거나 내보낸다면 그런 규정은 필요가 없다. 뛰어난 실력을 갖춘 인재들로 조직을 꾸리면 거추장스러운 통제 장치가 필요 없어진다. 인재 밀도가 높을수록 직원들에게 허용되는 자유는 더욱 커진다.

+ 솔직성을 키워라

재능 있는 직원들은 서로에게서 많은 것을 배운다. 그러나 예의만 강조하는 규정집은 성과를 내는 데 필요한 피드백을 서로에게 제공하는 것을 막는다. 재능 있는 직원들이 피드백을 습관처럼 서로 주고받게 되면 일을 더 잘하게 되고 동시에 서로 책임질 수 있는 행동을 하게 되어, 통제는 크게 필요하지 않게 된다.

이 두 가지 요소가 자리를 잡으면 이제,

– 통제를 줄여라

우선 규정집부터 버려라. 출장 규정, 지출 규정, 휴가 규정 등은 없앨 수 있는 것들이다. 갈수록 인재의 밀도가 높아지고 피드백이 잦아지고 서로에 대해 솔직해지면, 승인 절차도 폐기할 수 있다. 그때 몇 가지 가이드라인만 주면 된다. 매니저에게는 '통제가 아닌 맥락으로 이끌 것', 평사원에게는 '상사의 비위를 맞추려 들지 말 것' 등이다.

무엇보다 이러한 문화를 만들면, 선순환이 이루어진다. 통제를 없애면 '자유와 책임Freedom and Responsibility(넷플릭스 직원들은 'F&R'이라고 줄여 말할 정도로 많이 쓰는 용어다)'의 문화가 조성되는데, 이것이 최고의 인재를 끌어들여, 통제를 훨씬 줄일 수 있게 만든다. 그렇게 되면 웬만한 회사들이 따라오기 힘들 정도의 신속함과 혁신이 가능해진다. 단, 한술 밥에 배부를 수는 없다.

이 3단계를 시행하는 방법에 관해서는 책 내용을 3부로 나누어 1장부터 9장까지 설명할 것이다. 마지막 10장에서는 넷플릭스의 기업문화를 '다국적' 문화에 적용하여 세계 시장을 상대로 새로운 도전장을 던질 때 발생할 수 있는 현상을 살펴보고자 한다.

물론 실험적 계획에는 성공과 실패가 모두 따르게 마련이다. 모든 일이 그렇지만 넷플릭스에서의 실제 생활도 이 토네이도 모양

1단계

능력 있는 직원들을 확보하여
인재 밀도를 구축하라

피드백을 많이 하도록 독려하여
솔직한 문화를 도입하라

휴가나 출장이나 경비 규정 같은
통제를 제거하기 시작하라

2단계

업계 최고 수준의 보수를 지급하여
인재 밀도를 강화하라

조직의 투명성을 강조하여
솔직한 문화를 강화하라

의사결정 승인 같은
통제를 더 많이 제거하라

3단계

키퍼 테스트로
인재 밀도를 극대화하라

피드백 서클을 만들어
솔직성을 극대화하라

통제가 아닌 맥락으로 리드하여
대부분의 통제를 제거하라

의 도표가 보여주는 것보다 더 복잡하다. 내가 외부 인사에게 넷플릭스의 문화를 연구하여 그 결과를 토대로 나와 함께 공동으로 책을 써보자고 요청한 것도 그 때문이다. 나는 편견을 갖지 않은 전문가가 우리의 울타리 안에서 우리 문화가 실제로 만들어지는 과정을 매일 지켜보며 자세히 분석해 주기를 원했다.

그때 생각난 사람이 에린 마이어Erin Meyer였다. 마침 그녀의 책 《컬처 맵The Culture Map》을 다 읽은 참이었다. 파리 외곽에 자리 잡은 경영대학원 인시아드INSEAD의 교수인 에린은 최근에 싱커스 50Thinkers50에 의해, 세계에서 가장 영향력 있는 비즈니스 사상가 중 한 명으로 선정되었다. 그녀는 그동안 〈하버드비즈니스리뷰Harvard Business Review〉에 직장의 문화적 차이를 다루는 논문을 꾸준히 기고해 왔다.

게다가 그녀의 책을 읽다가 알게 된 사실 하나는, 에린이 나보다 10년 더 일찍 남아프리카공화국에서 평화봉사단 자원 교사로 일했다는 것이었다. 나는 그녀에게 메시지를 보냈다.

 2015년 2월에 나는 〈허핑턴포스트Huffington Post〉에 실린 '넷플릭스가 성공할 수밖에 없는 이유 한 가지 - 그들은 직원을 성숙한 인격체로 대우한다'라는 제목의 기사를 읽었다. 내용인즉 이렇다.

넷플릭스는 일단 직원들의 판단력이 평균 이상이라고 전제한
다. (…) 애매한 문제를 해결할 때 필요한 것은 바로 그런 판단
력이다. 절차가 아니라. (…)

여기에는 반전이 있다. (…) 넷플릭스는 직원의 성과에 대한 기
대치가 매우 높으며, 그래서 직원이 그 기준에 미치지 못하면
두둑한 퇴직금을 주어 내보낸다.

나는 이 같은 방법론으로 어떻게 현실에서 탁월한 조직을 성공
적으로 운영할 수 있는지 궁금해졌다. 절차가 없으면 금방 아수라
장이 되고, 유능하지 못하다고 해서 직원을 해고하면 직장 분위기
는 살벌해질 수밖에 없지 않은가. 그런데 몇 달이 지난 어느 날 아
침 일어나 보니, 이런 메일이 와 있었다.

발신: 리드 헤이스팅스
일시: 2015년 5월 31일
제목: 평화봉사단과 책

에린,

저도 스와질란드 평화봉사단에 있었습니다(1983~1985년). 그리고 지금
은 넷플릭스의 CEO입니다. 당신의 책은 정말 좋더군요. 그래서 임원진
전원에게 읽히고 있습니다.

언제 차라도 한잔할 수 있을까요? 저는 파리에 자주 갑니다.

세상 참 좁지 않습니까?

— 리드

그렇게 서로를 알게 된 후, 리드는 내게 한 가지 제안을 했다. 인터뷰를 통해 넷플릭스 직원들을 만나보고 넷플릭스 문화를 직접 엿보고 자료를 수집하여, 자기와 함께 책을 한번 써보자는 것이었다. 내 입장에서는 심리학과 경영학 그리고 인간 행동에 관해 우리가 평소 알고 있는 것과는 전혀 다른 문화를 가진 기업이 어떻게 그런 놀라운 결과를 낳을 수 있는지 알아볼 수 있는 기회였다.

그 후로 지금까지, 나는 실리콘밸리, 할리우드, 상파울루, 암스테르담, 싱가포르, 도쿄 등지에서 근무하고 있거나 근무했던 넷플릭스 직원들을 200명 넘게 만나 인터뷰했다. 임원부터 행정 직원까지 모든 직급에 있는 사람들이 그 대상이었다.

넷플릭스 사람들은 대부분 익명을 좋아하지 않았지만, 나는 인터뷰하면서 모든 직원에게 익명으로 발언할 수 있는 선택권을 주었다. 익명을 선택한 사람들은 성이 아닌 이름만, 가명으로 표기했다. 하지만 넷플릭스의 '언제나 정직한 문화'에 어울리게, 대부분은 자신과 대표이사에 관한 갖가지 놀랍고 때론 당돌한 견해를 거침없이 말하면서도 신분을 숨기지 않았다.

점들을 다양한 방식으로 연결할 것

스티브 잡스Steve Jobs는 스탠퍼드 대학교 졸업 축사에서 이렇게 말했다. "우리에게는 지금 우리 앞에 놓인 많은 점을 연결해 미래를 점칠 능력이 없습니다. 오직 지난 일을 돌이켜보며 그 점들을 이어볼 따름이죠. 하지만 여러분은 여러분의 앞날에 그 점들이 어떤 식으로든 이어질 것이라고 믿어야 합니다. 여러분의 배짱과 운명, 삶과 업보, 그 무엇이 되었든 여러분은 그런 사실을 믿어야 합니다. 이런 시각은 한 번도 저를 실망시키지 않았고, 인생의 고비마다 저를 바꾸어 놓았습니다."

잡스만 그런 것이 아니다. 영국 버진 그룹Virgin Group의 창업자인 리처드 브랜슨 경Sir Richard Branson의 만트라는 'A-B-C-DAlways Be Connecting the Dots(항상 점을 이을 것)'였다고 한다. 그리고 브랜딩 전문가 데이비드 브라이어David Brier와 패스트컴퍼니Fast Company는 인생의 점을 연결하는 방식에 따라 현실을 보는 법이 결정되고, 그 결과 결정을 내리고 결론에 도달하는 방법이 달라진다는 내용의 매혹적인 영상을 공개하기도 했다.

중요한 것은, 점들을 어떻게 연결할 수 있을지 질문하도록 직원들을 독려해야 한다는 것이다. 대부분의 경우 조직에 속한 사람들은 남이 해왔고 지금도 하는 방식을 답습하여 점을 연결한다. 이렇게 하면 현상 유지는 가능하다. 하지만 어느 날 누군가가 점들을 다른 식으로 연결하는 순간, 세상은 전혀 다른 모습이 된다.

넷플릭스에서 벌어진 것이 바로 그런 일이다. 리드는 퓨어 소프트웨어로 한 번 혼이 났지만, 다시 회사를 설립하면서 특별한 생태계를 꾸민 것은 아니었다. 대신 그는 조직의 유연성을 추구했다. 그러자 기업문화라는 점들을 다르게 이을 수 있는 몇 가지 요인이 나타났다. 나중에야 깨달은 사실이지만, 그는 바로 이러한 요인이 모여 넷플릭스의 성공을 추진하는 동력이 되었다고 판단한다.

 앞으로 우리는 1장씩 나아가면서, 넷플릭스가 찾아낸 점들을 연결할 것이다. 우리는 또한 그 점들이 현재 넷플릭스의 근무 환경에서 어떤 역할을 하는지, 그 과정에서 우리가 무엇을 배웠는지, 사람들이 각자 부여받은 자유와 조직에 대한 책임을 어떻게 적용하는지 살펴볼 것이다.

서문   5

1 자유와 책임의 문화로 가는 첫 단계

먼저 인재 밀도를 구축하라.

1장   **비범한 동료들이 곧 훌륭한 직장이다**   32

그다음 솔직한 문화를 도입하라.

2장   **자신의 생각을 있는 그대로 말하라(긍정적인 의도로)**   47

이제 통제를 제거하기 시작하라.

3-1장   **휴가 규정을 없애라**   91

계속해서 통제를 제거하라.

3-2장   **출장 및 경비 승인을 없애라**   115

2   자유와 책임의 문화로 가는 다음 단계

인재 밀도를 강화하라.
4장   업계 최고 수준으로 대우하라   148

솔직한 문화를 강화하라.
5장   모든 것을 공개하라   192

통제를 더 많이 제거하라.
6장   어떤 의사결정도 승인받을 필요가 없다   235

3   자유와 책임의 문화를 강화하는 법

인재 밀도를 극대화하라.
7장   키퍼 테스트   294

솔직성을 극대화하라.

8장   피드백 서클   331

대부분의 통제를 제거하라.

9장   통제가 아닌, 맥락으로 리드하라   359

4   세계를 무대로

10장   이제는 세계로!   408

결론   451
감사의 말   460
참고문헌   463

자유와 책임의 문화로 가는 첫 단계

먼저 인재 밀도를 구축하라.	1장	비범한 동료들이 곧 훌륭한 직장이다
그다음 솔직한 문화를 도입하라.	2장	자신의 생각을 있는 그대로 말하라 (긍정적인 의도로)
이제 통제를 제거하기 시작하라.	3-1장	휴가 규정을 없애라
계속해서 통제를 제거하라.	3-2장	출장 및 경비 승인을 없애라

1부에서는 팀이나 조직이 자유와 책임의 문화를 실천하는 방법을 설명한다. 자유와 책임, 두 개념은 서로를 기반으로 성립된다. 각 장의 여러 요소를 독립적으로 실천하면 위험해질 수 있다. 일단 인재 밀도부터 구축해야 한다. 그러면 안심하고 솔직한 문화를 도입할 수 있다. 그 후에야 직원을 통제하는 규정을 안전하게 제거해 나갈 수 있다.

먼저 인재 밀도를
구축하라.

1장

비범한 동료들이
곧 훌륭한 직장이다

1990년대에 나는 동네에 있는 블록버스터에서 VHS 비디오를 틈틈이 빌려 봤다. 한 번에 두세 개씩 빌렸는데 연체료를 내기 싫어 얼른 되돌려주곤 했다. 그러던 어느 날 식탁에 쌓여 있던 서류 더미를 옮기려고 들었다가, 그 밑에 비디오 한 개가 깔려 있는 것을 발견했다. 1주일 전에 빌려놓고 깜빡 잊고 있었던 것이다. 서둘러 대여점으로 가져갔더니 점원은 40달러를 내야 한다고 했다. 아, 이런 멍청한 실수를 하다니!

나중에 이 문제에 관해 곰곰이 생각해 봤다. 블록버스터는 수익의 대부분을 고객이 낸 연체료로 올리고 있었다. 고객으로 하여금 자신이 멍청한 짓을 했구나 싶게 만드는 방식을 수익 모델로 삼으면서, 어떻게 고객의 충성을 기대할 수 있겠는가? 연체료 같은 불쾌한 일 없이, 고객이 기분 좋게 영화를 보게 할 순 없을까?

1997년 초, 퓨어 소프트웨어를 인수했을 때부터 마크 랜돌프와 나는 우편을 이용하여 영화를 볼 수 있는 사업을 구상하기 시작했다. 아마존Amazon은 이미 책으로 돈을 쓸어 담고 있었다. 영화라고 안 될 게 뭐 있겠는가? 사람들이 우리 웹사이트에서 VHS 비디오를 빌리고 우편으로 반납하게 하면 된다. 그런 식으로 운영할 경우, 비디오를 우송할 때마다 4달러가 들었다. 비용이 너무 많이 들어서 빅마켓을 만들기엔 부적합한 아이디어였다.

그때 한 친구가 DVD라는 새로운 발명품에 관해 이야기해 주었다. 곧 DVD 세상이 될 것이라는 말도 덧붙였다. "CD 정도 크기인데, 영화 한 편이 통째로 들어간다니까!" 그는 그렇게 설명했다. 나는 우체국으로 달려가 CD를 몇 장 보냈다(DVD로 실험해 보려 했지만 구하지 못했다). 한 번의 우송료는 32센트였다. 산타크루즈에 있는 집으로 돌아와 CD가 도착하기만을 초조하게 기다렸다. 이틀 뒤 우편물 투입구로 CD가 든 봉투가 떨어졌다. 손상된 부분은 없었다.

1998년 5월, 우리는 넷플릭스를 론칭했다. 세계 최초 온라인 DVD 대여점이었다. 우리는 직원 30명과 925편의 영화를 확보했다. 당시 유통되던 DVD 목록 거의 전부에 해당하는 물량이었다. 1999년까지는 마크가 CEO였지만, 그 뒤엔 내가 이어받고 마크는 이사를 맡았다.

2001년 초, 우리는 40만 명의 회원과 120명의 직원을 확보한 중견기업으로 성장했다. 나는 퓨어 소프트웨어 시절 겪었던 시행착오를 되풀이하고 싶지 않았다. 그래서 지나친 규정과 통제는 피했지만, 넷플릭스가 특별히 일하기 좋은 직장이라고 말하기는 어려웠다. 그런데도 사업은 잘되었고 규모도 커졌으며 직원들도 별문제를 일으키지 않았다.

위기에서 얻은 교훈

그러던 2001년 봄, 위기를 맞았다. 처음으로 인터넷 버블이 꺼지면서 수많은 닷컴 기업이 사라졌다. 벤처 자금줄이 모두 끊기면서 우리도 수익은커녕 사업을 지속하는 데 필요한 추가 기금을 조달하는 것조차 어려워졌다. 날이 갈수록 직원들의 사기가 떨어졌다. 결국, 직원 중 3분의 1을 해고해야 했다.

나는 마크와 패티 맥코드Patty McCord와 마주 앉았다. 퓨어 소프트웨어 시절부터 함께했던 맥코드는 인사 책임자였다. 우리는 직원들의 공헌도를 조사했다. 성과에 크게 문제가 되는 직원은 없었다. 그래서 직원들의 서류를 파일 두 개로 나누어 성과가 좋은 80명은 놔두고 그보다 못한 40명은 내보낼 명단으로 분류했다. 창의력이 남다르고 대단한 성과를 내고 협업에 능한 직원은 '잔류' 파일로 갔다. 문제는 경계선에 있는 사람이 많다는 점이었다. 실력이 대단한 동료와 일하면서도 평범한 성과로 버티는 사람들이 있었다. 그런가 하면 일은 열심히 하는데 종종 판단력이 부족하고 도움이 많이 필요한 사람도 있었다. 또 보기 드문 재능을 가지고 놀라운 성과를 올리지만 불평이 많고 늘 비판적으로 생각하는 사람도 있었다. 이런 사람들은 내보낼 수밖에 없었다. 쉬운 일이 아니었다.

직원을 해고하기 며칠 전, 아내는 내게 왜 그렇게 안절부절못하느냐고 핀잔을 주었다. 틀린 말도 아니었다. 나는 사무실 내의 사기가 크게 떨어질 것을 걱정하고 있었다. 사람들을 내보내고 나면 친구나 동료를 잃은 이들은 회사가 직원들을 함부로 대한다고 생각할 것이다. 당연히 울화통이 터지겠지. 게다가 '잔류 인원'은 나간 사람들의 몫까지 떠맡아야 할 것이다. 그러면 화가 더 치밀겠지. 이미 현금 부족에 시달리고 있는 데다 사기는 계속 떨어질 텐데, 얼마나 더 버틸 수 있을까?

직원들에게 해고를 통고하는 날이 되었다. 예상한 대로 끔찍했다. 해고당한 사람들은 고함을 지르고 문을 쾅 닫고 절망감에 울분을 터뜨렸다. 상황은 정오쯤 종료되었지만, 나는 폭풍의 후반부를 숨죽이며 기다렸다. 남은 직원들의 반응이 불안했다. 눈물을 보이기도 하고 눈에 띄게 우울한 표정을 짓고 있는 사람도 있었지만, 다들 침착했다. 그렇게 몇 주가 지났다. 처음에는 이해하지 못했지만, 어떤 이유에선지 회사 분위기가 거짓말처럼 좋아지고 있었다. 우리는 비용을 계속 줄이는 중이었고 인원도 무려 3분의 1이나 감축했지만, 언제부턴가 사무실은 열정과 에너지와 아이디어들로 활기를 띠기 시작했다.

몇 달 뒤, 크리스마스 시즌이 닥쳤다. 크리스마스와 2002년 초 연휴 분위기에 힘입어 DVD 플레이어 매출이 크게 늘면서, 우리의 우편 주문 DVD 대여업도 난데없는 호황을 맞았다. 갑자기 일이 많아졌다. 인원은 이미 30% 줄어든 상태였는데, 놀랍게도 남아 있던 80명은 이전보다 더 의욕적으로 모든 일을 신이 나서 처리했다. 대부분 늦게까지 퇴근하지 못했지만, 사기는 하늘을 찌를 듯했다. 신이 난 건 직원뿐이 아니었다. 나 역시 눈만 뜨면 빨리 회사로 달려가고 싶다는 생각이었다. 당시 나는 매일 아침 패티 맥코드를 차에 태워 출근했는데, 산타크루즈에 있는 그녀의 집 앞에 차를 댈 때면, 패티는 치아가 훤히 보일 정도로 활짝 웃으며 차에 올라탔다. "리드, 요즘 우리 회사가 어떻게 돼가는 거예요? 다들 꼭 사랑에 빠진 사람들 같지 않나요? 이런 짜릿하고 묘한 기분이 언제까지 이어질지 오히려 불안해요."

패티의 표현이 정확했다. 직원들은 마치 사랑에 빠져 물불 가리지 않게 된 사람처럼 모두 들떠 있었다.

직원들을 해고한 것이 잘한 일이었다고 둘러대려는 게 아니다. 다행히 그 후로 넷플릭스에서 그 같은 불상사는 다시 일어나지 않았다. 다만 2001년의 해고 사태 이후로 몇 달을 지켜보면서, 나는 직원들의 열의와 리더의 책임에 관한 생각을 완전히 바꾸게 되었다. 나로서는 사도 바울의 개심에 견줄 만한 경험을 한 셈인데, 그 순간은 조직 내에서 '인재 밀도'가 갖는 역할을 완전히 달리 생각하게 된 터닝 포인트였다. 그때 터득한 교훈은 이후 넷플릭스를 성공으로 이끈 기반이 되었다.

이러한 교훈을 자세히 설명하기 전에, 먼저 패티부터 소개해야 겠다. 그녀는 지난 10년 동안 넷플릭스의 발전에 커다란 축을 담당해 온 공신이고, 지금 넷플릭스의 인사를 담당하고 있는 제시카 닐Jessica Neal은 그녀의 멘티다. 패티를 처음 만난 건 퓨어 소프트웨어에서다. 1994년에 그녀는 우리 사무실로 전화를 걸어 다짜고짜 CEO와 통화하게 해달라고 요청했다. 당시 전화 받는 일을 도맡았던 나의 여동생이 내게 패티를 연결해 주었다. 패티가 텍사스 출신이라는 건 말투로 짐작할 수 있었다. 그녀는 자신이 현재 선마이크로시스템Sun Microsystems의 인사과에서 일하고 있는데, 허락해 준다면 퓨어 소프트웨어의 인사 업무를 맡아보고 싶다고 했다. 나는 와서 차 한잔 나누자는 말로 그녀를 초대했다.

우리는 그렇게 만났지만, 처음에는 그녀가 하는 말을 도무지 수긍할 수 없었다. 대화를 나누던 중 나는 단도직입적으로 "당신의 인사 철학이 무엇이냐?"고 물었다. 그녀는 대답했다. "모든 사람은 기업에 대한 자신의 기여도와 각자의 열망을 분리하여 생각할 수 있어야 합니다. 인적 자본을 관리하던 사람으로서 나는 CEO인 당신과 함께 우리의 리더십 감정지능지수를 높이고 직원들의 업무 몰입도를 향상시킬 생각입니다." 나는 어리둥절했다. 그때만 해도 젊고 사람을 대하는 태도도 세련되지 못했던 나는, 패티의 말이 끝나자마자 물었다. "인사 담당자들은 다 그런 식으로 말합니까? 솔직히 한마디도 알아듣지 못하겠군요. 우리가 함께 일하게 된다면 당신은 말하는 방식부터 고쳐야 할 것 같습니다."

내 말에 모욕감을 느낀 패티는 그 자리에서 자신의 불쾌감을 그대로 내게 드러냈다. 집으로 돌아간 패티에게 남편이 인터뷰가 어땠는지 물었을 때, 그녀는 퉁명스럽게 대답했다. "안 좋았어. 그쪽 CEO와 말다툼을 했거든." 하지만 나는 자기 생각과 기분을 정확히 말해준 패티의 태도가 마음에 들었다. 그래서 패티에게 기회를 주었다. 그 후로 우리는 오랜 세월 솔직한 우정을 이어오고 있다. 패티가 넷플릭스를 떠난 이후로도 우리의 우정은 변치 않았다. 그럴 수 있었던 것은 우리가 너무 다르기 때문인지도 모른다. 나는 수학광인 소프트웨어 엔지니어인 반면, 패티는 인간행동 전문가이자 거침없는 스토리텔러다. 나는 어떤 팀을 볼 때 사람과 논점을 연결해 주는 숫자와 알고리즘을 본다. 그런데 패티는 내가 보지 못하는 감정과 사람들 간의 미묘한 반응을 본다. 패티는 1997년에 퓨어 소프트웨어가 매각될 때까지 나와 함께 일했고, 넷플릭스 초기에 우리 회사에 다시 합류했다.

패티와 나는 2001년 해고 사태 이후로 수도 없이 함께 차를 타고 출근하면서, 근무 환경이 갑자기 좋아진 이유와 그런 긍정적 에너지를 유지할 방법을 찾아내 보려 애썼다. 그리고 우리는 패티가 말하는 '인재 밀도'의 극적인 증가가 그와 같은 개선의 밑거름이었다는 사실을 알게 되었다.

재능 있는 사람들은 서로 능률을 높인다

사람은 누구나 일정한 재능을 가지고 있다. 직원이 120명이었을 때는 특출한 사람도 있었고 나름대로 괜찮은 능력을 갖춘 사람도 있었다. 꽤 많은 인재가 곳곳에서 자리를 지키고 있는 셈이었다. 해고 사태 이후로는 80명의 정예만 남았다. 전체로 보면 사람의 수가 줄었지만, 직원 한 사람이 가진 재능의 크기는 더욱 커졌다. 인재 '밀도'가 증가한 것이다.

사람들이 일하고 싶어 하는 회사는 인재 밀도가 높은 회사라는 사실을, 우리는 경험으로 확인했다. 뛰어난 성과를 올리는 사람은 인재 밀도가 전체적으로 높은 환경에서 특히 제 실력을 발휘한다.

우리 직원들은 서로에게 더 많은 것을 배웠고, 각 팀은 성과를 더 많이 그리고 더 빨리 올렸다. 그 때문에 개인의 의욕과 만족도가 커졌고, 회사 전체로 봐도 더 큰 성과를 올렸다. 우리는 최고의 인재들과 함께 일하게 되면 이미 순조롭게 진행되던 일도 전혀 새로운 차원에서 새로운 국면을 맞으며 더욱 놀라운 방향으로 발전한다는 사실을 알게 되었다.

무엇보다 재능이 뛰어난 동료들과 일하게 되면 신이 나고 특별한 영감을 받게 되어 일할 맛이 난다. 80명이 전부였던 그때나 7,000명이 근무하는 지금이나 그 점에는 변함이 없다.

나중에 깨닫게 된 사실이지만, 팀에 평범한 사람이 1~2명 섞여 있으면 팀 전체의 성과가 떨어진다. 탁월한 인재 5명과 평범한 사람 2명이 함께 있으면 그 팀은 평범한 팀이 된다. 왜일까?

- 매니저의 기운을 빼 최고의 성과를 내지 못하게 만든다.
- 그룹 토의의 질을 떨어뜨려 팀의 전반적인 IQ를 낮춘다.
- 사람들이 싫어할 일을 하게 만들어 능률을 떨어뜨린다.
- 남보다 탁월한 능력을 발휘하고 싶은 직원을 회사에서 나가게 만든다.
- 평범한 사람도 받아준다는 사실을 보여줌으로써 문제를 복잡하게 만든다.

재능이 뛰어난 베스트 플레이어들이 생각하는 좋은 직장의 조건은 호화스러운 사무실이나 멋진 체육관, 혹은 공짜 스시 같은 게 아니다. 그들에게 중요한 건, 재능 있고 협동심이 강한 사람들과 함께 일하는 즐거움이다. 일을 더 잘할 수 있게 해주는 사람이 필요하다. 모든 직원이 뛰어나면 서로에게 배우고 서로가 의욕을 불어넣어 성과는 수직으로 상승한다.

성과는 전염성이 강하다

2001년의 직원 해고 사태를 통해, 리드는 좋든 나쁘든 성과는 전염된다는 사실을 알았다. 평범한 직원과 함께 있으면 뛰어난 실력을 갖춘 사람도 평범한 결과밖에 내놓지 못한다.

호주 뉴사우스웨일스 대학교의 윌 펠프스Will Felps 교수는 직장에서 행동이 강한 전염성을 갖는다는 사실을 보여주는 흥미로운 연구를 수행했다. 그는 4개 대학에서 차출한 학생들로 몇 개의 팀을 구성해 각 팀에 45분 안에 관리 업무를 끝내라는 과제를 주었다. 1등을 한 팀에게는 100달러를 상으로 주기로 했다.

학생들은 모르고 있었지만, 일부 팀에는 각기 다른 역할을 맡은 배우가 1명씩 끼어 있었다. '게으름뱅이' 역할을 맡은 이는 타인의 시선에 아랑곳하지 않고 테이블에 발을 올려놓은 채 문자를 보내는 데만 열중했다. 빈정거리길 좋아하는 '삐딱이' 역할을 맡은 사람은 "지금 장난해?" 혹은 "당신, 비즈니스 클래스 타본 적 없지?" 등 상대방의 감정을 자극하는 말을 늘어놓았다. '우울한 비관주의자' 역의 배우는 기르던 고양이가 막 죽은 것 같은 표정으로 과제가 너무 어려우니 차라리 포기하자며 책상에 얼굴을 묻었다. 이들 모두 다른 사람들이 눈치채지 못하게 맡은 역할을 잘 해냈다.

펠프스 교수는 우선 팀원들이 재능이 뛰어나고 아는 것이 많아도, 그중 1명이 엇나가는 행동을 할 경우 팀 전체의 능률이 떨어진다는 사실을 밝혀냈다. 한 달 동안 수십 차례 거듭된 실험에서 수준에 미치지 못하는 사람이 1명이라도 있는 팀은 그렇지 않은 팀에 비해 성과가 무려 30~40% 뒤처졌다.

이러한 사실은 수십 년 전에 이루어졌던 연구를 정면으로 거스르는 결과다. 당시 연구는 팀원 개개인이 집단 전체의 가치와 규범을 따라간다고 주장했다. 하지만 새로운 실험에서는 불과 45분

동안만 함께하는 팀이라도, 개인의 행동이 다른 팀원에게 금방 전염되었다. 펠프스 교수의 설명을 그대로 옮기면, "놀라운 사실은 다른 팀원들이 문제가 되는 사람의 특성을 흉내 내기 시작한다는 점이다." 배우가 게으름을 피우면 다른 사람들도 과제에 흥미를 잃고 그 일이 중요하지 않다고 생각하게 되었다. 한 사람이 빈정거리면 다들 따라서 이죽거리면서 서로 거친 말로 모욕을 주었다. 배우가 우울한 말을 반복하면 모두 열의가 식어 결과도 시원치 않게 나왔다. "그들 중 한 집단의 모습을 촬영한 영상이 생각납니다. 시작할 때는 참가자 모두가 허리를 꼿꼿이 세우고 앉아 아무리 까다로운 과제라도 흥미를 가지고 열정적으로 달려들었죠. 하지만 마지막엔 모두 퍼진 자세로 책상에 얼굴을 묻고 있었습니다." 펠프스 교수는 그렇게 회상했다.

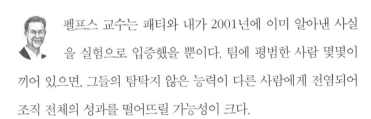 펠프스 교수는 패티와 내가 2001년에 이미 알아낸 사실을 실험으로 입증했을 뿐이다. 팀에 평범한 사람 몇몇이 끼어 있으면, 그들의 탐탁지 않은 능력이 다른 사람에게 전염되어 조직 전체의 성과를 떨어뜨릴 가능성이 크다.

우리 중 누구나 그런 전염성 강한 행동을 한두 번 정도는 겪어 봤을 것이다. 나는 열두 살 때 경험했다.

나는 1960년에 매사추세츠에서 태어났다. 특별한 재주나 눈에 띄는 점이라곤 전혀 없는, 아주 평범한 아이였다. 3학년 때 우리 가족은 워싱턴 DC로 이사했다. 새로운 환경이었지만 모든 것이 순조로웠고 친구들도 많이 사귀었다. 하지만 6학년과 7학년 때 같은 반이 된 캘빈이란 녀석이 문제였다. 그 아이로 인해 친구들 사이엔 주먹다짐이 끊이지 않았다. 캘빈이 누구를 콕 찍어 괴롭히 거나 못살게 군 것은 아니었지만, 녀석은 늘 특이한 행동으로 우리들을 자극해서 친구끼리 싸우게 만들었다. 아무 상관도 없는 녀석 때문에 벌어진 엉뚱한 싸움에 끼고 싶지 않았지만, 그랬다가는 비겁하다는 소리를 들을 것 같았다. 싸우고 나서도 우리는 온종일 누가 이기고 누가 졌는지를 두고 따지고 또 따졌다. 캘빈만 아니었다면 서로 싸울 일도 없고 아마 서로 사이좋게 잘 놀았을 아이들이 말이다. 하지만 매일 반복되는 상황이 진저리나게 싫어, 아빠가 매사추세츠로 다시 돌아가게 되었다고 말씀하셨을 때 나는 떠나는 날만 손꼽아 기다렸다.

2001년 해고 사태 이후에도 넷플릭스에는 직장 분위기를 흐리는 사람들이 소수 남아 있었다. 그뿐만 아니라 일을 능숙하게 처리하지 못하는 사람도 많았다. 일일이 사례를 들기도 어려울 정도였다. 그런 사람들이 늘어나자 다른 사람들까지 그 정도면 되는 줄 착각하게 되어, 모든 사람의 성과가 저하됐다.

2002년, 패티와 나는 일하기 좋은 직장을 만드는 핵심 요소가 무엇인지 파악한 후 다짐했다. 최우선 목표인 지속적인 전진을 위해, 모든 수단을 동원해서라도 해고 사태 직후의 인재 밀도를 유지하기로 한 것이다. 그렇게 하면 성과는 자연스럽게 따라올 것이다. 우리는 바람직하지 못한 행동을 하거나 본보기가 될 만한 성과를 내지 못하는 직원은 해고하게끔 매니저들을 훈련시켰다. 나는 로비의 안내요원부터 고위 임원진에 이르기까지, 해당 분야에서 가장 뛰어난 성과를 올리면서도 협동 능력이 탁월한 직원들로 넷플릭스를 채우는 데 총력을 기울였다.

첫 번째 점

이것은 넷플릭스 이야기의 기반이 되는 가장 중요한 점이다.

빠르고 혁신적인 직장은 소위 말하는 '비범한 동료들'로 구성된다. 다양한 배경과 견해를 가지고 있는 비범한 동료들은 재능이 뛰어나고 창의력이 남다르며 중요한 업무를 능숙하게 처리하는 동시에, 다른 사람들과 긴밀히 협력한다. 이 첫 번째 점이 확실하게 자리 잡지 않으면, 다른 원칙도 제 기능을 하지 못한다.

⊳ **1장 요약**

☑ 리더로서 당신의 첫 번째 목표는 직장에 비범한 동료들로만 채워진 근무 환경을 조성하는 것이다.

☑ 비범한 동료들은 중요한 일을 능숙하게 처리한다. 또한 놀라울 정도로 창의적이고 열정적이다.

☑ 심사가 비뚤어졌거나 게으르거나 착하긴 한데 성과는 별 볼 일 없거나 매사를 부정적으로 보는 사람들이 끼어 있으면, 팀의 전반적인 성과가 저하된다.

≡ **자유와 책임의 문화를 향해**

일단 높은 인재 밀도를 확보하고, 성과가 시원치 않은 직원을 내보내고 나면, 솔직한 문화를 도입할 준비가 끝났다.

그럼, 2장으로 넘어가 보자.

그다음
솔직한 문화를 도입하라.

─────────────────────────────── 2장

자신의 생각을
있는 그대로 말하라
(긍정적인 의도로)

퓨어 소프트웨어의 CEO로 있던 처음 몇 해 동안, 기술 부문은 그런대로 잘 관리할 수 있었다. 하지만 사람을 다루는 일에서만큼은 여전히 서툴렀다. 나는 되도록 사람들과 갈등을 일으키지 않으려고 애썼다. 문제가 생겼을 때 당사자에게 직접 이야기하면 상대가 기분 나쁜 표정부터 지으니, 가능하면 우회적인 방법을 쓰곤 했다.

나의 이 같은 태도는 어린 시절의 영향을 받은 것 같다. 어렸을 적부터 부모님은 나를 전폭적으로 지지해 주셨지만, 우리 가족 누구도 집에서 자신의 감정을 털어놓고 얘기하는 법이 없었다. 나는 누구의 감정도 건드리지 않으려고 했고, 그래서 골치 아픈 문제는 되도록 피했다. 모범으로 삼을 만한 솔직한 태도를 본 적이 없었기에, '솔직함'에 익숙해지는 데 무척 오랜 시간이 걸렸다.

일터에서도 나는 별다른 생각 없이 집에서 하던 대로 해나갔다. 퓨어 소프트웨어에는 '아키'라고 하는 고위 간부가 있었는데, 일을 매우 신중하게 처리하는 사람이었다. 그래서 제품 하나를 개발하는 데 너무 많은 시간을 들였다. 아니, 적어도 나는 그렇게 생각했다. 그 점이 늘 못마땅했는데 어떨 때는 부아가 치밀 정도였다. 하지만 나는 이 문제를 아키와 직접 해결할 생각을 하지 않고, 회사 밖에서 다른 엔지니어들을 찾아 그들과 계약을 맺고 프로젝트를 진행했다. 이후에 그 사실을 알게 된 아키가 나를 찾아와 크게 화를 내며 말했다. "제게 불만이 있으면 직접 말씀해 주세요. 이런 식으로 뒤통수치지 마시고요!"

아키의 말이 백번 옳았다. 문제를 해결하는 내 방식이 크게 잘못됐던 것이다. 그러나 나는 어떤 일이 마음에 들지 않을 때 그 문제의 당사자와 직면해 대놓고 따지는 법을 몰랐다.

이 같은 성향은 개인 생활에도 영향을 미쳤다. 1995년에 퓨어 소프트웨어를 상장했을 당시, 나는 결혼 4년 차였고 딸아이도 하나 있었다. 사회적으로 한창 정점을 찍고 있었지만, 좋은 남편이 되는 법은 전혀 몰랐다. 이듬해 퓨어 소프트웨어가 5,000km 떨어진 곳에 있는 또 하나의 회사를 인수하면서, 나의 가정사는 더욱 복잡해졌다. 1주일의 절반을 집에 들어가지 못하게 된 내게 아내가 불만을 드러낼 때도, 이 모든 것이 가족을 위한 일이라며 변명만 늘어놓았다. 나중에야 아내는 주변 친구들이 "남편이 잘나서 넌 너무 좋겠다"라고 말할 때도 울고만 싶었다고 털어놓았다. 하지만 당시 나는 나와 점점 거리를 두는 아내에게 화만 냈다.

상황이 달라진 건, 우리가 함께 가정상담소의 문을 두드리면서였다. 카운슬러는 우리에게 각자가 분노를 느끼는 지점이 어디인지 말하게 했다. 속내를 털어놓는 아내의 말을 들으면서, 비로소 아내의 입장에서 우리의 관계가 보이기 시작했다. 아내는 돈에는 관심이 없었다. 그녀는 1986년 평화봉사단 자원봉사자 귀환 환영 파티에서 나를 처음 만났고, 스와질란드에서 2년 동안 아이들을 가르치다 돌아온 사내와 사랑에 빠졌다. 그런데 이제는 온통 머릿속에 사업의 성공밖에 없는 녀석과 결혼생활을 하고 있는 것이다! 그녀가 신이 날 리 있겠는가?

기탄없이 피드백을 주고받으면서 상황은 크게 호전되었다. 내가 그동안 거짓말만 늘어놓고 있었다는 것도 그때 깨달았다. "내겐 가족이 최우선이야." 말은 그렇게 하면서도 나는 집에서 식사하는 일이 없었고, 밤에도 일만 했다. 그간 늘어놓은 거짓말이 얼마나 많았는지 알 것 같았다. 우리는 어떻게 해야 좋은 남편과 아내가 될 수 있는지 조금씩 알게 되었고, 결혼생활도 생기를 되찾았다(우리는 이제 결혼 29주년을 맞았고 두 아이도 모두 컸다).

나는 서로에게 정직해지기로 한 우리 두 사람의 서약을 사무실에도 적용해 보기로 했다. 직원들 모두가 자기 생각을 솔직하고 정확하게 말하게 독려했다. 단, 상대를 공격하거나 마음 상하게 하려는 의도가 아니라, 어디까지나 선의를 가지고 정식으로 문제를 제기한 후 자신의 감정과 의견, 상대방에 대한 피드백을 솔직하게 표현하게 한 것이다. 솔직한 피드백은 사무실의 성과를 새로운 차원으로 밀어 올렸다.

초기에 CFO를 맡았던 배리 매카시Barry McCarthy가 좋은 사례였다. 배리는 넷플릭스 초대 CFO로, 1999년부터 2010년까지 재직했다. 그는 비전과 진실함을 갖춘 대단한 리더였고, 우리의 재무 상태를 전 직원이 한눈에 파악할 수 있게 하는 비범한 능력을 갖추고 있었다. 하지만 그에겐 약간 우울한 증세가 있었다. 마케팅 책임자인 레슬리 킬고어Leslie Kilgore가 배리의 그런 증세를 내게 귀띔해 주었을 때, 나는 그에게 직접 얘기해 보라고 권했다. "지금 내게 한 말을 그대로 배리에게 해주세요." 나는 가정상담소에서 느낀 바가 있어 그렇게 제안했다.

레슬리는 2000년부터 2012년까지 최고마케팅책임자CMO였고, 지금은 우리 회사의 디렉터로 재직 중이다. 워낙 외향적인 성격이라 직설적인 표현을 많이 하긴 하지만, 꾸밈이 없고 때로는 놀라울 정도로 뛰어난 유머 감각으로 상대방을 감탄하게 만든다. 나와 이야기를 나눈 다음 날, 레슬리는 배리를 만나 그 이야기를 했다. 나 같으면 흉내도 못 냈을 만큼 아주 잘했다. 그녀는 배리의 우울증이 우리 사업에 금전적으로 어떤 영향을 미치는지 계산했다. 배리가 즐겨 쓰는 재무 용어로 이야기하면서, 전염성이 강한 그녀만의 유머를 곁들였다. 거기서 배리의 마음이 움직인 것 같다. 배리는 레슬리에게서 받은 피드백을 팀원들에게 그대로 전달한 후, 자신의 기분이 업무에 지장을 주는 것 같다는 생각이 들 때는 곧바로 그 자리에서 지적해 달라고 부탁했다.

결과는 놀라웠다. 이후 몇 달 동안 재무팀의 여러 직원이 나와 패티에게, 배리의 리더십이 크게 달라졌다고 말해 주었다. 그뿐이 아니었다.

레슬리가 배리에게 상호 발전적인 피드백을 주자, 배리도 패티에게 그리고 나중에는 내게도 건설적인 피드백을 주었다. 배리가 레슬리의 피드백에 현명하게 대처했다는 사실을 알게 된 배리의 팀원들은 그의 기분이 가라앉을 때마다 약간의 유머를 곁들여 그에게 솔직하게 일러주었고, 그는 다른 사람들과도 더 많은 피드백을 주고받았다. 새로운 인재를 채용한 것도, 연봉을 더 올려준 것도 아닌데, 일상의 솔직함이 직장 내의 인재 밀도를 크게 높였다.

뒤에서 수군거릴 게 아니라, 당당히 마주 보면서 자신의 의견이나 상대방에 대한 피드백을 명확히 전달하면, 책략이나 은밀한 소통이 줄어들고 업무를 더욱 빨리 처리할 수 있다. 나는 그러한 사실을 여러 경로를 통해 확인했다. 잘한다는 말을 많이 들을수록 사람들은 더 잘하게 되고, 이와 같은 그들의 변화가 하나의 기업으로서의 우리 성과를 더욱 높였다.

그때 우리는 이런 문구를 만들었다. '다른 사람의 이야기를 할 때는 그 사람 면전에서 할 수 있는 말만 하라.' 나는 이 같은 행동을 시범으로 보이려고 애썼다. 누군가가 내게 와서 다른 사람에 대해 불평하면 이렇게 말했다. "지금 이 얘기를 그 사람에게도 했겠죠? 그는 뭐라고 하던가요?" 물론 아주 과격한 방법이다. 사교적인 경우든 업무와 관련된 일이든, 얼굴을 마주 보며 자신의 생각을 가감 없이 말하다가는 금방 외톨이가 되고 심지어 회사에서 쫓겨날 수도 있다. 그러나 넷플릭스에서는 그런 것들이 모두 허용된다. 우리는 직원들이 평소에 상호 발전적인 피드백을 주고받는 분위기를 만들기 위해 애쓴다. 윗사람이든 동년배이든 아랫사람이든, 가리지 않고 말이다.

법률팀에 있는 더그는 이런 솔직함의 좋은 본보기다. 2016년에 입사한 더그는 신입사원 시절, 조던이라는 선임자와 함께 인도로 출장을 갔다. "조던은 부하직원들의 생일에 직접 라이스크리스피바를 만들어 선물할 정도로 자상한 분입니다. 하지만 업무와 관련해서는 사람을 너무 매몰차게 닦아세우고 성격도 아주 조급해요." 더그는 이렇게 설명한다. 인간관계를 강조하고 인맥을 다지는 데 심혈을 기울였던 조던이었으나, 두 사람이 인도에 도착했을 때 그가 보인 행동은 평소 하던 충고와 너무 달랐다.

우리는 뭄바이가 한눈에 내려다보이는 언덕 위 전망 좋은 식당에서, 사프나라는 협력업체 담당자와 저녁 식사를 했습니다. 사프나는 대범한 성격에 웃음소리도 호탕했어요. 대화는 대체로 즐거웠는데, 화제가 사업과 아무 관련 없는 내용으로 빠질 때마

다 조던이 짜증스럽다는 표정을 짓더군요. 저는 사프나의 아기가 10개월 때부터 걷기 시작했다는 말에 감탄사를 연발하면서, 17개월 된 제 조카는 아직도 엉덩이로만 움직이려고 해서 다리를 쓸 일이 없다며 부러워했어요. 사실 이 같은 대화야말로 인간관계를 끈끈하게 맺어주는 좋은 주제 아닌가요? 사업상 인연을 확실히 다지는 데 더없이 좋은 수단이고요. 하지만 조던은 일과 관련이 없는 이야기만 나오면 표정부터 바꾸며 의자를 뒤로 물린 채, 스마트폰만 초조하게 들여다보더군요. 마치 커피라도 빨리 내오라는 무언의 시위 같았습니다. 저는 그런 그의 태도가 우리의 일을 그르치고 있다고 생각했습니다.

이전 직장 같았으면 더그도 위계와 예의에 관한 규정에 따라, 아무 말 않고 참으면서 상황을 지켜만 봤을 것이다. 그때까지만 해도 넷플릭스 문화에 완벽하게 적응한 것은 아니었기에, 새로운 상사의 행동을 대놓고 지적할 엄두도 낼 수 없었다. 출장을 마치고 귀국한 뒤 1주일이 지나서야 그는 간신히 용기를 냈다. "넷플릭스답게 해야겠지?" 더그는 그렇게 혼자 중얼거렸다. 조던과 다음 회의가 잡혔을 때 그는 '인도 출장 피드백'을 정식 안건에 넣었다.

아침 미팅 시간에 회의실로 들어선 순간, 더그는 거북한 얘기를 꺼낼 생각에 속이 메슥거렸다. 피드백이 첫 번째 안건이었다. 더그는 조던에게 자신에게 줄 피드백이 있는지 먼저 물었고, 그가 몇 가지를 지적했다. 그러자 한결 말하기가 쉬워졌다. 그래서 입을 열었다. "조던, 사실 저는 피드백이 내키지 않습니다. 하지만 인도에 있을 때 선배님께 도움이 되겠다 싶은 몇 가지를 봤어요." 그 뒤의 이야기를 조던은 다음처럼 기억한다.

분명히 말하지만, 저는 인간관계에 관한 한 누구에게도 뒤지지 않는다고 생각했습니다. 인도에 갈 때마다 모든 사람에게 상대와 정서적 유대감을 형성하는 데 각별히 신경을 쓰라고 누누이 강조하죠. 그래서 더욱 더그의 피드백이 마음 아프게 다가왔습니다. 아마도 신경이 곤두서 있어서 로봇처럼 행동한 것 같아요. 저의 그런 행동을 눈치채지 못하고 스스로 일을 망치고 있었죠. 지금도 매달 인도에 갑니다. 하지만 이제는 가기 전에 다른 사람에게 이런저런 잔소리를 하지 않아요. 대신 출장을 떠나기 전 동료들에게 이렇게 얘기합니다. "여러분, 여기가 제 약점입니다. 시티투어 도중에 제가 시계를 들여다보면, 누가 저의 정강이를 세게 걷어차 주세요! 나중에 고맙게 생각할 테니까."

피드백이 일상화되면, 사람들은 일을 더 빨리 배우고 더 능률적으로 처리한다. 조던과 더그가 함께했던 인도 출장에서 유일하게 잘못된 점이라면, 서플라이어와 식사하는 바로 그 자리에서 더그

가 조던에게 그런 피드백을 해주지 않았다는 것이다. 그랬더라면 난감한 상황을 오히려 쉽게 벗어날 수 있었을 것이다.

높은 성과 + 사심 없는 솔직함 = 대단히 높은 성과

 월요일 아침 9시에 직원들이 모여 회의를 한다고 하자. 당신은 커피를 홀짝이며 곧 있을 워크숍에 관해 상사가 내놓는 두서없는 계획을 듣고 있다. 그의 말에 전혀 동의할 수 없지만, 당신은 속으로만 터무니없는 소리라고 핀잔한다. 그런 식으로 하다가는 실패가 빤하다고 말하고 싶다. 그러면서 당신은 어젯밤 재방송된 〈그레이 아나토미 Grey's Anatomy〉를 보면서 떠오른 프로그램이 더 효과적이라고 확신한다. 그래서 잠깐 생각한다. 10분 뒤, 동료 한 명이 최근에 맡은 프로젝트에 관해 업데이트한 내용을 설명한다. 그녀는 늘 논지가 장황하고 했던 말을 또 하는 편이지만, 전염성이 강할 정도로 명랑하다. 속으로 한숨을 쉬며 도무지 설명에 알맹이가 없고 프로젝트 자체가 너무 황당하다고 혼잣말한다. 그래서 생각한다. '말을 해야 하나?' 그런데 모두가 알고 있듯, 그녀는 매우 예민한 성격이다. 그래서 이번에도 좀처럼 입이 열리지 않는다.

누구나 이런 경험을 해봤을 것이다. 늘 입을 다무는 것은 아니겠지만, 대부분은 포기한다. 말을 꺼내지 않는 것은 다음과 같은 이유 때문일 것이다.

- 사람들이 내 견해를 지지하지 않을 것 같다.
- '까다로운' 사람이라는 인상을 주고 싶지 않다.
- 내키지 않는 논쟁에 말려들고 싶지 않다.
- 동료들의 비위를 거스르거나 화를 돋우고 싶지 않다.
- '비협조적인' 사람으로 낙인찍히기 싫다.

그러나 넷플릭스에서 일하는 사람이라면 아마도, 말을 '꺼낼' 것이다. 아침 회의 시간에 워크숍에 관한 상사의 구상이 실제로는 제대로 구현되지 않을 것 같다고 제동을 건 후 더 좋은 아이디어를 제시한다. 문제의 동료에게는 회의가 끝난 뒤 그녀가 설명한 프로젝트를 재고해 보라며 그 이유를 말해준다. 내친김에 자판기에서 커피를 한잔 뽑아 들고 마음에 걸렸던 또 다른 동료를 찾아간다. 그리고 지난주 전원이 참석한 회의에서 그가 내린 최근의 결정에 관해 설명해 달라는 요구에 그가 한 답변이 너무 소극적으로 보였다고 말한다.

동료의 의견에 동의하지 않거나 도움이 될 만한 피드백이 있는데도 말하지 않는 것은, 회사에 불충한 것이다. 넷플릭스에서는 그렇다. 업무에 도움이 될 수 있는데도 돕지 않기로 한 것이니까.

넷플릭스의 '솔직한 문화'에 관한 이야기를 처음 들었을 때, 나는 의구심을 가졌다. 넷플릭스는 솔직한 피드백을 권장할 뿐 아니라, 피드백을 '자주' 하라고 독려한다. 하지만 내 경험으로 볼 때 그렇게 해봐야 마음 상할 일만 늘어날 것 같다. 귀에 거슬리는 말을 듣기 싫어하는 것은 인지상정 아닌가? 그래 봐야 부정적인 생각만 들 것 같다. 솔직한 피드백을 자주 하라고 부추기는 규정은 불쾌감을 조장할 뿐 아니라, 위험해 보이기까지 한다. 그러나 넷플릭스 직원들과 인터뷰를 시작한 바로 그 순간부터, 나는 그런 아이디어의 장점이 무엇인지 바로 파악했다.

2016년에 나는 리드로부터 쿠바에서 열리는 넷플릭스의 분기별 리더십 콘퍼런스에 기조연설을 해달라는 요청을 받았다. 나로서는 넷플릭스와 처음 함께하는 일이었지만, 참석자들은 내가 쓴 《컬처 맵》을 읽은 사람들이었다. 그래서 뭔가 색다른 내용을 제시하고 싶었다. 나는 새로운 재료로 채워진 맞춤형 프레젠테이션을 준비하기 위해 내용의 폭을 넓혔다. 많은 청중을 상대로 강연할 때, 나는 보통 검증을 거친 확실한 내용만 들고 간다. 그런데도 이번에는 무대로 올라갈 때 심장박동이 평소보다 더 빨라지는 것을 느꼈다. 처음 45분은 순조롭게 지나갔다. 전 세계에서 약 400명의 넷플릭스 매니저들이 참석했는데, 모두가 적극적이어서 내가 질문을 던질 때마다 수십 명의 손이 올라갔다.

나는 참석자들에게 소그룹으로 나눠 5분 동안 토의해 달라고 요청했다. 그리고 무대에서 내려가 청중 사이를 다니면서 그들의 대화를 들었다. 그러다 미국 억양의 어떤 여성이 특정 애니메이션에 관해 이야기하는 것을 보았다. 내 시선을 알아차린 그녀는 내게 와달라는 손짓을 했다. "방금 동료들과 얘기하고 있었어요. 교수님이 저 무대 위에서 토론을 유도한 방식 때문에 문화의 다양성을 강조하는 교수님의 메시지가 오히려 무색해졌다고 말이에요." 그녀는 그렇게 운을 뗐다. "교수님이 코멘트를 요구하며 손을 든 첫 번째 사람을 지목했을 때, 교수님은 교수님의 책에서 피하라고 일러준 유형의 덫을 스스로 놓으시더군요. 미국인을 처음 지목하니까 그다음부터 미국인들만 손을 들잖아요. 그러면 미국인들만 발언할 기회를 얻게 된다고요."

기습이었다. 프레젠테이션 도중에, 그것도 다른 참석자들이 보는 가운데 공개적으로 부정적인 피드백을 받은 경험은 그때가 처음이었다. 불쾌했다. 그녀의 말에 틀린 데가 없다고 생각하니 더욱 그랬다. 마음을 추스르는 데 2분 정도가 걸렸다. 다시 마이크를 잡은 나는 각 지역을 대표하는 사람들로부터 코멘트를 듣자고 제안했다. 네덜란드부터 시작하여 프랑스, 브라질, 미국, 싱가포르, 일본 순으로 이어졌다. 분위기가 술술 쉽게 풀렸다. 그때 그러한 피드백이 없었다면 절대 생각해 내지 못했을 테크닉이었다.

그 테크닉은 이후 넷플릭스 직원들과 만나는 데도 큰 도움이 됐다. 넷플릭스 직원들과 인터뷰를 시작한 순간부터, 그들은 내 행동에 관한 피드백을 주었다. 심지어 내가 질문하기도 전에 피드백을 주는 경우도 있었다.

예를 들어, 암스테르담에서 근무하는 다니엘레 크룩 데이비스Danielle Crook-Davies와 인터뷰할 때였다. 그녀는 다정하게 인사말을 건네며 내가 쓴《컬처 맵》이 대단히 마음에 든다고 했다. 그다음 자리를 잡고 앉기도 전에 그녀는 말했다. "제가 몇 가지 피드백을 드려도 될까요?" 다니엘레는 내 책의 오디오판 성우의 목소리가 너무 빈약해서 책의 메시지가 제대로 전달되지 않는다고 했다. "녹음을 다시 하는 방법을 생각해 주셨으면 좋겠어요. 책 내용은 정말 좋은데 목소리가 방해가 되거든요." 한 소리 듣긴 했지만, 생각해 보니 역시 맞는 말이었다. 나는 그날 저녁 출판사에 전화를 걸어 재녹음을 부탁했다.

또 언젠가 상파울루에서 인터뷰할 때였다. 브라질의 매니저는 겨우 인사 한마디를 한 뒤 친절한 말투로 "몇 가지 피드백을 드리고 싶습니다"며 얘기를 꺼냈다. 나는 아무렇지도 않은 표정을 지으려 애썼다. 그는 내가 사전에 인터뷰이들에게 보낸 이메일이 너무 체계적이라서 마치 지시를 받는 듯한 느낌이 들었다고 했다. "교수님께서는 책에서 우리 브라질 사람들이 상황을 좀 더 함축적이고 유연하게 놔두는 것을 좋아한다고 쓰셨잖아요. 그런데도 교수님은 그렇게 하지 않더군요. 다음 주에 이메일을 보낼 때는 조목조목 구체적으로 설명하는 질문은 하지 말아보세요. 반응이 더 좋아질 겁니다." 그 매니저는 내 이메일을 열어서 문제가 되는 문장들을 보여주었다. 나는 자칫 불편한 기색이 드러나지 않을까 표정부터 신경이 쓰였다. 그 피드백 역시 도움이 되었다. 이후의 여행에서 나는 방법을 바꿨다. 사전 인터뷰 메일을 발송하기 전, 인터뷰이를 참여시키는 방법에 관한 괜찮은 아이디어를 제공해 줄 해당 지역 출신부터 물색했다. 그리고 그 사람에게 부탁해 메일 내용을 다듬게 했다.

솔직한 피드백이 이처럼 도움이 된다면, 왜 그런 피드백을 권장하는 회사가 많지 않은 걸까? 인간의 행동 양식을 들여다보면 그 이유를 조금 알 것도 같다.

우리는 솔직한 것을 싫어한다
(그러면서도 솔직하기를 바란다)

비판을 듣기 좋아하는 사람은 거의 없다. 자신이 한 일에 대해 누가 조금이라도 안 좋은 이야기를 하면, 누구나 민감해져서 상대의 의도를 의심하고 화부터 내게 된다. 부정적인 피드백을 받을 때 인간의 두뇌는 신체적인 위협을 받을 때와 마찬가지로 싸우거나 달아나는 반응fight-or-flight reaction을 보이는데, 혈류로 호르몬이 분비되고 대응 시간이 빨라지며 감정이 격해진다.

일대일로 비난받는 것보다 더 싫은 것은, 여러 사람 앞에서 부정적인 피드백을 받는 것이다. 기조연설 도중 동료들 앞에서 내게 피드백을 준 그 여성의 이야기는 실제로 내게 많은 도움이 되었다. 그녀는 내게 도움이 되는, 그것도 당장 도움이 될 수 있는 정보를 가지고 있었다. 그러나 다른 사람들이 있는 데서 피드백을 받는 순간, 나의 두뇌에서는 위험 경보 사이렌이 울렸다. 인간의 두뇌는 매우 강력한 생존 기계인데, 그런 두뇌가 구사하는 가장 성 공률이 높은 생존 기법은 수적으로 안전을 찾으려는 욕구다. 그래서 우리는 끊임없이 집단적 거부의 신호를 경계한다. 원시시대에 그런 신호는 고립이나 죽음으로 이어지는 경우가 많았다. 누군가가 부족원들 앞에서 특정인의 실수를 공개적으로 발언하면, 두뇌의 가장 원초적 부분이자 늘 위험을 살피는 소뇌 편도에 경보가 발령된다. "이 무리가 너를 제거하려고 한다." 이런 일이 닥쳤을 때 원초적인 동물적 본능은, 달아나는 것이다.

이와 달리 '긍정적' 피드백은 두뇌를 자극하여 옥시토신을 분비시킨다. 옥시토신은 엄마가 아기에게 젖을 먹일 때 행복감을 느끼게 만드는 호르몬이다. 정직하고 상호 발전적인 피드백보다 그저 칭찬 듣기를 좋아하는 사람이 압도적으로 많은 것도 전혀 이상한 일은 아니다.

그러나 연구 결과에 따르면, 우리는 모두 진실을 들어야 한다는 것을 본능적으로 이해한다. 2014년에 컨설팅업체인 젠거포크먼Zenger Folkman은 약 1,000명의 사람으로부터 피드백에 관한 자료를 수집했다. 그 결과 칭찬이 기분 좋은 피드백이긴 하지만 잘못을 지적해 주는 피드백이 긍정적 피드백보다 그들의 성과를 향상시키는 데 도움이 됐다고 밝힌 이가 그렇지 않은 이보다 3배 많았다. 그러나 대부분의 사람은 긍정적인 피드백이 그들의 성공에 별다른 영향을 주지 않았다고 대답했다.

그 밖에도 이 조사에는 참고할 만한 통계가 몇 가지 더 있다.

- 응답자의 57%가 긍정적 피드백보다 오류 수정 피드백을 더 선호한다고 답했다.
- 응답자의 72%가 오류 수정 피드백을 받으면 성과가 더 좋아질 것이라고 답했다.
- 응답자의 92%가 전달 방법만 적절하다면 부정적인 피드백이 성과를 향상시킬 것이라는 데 동의했다.

일을 제대로 하지 못한다는 말을 들으면 우선 기운이 빠지고 불쾌해진다. 하지만 시간이 조금 지나면 사람들은 해당 피드백이 정말 도움이 되었다고 생각을 고친다. 간단한 피드백 루프가 일을 더 잘할 수 있게 해준다는 사실을 직관적으로 이해하는 것이다.

피드백 루프, 솔직한 문화 조성

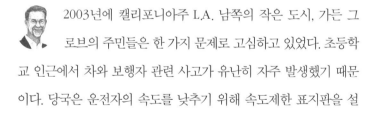 2003년에 캘리포니아주 L.A. 남쪽의 작은 도시, 가든 그로브의 주민들은 한 가지 문제로 고심하고 있었다. 초등학교 인근에서 차와 보행자 관련 사고가 유난히 자주 발생했기 때문이다. 당국은 운전자의 속도를 낮추기 위해 속도제한 표지판을 설치했고, 경찰은 이를 위반한 사람에게 범칙금을 부과했다.

그런데도 사고는 좀처럼 줄지 않았다.

도시 엔지니어들은 방법을 바꿔서 즉석 속도표시기를 설치했다. '운전자 피드백'이었다. 여기에는 속도제한 문구, 레이더 감지기 그리고 '당신의 현재 속도'가 표시되었다. 운전자가 실시간으로 자신의 현재 속도를 알 수 있게 한 것이다.

전문가들은 이와 같은 장치의 효력을 의심했다. 운전자는 계기판만 봐도 현재 속도를 알 수 있지 않은가? 게다가 매사를 범칙금으로 해결하려는 발상은 위반 사항에 대한 명백한 결과가 나올 때만 법에 복종하게 만들 뿐이다. 속도 표시기가 운전 행위에 무슨 대단한 영향을 주겠는가?

하지만 그렇지 않았다. 학교 세 곳을 대상으로 실시한 연구 결과에 따르면, 운전자의 속도가 14% 떨어졌다. 심지어 그들의 평균 속도는 규정 속도 '이하'였다. 14%면 단순한 저비용 피드백치고는 대단한 결과다.

피드백 루프는 성과를 개선하는 데 매우 효과적인 툴이다. 피드백을 협업 방식의 일환으로 꾸준히 활용하면, 사람들은 더 빨리 배우고 더 많은 성과를 올릴 수 있다. 피드백은 오해를 피하게 해주고 공동의 책임감을 조성하며 위계와 규정의 필요성을 줄인다.

그러나 회사에서 솔직한 피드백을 권장하기란 교통 표지판을 설치하기보다 훨씬 어려운 일이다. 솔직한 분위기를 조성하려면 '누군가가 요구할 때만 피드백을 주어라'. '칭찬은 공개적으로 하고 비판은 사적으로 하라'와 같이 오래전부터 당연하게 여겨졌던 고정관념을 깨뜨릴 수 있어야 한다.

피드백을 제시해야 할지 고민할 때, 사람들은 두 가지를 놓고 갈등한다. 상대방의 감정을 건드리고 싶지 않다는 생각과 그래도 그 사람이 성공할 수 있게 도와야 한다는 생각이다. 넷플릭스에서는 간혹 상대방의 기분을 상하게 하더라도 서로 성공할 수 있게 도우라고 말한다. 무엇보다도 올바른 환경에서 올바른 방식으로 접근하면, 상대방의 감정을 상하게 하지 않고도 피드백을 줄 수 있다는 사실을 우리는 확인했다.

조직이나 팀에서 솔직한 문화를 조성할 때 밟아야 할 몇 가지 단계가 있다. 그중 첫 번째는 상당히 비상식적이다. 흔히들 솔직하기 위해서는 쉬운 쪽부터 시작해야 한다고 생각할지 모르겠다. 가령 상사가 먼저 부하직원에게 피드백을 많이 주는 식이다. 하지만 나는 먼저 훨씬 더 어려운 쪽을 택할 것을 추천한다. 즉 직원들이 상사에게 솔직한 피드백을 주게 하는 것이다. 상사가 주는 피드백은 그다음이다. 솔직함이 제대로 효과를 발휘하려면, 직원이 먼저 상사에게 진심 어린 피드백을 주어야 한다.

임금님에게 벌거벗었다고 말하라

다른 사람들처럼 나도 어린 시절 《벌거벗은 임금님 The Emperor's New Clothes》을 읽었다. 세상에서 가장 멋진 옷을 입었다고 확신하여 백성들 앞에서 보란 듯이 속옷 바람으로 거리를 행진한 어리석은 임금의 이야기였다. 아무도 그 사실을 지적할 엄두를 내지 못했지만,

위계와 권위와 행동에 따른 결과를 제대로 이해하지 못한 꼬마만 예외였다.

조직에서의 지위가 올라갈수록 들어오는 피드백은 줄어들게 마련이다. 따라서 자칫하다가는 '벌거벗은 채 일하거나' 자신만 모르고 다른 사람들은 모두 아는 실수를 저지르고도 태연할 수 있다. 이는 단순한 기능장애에 그치지 않고 더 큰 위험을 초래한다. 사무보조 직원이 커피 주문을 헷갈려 엉뚱한 커피를 갖고 왔을 때는 지적하지 않아도 된다. 그런 피드백은 없어도 크게 문제가 되지 않기 때문이다. 하지만 CFO가 재무제표를 헷갈렸을 때, 권위에 위축되어 아무도 사실을 직고하지 않는다면 회사가 곤경에 처할 수도 있다.

넷플릭스 매니저들이 솔직한 피드백을 제시하라고 직원들의 등을 떠밀 때 사용하는 첫 번째 기법은, 평소에 부하직원과 일대일로 만날 때 피드백을 제시하게 정하는 것이다. 부하직원에게 피드백을 요구할 뿐만 아니라, 피드백을 기대하고 있다는 사실을 그들에게 알린다. 피드백을 첫 번째 안건이나 마지막 안건으로 정해, 운영 전반에 관한 논의와 별개의 항목으로 다룬다. 상사인 자신에게 피드백을 제시하게끔 부하직원을 독려한 다음, 원하면 자신도 피드백을 제시한다.

피드백을 받을 때의 태도도 중요하다. 어떤 비판에도 감사한 마음으로 대응하고 '소속 신호belonging cue'를 줌으로써 피드백을 마음 놓고 제시해도 좋다는 사실을 보여준다.

《최고의 팀은 무엇이 다른가 *The Culture Code*》의 저자인 대니얼 코일Daniel Coyle은 그런 신호를 가리켜, '당신은 당신의 피드백 때문에 이곳에서 더욱 중요한 멤버가 되었다' 또는 '당신은 내게 솔직했다. 그로 인해 우리의 관계가 위험해지는 법은 없을 것이다. 당신이야말로 여기서 일할 자격이 있다'는 사실을 암시해 주는 메시지라고 설명한다. 그래서 직원이 상사에게 피드백을 줄 때 리더들이 '소속 신호'를 보여주는 것이 매우 중요하다. 공개적으로 피드백을 줄 정도로 용기 있는 직원이라고 해도 '상사가 나를 고깝게 여기면 어쩌지?' 혹은 '이러다 출세에 지장 있는 것 아냐?'와 같은 걱정을 할지 모르니까.

목소리에 감사의 뜻을 담거나 상대방에게 물리적으로 가까이 다가서거나 호의적인 시선을 보내는 것 같은 사소한 제스처도 소속 신호가 될 수 있다. 용기를 내줘서 고맙다고 말하거나 사람들 앞에서 그런 용기에 관해 언급하는 식의 적극적인 제스처도 좋은 소속 신호다. 소속 신호의 기능은 '지금 우리는 안전한가? 우린 앞으로 이들과 어떻게 될 것인가? 보이지 않는 위험이 숨어 있는 것은 아닐까'와 같이 오래전부터 인간의 두뇌 속에 자리 잡고 있던 질문에 대답하는 것이라고 코일은 설명한다.

상사이든 부하직원이든 회사에 소속된 사람들이 소속 신호를 가지고 모든 순간에 솔직하게 응답할수록 사람들은 더욱 용기를 내어 솔직해질 것이다.

최고콘텐츠책임자CCO인 테드 사란도스Ted Sarandos는 피드백을 공개적으로 요구하고 또 피드백을 받을 때 소속 신호를 잘 드러내는 대표적인 인물이다.

테드는 넷플릭스에서 제공하는 모든 TV 프로그램과 영화를 책임진다. 엔터테인먼트 산업 지형을 앞장서서 개조한 할리우드의 가장 중요한 인물 중 하나로 평가받는데, 사실 전형적인 미디어계의 거물과는 거리가 있다. 테드는 대학을 마치지 못하고 애리조나의 비디오 대여점에서 일하며 영화를 배웠다.

2019년에 런던의 일간지 〈이브닝 스탠더드Evening Standard〉는 기사에서 테드를 이렇게 설명한다.

넷플릭스가 CCO이자 백만장자가 된 테드 사란도스의 이야기를 미니시리즈로 제작한다면, 틀림없이 1960년대 어린 테드의 모습으로 첫 장면을 시작할 것이다. 당시 그는 애리조나 피닉스의 가난한 동네, 자신의 집 TV 앞에 다리를 꼬고 앉아 시간을 보냈다. 4명의 형제자매들이 옆에서 법석을 떨든 말든, 그의 시선은 TV 화면에서 떨어질 줄 몰랐다. 그의 일상은 늘 TV 프로그램에 따라 정해졌다.

십대 때 테드는 비디오 대여점에 취직했다. 손님이 뜸한 낮에는 무료함을 달랠 겸 가게에 비치된 900편의 영화를 차례로 섭렵했다. 영화와 TV 프로그램에 관한 백과사전적 지식을 갖추게 되면서, 그에게는 특이한 능력이 생겼다. 사람들이 좋아하는 영화의 유형을 직감으로 예측해 내는 비범한 재주였다. 누군가는 그를 가리켜 '인간 알고리즘'이라고 불렀다. TV를 많이 보면 머리가 아둔해진다는 말도 그에게는 해당하지 않았다.

2014년 7월, 테드는 어린이 채널 니켈로디언Nickelodeon의 선임 팀장 브라이언 라이트Brian Wright를 영입해, 청소년을 타깃으로 하는 콘텐츠를 맡겼다(넷플릭스에 온 브라이언이 처음 세간의 주목을 받게 된 것은 입사한 지 불과 몇 달 만에 〈기묘한 이야기〉 시리즈의 계약을 성사시키면서부터였다). 브라이언은 넷플릭스에 출근한 첫날, 테드가 공개적으로 피드백을 받는 모습을 지켜본 기억을 이렇게 전한다.

그동안 제가 거쳤던 직장에서는 누가 상사의 총애를 받고 누가 눈 밖에 나느냐 하는 문제가 큰 관심사였습니다. 회의 중에 다른 사람들 앞에서 상사에게 피드백을 주었는데 그가 수긍하지 않는다면, 직장생활은 끝난 것이나 다름없었죠. 그 사람은 시베리아로 유배될 날만 기다려야 합니다.

월요일 아침, 새 직장에서의 첫날이었습니다. 저는 이곳의 지위와 직급에 관한 방침이 어떤지 눈치로 파악하기 위해 안테나를 곤두세웠죠. 첫 회의는 오전 11시에 잡혀 있었습니다. 제 상사의 상사인 테드가 주재하는 회의였습니다. 테드는 저의 슈퍼스타였어요. 회의에는 다양한 직급의 인원이 15명 정도 합류했습니다. 테드는 〈블랙리스트*The Black List*〉 시즌 2의 공개를 언급했습니다. 그런데 중요한 얘기를 하는 도중에 그보다 직위상 4단계 아래인 사람이 테드의 말을 자르더군요. "테드, 제가 보기에 뭔가 중요한 걸 놓치고 있는 것 같습니다. 라이선스 계약을 잘 못 알고 계신 것 같아요. 그런 방식은 통하지 않을 겁니다." 테드는 굽히지 않았어요. 하지만 그 친구도 물러설 생각이 없더군요. "잘 안 된다니까요. 이사님은 서로 다른 두 보고서를 혼동하고 계세요. 잘못 아신 거라고요. 우리는 소니하고 직접 담판을 지어야 합니다."

까마득한 하급자가 여러 사람 앞에서 테드 사란도스에게 정면으로 대들다니! 저는 그 장면을 보면서도 믿을 수 없었습니다. 그동안의 경험으로 보건대, 이런 항거는 자살행위나 다름없었으니까요. 어이가 없었습니다. 오히려 제 심장이 오그라들어 의자 밑으로 숨고 싶을 지경이었죠.

그런데 회의가 끝나자 테드가 일어나 그 친구 어깨에 손을 얹으며 말하더군요. "오늘 회의 아주 좋았어. 의견을 주어 고마웠네." 테드는 미소를 지으며 말했습니다. 저는 벌어진 입을 다물 수 없었어요.

나중에 화장실에서 테드와 마주쳤는데, 그는 제게 첫날 인상이 어땠느냐고 물었어요. "대단하더군요. 그 친구가 이사님에게 따지는 모습이 믿기지 않았습니다." 제 대답에 테드는 오히려 의아하다는 표정을 지었습니다. "이보게, 브라이언. 평판이 나빠질까 봐 피드백을 제시하지 못하고 미적거린다면 그날이 바로 넷플릭스를 떠나야 하는 날이야. 우리가 자네를 고용한 건 자네 의견을 듣기 위해서야. 그 방에 있던 사람들은 누구나 자기 생각을 내게 솔직하게 말할 의무가 있는 거라고."

테드는 하급자가 상사에게 솔직한 피드백을 주게 만드는 두 가지 방법을 분명히 입증해 보였다. 상사는 하급자에게 피드백을 요구만 할 게 아니라, 피드백을 기대하고 있다는 사실을 알린다(브라이언에게 가르쳤듯이). 그다음 피드백을 받으면 소속 신호로 응답한다. 테드가 그 친구의 어깨에 손을 얹은 것처럼.

넷플릭스에서 리드는 이 두 가지를 가장 자주 보여주는 리더다. 이러한 이유로 리드는 회사의 어느 고위 인사보다 부정적인 피드백을 더 많이 받는다. 그 증거가 바로 그의 '360도 서면 평가'다. 누구나 쓸 수 있고 누구나 볼 수 있는 이 평가에서 그는 다른 어떤 직원보다 더 많은 피드백을 받는다. 리드는 피드백을 끊임없이 요구하고 정성을 들여 소속 신호로 응답한다. 때론 비판을 받는 것이 무척 즐겁다고 공개적으로 말하기도 한다. 2019년 봄에 그가 넷플릭스 전 직원에게 공개한 메모의 한 구절을 소개하면 이렇다.

360도 서면 평가 시간은 한 해 중에서도 특별한 자극을 받고 의욕을 불태울 수 있는 기회인 것 같습니다. 평가를 받고 보니 나를 성장시켜 주는 가장 좋은 코멘트가 안타깝게도 가장 듣기 괴로운 코멘트더군요. 360도의 정신을 살려 용감하고 솔직하게 지적해 준 여러분께 감사드립니다. 예를 들면, 이런 구절 같은 것이죠. "대표님은 회의를 하다 마음이 급해지면 몇 가지 안건을 건너뛰거나 대충 짚고 넘어가시더군요. 또 어떤 특정 사안에 대해서는 시간 낭비라고 판단하시는 것 같고요. … 비슷한 지적이지만, 대표님의 견해가 상대방에게 너무 부담을 주지는 않을지 신경 써주시면 고맙겠습니다. 토론이 잘 풀리지 않을 때 의견을 모아보라고 신호만 주셔도 토론에 작은 변화가 생길 수 있습니다." 옳은 지적입니다. 아직도 내가 이런 부분을 고치지 못하고 있다는 사실이 속상하고 답답합니다. 고치도록 계속 노력하겠습니다. 아무쪼록 여러분도 모두들 아주 솔직하고 건설적인 피드백을 주고받았기를 바랍니다.

로셸 킹Rochelle King은 이 회사의 CEO에게 상호 발전적인 피드백을 주는 것이 어떤 의미를 갖는지 또렷하게 기억한다. 2010년, 그러니까 그녀가 크리에이티브 프로덕트 디렉터로 일한 지 1년쯤 되었을 무렵이었다. 그녀는 팀장에게 피드백을 전달했다. 팀장 위에는 최고제품책임자CPO가 있었고 또 그 위에는 리드가 있었다. 로셸의 직급은 리드보다 3단계 아래였던 셈이다. 그녀의 이야기는 상사에 대한 직원의 솔직함에 관한 것이지만, 사실 이는 넷플릭스에서는 아주 흔히 볼 수 있는 장면이다.

리드는 디렉터, 부사장, 이사진 등 25명이 모인 자리에서 회의를 주재하고 있었습니다. 패티 맥코드가 무슨 말을 했는데, 그녀의 말에 리드는 동의하지 않았어요. 그는 패티에게 눈에 보일 정도로 짜증을 냈고, 빈정거리면서 그녀의 발언을 묵살하더군요. 대표가 따지고 들자 사람들은 위축되었고 한숨만 낮게 내쉬었어요. 리드는 흥분해서 사람들의 이런 반응을 눈치채지 못한 것 같았지만, 저는 리더가 저런 태도를 보여서는 안 된다는 생각을 지울 수 없었습니다.

로셸은 이러한 상황에서 아무 말도 하지 않는 것은 회사에 대한 불충이나 다름없다는 넷플릭스의 원칙을 지키기로 했다. 그날 저녁, 그녀는 리드에게 보낼 이메일을 작성했다. 그렇게 쓴 글을 읽어 보고 또 읽어 보았다. 아무리 넷플릭스라고 해도 수위가 조금 아슬아슬해 보였기 때문이다. 그런데도 그녀는 메일을 보냈다. 내용은 다음과 같았다.

✉ 대표님께.

어제 그 회의실에 있었던 사람으로서 드리는 말씀입니다만, 대표님이 패티에게 하신 말씀은 상당히 모욕적이고 예의에 맞지 않아 보였습니다. 제가 이 이야기를 꺼내는 이유는 작년 워크숍 때 대표님이 하셨던 말씀이 생각났기 때문입니다. 그때 대표님은 동의하지 않는 부분이 있든 보완할 설명이 있든, 나름대로의 견해가 있으면 기탄없이 이야기하여 대화에 적극적으로 참여할 수 있는 분위기를 만드는 것이 중요하다고 강조하셨습니다.

어제 회의실에는 이사와 부사장 그리고 대표님을 잘 모르는 사람이 섞여 있었습니다. 제가 대표님을 잘 몰랐다면, 어제 패티를 대하는 태도를 보면서 내 의견이 무참히 묵살될 수도 있으니 앞으로 대표님 앞에서는 공개적으로 개인적인 의견을 함부로 얘기해선 안 되겠다고 생각했을 겁니다.

부디 저의 조언을 언짢게 받아들이지 않으시기를 바랍니다.

– 로셸

로셸에게서 이 이야기를 들었을 때, 나는 스리랑카의 카레라이스 전문점에서 웨이트리스로 일했던 때부터 대형 다국적기업의 연수책임자, 보스턴에 기반을 둔 한 중소기업의 디렉터, 경영대학원의 교수 등 그동안 내가 거쳐 온 모든 일자리를 떠올려 보았다. 그런 조직에서 누군가가 우두머리에게, 회의에서 보인 그의 말투가 너무 지나쳤다고 정중하지만 솔직하게 충고한 경우가 있었는지 기억해 보려 했다. 아무리 생각해도 기억나는 게 없었다!

나는 노트북을 열어, 5년 전에 로셸이 보낸 메일을 기억하는지 리드에게 이메일로 물었다. 몇 분 뒤에 답장이 왔다.

✉ 에린,

그 회의실(킹콩)도 기억나고, 내가 앉았던 자리와 패티가 앉았던 자리도 모두 생각납니다. 그뿐만 아니라, 내가 그런 식으로 실망감을 드러냈다는 사실에 스스로 얼마나 한심한 기분이 들었는지도 또렷이 기억하고 있습니다.

– 리드

다시 몇 분 뒤에 리드는 로셸이 그에게 보냈던 이메일과 함께, 그가 그녀에게 보낸 답장까지 내게 보내주었다.

✉ 로셸,

내게 그런 피드백을 주어 정말 감사합니다.

적절치 않아 보이는 저의 행동을 또 보게 되면, 부디 앞으로도 서슴지 말고 일러주길 바랍니다.

– 리드

로셸의 피드백은 솔직했지만, 사려 깊었다. 거기에는 진정으로 리드가 좀 더 좋은 방향으로 바뀌기를 바라는 의도가 담겨 있었다.

그러나 솔직한 분위기를 조성할 때 위험한 부분이 있다. 고의적이든 우연이든 그렇게 하다 보면, 방식이 잘못되어 엉뚱한 문제를 발생시킬 수도 있다는 것이다. 그래서 리드는 직장 내 솔직한 문화를 만들기 위한 두 번째 단계를 개발했다.

모든 직원이 피드백을 원활히 주고받게 가르쳐라

브래들리 쿠퍼Bradley Cooper와 레이디 가가Lady Gaga가 주연한 오스카 수상작 〈스타 이즈 본A Star is Born〉에는 솔직함을 아주 추하게 드러내는 장면이 있다.

레이디 가가는 거품이 가득한 욕조에 몸을 담그고 있다. 그녀는 이미 그래미상 3개 부문에 후보로 오른 당당한 스타다. 그녀의 멘토이자 얼마 전에 남편이 된 쿠퍼는 술이 잔뜩 취해 욕실로 들어온다. 그리고 〈새터데이 나이트 라이브Saturday Night Live〉에서 그녀가 불렀던 신곡에 대한 느낌을 솔직하게 말한다.

"자기, 그래미상 후보에 올랐더라. 대단해…. 그런데 잘 이해가 안 가. (자기 노래 가사 말야) '왜 그런 엉덩이로 내 주변에 얼쩡거리는 거지.' (눈을 찌푸리고, 긴 한숨) 내가 당신을 망친 것 같아. 당신 때문에 창피해. 솔직히 그래."

넷플릭스에서는 어떤 피드백이든 좋다고 하지만, 그렇다고 해도 이런 식의 솔직함은 안 된다. 솔직한 분위기라고 해서 아무 행위나 허용된다는 뜻은 아니다. 처음에 몇 번 넷플릭스 직원들이 내게 피드백을 주었을 때, 나는 그 내용이 너무 의외여서 피드백의 규정이라는 것이 '어떤 대가를 치르더라도 마음에 둔 것을 말하라'라는 뜻인 줄 알았다. 그러나 넷플릭스 매니저들은 직원들에게 피드백을 주고받는 방법을 교육하는 데 상당한 시간을 할애한다. 그들은 좋은 방법과 나쁜 방법을 구분하여 어떤 피드백이 효과적인지 문서로 분명히 밝힌다. 그들은 피드백을 주고받는 법을 배우고 실천하는 교육 프로그램을 운용한다.

누구나 할 수 있는 일이다. 나는 솔직함과 관련된 넷플릭스의 모든 교재를 자세히 살펴보고 그것의 효과를 설명하는 수십 명의 인터뷰이의 말을 들은 후, 그런 교훈을 4A 형식으로 정리했다.

4A 피드백 지침

피드백을 줄 때

1 AIM TO ASSIST(도움을 주겠다는 생각으로 하라): 피드백은 선의에서 비롯되어야 한다. 불만을 털어놓거나 의도적으로 상처를 주거나 자신의 입지를 유리하게 만들기 위한 피드백은 용납되지 않는다. 구체적인 행동 변화가 상대방 개인이나 회사에 어떻게 도움이 되는지 분명히 설명해야 한다. 자신을 위한 것이 아님을 분명히 납득시켜야 한다. "외부 파트

너와 회의할 때 이를 쑤시는 모습이 무척 거슬립니다"는 잘못된 피드백이다. 올바른 피드백은 이런 식이어야 한다. "외부 파트너와 회의할 때 이를 쑤시는 습관을 고치신다면, 파트너들이 팀장님을 좀 더 전문가답다고 여길 것이고 그래서 더욱 긴밀한 관계를 쌓을 수 있을 겁니다."

2 ACTIONABLE(실질적인 조치를 포함하라): 피드백은 받는 사람의 행동이 변화되는 것에 초점을 맞춰야 한다. 쿠바에서 에린에게 준 피드백이 "교수님의 프레젠테이션이 메시지 자체를 망치고 있다"는 코멘트로 끝났다면 잘못된 피드백이었을 것이다. 올바른 피드백은 이런 것이다. "청중에게 그런 방식으로 의견을 구하게 되면, 결국 미국인들만 참여하게 됩니다." 더 좋은 방법도 있다. "회의장에 있는 다른 나라 출신들에게 의견을 구하는 방법을 찾을 수 있다면, 교수님의 메시지는 더욱 분명하게 전달될 겁니다."

피드백을 받을 때

3 APPRECIATE(감사하라): 비판을 받으면 변명부터 하려 드는 것이 인간의 자연스러운 본능이다. 그런 상황에서는 누구나 반사적으로 자존심이나 체면을 지키려고 한다. 그러니 피드백을 받으면 이런 자연스러운 반응을 자제하고 이렇게 자문해 봐야 한다. '어떻게 해야 상대방의 고언을 신중하게 듣고, 열린 마음으로 그 의미를 짚어보며, 수세를 취하거나 화를 내지 않고 감사한 마음을 표현할 수 있을까?'

4 ACCEPT OR DISCARD(받아들이거나 거부하라): 넷플릭스에서 일하다 보면 많은 사람으로부터 많은 피드백을 받게 된다. 어떤 피드백이든 일

단 듣고 생각해 봐야 한다. 반드시 따를 필요는 없다. 진심을 담아 "고맙다"고 말하되, 피드백의 수용 여부는 전적으로 받는 사람에게 달렸다는 사실을 양측 모두가 이해해야 한다.

이 장 첫 부분에서 나는 조던과 더그가 인도에 출장 갔을 때의 일화를 소개했다. 거기서 4A 모델의 전형을 볼 수 있다. 더그는 조던의 태도가 그 자신의 목표를 저해한다고 판단했다. 더그가 피드백을 주어야겠다고 생각한 것은 조던의 태도가 좀 더 나아지고 나아가 조직이 좋은 성과를 내도록 돕기 위해서였다(도움을 주겠다는 생각으로 하라). 그가 제시한 피드백은 아주 실질적이어서, 조던은 요즘 인도와 관련된 작업을 할 때마다 예전과 다르게 행동하고 있다(실질적인 조치를 포함하라). 그는 더그의 피드백을 거부할 수도 있었지만 받아들이기로 했다면서 이렇게 말한다. "요즘은 떠나기 전에 사람들에게 잔소리하지 않아요. 대신 출장 시기가 되면 동료들에게 이렇게 말하죠. '여러분, 여기가 제 약점입니다. 시티투어 도중에 제가 시계를 들여다보면, 누가 저의 정강이를 세게 걷어차 주세요!'"(받아들이거나 거부하라)

더그와 마찬가지로 사람들은 그 자리에서 상대에게 피드백을 주는 것을 특히 힘들어한다. 대부분의 경우 적당한 순간이나 상황이 오기를 기다리는 것이다. 하지만 그러다 타이밍을 놓치면 다시 기회를 잡기 어렵다. 따라서 팀에 솔직한 문화를 주입하려면 세 번째 원칙이 필요하다.

남아 있는 한 가지 문제는, 피드백을 언제 어디서 줄 것인가이다. 답은 간단하다. 언제 어디서든 주면 된다. 상대방을 조용한 장소로 불러서 문을 닫고 사적으로 피드백을 할 수도 있다. 하지만 에린은 기조연설 도중 3~4명의 팀원이 모여 있는 곳에서 넷플릭스의 첫 번째 피드백을 받았다. 이것도 괜찮은 방법이다. 40명이 모인 곳에서 큰소리로 받는 것도 좋다. 그렇게 해서 큰 도움이 된다면 말이다.

글로벌 커뮤니케이션 팀의 부사장인 로즈가 그런 사례다.

이틀에 걸쳐 열리는 회의에 참석하기 위해 전 세계에서 40명의 동료가 모였습니다. 저는 60분 동안 방영을 앞두고 있는 〈루머의 루머의 루머 13 Reasons Why〉 시즌 2에 관한 마케팅 계획을 발표했어요.

시즌 1을 공개했을 때는 자살 장면 때문에 여론이 발칵 뒤집혔죠. 그래서 시즌 2에서는 흔히 볼 수 없는 색다른 방식의 홍보를 하고 싶었습니다. 경험으로 보면 늘 하던 방식이 맞겠지만, 좀 색다른 방식이 필요했어요. 넷플릭스에서는 오히려 그것이 당연한 것이니까요.

저는 노스웨스턴 대학교와 손잡고 이 시리즈가 십대 시청자에게 미치는 영향을 따로 연구하기로 했습니다. 넷플릭스가 입김을 넣지는 않겠지만, 그래도 그 자료가 시즌 2가 순조롭게 출시되어 좋은 입지를 마련하는 데 도움이 되길 바랐죠.

이 60분짜리 프레젠테이션은 마케팅팀 동료들의 의견을 타진할 기회였다. 그런데 그의 발표가 15분쯤 경과했을 때, 사람들이 거부감을 드러내기 시작했다. "왜 우리가 결과도 확실하지 않은 곳에 돈을 투자해야 하죠? 우리가 돈을 대는데, 그 연구가 독립적인 성격을 유지할 수 있을까요?" 로즈는 자신이 코너에 몰리는 기분이 들었다.

동료들이 손을 들고 따지는 것이 도전처럼 느껴지더군요. 모두가 제게 아우성을 치는 것 같았죠. '도대체 이 사람들이 무슨 짓을 하는 거지?'
사람들이 손을 들 때마다 저의 말이 빨라졌고, 그럴수록 장내의 불만이 더욱 고조되었어요. 발표가 채 끝나지도 않았는데 질문이 많아지자 준비한 자료 내용을 모두 전달하지 못할까 봐 걱정됐고, 그래서 말은 더욱 빨라졌죠.

그때 로즈의 가까운 동료인 비앙카가 회의실 뒤쪽에서 손을 흔들더니 구명조끼를 던졌다. 넷플릭스 방식이었다. "로즈, 이런 식으로는 안 되겠어요! 여유를 찾으세요. 너무 위축되어 있다고요! 말이 너무 빨라요. 질문도 잘 듣지 않고 있고요. 문제는 해결하지 않고 같은 말만 반복하잖아요. 숨을 한번 크게 들이마셔요. 여유를 가져요." 그녀는 소리쳤다.

비앙카가 그렇게 제게 이야기하는 순간, 사람들의 시선과 표정이 갑자기 눈에 확 들어왔어요. 그때까지 저는 사람들의 말을 듣기보다는 숨도 쉬지 않고 제 말만 하기 바빴던 겁니다. 숨을 크게 들이마셨어요. "고마워요, 비앙카. 당신 말이 옳아요. 제가 시계만 보고 있었네요. 이 프로젝트를 여러분에게 제대로 이해시키는 것이 중요한데 말이죠.

저는 지금 여러분의 질문을 받기 위해 이 자리에 있는 겁니다. 다시 시작하겠습니다. 지금까지의 발표 내용에 대해 질문 있으신 분?" 저는 의식적으로 마음을 진정시켰습니다. 그러자 회의실 분위기가 바뀌더군요. 목소리의 톤이 낮아졌어요. 사람들의 입가에 미소가 돌면서, 험악했던 분위기가 사라졌습니다. 그리고 그들의 말이 귀에 들어오기 시작했어요. 비앙카의 솔직함이 저를 살린 거예요.

40명가량이 모인 자리에서 프레젠테이션을 진행하는 사람에게 큰소리로 부정적인 피드백을 준다면, 대부분의 사람들은 매우 부적절하고 도움이 안 되는 행위라고 생각할 것이다. 그러나 평소에 효과적인 방법을 통해 회사 내에 솔직한 문화를 정착시켰다면, 비앙카의 경우처럼 그런 피드백이 하나의 선물이라는 사실을 깨닫게 될 것이다.

비앙카는 오로지 로즈가 프레젠테이션을 제대로 마무리할 수 있게 도와주려는 의도로 목소리를 높였다(도움을 주겠다는 생각으로 하라). 비앙카는 로즈가 즉석에서 태도를 바꿔 사태를 수습할 수 있게끔 특별한 요령을 알려주었다(실질적인 조치를 포함하라). 로즈는 감사한 마음으로 그녀의 피드백을 받았다(감사하라). 여기서 로즈는 비앙카의 충고에 따라 모두에게 도움이 되는 쪽을 택했다(받아들이거나 거부하라). 이런 틀을 따르면, 정확히 필요한 때와 필요한 장소에서 도움이 되는 피드백을 적용할 수 있다.

비앙카의 의도가 좋았기에 다행이지만, 그렇지 않았다면 어떻게 되었을까? 불만을 가진 사람이 4A 피드백 지침을 따르는 척하면서 실제로는 로즈의 메시지를 왜곡하고 그녀의 평판에 흠집을 내는 경우도 있을 수 있다. 솔직함이 오히려 위험을 초래하는 경우도 없지 않다. 따라서 솔직한 분위기를 마련하려면, 마지막으로 한 가지 요건이 더 필요하다.

사심 없는 솔직함과 똑똑한 왕재수 짓을 구분하라

우리는 유달리 똑똑한 사람들과 함께 일해 왔다. 이들이 어떤 유형의 사람들인지는 다들 잘 알 것이다. 이들은 놀라운 통찰력과 정연한 논리로 문제를 빠르게 해결한다. 인재의 밀도가 높을수록 팀에 똑똑한 사람을 확보하기가 더 쉽다.

그러나 똑똑한 사람들이 많은 집단은 모험을 즐긴다. 이런 인재들은 실제로 대단하다는 칭찬을 많이 듣고 늘 선망의 시선을 받아온 사람들이다. 그들은 자신이 다른 사람보다 능력이 뛰어나다고 생각한다. 그래서 자기만큼 똑똑하지 못한 사람의 아이디어에는 핀잔을 주고, 누군가가 조리 있게 말하지 못할 때 눈살을 찌푸리며, 재능이 떨어진다 싶으면 모욕적인 언사를 서슴지 않는다. 한마디로 이들은, 똑똑한 왕재수들이다.

솔직한 문화를 조성하려면, 똑똑한 왕재수들부터 제거해야 한다. 흔히들 생각한다. '이 친구는 아주 똑똑하니까 절대 놓치면 안 돼.' 그러나 이들 때문에 솔직함에서 비롯되는 혜택을 받을 수 없다면, 제아무리 똑똑해도 의미가 없다. 능률적인 팀워크를 조성할 때도 이들로 인해 치러야 할 비용이 너무 커진다. 똑똑한 왕재수들은 조직을 분열시킬 가능성이 크다. 이들이 즐겨 쓰는 수법이 있다. 동료들의 면전에서 급소를 찌른 다음 한마디 툭 던지는 것이다. "그냥 솔직해지고 싶었어."

우리 넷플릭스는 '똑똑한 왕재수는 사절!'이라는 구호를 내세우지만, 그런데도 아슬아슬하게 선을 넘나드는 직원들이 더러 있다. 그럴 때는 끼어들어야 한다. 오리지널 콘텐츠 전문가인 폴라가 그랬다. 폴라는 비범할 정도로 창의적인 두뇌와 대단한 인맥을 자랑했다. 그것만으로도 엄청난 자산이었다. 그녀는 대본을 읽고 가능성 있는 작품을 골라, TV 시리즈 하나를 히트작으로 만들기 위해 오랜 시간을 투자했다. 매사에 적극적이고 솔직해서 누가 봐도 넷플릭스 문화가 체질에 꼭 맞는 사람이었다.

그런데 폴라는 회의 중에 종종 특정 단어에 강세를 주면서 같은 말을 반복하는가 하면, 때로는 탁자를 주먹으로 내리치기도 했다. 그녀는 수시로 사람들에게 자기 말을 이해했느냐고 확인했다. 폴라는 매우 유능했지만, 다른 사람이 말을 하는 도중에도 노트북에서 손을 떼지 않았다. 상대방의 의견에 동의하지 않을 때는 특히 그랬다. 누군가가 장황하게 말하거나 사족을 많이 붙이면, 그 자리에서 말을 끊고 요점만 말하라고 지적했다. 폴라는 점점 똑똑한 왕재수가 되어갔지만, 그녀 자신은 그렇게 생각하지 않았다. 단지 솔직한 피드백으로 넷플릭스 문화를 충실하게 실천하고 있다고 여긴 것이다. 그러나 그러한 방자한 태도 탓에 그녀는 이제 넷플릭스에서 일하지 않는다.

솔직한 문화라고 해서 다른 사람에게 미치는 영향을 고려하지 않고 아무렇게나 말해도 좋다는 뜻은 아니다. 오히려 솔직하게 말하려면 4A 피드백 지침을 신중히 지켜야 한다. 상대방의 기분도 헤아려야 한다. 그러려면 피드백을 주기 전에 꼼꼼히 따져보고 준비도 단단히 해야 할 뿐 아니라, 책임을 맡은 사람들로부터 모니터링과 코치도 받아야 한다. 넷플릭스 플레이백 API 팀의 엔지니어링 매니저인 저스틴 베커Justin Becker는 '내가 똑똑한 왕재수일까'라는 2017년 프레젠테이션에서 이런 사례를 들려준다.

넷플릭스에 들어온 지 얼마 되지 않았을 때, 한 엔지니어가 제가 맡고 있는 분야에서 큰 실수를 저지른 후 이메일을 보내왔습니다. 메일을 열어보니 책임을 지지 않으려고 둘러대는 변명뿐이었고, 실수를 바로잡을 생각도 없어 보였죠. 저는 화가 나서 그에게 전화했습니다. 물론 의도는 일을 제대로 처리할 수 있게 하려는 것이었어요. 저는 쌀쌀맞은 어투로 그의 행동을 나무랐습니다. 마음이 편치는 않았지만, 회사를 위해서는 어쩔 수 없는 일이라고 생각했어요.

그런데 1주일 후, 그의 상사가 불쑥 저를 찾아왔습니다. 그는 저와 그 엔지니어 사이에 오간 이야기를 들어 알고 있다고 했어요. 엄밀히 말해 제가 잘못했다고 할 수는 없지만, 그 일이 있고 난 뒤 그 엔지니어가 풀이 죽어 일을 제대로 하지 못하고 있다며, 그런 사실을 아느냐고 묻더군요. 그러면서 자기 부하직원의 기를 죽이려는 의도로 그랬느냐고 물었습니다. 저는 당연히 아니라고 강변했죠. 상사는 계속 물었어요. 꼭 그런 식으로 해야 했느냐, 좀 더 긍정적인 말투로 의욕을 갖게 하는 방법은 없었느냐 따졌습니다. "아니요, 그렇게 할 수 있었을 것 같습니다." 저는 생각을 고쳐 잘못을 시인했어요. 그는 고개를 끄덕였고 제 다짐을 확인한 후 돌아갔습니다. 이후로 전 방법을 바꿨습니다.

저희가 나눈 대화라고 해봐야 2분도 채 안 되는 시간 동안 나눈 게 전부였지만, 효과는 즉각적이었습니다. 그는 제가 똑똑한 왕재수 짓을 했다며 비난하지 않았고, 오히려 물었어요. "1) 회사 분위기를 안 좋게 만들 생각인가? 2) 좀 더 품위 있는 방법으로 문제를 처리할 수는 없었는가?" 이런 질문에 대한 답은 사실 정해져 있죠. 그가 저더러 "당신은 똑똑한 왕재수야!"라고 말했다면 아니라면서 발끈했겠지만, 대신 설의법을 사용함으로써 스스로 답을 생각하고 아울러 저 자신의 행동을 돌아볼 시간을 주었던 겁니다.

물론 우리도 가끔 똑똑한 왕재수 짓을 할 때가 있다. 저스틴은 왕재수 짓과 솔직함을 혼동했다. 하지만 그는 자신의 태도를 확실하게 바꿨다. 그리고 지금도 넷플릭스에서 일한다.

8장에서 우리는 팀원들의 솔직함을 독려하는 데 필요한 또 다른 방법 몇 가지를 알아볼 것이다. 그러기 전에 이것부터 정리하고 넘어가자.

두 번째 점

팀에 재능이 뛰어나고 사려 깊고 의욕적인 사람이 많다면, 흔한 방식보다는 일의 속도와 능률에 크게 도움이 되는 일을 하라고 요구할 수 있다. 그들에게는 솔직한 피드백을 많이 주고받으며 아울러 권위에도 도전하라고 가르칠 수 있다.

☑ 솔직한 문화가 조성되면 일을 잘하는 사람을 더욱 탁월한 인재로 만들 수 있다. 솔직한 피드백이 잦아지면 팀과 회사의 업무 속도와 능률이 기하급수적으로 증가한다.

☑ 정식 회의에 피드백 시간을 마련하여 사람들이 솔직하게 말할 수 있는 터전을 마련하라.

☑ 피드백을 효과적으로 주고받을 수 있도록 직원들을 지도하되, 4A 피드백 지침을 지키게 하라.

☑ 리더로서 부하직원들에게 피드백을 자주 요구하고, 피드백을 받았을 때는 소속 신호를 보내라.

☑ 솔직한 문화를 도입하기 전에 똑똑한 왕재수부터 솎아내라.

인재 밀도가 높아지고 솔직한 문화가 자리를 잡으면, 통제를 늦추고 일터에서의 자유를 더욱 늘릴 수 있다.

三 **자유와 책임의 문화를 향해**

대부분의 경우 조직은 직원의 행동을 올바른 방향으로 유도하여 회사 전체 분위기를 좋게 만들기 위한 다양한 형태의 통제 절차를 마련해 놓고 있다. 규정과 승인 절차, 관리 감독 등이 그런 통제 메커니즘이다.

가장 먼저, 회사의 인재 밀도를 높일 수 있도록 총력을 기울여야 한다. 그다음 솔직한 문화를 조성하여 모든 사람이 서로 충분한 피드백을 주고받을 수 있게 해야 한다.

솔직한 분위기가 정착되면, 상사는 더 이상 부하직원들의 바람직하지 못한 행동을 일일이 지적할 필요가 없다. 어떤 행동이 회사에 유익하고 어떤 행동이 해로운지에 대해 공동체 전체가 공개적으로 발언할 수 있게 되면, 상사는 더 이상 부하직원의 업무처리 방식을 감시하지 않아도 된다.

이 두 가지 요소가 자리를 잡으면 통제를 제거할 준비가 된 셈이다. 다음 두 장에서 그 방법을 확인할 수 있다.

이제 통제를
제거하기 시작하라.

───────────── 3-1장

휴가 규정을 없애라

넷플릭스를 세우기 전만 해도, 나는 직원들의 업무 능력을 작업 시간으로 측정하는 것을 당연하게 생각했다. 하지만 이는 현재 기계가 하는 일을 사람이 하던 산업 시대에나 통하는 이야기다.

만약 어떤 매니저가 내게 와서 "리드, 셰리를 승진시키고 싶습니다. 일을 아주 열심히 하거든요"라고 말한다면 나는 실망할 것이다. 그래서 어쨌다는 건가? 나라면 이런 식으로 말할 것이다. "셰리를 승진시킵시다. 대단한 영향력을 가졌거든요." 책상에 꼼짝 않고 붙어 앉아 열심히 일하는 것은 중요하지 않다. 셰리가 하와이 해변의 해먹에 몸을 맡긴 채 주당 겨우 25시간만 일하는데도 대단한 성과를 낸다면 어떻게 하겠는가? 어떻게 하긴, 당장 승진시켜야지! 정말 소중한 사람이 아닌가?

요즘 같은 정보 시대에 중요한 것은 어떤 성과를 내는가이지, 몇 시간을 근무하는가가 아니다. 넷플릭스처럼 창의성을 중시하는 회사의 직원이라면 특히 그렇다. 나는 직원들이 몇 시간 동안 일하는지에 관해서는 털끝만큼도 관심이 없다.

그런데도 우리는 다른 회사와 마찬가지로 휴가기간을 정해주고, 직원이 회사에 빠지는 날을 확인하곤 했다. 모두가 연차에 따라 1년에 정해진 기간만 쉬었다. 2003년까지 그랬다.

상황이 바뀐 건, 한 직원이 던진 질문 때문이었다. 그는 이렇게 따졌다.

"우리는 주말에도 온라인으로 일하고, 집에서도 엉뚱한 시간에 이메일에 답장합니다. 그런가 하면 개인적 용무로 남들이 열심히 일하는 오후에 일찍 퇴근할 때도 있죠. 그렇다고 누가 몇 시간 일했는지 아무도 확인하지 않습니다. 그런데 왜 1년에 며칠 휴가를 썼는지는 따지는 거죠?"

할 말이 없었다. 넷플릭스에는 오전 9시부터 오후 5시까지 하루 8시간 일하는 사람이 있는가 하면, 오전 5시부터 오후 9시까지

16시간 일하는 직원도 있다. 이 둘의 차이는 무려 100%인데, 아무도 그런 것을 감시하지 않는다. 그런데 누가 1년에 50주를 일하는지 48주를 일하는지는 왜 신경을 쓰는 것일까? 그래 봐야 겨우 4% 차이인데! 패티 맥코드는 규정을 아예 없애자고 했다. "그냥 '며칠 쉬어!'를 휴가 규정으로 합시다."

자기 인생은 자기가 책임을 지는 것이니 언제 일하고 언제 쉴지는 각자 알아서 정하게 하자는 아이디어였다. 마음에 들었다. 그러나 내가 아는 한 그와 같은 휴가 규정을 세우고 운영하는 회사는 없었다. 혹여 그런 규정을 세웠다가 예상치 못한 결과를 초래하진 않을까 걱정됐다. 그리고 밤마다 두 종류의 악몽 때문에 자주 잠을 깼다.

첫 번째는 여름 꿈이다. 나는 중요한 회의에 늦는다. 총알처럼 차를 몰아 주차장으로 미끄러지듯 들어가 급하게 주차한 후, 용수철처럼 튀어나와 막 도착한 엘리베이터에 뛰어든다. 준비해야 할 것이 한둘이 아니다. 온 사무실 사람을 동원해도 모자랄 판이다. 사무실 문을 박차고 들어간 나는 이름을 부른다. 데이비드! 재키! 하지만 사무실은 쥐 죽은 듯 고요하다. 왜 아무도 없지? 마침 패티가 보인다. 그녀는 새하얀 모피 목도리를 두르고 있다. "패티, 다들 어디 간 거죠?" 숨을 헐떡이며 묻는 내게, 패티는 책상에 앉은 채 미소를 지으며 태연하게 말한다. "나오셨군요! 어디 가긴요, 다들 휴가 갔죠!"

이건 심각한 문제다. 우리 회사는 규모는 작아도 할 일이 많은 조직이다. DVD 바이어 5명이 전부인 우리 팀에서 2명이 겨울에 1개월 동안 휴가를 간다면, 사무실은 금방 삐걱거릴 것이다. 휴가 때문에 회사가 망하는 것 아냐?

두 번째는 겨울 꿈이다. 밖에는 눈보라가 거세게 몰아친다. 내가 어린 시절을 보낸 매사추세츠처럼. 사무실 현관 앞에 사람 키만큼 눈이 쌓이는 바람에 진 직원이 꼼짝할 수 없게 됐다. 지붕에는 코끼리 이빨만 한 고드름이 매달리고, 바람은 사정없이 창문을 두드린다. 사무실에는 사람들이 가득하다. 몇몇은 아예 주방 바닥에 누워 잠이 들었고, 누군가는 초점 없는 눈으로 모니터를 들여다보고 있다. 갑자기 소름이 끼친다. 왜 아무도 일을 하지 않지? 왜 다들 지쳐 있는 거지? 나는 일 좀 하라며 바닥에서 자고 있는 사람들을 깨운다. 그들은 간신히 몸을 일으키지만, 자리로 돌아가는 발걸음이 좀비와 다를 바 없다. 어쩌다 이 건물에 발이 묶여 탈진한 채 이러고 있는 거지? 사실 그 이유를 모르는 건 아니다. 몇 해째 휴가를 가지 못했으니까.

나는 휴가기간을 정해주지 않으면 아무도 휴가를 내지 않을까 봐 걱정했다. '휴가 규정 폐지'가 자칫 '휴가 폐지 규정'이 되는 것은 아닐까? 우리가 이룩한 대단한 혁신은 대부분 직원들이 근무하지 않을 때 생각해 낸 아이디어에서 시작됐다. 닐 헌트Neil Hunt가 대표적인 경우다. 영국 출신인 닐은 거의 20년 가까이 CPO로 일했다. 패티는 그에게 '막대기 끝에 얹힌 두뇌Brain-on-a-Stick'라는 별명을 지어주었다. 그가 193cm가 넘는 키와 연필처럼 호리호리한

몸매에 유별나게 명석한 두뇌를 가졌기 때문이었다. 닐은 오늘의 넷플릭스를 만든 수많은 기술적 혁신을 직접 감독하고 지휘했다. 그는 휴가 때면 극한의 아웃도어 활동으로 감추어 두었던 열정을 불태웠다.

닐은 오지의 고립된 장소만 골라 다녔는데, 휴가를 마치고 돌아와서는 사업을 한 단계 진전시키는 기막힌 아이디어를 내놓곤 했다. 언젠가는 아내와 함께 얼음 톱을 들고 시에라네바다 산맥 북부로 가서 이글루를 짓고 1주일을 살다 온 적도 있다. 돌아온 그는 고객이 영화를 취향에 맞게 선택하는 방법을 크게 개선한 새로운 수학적 알고리즘을 완성했다. 닐은 직원이 휴가를 가는 것이 회사에도 도움이 된다는 것을 몸소 입증해 보였다. 휴식은 사고의 폭을 넓혀주어 창의적으로 생각하게 만들고, 하던 일을 다른 각도에서 볼 수 있게 해준다. 시도 때도 없이 일에만 매달려 있으면 신선한 눈으로 문제를 바라볼 수 없다.

패티와 나는 임원 회의를 소집했다. 휴가 규정을 없앨 구상을 하면서도 머릿속을 떠나지 않던 두 가지 상반된 우려를 논의하기 위해서였다. 몇 가지 문제가 예상됐지만, 그래도 휴가 규정을 없애기로 했다. 단, 일단 시험 삼아 해보기로 했다. 우선은 모든 유급직원이 원하는 시기에 원하는 만큼 휴가를 쓰게 허락했다. 사전 승인을 받을 필요도 없고, 휴가를 가는 당사자나 매니저 모두 며칠을 떠나 있는지 따지거나 확인하지 않게 했다. 몇 시간 자리를 비울지, 하루를 빠질지 1주일을 빠질지 한 달을 떠나 있을지도 당사자가 정하기로 한 것이다.

실험은 순조롭게 진행되었고, 그래서 지금까지도 그런 식의 휴가 규정을 운영하면서 우리는 많은 혜택을 누리고 있다. 휴가기간을 정하지 않는 방침은 최고의 인재들을 유치하고 유지하는 데도 큰 도움이 되었다. 특히 출근부를 찍는 방식에 저항감을 갖는 Y세대와 밀레니얼 세대의 호응이 눈에 띄었다. 규정을 없애니 관료주의적 풍조가 줄었고, 누가 언제 얼마 동안 자리를 비우는지 추적하는 데 들여야 했던 행정 비용도 사라졌다. 무엇보다 그러한 자유는 직원들이 자신의 휴가를 잘 활용하리라는 걸 회사가 믿고 있다는 걸 보여줌으로써, 그들 스스로 더욱 책임감 있게 행동하게끔 부추겼다.

물론 그렇긴 하지만, 다른 몇 가지 필요한 조치를 취하지 않고 휴가 규정부터 없애면 내가 꾸었던 두 가지 악몽 중 어느 하나가 현실이 될 수 있다. 필요한 조치 중 첫 번째는 이런 것이다.

리더부터 과감한 휴가로 솔선수범하라

최근에 나는 어떤 중소기업의 CEO가 쓴 기사를 읽었다. 그도 넷플릭스와 같은 휴가 실험을 시도했는데, 별다른 성과를 거두지 못했다. 그는 이렇게 썼다.

내가 2주 휴가를 낸다면 동료들이 무책임하다고 할까? 내가 상사보다 더 길게 자리를 비워도 괜찮을까? (…) 지난 10년 동안 우리 회사엔 정해진 휴가기간이 없었다. 그러다 직원이 40명으로 늘면서 이 문제가 수면 위로 떠올랐다. 지난봄에 이사진은 전 직원이 참여한 가운데 이 문제를 투표로 결정하기로 했다. 직원들은 재직기간을 근거로 휴가기간을 차별화하는 쪽을 선호했고, 결국 무제한 휴가가 무산되었을 때, 나는 놀라지 않았다.

그러나 나는 놀랐다. 넷플릭스의 무제한 휴가는 인기가 좋아서, 우리 회사에서라면 결코 이런 결과를 상상할 수 없다. 나의 첫 번째 의문은 이것이다. '그 리더가 장기 휴가를 씀으로써 모범을 보였을까?' 기사를 조금 더 읽어 보니 답이 나왔다.

무제한 휴가 실험을 하는 중 CEO인 나조차도 1년에 2주밖에 휴가를 쓰지 않았다는 걸 뒤늦게 깨달았다. 이제 새로 정한 (유한 휴가) 계획에서는 주어진 5주를 최대한 많이 사용할 생각이다. 내가 이 휴가를 정말로 사용하려고 하는 이유는 그렇지 않을 경우 힘들게 '얻어낸' 기간을 잃을까 두렵기 때문이다.

만약 CEO가 휴가를 2주만 쓴다면, 직원들은 무제한 휴가 규정이 말뿐인 자유라고 생각할 것이다. 무제한 휴가 규정에도 상사가 휴가를 2주만 쓴 걸 보면, 차라리 애초에 그보다 많은 3주를 휴가기간으로 정해주길 바랄 것이다. 규정이 없을 때 사람들은 주로 상사나 동료들이 내는 휴가기간을 보고 자신의 휴가를 결정한다. 따라서 휴가 규정을 없애려고 한다면, 모든 리더가 상당 기간 휴가를 낸 후 다녀와서도 휴가에 관해 많이 이야기해야 한다.

패티는 처음부터 이와 같은 책임을 분명히 일러주었다. 휴가 규정을 폐지하기로 한 2003년 지도부 회의에서, 그녀는 이사진부터 장기 휴가를 가고 휴가 후일담을 많이 전해야만 이에 대한 효과를 거둘 수 있다고 강조했다. 규정이 없을수록 상사의 솔선수범이 더욱 중요해진다. 패티는 사무실 여기저기서 직원들이 인도네시아나 네바다주의 타호호 같은 휴가지에서 보내 온 엽서를 보는 모습을 보고 싶다고 말하면서, 7월에 남부 스페인으로 여행을 떠난 테드 사란도스가 돌아오면 7,000장이 넘는 사진을 추려 모두가 함께 앉아 슬라이드 쇼를 하자고 했다.

규정이 없으면 사람들은 '엄격하지 않은 제약'의 허용 범위를 알아내기 위해, 부서에 있는 다른 사람의 행동을 눈치로 살피게 된다. 나는 평소 여행에 관심이 많았기에 휴가 규정을 없애기 전부터 이미 휴가를 넉넉히 잡으려고 애썼다. 하지만 규정을 없앤 뒤로는 휴가지에서 어떤 일이 있었는지 궁금해하는 사람들에게 일부러 더 많은 이야기를 해주기 시작했다.

리드와 함께 책을 쓰기로 마음먹었을 때, 나는 그가 일벌레일 것으로 지레짐작했다. 하지만 놀랍게도 그는 자주 휴가를 가는 것 같았다. 내가 캘리포니아주의 로스가토스에서 인터뷰를 하는 동안에도 리드가 알프스를 여행하는 중이라서 그를 만날 수 없었다. 나중에 그는 아내와 이탈리아에서 1주일 지내는 동안 딱딱한 베개를 써서 목이 잘 돌아가지 않는다고 투덜댔고, 어떤 직원은 인터뷰 도중 리드와 피지에서 1주일 동안 스쿠버 다이빙을 하고 막 돌아왔다고 말하기도 했다. 리드 말로는 1년에 6주 휴가를 쓴다는데, 내가 보기에는 거기에 '적어도'라는 단어를 붙여야 할 것 같다.

넷플릭스의 무제한 휴가 규정이 성공한 데는 리드의 솔선수범의 영향이 컸다. CEO가 앞장서서 모범을 보이지 않으면 이런 방침도 제 기능을 할 수 없다. 리드가 짧지 않은 휴가를 즐긴 덕분에 몇몇 부서에서는 그가 의도한 대로 낙수효과가 나타났다. 하지만 그와 같은 리더의 시범이 잘 전달되지 않는 부서도 있을 수 있다. 리드 아래에 있는 팀의 리더나 매니저 중 그를 따르지 않는 사람이 몇 명만 있어도, 그들의 부하직원들은 리드의 겨울 악몽에 나오는 좀비 신세를 면하기 어렵다.

마케팅 이사인 카일의 경우를 보자. 카일은 신문기자로 일하다가 넷플릭스에 합류했다. 그는 마감 시간에 쫓길 때의 압박감과 스릴을 즐긴다. "한밤중에 속보가 들어옵니다. 몇 시간 후면 신문이 인쇄되어 나갈 텐데 말이죠. 시곗바늘이 움직이는 소리가 들릴 정도로 초조한 순간순간을 지나며 며칠 걸릴 기사를 몇 시간 안에 끝냈을 때의 짜릿한 성취감이란! 말로 다 표현할 수 없을 정도죠." 카일의 자녀들은 모두 성장했다. 50대 후반인 그는 최근에 할리우드에 있는 넷플릭스 부서 한 곳을 책임지게 되었다. 그는 넷플릭스에서도 여전히 마감 시간에 쫓기듯 일한다. 사정은 그의 부서원들도 마찬가지다. 카일은 그 이유를 이렇게 설명한다. "우리는 우리가 하는 일에 남다른 열정을 갖고 있습니다. 그래서 미친 듯이 일에 매달릴 수 있는 거죠." 카일은 휴가를 길게 내지 않고 휴가지에서 있었던 일도 별로 이야기하지 않지만, 카일의 부서에 있는 사람들은 그의 행동이 무엇을 뜻하는지 확실히 알고 있다.

마케팅 매니저인 도나 역시 지칠 대로 지친 사례에 해당한다.

그녀의 핏비트Fitbit(심박수 등 건강 지표를 알려주는 스마트 밴드-옮긴이)에 따르면, 도나는 전날 밤 4시간 32분밖에 못 잤다. 그녀 스스로 "끝도 없는 일의 협곡"이라고 말하는 일을 끝내기 위해 늦은 밤까지 일하고 다음 날 아침 일찍 일어났지만, 그렇다고 뚜렷한 진척이 있는 것도 아니다. 두 아이를 키우고 있는 도나는 첫째를 낳은 이후로 4년 동안, 일을 깨끗이 잊고 휴가를 온전히 즐겨본 적이 없는 것 같다. "추수감사절에 며칠 휴가를 내어 어머니에게 다녀왔죠. 그때도 내내 빨래만 하다가 왔지만."

넷플릭스는 휴가의 자유를 주었는데, 도나는 왜 휴가를 더 내지 않은 걸까? "남편은 애니메이션 아티스트예요. 만화를 그리죠. 사실상 생활비는 제가 벌고 있어요." 도나는 일을 많이 했다. 그녀의 상사와 팀원들이 모두 그랬기 때문에 그녀도 최선을 다하지 않는 것처럼 보이고 싶지 않았다. "넷플릭스 문화는 아주 이상적이지만, 때로는 이상과 현실의 간격이 아주 클 때가 있어요. 그 간격을 메우는 것이 리더십이죠. 위에서 모범을 보이지 않으면… 지금처럼 할 수밖에 없어요."

넷플릭스가 성장하면서 리드의 모범과 패티의 초기 지침이 제대로 하달되지 않는 곳이 늘어나고 있다. 그렇게 되면, '휴가 규정 폐지'는 '휴가 폐지 규정'이나 다를 바 없어진다. 이를 방지하기 위해 넷플릭스의 많은 리더가 의식적으로 리드의 모델을 따라 장기간의 휴가를 내고 모든 사람에게 이 사실을 알리고 있다. 그렇게 하면 직원들은 넷플릭스에서 제공하는 자유를 다양하고 놀랍고 유익한 방식으로 활용한다.

2017년에 닐 헌트의 후임으로 CPO가 된 그레그 피터스Greg Peters가 그런 사례다. 그는 아침 8시에 출근하여 오후 6시에 퇴근한다. 퇴근하면 곧장 집으로 달려가 아이들과 함께 식사한다. 그는 꼬박꼬박 장기 휴가를 챙긴다. 도쿄로 여행을 갔을 때는 처가 식구들까지 데려갔다. 부하직원에게도 그렇게 해보라고 권한다. "리더가 말만 해서는 안 됩니다." 그레그는 그렇게 설명한다. "직원들은 우리의 행동을 봅니다. 일과 개인 생활의 균형을 잘 조절하여 지속 가능한 페이스를 유지하라고 말하면서 12시간씩 사무실에 버티고 앉아 있으면, 직원들은 내 말이 아니라 행동을 보고 판단할 겁니다."

중요한 것은 리더의 행동이며, 사람들은 그의 말이 아닌 행동을 듣는다. 그레그 팀에 소속된 엔지니어 존이 그렇다. 존은 1970년형 황갈색 투톤의 올즈모빌Oldsmobile을 몬다. 앞 좌석은 벤치형으로 비닐을 씌우고, 우드컬러로 패널링한 복고 스타일의 자동차다. 실리콘밸리의 넷플릭스 본사로 차를 몰고 출근할 때는 마치 1970년대로 돌아간 것 같은 착각을 하게 되는데, 그는 그런 느낌을 좋아한다. 올즈모빌은 그가 아끼는 산악자전거와 기타를 싣고도, 로디지안 리지백Rhodesian Ridgeback 강아지와 여섯 살짜리 쌍둥이 딸이 탈 수 있을 만큼 공간이 넉넉하다. 존은 일과 생활의 균형이 심하게 흐트러진 데 대해 조금 죄책감을 느낀다.

올해에만 이미 휴가를 7주 썼어요. 이제 겨우 10월인데 말이죠. 저의 상사들도 휴가를 많이 내고 있지만, 그들은 제가 어느 정도 자리를 비우는지 잘 모르는 것 같아요. 아무도 묻거나 아는 척하지 않으니까요. 전 자전거 마니아이자 뮤지션이에요. 아빠 노릇도 해줘야 하고요. 그런 생각을 자주 하죠. 이게 전부 돈 들어가는 일인데… 일을 좀 더 해야 하는 것 아닌가? 하지만 성과도 많이 내고 있어요. 그래서 일과 생활의 균형을 절묘하게 유지하는 중이라고 스스로 토닥이죠. 그거면 된 것 아닌가요?

그레그 팀의 다른 직원들도 일반 기업의 휴가 규정에서는 꿈도 꾸지 못했을 창의적인 방법을 각자 찾아냈다. 선임 소프트웨어 엔지니어인 세라는 주당 70~80시간씩 일하지만, 한 해에 10주나 자리를 비운다(최근에는 브라질 아마존에 사는 야노마니 부족을 보고자 인류학 여행을 다녀왔다). 몇 주 치열하게 일한 다음 1주일 동안 일과 전혀 상관이 없는 쪽에 온몸을 던지는 것이 세라의 휴가 활용 방식이다. "넷플릭스가 주는 자유를 그렇게 만끽하는 거죠." 그녀는 그렇게 설명한다. "며칠 더 일하거나 덜 일하는 것은 중요하지 않아요. 자기가 원하는 삶을 치열하게 꾸려나가는 것이 중요하죠. 일만 잘하면 여기선 누구도 뭐라고 하지 않습니다."

상사의 처신은 때로 특정 국가의 문화적 관습까지 완전히 몰아낼 정도로 영향력이 크다. CPO가 되기 전에 그레그는 넷플릭스 도쿄 지사의 총괄책임자였다. 일본의 회사원들은 일반적으로 근무 시간이 길고 휴가를 많이 내지 못한다. 과중한 업무로 인해 죽는다는 '카로오시過勞死(과로사)'란 말이 있을 정도다. 일본 근로자들의 경우 1년에 평균 7일 정도의 휴가를 쓰는데, 아예 쓰지 못하는 사람도 17%나 된다.

30대 초반의 매니저인 하루카는 어느 날 저녁, 초밥을 안주 삼아 맥주를 한잔하면서 내게 그간의 사정을 이야기해 주었다. "여기 오기 전에는 일본 회사에서 일했어요. 아침 8시에 출근해서 자정이 막 넘은 시간에 마지막 기차를 타고 집에 가는 생활을 7년 동안 했죠. 그 7년이란 기간에 딱 1주일 쉰 것이 휴가의 전부였어요. 그것도 여동생이 미국에서 결혼식을 올렸기에 쓴 겁니다." 이런 사례가 일본에서는 드물지 않다.

하지만 넷플릭스에 입사한 후 하루카의 삶은 달라졌다. "그레그 지사장님이 부임하셨죠. 그런데 그는 매일 저녁이 되기도 전에 퇴근했어요. 그래서 다른 직원들도 따라 했죠. 휴가도 자주 가셨고요. 오키나와섬을 가기도 하고, 아이들을 데리고 니세코로 스키 여행을 떠나기도 하더군요. 돌아와서는 여행 사진을 보여주곤 하셨죠. 그런 뒤 우리의 휴가는 어땠느냐고 물어보기도 하셨어요. 그래서 다들 너도나도 휴가를 가기 시작했습니다. 만약 넷플릭스를 그만두게 된다면, 또다시 제대로 쉬지도 못하고 일만 해야 하는 생활로 돌아가야 할까 봐 걱정이에요. 넷플릭스는 이처럼 필수적인 일과 생활의 균형을 제공합니다."

미국인인 그레그는 일본인의 사무실을 유럽인처럼 일하고 휴가를 즐기는 곳으로 만들었다. 그는 세세한 규정을 만들지도, 잔소리 하지도 않았다. 단지 행동으로 보이고 직원들도 따라 하기를 바랐을 뿐이다.

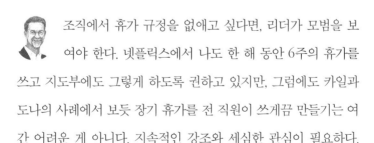 조직에서 휴가 규정을 없애고 싶다면, 리더가 모범을 보여야 한다. 넷플릭스에서 나도 한 해 동안 6주의 휴가를 쓰고 지도부에도 그렇게 하도록 권하고 있지만, 그럼에도 카일과 도나의 사례에서 보듯 장기 휴가를 전 직원이 쓰게끔 만들기는 여간 어려운 게 아니다. 지속적인 강조와 세심한 관심이 필요하다.

그러나 리더와 지도부가 앞장서서 팀원들이 따를 만한 모범 사례를 보인다면, 좀비들이 바닥에서 힘겹게 몸을 일으킬 걱정은 하지 않아도 된다.

리더의 모범은 무제한 휴가가 제 기능을 할 수 있게 만드는 첫 번째 조치다. 휴가 규정을 없앨 때 많은 사람이 걱정하는 또 다른 한 가지는, 팀원들이 자유를 남용하여 적절하지 않은 시기에 몇 개월씩 자리를 비우게 될까 하는 것이다. 그렇게 되면 팀워크에도 문제가 생기고, 사업에도 큰 지장이 생길 수 있다. 따라서 순조롭게 휴가 규정을 없애려면, 두 번째 조치가 필요하다. 이것만 잘 처리하면, 조직에서 카일 같은 리더의 문제를 해결하는 데도 도움이 될 것이다.

직원들이 행동할 수 있게 맥락을 정하고 보강하라

CMO였던 레슬리 킬고어는 2007년에, '통제하지 말고 맥락으로 이끌 것'이라는 문구를 만들었다(이에 관해서는 9장에서 자세히 설명하겠다). 그러나 2003년 휴가 규정을 없앨 당시에는 이런 지침이 없었다. 그저 리더들이 휴가를 많이 가고, 갔다 와서 휴가지에서 있었던 이야기를 많이 하면 된다고 생각했을 뿐이다. 그 이상으로 어떤 구체적인 내용이나 맥락을 정할 생각은 딱히 하지 않았다. 우리는 직원들에게 휴가기간을 정하지 않을 것이고, 며칠 갔다 왔느지 확인하는 일도 없을 것이라고 말했을 뿐이다. 그런데 몇 달이 지나자 문제가 생기기 시작했다.

휴가 규정을 없앤 건 2003년이었다. 그런데 2004년 1월, 회계부 디렉터가 내 사무실로 찾아와 투덜댔다. "휴가 규정을 없앤 대표님의 기막힌 아이디어 덕분에 연말에야 결산하게 생겼습니다." 1월 첫 2주 동안(회계사들에게는 가장 바쁜 시기다) 일이 너무 많이 몰리자 이에 질린 회계팀의 직원 하나가 휴가를 내서 부서 일이 엉망이 되었다는 것이다. 또 어느 날엔 탕비실에서 간식을 들고 있던 매니저와 마주쳤는데, 그는 울었는지 눈두덩이가 붓고 눈 주변에 얼룩이 져 있었다. "리드, 이런 멋대로 휴가 때문에 정말 미치겠어요!" 그녀의 팀은 총 4명이었는데 당장 마감해야 할 일이 산더미였다. 그런데 그중 1명은 다음 주에 아내의 출산으로 육아휴직을 낼 예정이고, 또 1명은 2주 뒤에 떠나는 1개월짜리 카리브해 크루즈 여행을 이제야 보고했다는 것이다. 그는 안 된다고 할 수도 없다며 한숨만 쉬었다. "우리가 베푼 자유의 대가죠, 뭐."

그래서 우리는 휴가 규정을 안전하게 없애는 데 필요한 두 번째 조치를 개발했다. 무턱대고 규정을 없앨 경우 직원들은 줄어든 인원으로 일을 처리하는 법을 몰라 당황하게 된다. 그래서 누군가는 상사가 언제까지 휴가를 쓸 수 있다고 날짜를 정해줄 때까지 꼼짝도 못 한다. "휴가도 좀 쓰지 그래?" 이런 식으로 말하면 휴가를 내지 못한다. 그런가 하면 휴가를 마음대로 쓸 수 있다는 생각에, 동료가 휴가를 낸 기간에 같이 휴가를 떠나 남은 사람을 애먹이는 친구도 있을 수 있다. 그렇게 되면 팀의 능률이 떨어질 뿐만 아니라 궁극적으로 매니저가 궁지에 몰리게 돼, 그 직원을 해고할 수밖에 없다. 결국 모두에게 좋지 않다.

명문화된 규정이 없으면, 매니저가 따로 시간을 내서 적절한 허용 범위를 팀원들에게 설명해야 한다. 그 디렉터는 팀원들을 불러 모아놓고 어느 달에 휴가를 가는 것이 바람직한지 설명했어야 한다. 1월에는 누구도 휴가를 낼 수 없다고 잘라 말했어야 한다. 퉁퉁 부은 눈으로 간식 그릇을 들고 있던 그 매니저는 '한 번에 1명만 휴가를 낼 수 있다'라거나 '휴가지 호텔을 예약하기 전에는 나머지 인원이 엉뚱한 낭패를 겪지 않을지 확인하라'와 같은 제약을 팀원들과 의논했어야 한다. 맥락을 정할 때는 매니저가 좀 더 명확하게 말할수록 좋다. 그 회계부의 디렉터는 이렇게 말하면 된다. "사무실을 한 달간 비우려면 적어도 3개월 전에는 미리 알려줘야 합니다. 5일 정도 휴가라면 한 달 전에 얘기해도 좋아요."

회사가 커지면 리더들이 맥락을 정하고 본보기를 보이는 방식도 다양해진다. 넷플릭스도 빠르게 변하며 성장했기에 직원들의 업무에 대한 중압감과 스트레스가 심하다. 매니저가 빈틈이 많고 생각이 깊지 못할 경우, 도나 같은 신세가 되기 쉽다. 카일이 잘못한 것은 장기 휴가로 모범을 보이지 못했을 뿐만 아니라, 휴가를 내는 문제와 관련해 맥락을 짚어주지 않은 것이다. 그는 팀원들이 일과 생활의 균형을 건강하게 유지할 수 있는 휴가 시기와 길이를 예상했어야 한다. 나는 이런 문제를 원만하게 처리하기 위해 직접 시범을 보여 맥락을 짚어주고자 했다. 그렇게 하면 우리 리더들이 팀원들에게 더욱 명확하게 맥락을 정해주리라 생각했다. 나는 종종 이런 사례를 정하기 위해 디렉터와 부사장(전체 인원의 고위 10~15%)이 참석하는 분기별 회의를 활용한다. 분기별 회의는 넷플릭스의 주요 행사 중 하나로, 1년에 네 번 정도 열린다. 직원들이 좀처럼 휴가를 내지 않는다는 이야기가 들리면 분기별 사업평가(Quarterly Business Review, 이하 QBR) 회의에서 휴가 문제를 정식 안건으로 다룬다. 나는 이를 우리가 지향하고자 하는 환경에 관해 이야기할 기회로 삼아, 리더들에게 소그룹으로 머리를 맞대고 토론할 수 있게 권유한다. 그런 방식으로 우리는 일터에서 일과 생활의 균형점을 찾는다.

휴가 규정의 자유는 부가가치를 창출한다

(그 자유를 아무도 사용하지 않더라도)

·

 넷플릭스가 직원의 휴가기간을 확인하지 않자, 이를 따라하는 회사들이 늘어났다. 테크놀로지 분야의 글래스도어 Glassdoor, 링크드인LinkedIn, 송킥Songkick, 허브스폿HubSpot, 이벤트브 라이트Eventbrite 외에도 피셔필립스Fisher Phillips 같은 로펌과 PR 회사 골린Golin, 마케팅 에이전시 비주얼소프트Visualsoft 등이 그들이다.

2014년에는 영국의 유명한 기업가인 리처드 브랜슨 경이 버진 매니지먼트_{Virgin Management}에 이런 '무규정 정책'을 채택했다. 그는 이 같은 결정을 내리게 된 경위를 다음처럼 밝힌다.

내가 넷플릭스의 무규정 정책을 처음 알게 된 것은, 내 딸 할리가 〈데일리텔레그래프_{Daily Telegraph}〉를 읽다가 급히 보내준 흥미로운 이메일을 통해서다. "아빠. 이것 좀 보세요." 딸의 메일에는 그동안 내가 입버릇처럼 말해왔던 내용이 모두 들어 있었다. 직원들의 휴가기간을 확인하지 않는 것이야말로 버진매니지먼트에 딱 어울리는 방식이다. 딸아이는 이렇게 썼다. "이들과 똑같은 회사에 다니는 친구가 하나 있어요. 그런데 확실히 모든 면에서 성과가 크게 향상되었다고 하더라고요. 직원들의 사기는 물론, 창의성과 생산성도 크게 올랐다고 했어요." 나는 구미가 당겼고 좀 더 알고 싶었다.

혁신의 중요성을 설명할 때 '스마트하다' 혹은 '단순하다' 같은 형용사가 얼마나 자주 동원되는지 확인하는 일은 언제나 흥미롭다. 이는 분명 지금까지 내가 들었던 것 중 가장 단순하고도 가장 스마트한 발상이었다. 나는 영국과 미국 양쪽에 있는 우리 모기업에서 넷플릭스와 같은 무규정 정책을 기쁘게 도입했다. 이 두 나라는 휴가 규정이 특히나 엄격한 곳이 아닌가.

컨설팅 기업 웹크레더블Webcredible의 CEO인 트렌턴 모스Trenton Moss 역시 휴가 규정을 폐지한 후 많은 인재를 확보하고 직원들의 만족도를 높였다고 말한다.

넷플릭스 정신은 1명의 슈퍼스타가 2명의 평범한 직원보다 낫다고 말한다. 우리도 전적으로 동의한다. 최근 좋은 사용자 경험을 개발하는 전문가에 대한 수요가 급증하고 있다는 이야기를 들었다. 그래서인지 직원들을 회사에 붙잡아두기가 매우 힘들어졌다. 이럴 때 휴가 규정을 없애면 큰 도움이 될 것이다. 우리 팀원들은 링크드인에서 늘 인기가 높다. 그리고 우리 직종의 전문가들은 한곳에 오래 머물지 않고 자주 자리를 옮기는 밀레니얼 세대가 대부분이다. 무제한 휴가를 이행하는 건 어렵지 않다. 신뢰할 수 있는 분위기만 만들면 되기 때문이다. 우리 규정은 세 가지 사규를 통해 만들어졌다. 1) 항상 회사의 이익이 되는 방향으로 행동한다. 2) 다른 사람의 목표 달성을 어렵게 하는 행위는 하지 않는다. 3) 자신의 목표를 성취하기 위해 최선을 다한다. 그 외에 휴가기간을 정하는 문제라면, 각자 하고 싶은 대로 해도 좋다.

HR 회사 매머드Mammoth 역시 넷플릭스의 규정을 실험해 보고

그 반응을 살핀 후 흥미로운 사실을 확인했다. CEO인 네이선 크리스턴슨Nathan Christenson은 이렇게 말한다.

우리는 중소기업이라 직원들을 믿는 편이다. 그래서 가능한 한 형식적인 절차를 줄이고 있다. 우리는 이 기회에 넷플릭스의 방식을 1년 동안 시도한 후 평가해 보기로 했다. 그 한 해 동안의 새로운 규정은 우리 직원들에게 아주 많은 혜택을 주었다. 1년의 실험이 마무리되기 직전 실시한 조사에서, 우리 직원들은 무제한 휴가를 회사가 제공하는 혜택 중 베스트 3위로 꼽았다. 1위와 2위는 건강보험과 퇴직 플랜이었다. 안과 보험과 치과 보험, 심지어 직업 훈련도 높은 순위에 올랐지만, 무제한 휴가보다는 아래였다.

크리스턴슨의 직원들은 그와 같은 혜택을 매우 고맙게 여겼지만, 실제로 이를 이용하지는 않았다. "무제한 휴가를 주었는데도 직원들은 1년 전과 비슷한 기간만 쉬더군요(대부분은 적게는 12일, 많게는 19일의 휴가만 썼다. 평균 14일 정도였다)."

넷플릭스는 직원이 며칠을 쉬는지 확인하지 않는다. 따라서 휴가를 쓰는 기간이 평균적으로 얼마인지 알려줄 정확한 자료가 없다. 그 때문인지, 2007년에 산호세 〈머큐리 뉴스Mercury News〉의 기자인 라이언 블릿스타인Ryan Blitstein은 이를 확인해 보기로 했다. 어느 날 아침, 라이언은 특종감을 찾았다는 생각에 들뜬 마음으로 넷플릭스 사무실에 도착했다. '말도 안 되는 넷플릭스의 휴가 규정!' 자신의 기사가 틀림없이 1면에 올라가리라 생각하며 타이틀도 그렇게 정해두었다. 라이언은 패티에게 물었다. "특이한 장소만 골라 탐험하느라 몇 달씩 자리를 비우는 직원이 있다면서요? 그런데도 일이 제대로 되나요?" 패티는 대답 대신 직원들에게 이메일을 보냈다. "조만간 사무실을 기웃거리는 기자를 만나게 될 테니, 마음껏 이야기를 나눠보세요." 블릿스타인은 넷플릭스 구내식당에 앉아 직원들에게 질문 세례를 퍼부었다.

블릿스타인은 마침내 손을 들고 말았다. "기삿감이 안 돼요! 좀 특이한 얘기가 있을 줄 알았는데. 당신 직원들이 뭐라고 했는지 아세요? 휴가 규정이 마음에 들긴 하지만, 결국 늘 하던 대로 한다고 말하더군요. 더도 덜도 아니고 말이죠. 특종감이 못 됩니다!"

책임질 자유를 주라

직원에게 휴가를 가고 싶은 대로 가라고 하면, 하늘이 무너질 줄 알았다. 하지만 달라진 것은 없었다. 예외가 있다면 사람들의 만족도가 조금 올라간 것 같았고, 3주 연속 주당 80시간씩 일한 뒤 브라질 아마존의 야노마니 부족을 찾아가는 것처럼, 조금 별나게 자유를 만끽하는 직원들이 있는 정도다. 우리는 성과를 많이 내는 직원들이 스스로 생활을 통제할 수 있게 하는 한 가지 방법을 알아냈다. 그리고 그런 통제가 오히려 모두를 더 자유롭게 해준다는 사실도 확인했다. 인재 밀도가 높았기에, 우리 직원들은 이미 양심과 책임 의식을 가지고 행동하고 있었다. 솔직한 문화가 정착되었기에, 누군가가 제도를 역이용하거나 주어진 자유를 남용하기라도 하면, 주변 사람이 이를 지적해 상황을 바로 잡았다.

그와 동시에 아주 중요한 현상이 발견됐다. 직원들의 주인의식이 한층 높아졌다는 걸 피부로 느끼게 된 것이다. 냉장고의 우유가 상했다는 것을 알면 얼른 버리는 등, 아주 사소한 것에서부터 그런 특징이 보였다.

직원들에게 자유를 주면, 회사 일을 자기 일처럼 여기게 되어 더욱더 책임 있게 행동한다. 내가 패티와 함께 '자유와 책임, 즉 F&R'이라는 말을 만든 것도 그때였다. 우리에게는 이 두 가지 모두가 필요하지만, 사실 하나를 가지면 나머지 하나는 저절로 따라오게 되어 있다. 그래서 그런 생각을 하게 됐다. 자유는 내가 예전에 생각했던 것처럼 책임의 대립 개념이 아니다. 오히려 자유는 책임을 향해가는 통로다.

생각이 거기에 미치자, 나는 없앨 수 있는 규정이 더 없는지 찾아보았다. 그렇게 나온 것이 출장과 경비에 관한 규정이다.

계속해서
통제를 제거하라.

3-2장

출장 및 경비
승인을 없애라

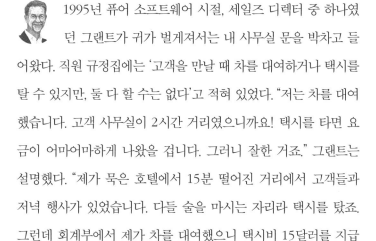 1995년 퓨어 소프트웨어 시절, 세일즈 디렉터 중 하나였던 그랜트가 귀가 벌게져서는 내 사무실 문을 박차고 들어왔다. 직원 규정집에는 '고객을 만날 때 차를 대여하거나 택시를 탈 수 있지만, 둘 다 할 수는 없다'고 적혀 있었다. "저는 차를 대여했습니다. 고객 사무실이 2시간 거리였으니까요! 택시를 타면 요금이 어마어마하게 나왔을 겁니다. 그러니 잘한 거죠." 그랜트는 설명했다. "제가 묵은 호텔에서 15분 떨어진 거리에서 고객들과 저녁 행사가 있었습니다. 다들 술을 마시는 자리라 택시를 탔죠. 그런데 회계부에서 제가 차를 대여했으니 택시비 15달러를 지급해 줄 수 없다는 겁니다." 그랜트는 규정이 엉터리라고 화를 냈다.

"그러면 제가 술을 마시고 운전했어야 하나요?" 패티와 나는 1시간 동안 머리를 맞대고 앞으로도 나올지 모르는 예외 사태에 대비해 규정집을 수정하기로 했다.

몇 달 뒤, 그랜트는 퇴사했다. "고위 경영진들이 그런 문제에 매달려 시간을 보내는 것을 보는 순간, 회사에 대한 기대가 사라졌습니다." 그는 퇴사 인터뷰에서 그렇게 털어놓았다.

그랜트가 옳았다. 넷플릭스에서는 '누구도' 이런 문제로 논쟁을 벌이느라 시간을 낭비하는 일이 없어야 했다. 게다가 나는 가뜩이나 할 일이 많은 인재가 이렇게 한심한 규정을 고치는 데 아까운 두뇌를 써가며 시간을 축낸다는 느낌을 받지 않길 원했다. 그런 짓이야말로 혁신적인 직장을 만드는 데 필요한 창조적 기운을 확실히 사그라뜨리는 방법이었다.

넷플릭스도 초기에는 여느 스타트업과 다를 바 없었다. 출장 시 어떻게 시간을 활용하고 어떤 호텔에 묵으라는 것을 정해놓은 명문화된 규정도 없었다. 회사 규모가 매우 작았기에 중요한 물품을 사면 금방 눈에 띄었다. 직원들은 필요한 것을 마음 놓고 샀지만, 조금 심했다 싶으면 누군가가 알아내어 바로잡았다.

그러나 2004년, 넷플릭스는 상장한 지 2년이 지난 어엿한 중견기업이 되었다. 어느 기업이든 그 정도로 성장하면 갖가지 규정을 세우게 마련이다. 어느 날 CFO인 배리 매카시가 내게 출장과 경비 규정에 관한 새로운 제안서를 보냈다. 중견기업이나 대기업에 합당한 규정이 적힌 문서였다. 들여다보니 별의별 사항이 깨알같이 기록되어 있었다. 어떤 직위의 매니저들이 비즈니스 클래스를 이용할 수 있는지, 직원들이 승인 없이 살 수 있는 비품은 무엇인지, 컴퓨터 같은 비싼 물품을 구할 때 어느 선까지 결재를 받아야 하는지 등이 명시되어 있었다.

마침 얼마 전에 휴가 규정을 없앤 터라, 나는 새로운 통제 절차를 마련하려는 시도에 반대했다. 직원을 제대로 뽑고 경영진이 확실하게 모범을 보이고 맥락을 충분히 설명하면, 규정이 없어도 회사를 원활하게 운영할 수 있다는 사실을 우리는 확인했다. 배리도 내 생각에 동의했지만, 직원들에게 회삿돈을 현명하게 쓰는 법을 가르치려면 명확한 맥락을 정해야 한다는 점을 내게 상기시켰다.

나는 캘리포니아의 해안 도시 하프문베이에서 회의를 소집했다. 상정된 안건 중에는 규정이 없는 상태에서 직원들에게 지출 요령을 명확하게 알리는 방법 등이 포함되었다. 우리는 일어날 수 있는 여러 사례를 검토했다. 몇몇 사례는 긴 설명이 필요 없는 것들이었다. 페덱스FedEx로 가족에게 크리스마스 선물을 보낼 때는 비용을 청구할 수 없다. 그러나 의외로 모호한 상황이 많았다. 업무 목적으로 할리우드에서 열린 파티에 참석하는데 주최자에게 줄 선물로 초콜릿 상자를 샀다면 비용을 청구할 수 있는가? 수요일마다 집에서 일한다면 프린터에서 뽑은 용짓값을 부담하는 건 회사인가 개인인가? 딸이 학교 숙제를 하느라 같은 용지를 사용했다면 어떻게 되는가?

모두의 의견이 일치한 경우는, 직원이 회사 물건을 훔쳤을 경우 해고한다는 것뿐이었다. 그때 클로이라는 디렉터가 끼어들었다. "나도 월요일에 회사 물건을 슬쩍했어요. 프로젝트를 끝내기 위해 밤 11시까지 일하는 바람에 장을 못 봤거든요. 퇴근하려는데 다음 날 아침에 아이들에게 해줄 아침거리가 없다는 생각이 들어, 사무실 주방에서 치리오스Cheerios 미니 박스 4개를 가져갔어요." 그럴 수 있을 것 같다. 규정이나 정책을 아무리 상세하게 정한다고 해도 이런 경우에는 있으나 마나다. 현실에는 규정을 적용하기 어려운 미묘한 부분이 의외로 너무 많았다.

나는 직원들에게 회삿돈을 아껴 쓰라고 말하는 정도만 하자고 제안했다. 무언가를 구입할 때는 자기 돈을 쓸 때처럼 꼼꼼히 따져봐야 한다. 우리는 그렇게 첫 번째 지출 가이드라인을 작성했다.

회삿돈을 내 돈처럼 생각하고 쓰라

괜찮은 아이디어라고 생각했다. 나는 내 돈도 아끼고, 회삿돈도 아껴 쓴다. 다른 사람도 그러리라 생각했다. 하지만 지켜보니 모두가 내 마음 같지는 않았다. 지출 성향도 사람마다 너무 달라서, 여러 가지 문제가 생겼다. 데이비드 웰스David Wells 같은 사람이 있는가 하면, 그 반대인 사람도 있었다. 데이비드는 2004년에 우리가 마침 이런 문제를 논의할 때 재무 담당 부사장으로 우리 그룹에 합류했다. 그리고 2010년부터 2019년까지 CFO 직책을 맡았다.

저는 버지니아의 한 농장에서 자랐습니다. 우리 집은 길에서 멀찌감치 벗어나 비포장도로가 1.5km 정도 이어진 후미진 곳에 자리 잡고 있었어요. 키우던 강아지 스타와 함께 나무가 듬성듬성 집 주변을 둘러싼 80만 m²의 숲에서 벌레를 쫓고 막대기를 휘두르며 뛰어놀았죠.

금수저를 물고 태어나지 않아서인지, 저는 사치를 부릴 줄 모릅니다. 리드가 출장비를 내 돈처럼 생각하고 쓰라고 했을 때, 저는 그 말을 이코노미석을 이용하고 수수한 호텔에 묵으라는 의미로 받아들였습니다. 회사 재정을 담당하는 사람이면 특히나 그렇게 해야 한다고 생각했고요.

새로운 규정이 마련되고 어느 정도 시간이 지났을 무렵, 멕시코에서 리더십 회의가 잡혔어요. 비행기에 올라 제 자리를 찾기 위해 이코노미석으로 몸을 돌렸죠. 그때 일등석에 자리 잡은 콘텐츠 팀원들이 언뜻 보이더군요. 다들 기내 슬리퍼를 신고 느긋하게 몸을 누인 자세였어요. LA에서 멕시코시티까지라고 해봐야, 채 몇 시간도 안 걸리는 거리였죠. 제가 다가가서 알은체하자, 몇몇은 당황스러운 표정을 짓더군요. 하지만 결정적인 것은 그 다음이었습니다. 그들은 일등석에 앉은 모습을 들킨 것에 당황한 것이 아니라, 저 때문에 당황한 것이었어요. 회사의 핵심 중역이 이코노미석이라니!

회삿돈을 내 돈처럼 생각하고 쓰라는 말만으로 직원들에게 큰 기대를 할 수는 없다. 일곱 자릿수 연봉을 받는 부사장 라스는 내게 본인은 호사 부리는 재미로 산다며, 급료를 받는 대로 다 써버린다고 농담처럼 말하곤 했다. 이 같은 라이프스타일의 소비는 우리가 지향하는 바가 아니었다.

결국 우리는 출장과 경비 지침을 단순하게 바꿨다. 현재 넷플릭스의 출장 및 경비 규정은 다음 다섯 마디가 전부다.

넷플릭스에 가장 이득이 되게 행동하라

그러자 훨씬 더 좋은 결과가 나왔다. 비즈니스 미팅을 위해 LA에서 멕시코까지 항공편으로 이동할 때 비즈니스석을 이용하는 것은, 회사에 가장 이득이 되는 선택이 아니다. 그러나 다음 날 아침에 있을 프레젠테이션을 위해 LA에서 뉴욕까지 야간 항공편으로 이동할 때 비즈니스석을 이용하는 것은, 넷플릭스에 득이 될 것이다. 불편한 여행으로 탈진하여, 중요한 순간 또렷하지 않은 정신으로 웅얼거렸다간 일을 그르칠 테니까.

필요한 물품을 마련하는 데 내 돈이 아닌 돈을 쓰는 것보다 재미있는 일이 또 어디 있는가? 그럴 때 어느 정도가 적당할까?

태국 지사 사람들을 만나기 위해 출장을 간다고 해보자. 방콕의 기막힌 날씨와 온몸이 시원해지는 마사지를 생각하니 벌써부터 마음이 들뜬다. 이참에 지난번 출장 때 바퀴가 망가진 여행 가방을 바꿀까? 비싸긴 하지만 투미Tumi 슈트케이스가 탐난다. 물론 여행 가방 비용까지 내주는 회사는 많지 않지만, 출장 중에 망가진 것이니 청구해도 되지 않을까?

반면, 당신이 회사의 오너라면 동일한 다섯 마디 지침 때문에 돈을 아낄 궁리부터 할 것이다. 그렇다고 무조건 싸구려 호텔에 묵었다가는 두드러기로 달갑지 않은 곤욕을 치를 수도 있다. 그러니 직원들만큼은 쓰고 싶은 대로 회삿돈을 쓰게 할까? 승인도 필요 없다고 말할까? 그러다가 지출이 크게 초과하여 재정이 휘청거리면 어쩌지? 정직하고 검소한 직원도 없지 않겠지만, 혹시 내 돈 아니라며 다들 신나게 회삿돈을 써대면 어떡하지?

쓸데없는 걱정만은 아니다. 그런 사례를 보여주는 연구는 얼마든지 찾을 수 있다. 실제로 들키지만 않는다면 자신의 이득을 위해 제도를 얼마든지 악용할 의사가 있다고 대답한 직원이 절반이 넘은 회사도 있었다.

오스트리아 린츠 대학교의 게랄트 프루커Gerald Prucker와 빈 경영경제 대학교의 루퍼트 사우스그루버Rupert Sausgruber는 바로 이런 시나리오에 사람들이 어떻게 반응하는지 알아보기 위한 실험을 했다. 그들은 지키는 사람이 없는 상자에 신문을 놓고 판매했다. 가격표에 적힌 금액을 동전 투입구에 넣고 가져가면 되는 방식이었다. '양심껏 신문값을 치르세요'라는 문구도 붙여놓았다. 그러나 돈을 내지 않고 신문을 가져간 사람이 3분의 2에 달했다. 이런 결과를 보면서도 우리 회사에는 3분의 1의 정직한 이들만 근무할 것이라며 애써 위안을 삼겠는가?

희한하고 놀랍게도, 넷플릭스의 출장 관련 경비 지출 방식은 무인판매대 실험과 아주 다르다. 예상만큼 재미있진 않지만, 그렇다고 걱정스럽지도 않다. 그것은 첫 단계에 주어지는 맥락과 마지막 단계에 이루어지는 확인 절차 때문이다. 직원들은 회삿돈을 쓰는 방법을 각자 정할 만큼 많은 자유를 보장받지만, 그것이 무조건적인 자유가 아니라는 걸 부인할 수도 없을 것이다.

첫 단계에서 맥락을 정한 후,
마지막 단계까지 지출을 감시하라

넷플릭스에 들어오는 신입사원은 어떤 경우 회삿돈을 쓸 수 있고 어떤 경우에는 쓰면 안 되는지 알고 싶어 한다. 우리는 그들이 올바른 선택을 할 수 있도록 맥락을 제시한다. 데이비드 웰스는 CFO로 있던 10년 동안 '신입 직원 대학New Employee College'에 입학하는 신입생들을 위해 1차 맥락을 정했다. 그는 신입 오리엔테이션에서 이렇게 말한다.

돈을 쓰기 전, CFO인 나와 당신의 상사 앞에서 특정 항공기 좌석 등급이나 호텔, 전화 통화 방식을 선택한 이유를 설명한다고 상상해 보세요. 그런 선택이 회사에 가장 이득이 된다고 자신 있게 설명할 수 있다면 물어볼 필요 없이 그것을 택하여 예약하면 됩니다. 그러나 설명할 때 어딘가 꺼림칙한 부분이 있다면, 상사와 의논한 다음 좀 더 저렴한 방식을 선택하세요.

이것이 내가 말하는 '전 단계 맥락context at the front end'이다. 자신의 선택을 상사에게 설명하는 상상을 해보라는 데이비드의 말은 단순한 가상 연습을 뜻하는 것이 아니다. 지출할 때 세심한 주의를 기울이지 않으면, 당신의 선택을 '정말로' 설명해야 하는 순간이 올 수도 있다.

넷플릭스는 구매 주문서를 작성하거나 어떤 물품을 구입할 때 결재를 기다릴 필요가 없다. 그냥 구입하고, 영수증 사진을 찍고, 지급 청구서를 제출하면 그만이다. 그러나 그렇다고 해서 아무도 관심을 가지지 않는다는 뜻은 아니다. 재무팀에서는 잘못된 지출을 근절하기 위해 각 부서에 두 가지 절차를 제시한다. 매니저들은 두 가지 중 하나를 선택하거나 둘을 조합할 수 있다. 첫 번째 방법은 F&R의 정신을 강조하는 것이다. 두 번째 선택은 선별적 전수조사를 받는 것이다.

매니저가 F&R 정신을 강조하는 방식을 택할 경우, 이렇게 진행된다. 매달 마지막 날에 재무팀은 지난 몇 주 동안 받은 모든 영수증 리스트의 링크를 각 매니저에게 보낸다. 매니저는 내역을 클릭한 다음 쭉 훑어 내려가며 부하직원이 지출한 내역을 확인할 수 있다. 넷플릭스에서 이 방법을 썼던 패티 맥코드는 매달 말일, 재무팀이 보낸 이메일을 열어 인사부 직원들이 쓴 경비를 주의 깊게 살펴보았다. 과다지출 내역이 심심치 않게 눈에 띄었다. 2008년에 패티는 자기 부서의 리크루터인 제이미와 관련된 사건을 이렇게 설명한다.

금요일 오후 늦은 시간 퇴근할 준비를 하고 있는데, 제품부 직원 2명이 제이미를 데리러 왔더군요. 디오데카Dio Deka에 갈 거라고 했어요. 디오데카는 실리콘밸리에 있는 그리스 식당인데, 미슐랭 스타의 레스토랑이죠. "오늘 술 한잔하려고요?" 제가 묻자 제이미는 "아뇨. 그냥 저녁 식사만 하는 미팅인데요"라고 대답했어요.

다음 달 우리 팀의 지출 내역서를 살펴보니, 디오데카에서 제이미 앞으로 나온 400달러짜리 영수증이 있었어요. 이건 아니다 싶더군요. 그래서 말했어요. "이봐요, 제이미. 이거 몇 주 전에 제품부 직원들과 나갔을 때 쓴 영수증 아닌가요?" 그녀는 그렇다고 하더군요. 제이미는 존이 고급 와인을 주문했다고 설명했어요. "존과 그레그는 아무 와인이나 마시지 않거든요." 그 말에 부아가 치밀었습니다!

저는 말했죠. "그 친구들이 100달러짜리 와인을 마시고 싶다면 얼마든지 그러라고 해요! 그런데 왜 회사가 그들이 내야 할 돈을 내줘야 하죠?"

그리고 패티는 제이미가 알아야 할 맥락을 일러주었다.

"저녁 식사에 누굴 데리고 가면서 돈을 쓸 수도 있어요. 그런데 그 친구가 고급 와인을 주문한다면? 좋아요, 그것도 당신 일의 일부니까. 하지만 여러분이 술 마시고 식사한 돈을 회사가 내라고? 그건 아니죠! 당신이 동료들과 즐거운 시간을 보내고 싶다면 당신의 돈을 쓰세요. 미팅 장소가 필요하면 회의실을 쓰고. 이건 넷플릭스에 가장 이득이 되는 방식이 아닙니다. 제대로 판단하세요!"

한두 번이라도 맥락을 확실하게 짚어주면, 대부분의 직원이 신중하게 판단하여 현명하게 돈을 쓴다. 게다가 매니저가 자신이 쓰는 경비를 일일이 확인한다는 사실을 알고 나면, 돈을 물 쓰듯 하지는 못할 것이다. 그렇게 지출에 재갈을 물릴 수도 있지만, 넷플릭스에서는 F&R을 좀 더 대담하게 활용한다.

F&R과 더불어 선별적 전수조사를 받을 각오가 되어 있는 매니저들에게는 다른 방법이 있다. 번거롭게 영수증을 들여다볼 필요 없이 회계부에 맡겨 과도한 지출을 찾아내는 것이다. 이를 통해 그런 사례가 적발되면, 해당 직원은 그날로 짐을 싸야 한다.

레슬리 킬고어는 이 방법을 다음처럼 설명한다.

우리 마케팅팀은 원래 남의 눈치를 보지 않았습니다. 비행기를 탈 때도 좌석을 직접 골랐고 호텔도 직접 선택했죠. 저는 직원들이 올바른 선택을 할 수 있도록 그들과 많은 시나리오를 검토했습니다. 밤사이에 꼬박 비행기를 타고 날아가 다음 날 아침에 업무를 처리해야 한다면, 비즈니스석을 타는 것이 합리적입니다. 그러나 야간 항공편을 이용하여 아침 일찍 도착해야 하는 경우에도 돈을 절약하기 위해 이코노미석을 이용한다면, 회사로서는 고마운 일이죠. 그러면 회사는 더 좋은 호텔을 잡는 것도 허용할 겁니다. 하지만 길지 않은 비행에 비즈니스석을 이용한다면, 넷플릭스에 가장 이득이 되는 방법이라 볼 수 없겠죠.

저는 직원들이 쓴 지출 내역서를 절대 보지 않겠지만, 대신 재무팀에서 해마다 매년 경비의 10%를 무작위로 골라 감사한다는 사실을 직원들에게 분명히 일러두었습니다. 그들이 검소하게 행동하고 회삿돈을 신중하게 쓸 것으로 믿습니다. 만약 재무 팀이 뭔가 부정한 증거를 찾아내면 그 직원은 즉시 해고될 겁니다. 이는 단순한 위협이나 경고가 아니에요. 그것은 '자유를 남용하려면 나가라'라는 메시지입니다. 그 사람은 하나의 본보기가 되겠죠.

이것이 F&R의 골자다. 상사가 준 자유를 부하직원이 남용한다면, 그를 해고하고 그 사실을 공개하여 다른 사람들이 결과를 납득하게 해야 한다. 그렇게 하지 않으면 자유가 제 기능을 발휘할 수 없다.

속이는 사람이 있어도, 실보다는 득이 많다

자유를 줄 때 맥락을 설정하고 남용의 결과를 똑똑히 보여주어도, 제도를 악용하는 사람들은 있게 마련이다. 그럴 때 과민반응하거나 규정을 늘릴 필요는 없다. 사정이 있을 거라고 생각하면서 계속 밀고 나아가면 된다.

넷플릭스에도 부정을 저지르는 사람이 있다. 크게 화제가 된 것은, 타이완에서 일하던 한 직원의 사례였다. 그는 출장이 잦은 업무 특성을 이용해, 중간에 호화판 휴가를 많이 끼워 넣었다. 그의 상사는 영수증을 검토하지 않았고 재무팀도 3년 동안 감사를 하지 않았다. 그러다 개인적인 여행에 공금 10만 달러를 유용한 사실이 발각됐다. 두말할 필요 없이, 그는 해고되었다.

사실 느슨한 규정으로 회삿돈을 쉽게 쓸 수 있다고 해도, 대부분의 경우 회삿돈을 빼돌리는 게 아니라, 걸리지 않을 만한 틈을 발견하는 정도다. 총괄 운영 부사장인 브렌트 위킨스Brent Wickens는 넷플릭스의 전 세계 모든 사무실에 대한 감독 책임을 맡고 있다. 어느 해 봄, 그의 팀에 속한 미셸이라는 직원이 라스베이거스로 몇 차례 출장을 갔다. 브렌트는 불시에 자신의 부서에서 지출된 경비를 검토하곤 했는데, 사실 그렇게 하는 것도 1년에 몇 번 되지 않았다.

어느 날 밤, 잠이 오지 않아 '부서별 직원 지출 내역'이라는 제목의 이메일 링크를 클릭했습니다. 우리 부서의 직원들이 지출한 내역을 살펴보는데, 뭔가 심상치 않은 부분이 있더라고요. 미셸의 출장 내역서에 라스베이거스의 카지노 윈Wynn에서의 '식사와 주류' 명목으로 1,200달러가 기재되어 있었습니다. 이틀짜리 출장의 식사와 주류 비용으로는 과도한 금액이었죠. 이상하다 싶어, 지난 몇 달 동안 그녀가 쓴 경비를 살펴보았습니다. 자잘한 액수의 항목들 사이사이에 석연치 않은 비용이 끼어 있었어요. 미셸은 목요일 회의에 참석하기 위해 보스턴으로 날

아가 주말을 가족과 보낸 적이 있었습니다. 그런데 금요일 밤의 식사비가 180달러였어요. 가족과 식사를 한 건가?

저는 사무실에 미셸과 단둘이 남을 때를 기다려 그 비용에 관해 물었어요. 그녀의 표정이 금방 굳어지더군요. 미셸은 설명하지 못했어요. 사과도 변명도 없이, 그저 묵묵부답이었죠. 저는 다음 주에 그녀를 내보냈습니다. 그녀는 사물함을 챙기면서 계속 뭔가 단단히 오해하신 거라며 중얼거리더군요. 어이가 없었지만, 지금까지도 정확한 사유를 알지 못합니다. 다른 회사로 이직한 미셸은 거기서 일을 잘하고 있는 것 같습니다. 넷플릭스가 허락한 자유가 그녀에게는 썩 맞지 않았던 것 같아요.

이후에 가진 QBR 회의에서, 넷플릭스의 당시 최고인재책임자CTO는 무대로 올라가 350명의 참석자 앞에서 미셸의 이야기를 상세한 내역과 함께 소개했다. 물론 그녀의 실명이나 부서는 밝히지 않았다. 그러고는 각자 부서로 돌아가 팀원들에게도 이 사연을 알려주라고 당부했다. 제도를 역이용하여 사익을 챙겼을 때 어떤 결과를 맞게 되는지, 모두 알아야 하기 때문이다. 넷플릭스는 기회가 되면 이런 사례들을 모두에게 공개한다. 미셸에게는 안 된 일이지만, 어떤 일이 일어났는지 모두에게 알리는 것이 중요하다고 브렌트는 판단했다. 이 정도로 투명하게 운영하지 않으면 지출 승인으로부터의 자유가 제대로 기능할 수 없다.

넷플릭스에서 자유를 허용함으로써 발생하는 지출 중 가장 큰 건, 아마 출장 시 비즈니스석을 이용하면서 나가는 비용일 것이다. 우리는 비즈니스석 이용에 관한 제한 규정 여부를 놓고 여전히 고민 중이다. 하지만 고위 매니저들은 지금 그대로를 좋아한다. CFO였던 데이비드 웰스는 정식 결재 시스템이 있을 때에 비해 출장비용이 약 10% 올라갔다고 추산했지만, 리드 헤이스팅스는 말했다. 그 10%는 그에 따른 이득에 비하면 그렇게 크지 않다고.

큰 이득
자유롭고 빠르고 (아울러 놀라울 정도로) 검소하다

앞에서 퓨어 소프트웨어 시절 세일즈 디렉터였던 그랜트의 이야기를 했다. 당시 그는 택시요금 청구 문제로 크게 화를 내며 내게 불평했다. 회사의 형식적이고 까다로운 규정 때문에 무엇 하나 제대로 처신하기 어렵다고 했다. 무언가를 좀 해보려고 할 때마다 규정이나 정책이 덜미를 잡는다는 것이었다.

그렇게 생각하는 사람이 그랜트뿐만은 아닐 것이다. 나는 우리 직원 전체가 비슷한 생각을 하고 있을 것으로 판단했다. 새처럼 날고 싶어 하는 수백 명의 직원이 관료주의라는 포장용 테이프에 날개가 칭칭 감겨 꼼짝도 못 하는 모습을 상상했다. 직원들의 창의성을 죽이거나 관료주의로 일 처리 속도를 늦출 의도는 애당초 없었다. 지출 규정이 있으면 위험을 최소화하고 돈을 절약할 수 있지 않을까 막연히 추측했을 뿐이다.

그러나 중요한 것은 이것이다. 좀 더 자유롭게 날 수 있는 분위기에서 돈을 좀 더 쓰게 되더라도, 그 대가는 직원이 마음껏 날 수 없는 직장이 치르게 될 대가보다 크지 않다는 것. 검표 항목에 일일이 체크한 뒤 결재받는 식으로 직원의 활동폭을 제한한다면, 사람들의 기운을 뺄 뿐만 아니라 규정이 느슨한 환경에서 기대할 수 있는 속도와 유연성을 잃게 된다. 내가 자주 인용하는 좋은 사례가 하나 있다. 2014년, 우리 차석 엔지니어가 찾아낸 문제다.

4월 8일 금요일 아침, 파트너 계약 담당 디렉터인 나이절 바티스트Nigel Baptiste는 8시 15분에 넷플릭스 실리콘밸리 사무실로 출근했다. 화창하고 포근한 아침이었다. 나이절은 먼저 4층에 있는 탕비실에서 커피를 한잔 따라 휘파람을 흥얼거리며 느긋한 발걸음으로 팀원들이 있는 자리로 향했다. 어제 그곳에서 나이절과 팀원들은 삼성이나 애플 같은 공식 파트너들이 만든 TV로 넷플릭스 스트리밍 서비스를 시험했다. 그러나 본인의 책상에 돌아온 나이절은 그 자리에 얼어붙고 말았다. 휘파람도 뚝 하고 멎었다. 눈앞에 보이는 광경, 아니 눈앞에 보이지 않는 광경 때문에 크게 당황한 것이다. 나이절은 그때를 이렇게 기억한다.

넷플릭스는 그동안 우리 고객들이 최신 기술이 적용된 4K 초고화질UHD TV로 〈하우스 오브 카드〉를 시청할 수 있게 하고자 엄청난 돈을 투자해 왔습니다. 문제는 그때까지 기본적으로 4K를 지원하는 TV가 없다는 점이었죠. 갓 나온 최신형 고화질 TV가 있었지만, 그것을 볼 수 있는 사람은 거의 없었습니다. 그때까지 4K TV를 출시한 곳은 우리의 파트너인 삼성뿐이었거든요. 이 기종은 너무 고가라 과연 고객 중 몇이나 이를 구입할 수 있을지 확실하지 않았죠. 그렇지만 그해에 저는 삼성과 손잡고 4K TV로 〈하우스 오브 카드〉를 보는 시청자를 가능한 한 많이 확보하겠다는 원대한 꿈을 세웠습니다.

우리는 저널리스트 제프리 파울러Geoffrey Fowler와 함께 삼성의 최신형 TV로 〈하우스 오브 카드〉를 시험 시청하기로 합의했어요. 미디어 지형에 자그마한 쿠데타를 일으킨 셈이죠. 제프리 파울러는 〈월스트리트저널Wall Street Journal〉에 하이테크 제품에 관한 비평을 주로 쓰는데, 200만 고정 독자층을 확보하고 있을 정도로 이 분야의 독보적인 존재예요. 4K TV가 돌풍을 일으키려면 그의 리뷰가 꼭 필요했어요. 목요일에 삼성의 엔지니어들이 4K TV를 들고 우리 사무실로 왔습니다. 우린 파울러가 멋진 경험을 할 수 있게 엔지니어들과 미리 점검했죠. 그날 저녁 TV 테스트는 만족스럽게 끝났고, 우리 모두 퇴근했습니다.

그런데 금요일 아침 사무실에 출근했을 때, 그 TV가 없어진 겁니다. 너무 어이가 없어서 말도 안 나오더군요. 급히 알아봤더니, 설비팀에 구형 TV들을 치워달라고 했는데, 4K TV까지 함께 없애버린 거였어요!

난감했습니다. 그 TV는 2시간 뒤에 파울러의 자택 거실에 놓여야 했거든요. 삼성에 연락하기엔 이미 너무 늦었죠. 오전 10시까지 한 대를 더 사는 수밖에 없었습니다. 시내에 있는 전자제품 매장에 일일이 전화를 걸었지만, 처음 세 곳의 대답은 똑같았어요. "죄송합니다만, 그 기종은 지금 없습니다." 복장 터질 일이죠. 이 기회를 놓치면 만사가 수포로 돌아갈 판이었어요.

발을 동동 구르며 울상을 짓고 있는데, 우리 팀의 막내 엔지니어인 닉이 사무실로 뛰어 들어왔어요. "걱정하지 마세요, 이사님." 닉은 먼저 저부터 안심시켰어요. "제가 다 손을 써 놨습니다. 지난밤에 들어와 보니 TV가 사라지고 없더군요. 이사님께 전화하고 문자를 넣어도 아무런 응답이 없었고요. 그래서 트레이시에 있는 베스트바이Best Buy로 차를 몰고 가서 같은 기종을 사다가 오늘 아침에 테스트해 봤어요. 가격이 2,500달러이긴 했지만, 그렇게 하는 것이 옳다고 생각했습니다."

기절하겠더군요. 2,000 하고도 500달러라니! 상상해 보세요. 말단 엔지니어가 무슨 재량권이 있다고 승인도 없이 그 큰돈을 쓴단 말입니까? 그런데 저도 모르게 안도의 한숨이 나왔습니다. 그동안 제가 거쳤던 마이크로소프트Microsoft나 휴렛패커드HP나 다른 회사였다면, 절대 일어날 수 없는 일이었죠.

파울러는 고화질 스트리밍에 감탄사를 연발했다. 4월 16일 자 〈월스트리트저널〉에 기고한 글에서 그는 이렇게 썼다. '절대 당황하는 법이 없는 프랜시스 언더우드조차도 UHD 화면 안에서는 땀을 흘렸다. 나는 넷플릭스의 〈하우스 오브 카드〉가 스트리밍되는 동안 케빈 스페이시가 연기한 부통령의 윗입술에 맺힌 땀을 똑똑히 보았다.'

나는 직원들이 적시에 적절한 결정을 내리지 못하게 막는 규정은 원하지 않는다. 파울러의 평은 그 TV값 2,500달러보다 넷플릭스와 삼성 모두에게 수백 배 더 가치 있는 것이다. 닉에게는 그와 같은 일 처리를 가능하게 한 다섯 마디가 있었다. '넷플릭스에 가장 이득이 되게 행동하라.' 그런 자유 덕분에 그는 회사를 위해 어떤 행동을 해야 할지 정확하게 판단할 수 있었다. 그런데 자유가 지출 정책을 없앰으로써 얻을 수 있는 유일한 혜택은 아니다. 두 번째 혜택이 있다. 절차가 없으면 일 처리 속도가 빨라진다는 사실이다.

빠르고 유연한 스타트업에서 안정적인 사업체로 성장할 때, 수뇌부는 종종 부서장들이 나서서 각자 씀씀이를 감시하게 만든다. 이렇게 하면 조직을 장악하고 있다는 느낌을 가질 수는 있지만, 업무처리 속도가 떨어질 수밖에 없다. 제품혁신 디렉터인 제니퍼 니에바Jennifer Nieva는 HP에 근무하던 때의 일화를 이렇게 소개한다.

저는 HP에서 일하는 것이 좋았지만, 2005년 어느 주엔가 머리 꼭대기까지 화가 난 채 퇴근한 적이 있습니다.

얼마 전 회사에서 제게 대형 프로젝트 하나를 맡겼습니다. 척 보니, 매우 전문적인 외부 컨설턴트가 몇 명 필요한 일이었어요. 전문가들과 6개월 정도는 작업해야 할 프로젝트였죠. 전 컨설팅 회사 여덟 곳을 조사한 끝에 하나를 택했습니다. 그들은 6개월의 작업에 20만 달러를 불렀고, 저는 계약하기로 마음먹었습니다. 그들은 당장 착수할 수 있다고 했지만, 승인을 받아야 했어요. 자칫 시간을 너무 끌어 그들이 다른 클라이언트와 계약이라도 하는 날엔 닭 쫓다 지붕 쳐다보는 신세가 될 판이었죠.

전 절차에 따라 지출승인 요청서를 HP 조달 시스템에 제출했습니다. 그다음 전 과정을 훑어봤어요. 일을 시작하기 전에 서명을 받아야 할 사람이 20명이더군요. 내 상사, 내 상사의 상사, 내 상사의 상사의 상사뿐 아니라 잘 모르는 이름 10여 명이 멕시코 과달라하라에 있는 우리 회사 조달부에 버티고 있더라고요. 이들의 결재를 받으며 꾸물거리다가 기껏 찾아낸 컨설턴트들을 모두 놓칠지도 모를 판이었죠. 조바심이 났어요. 제 상사가 서명했고, 그녀의 상사가 서명했고, 그의 상사가 또 서명했습니다. 저는 그때부터 조달부에 전화로 독촉했습니다. 처음에는 매일 하다가 나중에는 매시간 다그쳤습니다. 그런데 도무지 전화를 받지 않는 거예요. 결국 애나라는 사람이 받았습니다. 저는 갖은 아양을 떨어가며 좀 도와달라고 사정했어요. 그 후로도 애나에게 수도 없이 전화한 덕분에 결국 6주가 지난 뒤 승인이 떨어졌어요. 마침 애나는 다른 직장을 알아보는 중이라며 저더러 링크드인에 추천서를 써달라고 부탁하더군요.

생각해 보자. 매달 이런 장애물을 처리하는 데 힘을 빼는 수백, 아니 수천 명의 제니퍼 때문에 조직의 속도가 떨어지고 있다. 절차는 경영진에게 업무를 장악하고 있다는 기분을 선사하겠지만, 일의 속도는 떨어질 수밖에 없다. 여기까지가 제니퍼 이야기의 전반부다. 다행히 후반부는 해피엔딩이다.

2009년, 저는 마케팅 매니저로 넷플릭스에 입사했습니다. 3개월 뒤에 DM 광고 캠페인을 위해 300만 장의 광고지를 준비할 업무가 생겼어요. 가장 인기 좋은 영화의 사진이 담긴 팸플릿을 발송하는, 아주 더딘 방법이었죠. 이 프로젝트에는 거의 100만 달러 가까운 예산이 들었습니다. 저는 명세서를 출력해서 상사를 찾았습니다. "스티브, 비용이 거의 100만 달러에 달하는데, 어떻게 해야 승인받을 수 있죠?" 전 최악의 사태까지도 염두에 두고 물었어요. "그냥 서명해서 벤더에게 다시 팩스로 보내면

돼요." 그가 말하더군요. 빈말이 아니었어요. 그 자리에서 거의 쓰러질 뻔했다니까요.

나이절과 제니퍼의 사례에서 우리는 '넷플릭스에 가장 이득이 되게 행동하라' 같은 간단한 경비 지출에 관한 지침이 직원들에게 얼마나 큰 선택의 자유를 주고 그들의 일 처리 속도를 끌어올리는지 볼 수 있다. 그러나 자유와 속도가 혜택의 전부는 아니다. 세 번째는 더욱 놀라운 혜택으로, 지출 정책을 없앨 경우 오히려 지출을 덜 하는 사람도 생긴다는 사실이다. 할리우드를 기반으로 하는 컨슈머인사이트부Consumer Insight department의 디렉터인 클라우디오가 그런 사례다.

일을 하다 보면 고객을 접대해야 할 때가 많습니다. 바로 전 직장이었던 비아콤에는 고객을 접대할 때 어떤 식당을 가야 하고, 누가 어떤 항목을 지급하며, 어느 정도의 술값을 지원해 주는지를 명시해 놓은 규정이 있었습니다. 그래서 편했죠. 일정 선을 넘지만 않으면 되니까요.

규정에 따르면, 고객 1명과 식사할 때 와인은 첫 1병까지 주문할 수 있습니다. 그래서 식사 전에 고객에게 양해를 구하죠. "식대와 와인 1병은 회사가 지원해 줍니다. 그 이상은 각자가 부담해야 하고요." 가끔 랍스터나 비싼 와인을 주문하면서 한도를 최대한 이용할 때가 있는데, 이 역시 확실한 규정이 있기 때문에 한도 내에서 일을 처리하면 됐죠.

넷플릭스에 입사한 지 몇 주가 지났을 무렵, 고객과 첫 저녁 식사를 하게 되었습니다. 그래서 상사인 타냐에게 물었죠. "고객과 좀 비싼 식사를 해야 할 경우 규정이 어떻게 되나요?" 대답이 어처구니가 없더군요. "규정 같은 건 없어요. 알아서 하세요. 넷플릭스에 가장 이득이 되는 쪽으로 판단하면 돼요." 제가 제대로 판단하는지 시험해 보려는 것 같기도 해서, 다소 불편했습니다. 그래서 그녀에게 제가 얼마나 회삿돈을 아끼는지 보여주기로 마음먹었어요. 전 값싼 식사를 주문하고 와인이 아닌 맥주를 딱 1병 주문했습니다. 식사가 끝났을 때 고객들은 술을 더 시키려고 했지만, 양해를 구하고 계산한 다음 자리에서 일어났어요. 그들의 파티에 돈을 대줄 생각이 전혀 없었으니까요.

이후로 타냐와 함께 일하며 지켜본 결과, 처음부터 그녀에겐 저를 시험할 의도가 없었다는 걸 알게 되었어요. 저의 저녁 식사 영수증 따위는 아예 거들떠보지도 않았으니까요. 그래도 규정이 없으니 언제 어떤 판단이 문제가 될지 알 수 없어서 답답하긴 합니다. 물론 저는 지금도 처음에 시켰던 간소한 주문을 여전히 고수하기에 걱정하지는 않습니다. 랍스터나 비싼 와인 같은 건 제 사전엔 없으니까요.

클라우디오의 사례를 보면, 규정이라는 것이 얼마나 귀에 걸면 귀걸이, 코에 걸면 코걸이인지 짐작할 수 있다. 규정을 정하면 어떻게든 자신에게 유리한 쪽으로 해석해 보려고 열심히 머리를 굴리는 사람들이 있다. 만약 비아콤이 '애피타이저 하나와 메인 코스 하나 그리고 2명에 와인 1병을 주문할 수 있다'라는 규정을 세운다면, 캐비어와 랍스터, 샴페인 1병을 주문할 사람도 있을 것이다. 규정을 지켰지만, 아주 비싼 돈이 나간다. 하지만 회사에 가장 이득이 되는 쪽으로 정하라고 말해주면, 시저샐러드와 닭가슴살, 맥주 2병 정도를 시키는 것도 가능하다.

규정이 있다고 해서 꼭 돈이 절약되는 건 아니라는 이야기다.

세 번째 점

 일단, 업무성과가 뛰어난 사람들로만 팀을 구성하면 모두가 책임감을 가지고 행동할 것으로 믿어도 좋다. 회사 내에 솔직한 문화를 조성하고 나면 직원들은 선을 넘지 않도록 서로 조심하면서 동료들의 행동이 회사의 이익에 부합할 수 있도록 독려할 것이다. 그러면 통제를 걷어내고 직원들에게 좀 더 많은 자유를 줄 수 있다.

우선 휴가와 출장 및 경비 규정을 없애는 것으로 시작할 수 있다. 이런 규정과 승인 절차가 사라지면, 회사가 직원들이 각자의 생활을 통제하고 알아서 제대로 일을 처리할 것으로 믿고 있다는 메시지를 직원들에게 강력하게 전달할 수 있다. 회사가 그런 신뢰를 보일 때 직원들의 책임감은 더욱 강해져, 회사 구성원 모두의 주인의식이 한층 강화된다.

▶ 3-1장 요약

☑ 휴가 규정을 없앨 때는 사전승인을 받을 필요가 없으며, 평사원이든 매니저이든 모두 얼마 동안 휴가를 쓸지 확인하지 않는다는 것을 분명히 설명하라.

☑ 휴가로 몇 시간 자리를 비울지, 아니면 하루나 1주일 또는 1개월 동안 자리를 비울지는 직원 스스로 정한다.

☑ 휴가 규정을 없애면 인원이 비는 자리가 생길 것이다. 그 빈자리를 메우는 것은 상사가 팀에 부여하는 맥락이다. 충분한 논의를 통해 직원들이 어떤 식으로 휴가를 배분할지 미리 정해두어야 한다.

☑ 상사가 휴가를 쓰는 방식은 하나의 모범이 되어 직원들의 적절한 행동에 중요한 지침이 된다. 휴가 규정이 따로 없어도 상사가 휴가를 가지 않으면 아예 휴가가 없는 사무실이 되고 만다.

▶ 3-2장 요약

☑ 출장 및 경비 규정을 없앨 때는, 매니저가 첫 단계에서 돈을 쓰고 마지막 단계에서 영수증을 확인하는 방식에 대한 맥락을 정해주어야 한다. 씀씀이가 너무 심하면 맥락을 알려주는 횟수를 늘려라.

☑ 상사가 경비를 통제하지 않으면 회계부가 나서서 매년 일정량의 영수증을 감사해야 한다.

☑ 직원들이 제도를 악용한다 싶으면 그들을 해고한 뒤, 그 내역을 공개하라. 탁월한 능력을 갖춘 사람도 예외가 되면 안 된다. 그래야 무책임한 행동의 결과를 모두가 납득할 수 있다.

☑ 자유를 허락하면 비용이 증가하는 부분도 생긴다. 그러나 지출이 조

금 늘어도 자유가 주는 이득만큼 대가가 큰 것은 아니다.

☑ 자유가 허락되면 업무에 도움이 되는 쪽으로 돈을 지출해야 할 경우 실무자가 빠른 결정을 내릴 수 있다.

☑ 물품 주문이나 구매 청구에 들어가는 시간이나 행정 비용만 없어도 자원 낭비를 줄일 수 있다.

☑ 대부분의 직원은 자유가 주어지면, 규정이 있을 때보다 더 자제하는 식으로 대응한다. 그들을 믿는다고 말해주면, 그들도 자신이 믿을 만한 사람이라는 것을 입증해 보일 것이다.

三 자유와 책임의 문화를 향해

휴가 규정을 성공적으로 걷어낸 뒤 처음 맞은 여름, 나는 패티 맥코드의 열한 살짜리 아들 트리스턴과 함께 달리기 시합을 준비하고 있었다. 산타크루즈 해안을 따라 트리스턴과 훈련하면서, 나는 퓨어 소프트웨어에서의 첫 10년을 되새겨보았다.

처음 2년 동안은 워낙 규모가 작았기에 우리는 규정도 없이 일했다. 그러나 1996년에 인수를 통해 직원이 700명가량 늘면서 중견기업으로 몸집이 커졌다. 영입한 신규 직원 중에는 무책임한 행동을 일삼는 이들도 있어 그로 인해 소요된 비용이 적지 않았다. 그때 우리는 많은 기업이 흔히 하는 방식대로 대응했다. 직원들의 행동을 통제할 규정을 마련한 것이다. 회사를 하나 인수할 때마다 패티는 우리의 규정집과 다른 회사들의 규정집을 비교해 하나로 통합했다.

144 솔직히 말해, 규정집을 보면 직원들이 출근할 기분이 나지 않을 것 같았다. 그래서인지 누구보다도 혁신적 성향을 가진 독불장군 유형의 직원들은 좀 더 진취적으로 일할 수 있는 환경을 찾아 쉽게 떠났다. 남기로 한 사람들은 익숙하고 안정적인 환경을 선호하는 이들이었다. 그들은 규정을 고수하는 것이 무엇보다 중요하다고 생각했다. 트리스턴과 장거리 달리기를 하던 도중, 나는 문득 퓨어 소프트웨어의 직장 분위기가 누구나 일할 수 있는 빤한 환경이 되어갔다는 생각이 들었다. 결국 바보들이나 일하고 싶어 하는 그런 환경이 된 것이다(정말로 바보들이 일한다는 뜻은 아니다. 비유적인 표현이니 오해 없길 바란다).

그해 여름, 회사 방침을 바꾸지 않으면 넷플릭스도 퓨어 소프트웨어의 전철을 밟을 수밖에 없다는 판단이 섰다. 회사는 점점 커지는데, 리더들은 아직도 직원들의 의중을 헤아리지 못하고 있었다. 이때쯤이면 보통 성장에 수반되는 복잡성을 다루기 위해 더 많은 규정과 통제 절차를 도입하게 된다. 그러나 혹시 역발상도 가능하지 않을까 싶었다. 마침 우리는 휴가와 경비 규정 실험을 성공적으로 끝낸 터였다. 없어도 그만인 규정이 어디 또 없을까? 회사가 성장할 때 통제를 강화할 것이 아니라, 역으로 자유를 늘리는 것은 어떨까?

우리는 규정과 절차를 늘리지 않고, 다음 두 가지를 계속 유지하기로 했다.

1) 인재 밀도를 높일 새로운 방법을 찾는다. 최고의 인재를 유치하고 유지하려면, 매혹적인 보상을 제시해야 한다.

2) 솔직한 문화를 강화할 새로운 방법을 찾는다. 통제를 없애려면, 직원들이 관리 감독 없이 좋은 결정을 내리는 데 필요한 정보를 확보할 수 있게 해주어야 한다. 그러려면 조직이 좀 더 투명해져야 하고, 회사 기밀도 없어야 한다. 좋은 결정을 내리기 위해서는 일반 직원들도 수뇌부만큼이나 회사가 돌아가는 형편을 잘 알아야 한다.

이 두 가지가 다음 두 장의 주제다.

참고로, 트리스턴은 달리기에서 나를 무참하게 눌렀다.

자유와 책임의 문화로 가는 다음 단계

인재 밀도를 강화하라.	4장	업계 최고 수준으로 대우하라
솔직성을 강화하라.	5장	모든 것을 공개하라
통제를 더 많이 제거하라.	6장	어떤 의사결정도 승인받을 필요가 없다

이제부터는 자유와 책임의 문화를 실천하는 절차를 좀 더 깊이 다룰 것이다. 인재 밀도를 다루는 장에서는 베스트 플레이어들을 유치하고 보유하는 데 필요한 보상 절차를 논의할 것이다. 솔직한 문화를 다루는 장에서는 2장에서 탐구한 바와 같이 개인 피드백을 솔직하게 제공하는 것에 대한 논의를 조직의 투명성으로 옮겨갈 것이다.

인재 밀도를
강화하라.

4장

업계 최고 수준으로
대우하라

2015년 어느 금요일 오후, 넷플릭스의 오리지널 콘텐츠 매니저인 맷 서넬Matt Thunell은 새 대본을 훑어보면서 쿵쾅거리는 가슴을 가라앉히려 애를 썼다. 번잡스러운 할리우드 유명 식당의 구석 자리에서 맷이 대본을 읽는 동안, 맞은편에 앉은 에이전트 앤드루 왕Andrew Wang은 조용히 점심을 먹었다.

맷은 대본 선정부터 파일럿 제작에 이르기까지, 콘텐츠가 영상화되는 초기 과정에 탁월한 수완을 발휘하여 독보적인 입지를 다졌다. 그는 또한 에이전트를 보는 눈이 정확하고 그렇게 찾아낸 에이전트와 남다른 유대 관계를 이어가는 놀라운 재능이 있었다. 그런 맷에게 조금 전, 왕이 식탁 아래로 〈기묘한 이야기〉의 초고를 건넸다. 누구에게도 보여주면 안 되는 대본이었지만, 왕과 맷은 그 정도의 사이가 아니었다.

식당을 빠져나온 맷은 서둘러 사무실로 달려가 브라이언 라이트 앞에 대본을 던졌다. 2장에서 소개한 전 니켈로디언 부사장이 그다. 브라이언 역시 시청자들이 좋아할 만한 작품을 족집게처럼 찾아내는 능력으로, TV 업계에서는 정평이 난 인물이다. "굉장한 대본이었어요." 브라이언은 쏟아내듯 말했다. "등장인물도 대단했고 전개 속도도 정신 차리기 힘들 만큼 빨랐어요." 하지만 다른 사람들의 반응은 시큰둥했다. "이들 쌍둥이의 작품은 아이들이 보기에는 너무 고리타분하고 어른들에게는 너무 유치해서 시청자들의 흥미를 끌지 못할 겁니다." "틈새시장에서나 통할 법한 80년대풍 작품입니다." 브라이언의 생각은 달랐다. "모두가 좋아할 겁니다. 〈기묘한 이야기〉는 분명히 히트할 거예요. 넷플릭스가 한 건 크게 올릴 수 있는 작품입니다."

결국 넷플릭스는 2015년에 그 대본을 사들였다. 하지만 시간은 자꾸 흘러가는데, 그들에게는 스튜디오도 없었다. 〈하우스 오브 카드〉나 〈오렌지 이즈 더 뉴 블랙〉 같은 히트작은 외주 제작한 라이선스 작품들이었다. 콘텐츠 제작은 아직 엄두도 내지 못하고 있었다. 하지만 넷플릭스는 새로운 단계를 모색할 때가 되었다. "테드의 입장은 분명했습니다. 앞으로는 우리가 직접 오리지널 작품을 제작해야 한다는 것이었죠."

이때까지만 해도 넷플릭스 제작팀에는 사람이 몇 명 없어서, 일반적인 스튜디오들이 기본적으로 갖춰야 할 수십 명의 인원에 한참 못 미쳤다. 맷은 당시를 이렇게 기억한다.

그런데도 우리는 결국 〈기묘한 이야기〉를 만들어냈어요. 팀원들이 하나같이 아주 유능했기 때문이죠. 롭은 믿어지지 않을 만큼 뛰어난 협상 수완을 갖췄죠. 그래서 그 작품의 주인공 중 한 명이 다년 계약을 꺼릴 때, 정확히 해야 할 말만 골라서 설득했어요. 사실 롭은 원래 자금 담당이었어요. 돈 관리가 본업이었죠. 하지만 재정을 챙기는 한편, 틈틈이 작가들이 일할 공간을 빌리는 등 제작진이 할 일까지 맡아서 깔끔하게 처리했어요. 로렌스와 롭이 처리해 낸 일은 아마도 20명 정도는 달려들어야 가능했을 일일 겁니다.

1년이 조금 넘는 기간에 제작을 마친 〈기묘한 이야기〉 시즌 1은 2016년 7월 15일에 공개됐다. 그리고 몇 달 뒤, 골든 글로브 드라마 부문 작품상 후보에 올랐다. 넷플릭스의 성공 뒤에는 이런 거짓말 같은 이야기들이 숨어 있다. 평균 이상의 실력을 갖춘 직원으로 구성된 소규모 팀(리드는 이를 '드림팀'이라 부른다)이 난감한 문제에 달려들어 눈부신 솜씨로 해결하는 것이다. 다시 맷의 이야기로 돌아가자.

대부분의 회사에는 우수한 능력을 갖춘 직원도 있고, 괜찮은 수준의 능력을 갖춘 직원도 있습니다. 괜찮은 능력을 갖춘 직원들도 일은 곧잘 하지만, 매니저들은 우수한 능력을 갖춘 직원의 기량에 좀 더 기대는 편이죠. 그런데 넷플릭스는 달라요.

우리가 활동하는 운동장은 온통 '탁월함'이라는 벽으로 둘러싸여 있습니다. 그곳에는 모두 베스트 플레이어뿐이에요. 이들이 모인 자리에는 번뜩이는 재기와 아이디어로 불꽃이 튀죠. 이들은 서로 도전하고 치열한 논쟁을 사양하지 않아요. 따지고 보면, 다들 스티븐 호킹Steven Hawking 못지않은 천재들이에요. 우리가 믿어지지 않는 속도로 그렇게 수많은 일을 해낼 수 있었던 것도, 바로 이러한 두뇌들이 있었기 때문이고, 인재 밀도가 거짓말처럼 높았기 때문입니다.

높은 인재 밀도는 넷플릭스의 성공을 추진하는 엔진이다. 리드는 2001년의 대량 해고 사태를 겪은 후, 이처럼 매우 간단하지만, 결코 간과해서는 안 되는 중요한 전략을 터득했다. 하지만 회사 안에 베스트 플레이어들만 모으기 위해 어떤 조치를 취해야 하는가는 더욱 복잡한 문제였다.

록스타처럼 대우하라

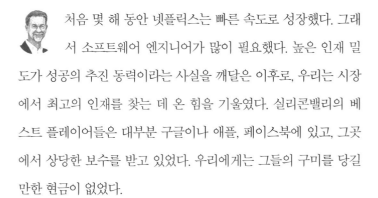처음 몇 해 동안 넷플릭스는 빠른 속도로 성장했다. 그래서 소프트웨어 엔지니어가 많이 필요했다. 높은 인재 밀도가 성공의 추진 동력이라는 사실을 깨달은 이후로, 우리는 시장에서 최고의 인재를 찾는 데 온 힘을 기울였다. 실리콘밸리의 베스트 플레이어들은 대부분 구글이나 애플, 페이스북에 있고, 그곳에서 상당한 보수를 받고 있었다. 우리에게는 그들의 구미를 당길 만한 현금이 없었다.

그러나 나 역시 엔지니어였기에 1968년 이후로 소프트웨어 분야에서 통하는 이야기를 잘 알고 있었다. 소위 '록스타 원칙rockstar principle'이었다. 이 원칙은 산타모니카의 한 지하실에서 이루어진 유명한 연구가 그 시발점이다. 아침 6시 30분에 견습 프로그래머 9명이 수십 대의 컴퓨터가 놓여 있는 방으로 들어갔다. 그들은 각자 서류 봉투를 하나씩 받았다. 서류에는 앞으로 120분 동안 자기가 가진 기량을 최대로 발휘하여 완수해야 할 코딩과 디버깅 작업이 설명되어 있었다. 그렇게 해서 나온 결과는 지금까지도 수없이 많은 논쟁을 만들고 있다.

연구진들은 9명의 프로그래머 중 최고 기량을 갖춘 이가 평범한 프로그래머들보다 2~3배 더 높은 성과를 낼 것으로 기대했다. 그러나 결과는 뜻밖이었다. 9명은 전부 보통 이상의 기량을 갖추고 있었지만, 그중에서도 최고의 프로그래머는 가장 저조한 성적을 낸 프로그래머보다 코딩에서 20배, 디버깅에서 25배, 프로그램 실행에서 10배 더 빨리 과제를 처리했다.

베스트 플레이어 한 사람이 다른 프로그래머들에 비해 그렇게 월등한 성과를 냈다는 사실은 이후 소프트웨어 산업 전반에 큰 파문을 일으켰다. 경영자들은 일급 프로그래머가 보통 수준의 동료들보다 어느 정도 더 높은 가치가 있는지 파악하고자 했다. 나 역시 지급할 수 있는 금액과 진행해야 할 프로젝트가 정해져 있었기에, 선택해야 했다. 적당한 보수로 보통 수준의 능력을 갖춘 엔지니어를 10~25명 고용하는 방법과 거액을 주고 1명의 '록스타'를 영입하는 방법이 있었다.

선택 이후 여러 사례를 통해 나는 록스타의 진가를 확인할 수 있었다. 베스트 프로그래머의 가치는 보통 수준의 능력을 갖춘 프로그래머의 10배 정도가 아니었다. 그들은 100배 이상의 가치가 있었다. 어쩌다 마이크로소프트의 이사직을 맡게 되어 빌 게이츠와 함께 일할 기회를 가졌을 때, 빌은 그 이상이라고 했다. 그가 한 이야기 중 자주 인용되는 구절이 있다. "위대한 선반공은 평범한 선반공보다 임금을 몇 배 더 받는다. 그러나 위대한 소프트웨어 프로그래머는 평범한 프로그래머보다 1만 배 이상의 값어치를 한다." 논란의 여지가 있긴 하지만, 소프트웨어 분야에서 일하는 사람이라면 모두 수긍하는 이야기다.

나는 소프트웨어 이외의 분야에선 어떨까 생각해 보았다. 록스타 엔지니어가 평범한 엔지니어와 비교할 수 없을 정도로 뛰어난 근거가 오직 프로그래밍에만 국한되는 건 아니다. 위대한 소프트웨어 엔지니어는 믿어지지 않을 정도로 창의적인 생각을 하고, 다른 사람들이 보지 못하는 개념적 패턴을 본다. 그들은 유연한 사고로 다양한 각도에서 문제를 들여다볼 줄 알기에, 생각이 막히면 밀고 당기고 흔들어 저 너머에 있는 절묘한 해결책을 찾아낸다. 바로 이것이 창의적인 일에 요구되는 능력이다. 패티 맥코드와 나는 넷플릭스 내에서 '록스타 원칙'을 적용할 분야를 찾기 시작했다. 우리는 업무를 '운영과 창작', 두 분야로 나누었다.

유리창을 닦는 사람, 아이스크림을 담아주는 사람, 운전기사 등 운영 관련 업무를 하는 분야에서는 최고와 평균의 차이가 2배 정도 날지 모른다. 아이스크림을 정말 잘 담는 사람은 보통 사람보다 2~3배 더 빨리 담을 것이다. 하지만 아이스크림을 담는 사람이나 운전기사가 만들어낼 수 있는 가치에는 한계가 있다. 따라서 운영 분야에서는 평균 수준의 보수를 지급해도 회사를 꾸려가는 데 큰 지장이 없다.

넷플릭스 운영 분야에는 직책이 많지 않다. 우리의 업무는 대부분 혁신적이고 창의적인 발상으로 처리해야 할 사람의 능력에 의존한다. 창의적 분야에서 베스트 플레이어는 평균보다 10배 이상의 일을 해낸다. 최고의 홍보 전문가는 보통 사람들에 비해 고객을 수백만 명 더 끌어들일 묘안을 생각해 낸다. 〈기묘한 이야기〉의 대본만 해도 그랬다. 맷 서넬은 앤드루 왕 같은 수많은 에이전트와 평소 다져놓은 인연 덕분에, 그런 관계를 맺지 못한 사람보다 수백 배의 성과를 올린다. 다른 스튜디오들이 이 쌍둥이 형제를 다룬 작품의 진가를 알아보지 못할 때, 브라이언 라이트는 〈기묘한 이야기〉에서 성공의 요인을 보고 확신했다. 따라서 브라이언은 대본과 관련하여 그런 육감을 갖지 못한 콘텐츠 전문가들보다 수천 배 더 가치가 있다. 이런 일은 모두 창의력이 요구되는 일이고, 모두 록스타 원칙을 따른다.

2003년에 넷플릭스는 별다른 수익을 내지 못했지만 그래도 할 일은 많았다. 우리는 돈이 많지 않았기 때문에 지출 방법을 신중히 생각해야 했다. 그래서 운영 관련 직책에는 시장의 평균 수준에 맞춘 보수를 지급하기로 했다. 아무리 잘해도 한계가 분명한 일이었기 때문이다. 그러나 창의적인 일을 해야 하는 직책에는 보통 수준의 직원 수십 명을 데려올 수 있는 보수로 베스트 플레이어 1명을 데려와, 업계 최고 수준으로 대우하기로 했다. 이렇게 되면 많은 직원을 확보할 수 없다. 하지만 우리는 확실한 실력자 1명을 데려와 많은 업무를 해낼 수 있었다. 그리고 보수만큼은 엄청난 수준으로 지급했다.

그때 이후로 넷플릭스는 계속 이런 식으로 직원을 뽑았다. 결과는 대성공이었다. 우리는 혁신의 속도를 크게 높였고 아울러 성과도 기하급수적으로 올라갔다.

게다가 인원이 적다 보니 뜻하지 않은 혜택도 있었다. 사람을 다루는 일은 늘 어렵고 많은 노력을 필요로 한다. 평범한 수준의 직원들은 관리하기도 어렵고 시간도 많이 소모된다. 하지만 조직의 군살을 빼고 규모를 작게 유지하면, 관리할 인원이 줄어들기 때문에 일이 훨씬 쉬워진다. 재능이 탁월한 사람으로만 팀을 채우면, 매니저나 직원 모두 일을 잘하게 되어 회사 전체의 능률이 치솟고 혁신의 속도가 더 빨라진다.

지급할 액수뿐 아니라, 지급하는 방법도 중요하다

 리드의 전략은 그럴듯하게 보인다. 그러나 아무리 큰돈을 주겠다고 한들, 그 회사가 듣도 보도 못한 스타트업이라면 베스트 플레이어들이 눈길이나 주겠는가?

전문가들은 그럴 것이라고 주장한다. HR 컨설팅기업 오피스팀Officeteam은 2018년에 직장인 2,800명을 대상으로 한 설문조사에서, 직장에 사표를 던지는 이유에 관해 물었다. 응답자 중 가장 큰 비율을 차지한 약 44%의 사람들은 보수를 더 받기 위해서라고 대답했다. 돈만 더 준다면 지금의 직장을 그만두겠다고 한 것이다.

규모도 작고 이름도 없는 회사를 운영하고 있지만, 리드의 이론을 적용하기만 한다면 필요한 인재들을 그리 어렵지 않게 찾을 수 있을 것이다.

그러나 보수로 얼마를 주느냐만 중요한 건 아니다. 어떤 식으로 지급할 것인가 역시 중요하다. 주로 화이트칼라로 구성된 직원에게 고액 연봉을 지급하는 기업의 경우, 연봉 외에 따로 보너스를

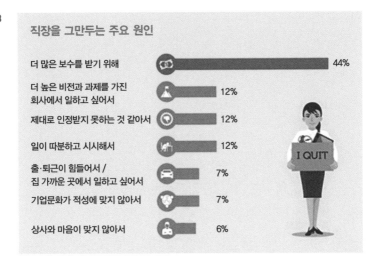

직장을 그만두는 주요 원인

더 많은 보수를 받기 위해	44%
더 높은 비전과 과제를 가진 회사에서 일하고 싶어서	12%
제대로 인정받지 못하는 것 같아서	12%
일이 따분하고 시시해서	12%
출·퇴근이 힘들어서 / 집 가까운 곳에서 일하고 싶어서	7%
기업문화가 적성에 맞지 않아서	7%
상사와 마음이 맞지 않아서	6%

지급한다. 보너스는 정해진 목표를 달성했을 때 지급된다. 최고 수준 인재들의 보수는 대부분 성과가 좌우한다.

하지만 이 정도로는 부족했다. 록스타를 넷플릭스로 데려오려면, 그들이 몸담고 있는 회사와 차별화된 전략이 필요했다. 그래서 리드와 패티는 한 가지 계획을 세웠다. 그 계획은 지금까지도 건재하다.

만약, 지금 가지고 있는 돈을 모두 털어서 혼잡한 도로 위를 날아 사람들을 일터까지 데려다주는 초현대식 비행 스쿠터를 개발한다고 상상해 보자. 당신은 수완이 탁월한 마케터를 1명 찾았다. 이제 그를 데려와 앞으로 그가 몇 년 동안은 다른 곳으로 이직할 생각 없이 열심히 일만 하도록 만들 보상 방법을 생각해야 한다. 당신에겐 두 가지 선택이 있다.

1) 그에게 연봉 25만 달러를 지급한다.

2) 연봉은 20만 달러로 하고, 성과에 따라 보너스를 25% 지급한다.

보통의 매니저들은 2번을 택한다. 보너스라는 인센티브가 있으면 최선을 다해야 할 분명한 동기가 생기는데, 뭐하러 한 번에 돈을 다 주겠는가?

성과에 따른 보너스 지급 방식은 꽤 괜찮은 아이디어처럼 보인다. 연봉의 일정 부분은 보장되어 있고, 일부(보통은 2~15%이지만, 고위 임원의 경우 60~80%까지 올라가기도 한다)는 성과에 따라 지급되니까. 회사에 돈을 많이 벌어주면 보너스를 두둑하게 주고, 목표를 이루지 못하면 지급할 보너스도 없다. 이보다 더 합리적인 방법이 어디 있겠는가? 미국 회사들은 대부분 성과에 따른 보너스를 채택하고, 다른 나라에서도 이 제도를 많이 활용한다.

하지만 넷플릭스는 그런 방법을 쓰지 않는다.

보너스는 유연성에 좋지 않다

보너스가 사업에는 그다지 좋은 제도가 아니라는 사실을 알게 된 때는, 2003년이다. 록스타 원칙을 들었을 때와 거의 같은 시기였다. 패티 맥코드와 나는 매주 열리는 경영진 회의를 준비하고 있었다. 그날은 임원진에 대한 새로운 보너스 지급 방식이 의제로 올라와 있었다. 넷플릭스가 중견기업으로의 궤도에 안착했다는 사실에 들뜬 우리는 고위 임원들에게 다른 회사 못지않은 보너스 패키지를 제공하고 싶었다.

우리는 적절한 성과 목표를 세우고 그것을 보수와 연계시키려고 했다. 패티는 CMO인 레슬리 킬고어의 보너스를 신규 가입한 고객 수와 연동시켜 책정하자고 했다. 레슬리는 넷플릭스에 오기 전 부즈알렌Booz Allen과 아마존, 프록터앤드갬블Procter & Gamble에서 일했다. 이들 회사에서 그녀가 받은 보수는 정해진 목표를 어느 정도 달성했는지에 따라 달라졌다. 따라서 그녀의 경우 연동제를 적용하는 것으로 시작하면 좋을 것 같았다. 우리는 핵심성과지표Key Performance Indicators, KPI를 작성하여, 목표를 달성했을 경우 레슬리가 추가로 받을 수 있는 금액이 얼마인지 계산해 보았다.

경영진 회의 자리에서 나는 최근에 고객 수천 명을 신규 가입시킨 레슬리의 공적을 높이 평가한 후, 그녀에게 축하의 말을 건넸다. 그리고 이런 식으로만 계속하면 엄청난 액수의 보너스를 챙길 수 있겠다고 덧붙이려는 찰나, 레슬리가 내 말을 가로막았다. "그래요, 리드. 대단한 일은 맞아요. 우리 팀도 굉장한 일을 해냈고요. 하지만 신규 가입 고객은 계산에 넣으면 안 돼요. 사실 그건 이제 의미가 없는 숫자예요." 그녀는 수치를 들먹이며 계속 설명했다. 지난 분기에는 신규 고객을 확보하는 것이 무엇보다 중요한 목표였지만, 이제는 늘어난 고객의 이탈을 막고 유지하는 것이 더 중요하다는 것이었다. 듣고 보니 맞는 말이었다. 하마터면 레슬리의 보너스를 엉뚱한 기준과 연계시킬 뻔했다. 다행이란 생각과 함께 그런 예리한 지적을 해주는 레슬리가 고마웠다.

나는 레슬리와 의견을 나누면서 두 가지 사실을 깨달았다. 이런 보너스 방식은 미래를 예측할 수 있고, 어느 때든 한 번 정한 목표가 앞으로도 계속 중요한 목표라는 전제가 성립될 때만 의미가 있다. 그러니 빠른 변화에 민첩하게 대응해야 할 넷플릭스에서 1월에 정한 목표를 이루었다는 명목으로 12월에 보너스를 지급하는 것은 합리적인 방법이 아니었다. 그렇게 되면 당장 급한 목표가 아닌 이미 과거지사가 된 목표에 초점을 맞추게 될 위험이 있다.

할리우드를 기반으로 일하는 우리 직원들은 대부분 워너미디어Warner Media나 디즈니 같은 대형 스튜디오에서 일하던 사람들이다. 이런 회사들은 임직원의 보수를 정할 때 구체적인 재정 성과를 기준으로 삼는다. 영업이익을 5% 올리는 것이 올해의 목표일 때 보너스(보통은 연봉의 4분의 1)를 받으려면, 영업이익을 증가시키는 데만 온 힘을 집중시켜야 한다. 그러나 5년 동안 경쟁력을 유지하기 위해 한 부서가 진로를 변경해야 한다면 어떻게 되는가? 진로를 바꾸게 되면 투자도 해야 하고 그렇게 하다 보면 영업이익이 줄어들지 모른다. 그러면 주가도 내려갈 것이다. 어떤 임직원이 그런 일을 하겠는가? 그래서 워너미디어나 NBC 같은 회사들은 시대가 바뀌어도 진로와 정책을 대폭 변경하기가 쉽지 않다. 하지만 우리는 목표와 정책을 수시로 변경해 왔다.

그뿐이 아니었다. 높은 성과를 내는 직원들에게 현금을 흔들어 보이며 분발하길 유도하는 방식이 나는 늘 못마땅했다. 베스트 플레이어들은 당연히 성공을 갈망하기 때문에, 보너스가 코앞에 보이든 말든 목표를 향해 모든 자원을 쏟아붓는다. 내가 즐겨 인용하는 말 중에는 도이체방크Deutsche Bank의 CEO였던 존 크라이언John Cryan의 푸념이 있다. "나는 내 근로 계약서에 보너스 조항이 왜 들어 있는지 그 이유를 알 수가 없다. 누가 어느 날 어느 해에 돈을 더 주거나 덜 준다고 해서 더 열심히 일하거나 게으름을 피우는 일은 없을 것이라고 이미 약속하지 않았는가?" 자신의 연봉 값을 하는 임직원이라면 누구나 같은 말을 할 것이다.

 연구 결과를 봐도 리드의 예측이 정확하다는 것을 알 수 있다. 일반적인 업무에서는 조건부 보너스 지급 방식이 통할지 몰라도, 창의적인 업무에서는 효과가 없다. 오히려 성과만 떨어뜨릴 뿐이다. 듀크 대학교의 더그 에리얼Doug Ariel 교수는 2008년에 실시한 조사의 결과를 이렇게 설명한다.

우리는 실험에 참여한 87명에게 주의력, 기억력, 집중력, 창의력 등이 요구되는 일련의 과제를 제시했다. 가령 플라스틱 판에 금속 퍼즐을 끼우거나, 테니스공을 목표 지점에 던지는 것 등이다. 우리는 평균보다 뛰어난 성적을 내면 보상하겠다고 약속했다. 참가자를 세 그룹으로 나누어 첫 번째 그룹에게는 약소한 금액의 보너스를, 두 번째 그룹에게는 보통 수준의 보너스를, 세 번째 그룹에게는 꽤 큰 금액을 보너스로 주겠다고 약속했다. 우리의 첫 실험 장소는 인도의 어느 시골이었다. 생활비가 아주 적게 드는 곳이라 큰돈을 약속할 필요가 없었다. 그 정도도 그들에게는 결코 적은 금액이 아니었으니까. 가령 최저 액수인 50센트 보너스도 그들로서는 하루 꼬박 일해야 벌 수 있는 돈이었다. 최고 금액은 50달러였는데 무려 5개월 치 월급이었다. 결과는 예상 밖이었다. 보통 수준의 보너스를 제안받은 사람들은 적은 금액을 제안받은 사람들보다 더 잘하지도, 못하지도 않았다. 정작 흥미로운 건 거액의 금액을 제안받은 그룹이었다. 모든 과제에서 그들이 낸 성적은 다른 두 집단의 성적에 비해 무척 초라했다.

연구진들은 MIT로 실험 장소를 옮겼지만, 결과는 마찬가지였다. 연구진은 학생들에게 숫자를 더하는 등 어느 정도의 인지 능력이 필요한 과제와 키보드를 얼마나 빨리 두드릴 수 있는지 알아보는 기능적 과제를 주고, 600달러와 60달러 두 가지 보너스를 제시했다. 결과적으로 기능성을 요구하는 과제에서는 예상대로 보너스가 효력을 발휘하여, 높은 금액을 제시받은 학생들이 낮은 금액이 걸린 학생들보다 더 좋은 성과를 올렸다. 그러나 초보적 인지력을 요구하는 과제에서는 인도에서 행한 실험과 마찬가지로, 고액을 제시받은 학생들의 성적이 더 낮게 나왔다.

이런 결과는 시사하는 바가 크다. 창의적인 일을 하려면, 우선 마음이 자유로워야 한다. 어떻게든 좋은 성적을 올려 큰돈을 받아야 한다는 데 초점을 맞추면, 최고의 아이디어나 혁신적인 가능성이 존재하는 '열린 인지 공간open cognitive space'에 있을 수 없다. 그래서 제 실력이 나오지 않는다.

 나는 이러한 사실을 넷플릭스에서 눈으로 확인했다. 사람들은 큰 보수를 보장받을 때 가장 창의적으로 변한다. 집안일이나 생활비에 신경 쓰지 않아도 되기 때문이다. 그러나 따로 보너스를 받을 수 있을지 없을지 여부에 관심이 쏠릴 때는 창의성이 떨어진다. 혁신적인 아이디어에는 성과에 따른 보너스가 아니라, 두둑한 연봉이 좋다.

막상 보너스를 없애고 보니, 또 한 가지 놀라운 변화가 눈에 띄었다. 베스트 플레이어들을 데려오기가 한결 더 쉬워진 것이다. 흔히들 보너스를 제시하지 않으면 경쟁적 우위를 확보하기 어려울 것으로 생각한다. 하지만 우리가 확인한 바로는 그 반대였다. 우리가 최고의 인재들을 유치하는 데 경쟁적 우위를 확보할 수 있었던 것은, 지급해야 할 돈을 모두 연봉에 쏟아부었기 때문이다.

일자리를 찾고 있는데, 만약 두 곳에서 제의가 들어왔다고 하자. 한쪽은 연봉 20만 달러에 보너스 15%를 제시하고, 또 한쪽은 연봉 23만 달러를 제시한다. 어느 쪽을 택하겠는가? 당연히 숲속의 새보다는 당장 손 안에 들어온 새, 즉 23만 달러를 택할 것이다.

먼저 준다는 돈을 마다할 이유가 없지 않은가? 게임 끝.

성과에 따른 보너스를 포기하면 기본급을 더 높게 제시할 수 있고, 의욕이 넘치는 사람만 붙들 수 있다. 이렇게 되면 인재 밀도가 높아진다. 인재 밀도를 높이는 가장 좋은 방법은, 최고 인재에게 고액의 보수를 지급하고 시간이 흐름에 따라 업계 최고가 되도록 연봉을 계속 인상해 주는 것이다.

다른 회사보다 더 많이 지급하라

최고의 인재들을 채용하고 유지하는 데 필요한 만큼의 보수를 지급하기로 정한 직후였다. 엔지니어링 디렉터인 한이 와서 지금 공석이 된 자리에 딱 어울리는 대단한 인재를 찾았다고 말했다. 데빈이라는 사람인데, 듣고 보니 드문 능력을 갖추고 있어 그 팀에 귀중한 자산이 될 것이 분명했다. 그러나 그는 그 팀의 다른 프로그래머들이 받는 액수의 2배에 가까운 금액을 요구했다. 한이 받고 있는 연봉보다도 훨씬 높았다. "넷플릭스에 큰 도움이 될 인재라는 건 알겠는데, 그렇게 많이 주는 게 맞을까요?" 한은 고개를 갸우뚱했다.

나는 한에게 세 가지를 물었다.

• 현재 당신 팀의 프로그래머 중 데빈이 방금 그만둔 애플에 발탁될 만한

실력을 갖춘 사람이 있나요? 아뇨.

- 당신이 지금 데리고 있는 팀원 중 3명이 힘을 합하면 데빈만큼의 기여를 할 수 있습니까? 아뇨.
- 소원을 들어주는 요정이 나타나 조용히 눈치 못 채게 현재 프로그래머 몇 명을 데빈과 바꿔놓는다면, 그편이 회사에 도움이 될까요? 네.

나는 한에게 데빈을 채용하는 편이 낫겠다고 말했다. 앞으로 프로그래머 인원을 조금 줄이면 그 돈을 데빈에게 지급할 수 있을 것이다. 잠시 생각하던 한은 입을 열었다. "데빈이 가진 기술은 지금 한창 수요가 많습니다. 우리가 데빈이 요구하는 돈을 주기 위해 채용 전략을 바꿀 수 있다면, 그가 그 일을 맡도록 설득할 수 있을 것입니다. 그뿐 아니라, 나중에 또 다른 경쟁사가 더 높은 보수로 그를 유혹하기 힘들 정도의 연봉을 보장해 주었으면 합니다."

우리는 데빈 정도면 다른 곳에서 얼마나 받을 수 있는지 알아보기로 했다. 그런 다음 그에게 업계 최고 수준의 보수를 지급하기로 결정했다.

오늘날 넷플릭스 플랫폼을 구성하는 기본적인 특징은 대부분 데빈의 팀이 만든 것들이다. 나는 넷플릭스의 모든 직원이 그 정도의 실력을 발휘해 일하길 원했다. 그래서 앞으로 우리가 채용하게 될 모든 사람의 연봉을 결정하는 데도 동일한 방식을 적용하기로 했다.

업계 최고 수준의 연봉으로 대우하라

 직원의 연봉을 두고 벌이는 협상은 중고차를 살 때와 비슷하다. 일자리를 원하는 사람은 그 회사가 어느 정도의 금액까지 지급할 의사가 있는지 알지 못한다. 따라서 얼마를 요구해야 할지, 또 어느 정도에서 수락할지 추측하게 된다. 회사는 당신이 그런 것을 모른다는 점을 이용하여 가능하면 낮은 금액으로 당신을 고용하려 할 것이다. 이는 회사 입장에서는 당신의 실제 가치보다 낮은 가격에 당신을 채용할 수 있는 아주 좋은 방법이지만, 몇 달 뒤 다른 회사가 조금 더 높은 가격을 제시할 경우 회사는 금방 당신을 빼앗길 수밖에 없다.

《급여 협상, 1분에 1,000달러를 버는 법*Negotiating Your Salary: How to Make $1000 a Minute*》의 저자인 잭 채프먼Jack Chapman은 그의 책에서 이런 논리에 따라 새로운 고용주와 가장 유리하게 협상하는 방법을 다음처럼 알려준다.

채용 담당 매니저: 우리가 책정할 수 있는 재원을 모두 동원하면, 9만 5,000달러의 연봉을 드릴 수 있습니다! 우리도 설레지만, 당신의 마음에도 들었으면 좋겠습니다!

당신: (말을 하지 않는다. 속으로 노래를 한 곡 부른다. 양탄자에 찍힌 점의 수를 세어본다. 아니면 치아교정기 이리저리로 혀를 굴린다.)

채용 담당 매니저: (초조해서) 하지만 11만 달러까지도 가능할 것 같습니다.

저희로서는 큰 부담이지만 그래도 받아들여 주시면 다행이겠습니다.

당신: (속으로 계속 노래를 부른다)

반면, 넷플릭스는 처음부터 인재를 영입해서 그를 계속 붙들어 둘 수 있는 금액을 지급할 의사가 있다. 그래서 고용할 사람과의 대화는 다음과 같은 점을 분명히 밝히는 데 초점이 맞춰진다.

(a) 우리는 당신이 다른 곳에서 받을 수 있는 액수를 쉽게 산출할 수 있다. 그리고 (b) 우리는 그보다 더 많이 지급하겠다.

마이크 헤이스팅스Mike Hastings(리드와는 아무런 관계도 없다)의 경험을 예로 들어보자. 넷플릭스 웹사이트에 들어갔더니 영화 〈옥자〉를 추천한다. 추천 이유가 궁금할 것이다. 넷플릭스에 올라와 있는 모든 프로그램과 영화는 모두 범주별로 분류되어 있기 때문이다. 〈옥자〉의 범주는 이렇다. '시스템과의 싸움, 생각하게 만듦, 시각적 충격, 비상식적.' 그래서 생각하게 하고 시스템과 싸우는 어떤 영화를 보게 되면, 〈옥자〉가 추천 영화에 뜬다. 마이크는 이를 가능하게 만든 주인공이다.

마이크는 미시간주 앤아버에 있는 올무비닷컴Allmovie.com에서 일하다가 넷플릭스의 범주 분류팀에 들어오기 위해 인터뷰를 봐야 했다. 그는 오래전부터 실리콘밸리로 오기 위해 무척 애를 썼다. "하지만 캘리포니아는 생활비가 너무 비싼 동네여서 연봉으로 얼마를 불러야 할지 몰랐습니다." 그래서 그는 연봉 협상의 기술을 다룬 책을 몇 권 읽고, 친구들에게도 물어봤다. 그들은 하나 같이 말을 많이 하지 말라고 권했다. "얘기를 많이 하다 보면 너 자신을 과소평가하게 될지 몰라. 넷플릭스는 그 점을 이용하려 들 것이고." 한 친구가 그렇게 말했다. 마이크는 그 지역 연봉계산 프로그램을 돌려본 뒤, 지금 받는 액수의 2배를 부르기로 했다. "좀 많아 보이기는 했어요."

그는 연봉 관련 질문이 나올 때 정중하게 답을 피하는 연습을 반복했다. "하지만 인터뷰를 하다가 저도 모르게 지금 받고 있는 연봉과 받고 싶은 액수를 리크루터에게 전부 얘기해 버리고 말았어요. 미시간으로 돌아가는 내내 멍청한 짓을 했다며 자책했죠." 마이크는 침대에 누워 좋아하는 히치콕 영화 포스터를 물끄러미 바라보았다. 그때 휴대폰이 울렸다. 넷플릭스의 채용 담당자였다. "제가 요구한 100% 인상보다 30% 더 많은 금액을 제시하더군요! 그리고 제 상사가 될 사람이 저의 업무와 능력을 고려하여 업계 최고 수준으로 대우해 드리는 것이라고 말하는데, 뭐라고 대답해야 할지 모르겠더라고요."

최고 수준 유지하기

그 정도의 연봉을 받고 회사에 들어오면, 처음에는 누구나 최고 수준의 보수를 받고 있다는 생각에 의욕적으로 일한다. 그러나 일을 하면서 더 좋은 기술을 갖춰갈수록, 경쟁사들로부터 더 많은 보수를 주겠다는 제의가 들어온다. 그 정도의 금액을 받을 가치가 있는 사람이라면, 시장가치가 계속 올라가기 때문에 다른 곳으로 이직할 위험도 커진다. 그런데 역설적이게도 보수를 조정하는 문제에 관한 한 세상의 거의 모든 회사가 직원들을 나가게 만드는 시스템을 채택한다. 당연히 인재 밀도도 떨어질 수밖에 없다. 여기 넷플릭스의 PR 디렉터인 주앙이 보낸 이메일을 보면, 그가 이전 직장에서 어떤 일을 겪었는지 알 수 있다.

> 넷플릭스에 오기 전에는 상파울루에 있는 미국 광고회사에서 일했습니다. 체질에 딱 맞았어요. 대학을 졸업하고 구한 첫 직장이었기에, 저는 맡은 일에 모든 열과 성을 쏟아부었습니다. 어떨 때는 출·퇴근 시간조차 아까워 회사 복사실 바닥에서 자기도 했죠. 운이 좋게도, 저는 대형 고객사 네 곳과 계약을 맺었습니다. 1년도 안 된 기간에 저보다 몇 해 더 일찍 들어온 선배들보다 더 많은 성과를 올린 거죠. 저는 제가 좋아하는 회사에서 경력을 쌓아가는 것에 신이 났습니다. 선배들이 저보다 2배, 심지어는 3배 더 많은 보수를 받는다는 것을 알고 있었기에, 연말 심사 기간에 제 기여도에 어울리는 큰 폭의 연봉 인상이 있을 것이라고 믿어 의심치 않았습니다.
>
> 그해 말, 처음 성과평가를 받았습니다. 긍정적인 피드백이 압도적이었어요(98/100). 회사도 그해 최고의 수익을 올렸다며 기세가 등등했고요. 저는 2배까지는 바라지 않았지만, 적지 않은 인상을 기대했죠. 제 직속

상사도 신경 써주겠다고 약속했고요. 마음 한구석으로는 10~15% 정도의 인상을 기대했습니다.

연봉 협상 미팅이 잡힌 날, 설레는 마음을 진정시키고자 일부러 라디오에서 나오는 노래를 따라 부르며 일했습니다. 그러니 상사가 제게 5%의 인상률을 제시했을 때, 제가 느낀 실망감이 어느 정도였겠어요? 솔직히 울고 싶었습니다. 무엇보다도 참을 수 없었던 건, 그 소식을 전하던 매니저가 생색이라도 낼 요량으로 호들갑을 떤 겁니다. "축하해요!"라고 말하면서, 그는 이것이 올해 최고의 인상률이라고 덧붙이더군요. 저는 속으로 소리를 질렀어요. '누굴 바보로 알아?'

그 후로 상사와의 관계는 극도로 악화되었어요. 보수를 더 받기 위해 계속 로비를 벌였죠. 상사는 저를 놓치고 싶지 않다고 징징거리며 7% 인상률을 제시하더군요. 그는 제가 기대한 수준이 너무 터무니없다며, 심지어 "순진하다"고 핀잔을 주기까지 했어요. 어느 회사도 그 이상으로 인상해 주는 일은 없다고 하면서요. 그때부터 저는 다른 직장을 알아보기 시작했습니다.

회사 입장에서 볼 때, 주앙은 놓쳐서는 안 될 소중한 인재였다. 주앙의 상사는 그의 의욕을 크게 자극할 만한 연봉으로 그를 채용했다. 주앙은 불과 1년 만에 기대 이상의 눈부신 성과를 올림으로써 회사 내에서 자신의 가치를 크게 높였고, 경쟁사들의 이목을 끌었다. 그런데 그의 고용주는 왜 그의 시장가치와 전혀 어울리지 않는 인상액을 제시한 걸까?

이런 질문에 대한 답은 정해져 있다. 연봉심사 기간이 되었을 때 웬만한 회사들은 직원의 시장가치를 보는 게 아니라, '인상 풀raise pools'과 '급여밴드salary bands'를 참조해, 인상 폭을 정한다. 예를 들어, 산타클로스가 데리고 있는 엘프 8명의 현재 연봉이 각각 5만 달러이고 매년 12월 26일에 연봉을 인상한다고 해보자. 산타클로스 부부는 직원들의 연말 인상분에 대비해 따로 목돈을 마련해 놓았다. 그 액수를 전체 급료의 3%라고 하자(미국은 2~5%가 일반적이다). 40만 달러의 3%는 1만 2,000달러다.

산타클로스는 이제 이 금액의 분배 방법을 결정해야 한다. 8명의 엘프 중에서 성과가 제일 좋은 엘프는 사탕 요정, 메리다. 그래서 메리의 연봉을 6% 인상해 줄 생각이다. 그러면 나머지 동료들에게 갈 수 있는 금액은 6,000달러다. 그런데 이 소식을 들은 메리가 자신의 연봉을 15% 인상해 주지 않으면 그만두겠다고 한다. 산타클로스가 메리의 요구를 들어주면 다른 7명의 엘프에게 줄 인상 풀에는 4,500달러밖에 남지 않는다. 각자 대가족을 거느리고 있는 엘프들의 상황을 고려하면, 코끼리에게 비스킷을 주는 꼴이다. 산타가 사탕 요정의 시장가치를 참작하여 인상액을 지급하면, 다른 엘프들을 희생시켜야 한다.

주앙의 경우가 바로 그랬다. 주앙의 상사가 확보한 인상 풀이 3%라고 하자. 그렇다면 그가 주앙에게 제시한 5%도 대단히 크게 선심을 쓴 셈이다. 여기서 다시 7%로 인상한다면 주앙의 팀에 있는 나머지 사람들이 손해 볼 수밖에 없다. 그런데 15%를 인상해 달라고? 다른 곳에 간다고 그런 돈을 받을 수 있을 것 같은가? 어림없는 소리!

급여밴드도 비슷한 문제를 만든다. 산타의 작업장에서 통용되는 급여밴드가 엘프 1명당 5만 달러에서 6만 달러라고 하자. 사탕 요정은 5만 달러에 채용되었고, 첫 3년 동안 산타는 그녀의 연봉을 5~6% 인상하여 5만 3,000달러, 그다음엔 5만 6,000달러, 그다음 해에는 5만 8,800달러까지 올려주었다. 그러나 네 번째 해에는 사탕 요정의 경력도 많이 쌓았고 전보다 많은 성과를 올렸는데도 2%밖에 인상되지 않았다. 왜일까? 그녀는 자신이 속한 밴드의 상한가를 받고 있었던 것이다! 이제 사탕 요정도 새로운 작업장을 찾아야 할 때가 되었다.

연구 결과도 주앙과 사탕 요정이 의문을 가질 법한 사실을 확인해 준다. 현 직장에 계속 있는 것보다는 다른 회사로 옮기면 더 많은 연봉을 받을 수 있다. 2018년 미국 직장인의 평균 연봉인상률은 약 3%(베스트 플레이어는 5%)다. 그런데 현재 직장을 그만두고 다른 직장으로 옮길 경우 평균 연봉인상률은 10~20%다. 현재 직장에 눌러앉는 것은 주머니 사정을 호전시키는 데 별 도움이 안 된다는 이야기다.

다음은 주앙에게 일어난 일이다.

넷플릭스는 제가 받았던 연봉의 3배 가까운 액수로 저를 채용했습니다. 그렇게 전 할리우드로 직장을 옮겼죠. 처음부터 최고의 대우를 받았기 때문에 9개월 뒤의 연봉 조정은 아예 염두에 두지도 않았습니다. 저는 매주 저의 상사인 마티아스와 도보 회의를 하는데, 어느 날엔가 함께 할리우드의 넷플릭스 사옥에서 나와서 길을 따라 블록을 한 바퀴 돌았죠. 그 블록 한쪽에 자리 잡은 식당 벽에는 푸른 눈에 붉은 혀를 내민 커다란 딤섬만두가 그려져 있었어요. 그 벽을 지나칠 무렵, 마티아스가 제게 연봉 이야기를 꺼냈어요. 업계 최고 수준에 맞춰 내 연봉을 23% 인상해 주겠다는 말이었죠. 저는 너무 놀라서 그 딤섬 옆에 주저앉고 말았습니다.

그렇게 저는 넷플릭스에서 꽤 많은 보수를 받고 있다고 생각했지만, 이후로도 계속 큰 성과를 올렸기에 1년 뒤 연말 연봉심사 기간에 또 한 번 큰 폭의 인상이 있지 않을까 기대했습니다. 마티아스는 다시 한번 저를 놀라게 만들었어요. 그때는 이렇게 말하더군요. "당신의 성과는 굉장했어요. 당신이 우리 팀에 있어서 정말 다행입니다. 다만 당신이 하는 일과 관련된 시장엔 별다른 변화가 없어요. 그래서 이번에는 연봉을 인상하지 않기로 했어요." 잠깐 서운한 마음이 들었지만, 생각해 보니 공평한 처사 같았어요. 마티아스는 이를 수긍할 수 없다면 제가 맡은 직책에 관한 현재의 시장 상황을 보여주는 자료를 가지고 찾아오라고 했습니다.

전 지금도 저의 첫 번째 상사가 했던 말이 머릿속에서 떠나지 않아요. 저더러 너무 순진하다고 했었죠. 이쪽 일을 좀 해보고 나니 그럴 수도 있겠단 생각이 들어요. 세상 물정을 잘 몰랐던 거죠. 하지만 한편으로는 그런 생각도 들어요. 최고의 인재들을 죄다 쫓아내는 그런 인상 시스템을 고집하는 회사들이야말로 순진한 것 아닌가?

주앙의 사례를 보면, 파격적 대우의 필요성을 확실히 알 수 있다. 그런데 왜 회사들은 여전히 평범한 인상 시스템을 따르는 걸까? 회사들이 흔히 사용하는 인상 풀과 급여밴드는, 사람들이 평생 한 직장에서 일하고, 개인의 시장가치가 몇 달 사이에 크게 치솟을 일이 없던 시절에나 통하는 방식이라는 게 리드의 주장이다. 그런 조건은 이제 더는 통하지 않는다. 요즘 사람들이 직장을 얼마나 자주 바꾸는가? 경제 환경은 또 얼마나 빠르게 바뀌는가?

그런데도 넷플릭스가 사용하는 업계 최고 대우라는 모델은 보기 힘든 사례여서, 웬만한 사람들은 잘 이해하지 못한다.

자신이 데리고 있는 직원 각자에 대한 업계 최고의 수준이 어느 정도이며, 또 시간의 흐름에 따라 어떻게 바뀌는지 어떻게 파악할 것인가? 이를 알려면 1년 내내 상당 시간을 따로 할애하여 잘 모르는 사람에게 전화를 걸어, 그들과 그들의 부하직원이 얼마의 연봉을 받고 있는지와 같은 거북한 질문을 해야 한다. 법률 디렉터인 러셀도 이런 일이 예상했던 대로 만만치 않다는 것을 알았다.

2017년에 우리 팀에서 가장 주가가 높았던 직원은 변호사 라니였습니다. 라니는 십대 때 인도에서 캘리포니아로 이주해 왔죠. 그녀의 어머니는 스탠퍼드 대학교의 수학과 교수였고, 아버지는 매우 창의적인 인도 요리로 이미 명성이 높은 셰프였어요. 변호사로서 라니는 명석한 수학자와 창의적인 요리사의 장점을 모두 물려받았더군요. 그녀는 제가 본 적도 들은 적도 없는 방식으로 난해한 문제들을 정확하고 능숙하게 처리했습니다. 그녀는 '수완finesse'이라고밖에 달리 표현할 방법이 없는 제3의 감각을 소유하고 있었어요. 그런 비상한 감각이 아마도 그녀를 탁월한 변호사로 만든 것 같았죠.

라니는 채용 당시부터 꽤 높은 연봉을 받았어요. 아마도 이 분야에서는 최고였을 겁니다. 첫해부터 그녀는 발군의 실력을 보였습니다. 연봉 인상 시기가 됐을 때, 전 곤란한 문제에 봉착했습니다. 라니가 맡은 일은 우리 팀의 다른 변호사들이 하는 일과는 다른 특이한 업무였기에, 그 역할에 대한 시장 자료를 찾기 힘들었거든요. 다른 팀원은 뚜렷한 시장 변화로 인해 그해에 연봉이 대폭 인상되었죠. 25%까지 오른 사람도 있었어요.

전 라니에게 필요한 자료를 찾기 위해 많은 시간을 들였어요.

그런 다음 여러 회사에 전화를 걸어 총 14명과 통화했습니다. 하지만 그들 누구도 제게 연봉 자료를 알려주지 않더군요. 결국 헤드헌터들에게도 연락했죠. 그렇게 리크루터들로부터 세 가지 숫자를 받았습니다. 하지만 다들 거기서 거기였어요. 그중 최고도 라니가 이미 받고 있는 것보다 5%밖에 높지 않았죠. 그 자료를 바탕으로 그녀의 연봉을 5% 인상하여 라니에게 업계 최고의 대우를 해주기로 했습니다.

세상에! 그날따라 일진이 안 좋았던 모양이에요. 제가 5% 인상률을 얘기하자, 라니의 표정이 순간 싸늘하게 변하더군요. 저와 눈도 맞추지 않으려고 했죠. 어떻게 그런 수치가 나왔는지 아무리 설명해도 그녀는 창밖만 바라보았어요. 이미 다른 회사를 알아보기로 작정한 사람 같았죠. 제 설명이 끝났지만, 그녀는 오랫동안 말없이 앉아 있기만 했어요. 그러더니 약간 떨리는 목소리로 말했어요. "실망이군요." 인상률이 부당하게 여겨지면 납득이 갈 만한 자료를 들고 다시 찾아오라고 말하는 수밖에 없었죠. 그녀는 그렇게 하지 않았습니다.

다음 번 연봉심사 때 결국 인적자원부에 도움을 청했습니다. 그들이 조사한 자료는 제가 1년 전에 조사한 수치보다 30% 정도 높았어요. 이번에는 라니도 본인이 직접 나서서 전화로 여기저기 알아보더군요. 그녀는 다른 회사에서 똑같은 업무를 하는 사람들 4명의 이름과 연봉 액수를 제게 들이댔어요. 인적자원부가 건네준 금액과 대등한 수치였죠. 1년 전 저는, 실제 수준이 제대로 반영되지 않은 자료를 근거로 그녀에게 마땅히 지급해야 할 인상액을 제시하지 않았던 겁니다.

상사가 조사하든 직원이 직접 조사하든, 두 방법 모두 시간도 오래 걸리고 절차도 매우 번거롭다. 자신이 확보하고 있는 인맥 안에서 일일이 전화를 걸어 대답하기 곤란한 질문을 해야 한다. "지금 얼마나 받고 계세요?"

문제는 그뿐만이 아니다. 이런 식으로 모든 직원에게 업계 최고 수준의 연봉을 지급하려면 얼마나 많은 돈이 들겠는가? 마티아스는 주앙이 요구한 적도 없고, 심지어 짐작도 못 했던 23%라는 파격적인 연봉 인상률의 금액을 안겨주었다. 러셀은 이미 업계 최고 수준의 연봉을 책정해 준 라니에게 2년 뒤 다시 30% 인상률로 연봉을 올려주었다. 이런 인상 폭을 단행할 수 있는 회사가 몇이나 되겠는가? 회사의 수익이 크게 치솟을 정도가 되어야 가능한 일 아닌가? 그렇지 않다면 연례 연봉 인상 때문에 회사 재정이 휘청 거릴지도 모른다.

 모두 맞는 말이다. 하지만 좀 더 전반적으로 보면 이러한 투자는 그만한 가치가 있다.

높은 성과를 낼 수 있는 환경에서는 직원에게 업계 최고의 대우를 하는 것이 장기적으로 볼 때 비용 효율이 높다. 필요한 것보다 조금 더 많이 주고 요구하기 전에 인상해 주며 다른 직장을 물색하기 전에 연봉을 올려주는 것이, 다음 해 또 그다음 해 시장에서 최고의 인재를 데려와 계속 붙들어둘 수 있는 가장 좋은 방법이다. 처음부터 조금 더 지급하는 것이 사람을 빼앗긴 다음에 빈자리를 채워 넣는 것보다 훨씬 돈이 덜 든다.

잠깐 사이에 연봉이 크게 오르는 직원들이 있다. 직원의 기술과 능력이 더 좋아지거나 해당 분야의 인재들이 부족해진 경우다. 그렇게 그 사람의 시장가치가 바뀐다면, 우리는 그에 맞춰 연봉을 상향 조정한다. 때에 따라서는 대단한 성과를 올려도 몇 해째 연봉에 큰 변화가 없는 직원도 있을 수 있다.

다만, 시장가치가 떨어질 때도 연봉을 하향 조정하는 일만큼은 가능한 한 피하려고 하고 있다(어쩌다 누군가가 근무지를 바꾸면 그럴 수도 있지만). 연봉을 낮추는 것은 인재 밀도를 단기간에 떨어뜨리는 가장 확실한 방법이다. 급여 총액에 여유가 없다면, 차라리 몇 사람을 내보내 인재 밀도를 높이는 편이 나은 방법이다. 그렇게 하면 직원의 연봉을 낮추지 않고도 비용을 줄일 수 있다.

업계 최고의 액수를 계산하는 데는 많은 시간이 걸리지만, 최고의 인재가 떠난 빈자리를 메울 사람을 찾아 데려오고 훈련시키는 것만큼 오랜 시간이 소요되진 않는다. 힘든 일이기는 해도, 다른 회사들이라면 라니 같은 인재에게 얼마를 지급할지 알아내는 것이 러셀이 해야 할 일이다. 물론 인적자원부의 도움을 받아도 된다. 그런 일에는 라니도 나서야 한다. 누구보다 시장의 연봉 수준이 어느 정도인지 가장 먼저 알아야 할 사람은 직원 자신이며, 그 다음은 그의 상사다. 그러나 시간과 장소와 관계없이 직원이나 그 상사보다 시장가치를 더 잘 알고 '있을' 만한 사람이 하나 있다. 따라서 그 사람과 이야기해 봐야 한다.

리크루터에게서 전화가 오면
"얼마를 주실 건가요?"라고 물어라

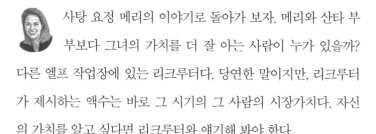

사탕 요정 메리의 이야기로 돌아가 보자. 메리와 산타 부부보다 그녀의 가치를 더 잘 아는 사람이 누가 있을까? 다른 엘프 작업장에 있는 리크루터다. 당연한 말이지만, 리크루터가 제시하는 액수는 바로 그 시기의 그 사람의 시장가치다. 자신의 가치를 알고 싶다면 리크루터와 얘기해 봐야 한다.

리크루터들은 넷플릭스에서 일하는 직원들이나 여러 기업이 데리고 있는 인재들에게 자주 전화를 걸어 다른 회사와도 인터뷰해 보라고 부추긴다. 그들은 그 일로 돈을 받고, 회사들은 그 일로 그들에게 돈을 지급한다.

만약 당신의 직원이 리크루터로부터 연락을 받았다면 그들이 어떻게 하기를 바라는가? 그가 급히 화장실로 몸을 피해 수도꼭지를 크게 틀어놓고 휴대폰에 입을 바짝 대고 소곤거린다면? 어떻게 하라고 미리 일러두지 않으면, 그들은 대부분 그렇게 한다. 넷플릭스에서도 마찬가지였다. 하지만 2003년에 넷플릭스는 직원에게 업계 최고 수준으로 보상하는 문제를 두고 토의를 시작했다.

그런 일이 있은 지 얼마 되지 않아, CPO인 닐 헌트가 패티와 나를 찾아왔다. 자신이 데리고 있는 직원 중 최고의 엔지니어인 조지가 구글에서 더 높은 연봉을 제안받았다는 것이었다. 패티와 나는 구글보다 더 많은 돈을 주고 조지를 붙잡는 것에 반대했다. 그리고 우리 모르게 다른 일자리를 알아보는 조지를 의리 없는 사람이라고 생각했다. 그날 오후 퇴근해서 산타크루즈로 돌아가는 차 안에서도 패티는 화가 풀리지 않은 모양이었다. "다른 사람으로 대체하면 그만이죠!" 그러나 그날 밤 내내 패티와 나는 조지가 그만두면 회사가 어느 정도 손해를 볼지 계산하느라 잠도 제대로 못 잤다.

다음 날 아침, 패티는 내 차에 올라타면서 말했다. "리드, 밤새 그 생각하느라 머리가 깨지는 줄 알았어요. 우리가 어리석었어요! 조지를 대체할 사람은 없어요. 정말이에요." 맞는 말이었다. 그 정도의 알고리즘을 짤 수 있는 사람은 세상에 4명밖에 없었다. 그중 3명이 넷플릭스에 있었다. 우리가 조지를 내보내면 다른 회사가 남은 2명을 노리고 달려들 것이었다.

우리는 닐과 테드 사란도스, 레슬리 킬고어 등을 비롯한 최고임 원들을 소집했다. 조지의 신상 처리와 함께 리크루터들이 우리 인재들과 접촉할 경우 어떻게 대처할지 논의하기 위해서였다.

전 직장에서 겪은 일 때문인지, 테드의 의견은 확고했다. 그가 들려준 사연은 이렇다.

피닉스에서 살 때 저는 휴스턴을 기반으로 한 홈 비디오 유통 업체에서 일했어요. 회사는 제게 덴버에 있는 유통센터의 지점장 자리를 제안했죠. 저로서는 2~3단계를 뛰어넘는 승진이었기에 얼른 수락했죠. 그들은 보수도 올려주고 제가 피닉스 집을 처분하는 동안 덴버의 집 월세를 6개월간 내주기로 했습니다. 그러나 덴버로 자리를 옮긴 지 6개월이 지났는데도 피닉스의 집이 팔리지 않는 겁니다. 경제적으로 쪼들리기 시작했죠. 아내와 덴버에서 허름한 아파트 방을 하나 빌려서 임시로 지내고 있었지만, 우린 비워둔 피닉스의 커다란 집에 대한 대출금을 꼬박꼬박 내고 있었어요. 그때 파라마운트 사의 리크루터에게서 전화가 왔어요. 집 문제로 머리가 아팠기 때문에 혹시나 하고 전화를 받았죠. 그는 거절하기 힘든 액수를 제시하더군요. 수락하면 피닉스로 돌아갈 수 있었습니다. 그때 하고 있던 일이 마음에 들긴 했지만, 그 제안을 받아들이면 집 문제를 깔끔하게 해결할 수 있었죠.

저는 상사를 찾아가 아무래도 회사를 그만두어야겠다고 말했습니다. 제 사정을 듣고 난 그는 놀라서 말하더군요. "아니, 집이 팔리지 않는다는 이야기를 왜 하지 않았어요? 여긴 당신이

없으면 안 돼요. 리크루터와 집 문제는 우리가 해결해 줄게요!"

회사는 파라마운트에서 제시한 금액보다 더 많은 연봉을 제게 제시했고, 피닉스의 집까지 대신 매입해 주었습니다. 그때 저는 생각했죠. '지난 6년 동안 리크루터의 전화는 한 번도 받지 않았는데, 이제 보니 내 시장가치가 그동안 많이 올라갔군. 내가 지난 몇 해 동안 마땅히 받아야 했을 대우를 받지 못했던 건 한 가지 때문이야. 내 가치가 어느 정도인지 알아보는 것조차 의리 없는 짓이라고 생각한 탓.'

생각이 거기에 미치자 도리어 상사에게 화가 치밀더군요. "내가 그 정도 가치가 있는 줄 알았으면서 왜 진작 거기에 맞는 대우를 해주지 않은 거죠?" 그렇게 따지고 싶었어요. 하지만 깨달았죠. 그가 무엇 때문에 그렇게 하겠어요? 자기 가치를 알아내고 그에 맞는 요구를 해야 할 사람은 어디까지나 저 자신이죠.

테드는 이야기를 마친 후 의견을 말했다. "조지는 인터뷰를 하러 가는 게 맞습니다. 그래야 경쟁사에서 자신의 가치를 어느 정도로 보는지 알 수 있으니까요. 우리가 그에게 업계 최고의 대우를 해주지 않는다면 후회할 일이 생길 겁니다. 왜냐하면 우리도 그의 가치를 알았으니까요. 게다가 만약 닐의 팀에 구글이 높은 보수를 제시할 만한 또 다른 사람이 있다면 우리는 그들의 연봉까지 같은 수준으로 올려줘야 합니다. 그것이 그들의 현재 시장가치

니까요."

나중에 CMO인 레슬리는 테드의 의견대로 처리하는 중이라고 우리에게 알려주었다.

전 새로운 직원을 채용할 때마다 그들에게《10만 달러에서 100만 달러 이상으로 가는 관문*Rites of Passage at $100,000 to $1 Million*》이라는 책을 읽어보라고 권합니다. 1980년대와 1990년대에 인기를 끌었던, 임원 전문 리크루터들을 위한 핸드북이죠. 책은 리크루터와의 대화를 통해 자신의 시장가치를 알아내는 법을 설명합니다.

저는 직원들에게 이렇게도 말합니다. "자신이 속한 시장을 파악하고 이 책을 읽은 다음, 가서 리크루터들을 만나세요. 각자의 분야를 전문으로 취급하는 리크루터의 명단을 줄 테니까요. 전 넷플릭스 직원들이 적극적으로 선택할 기회를 갖길 원해요. 선택의 여지가 없어서 우리 회사에 눌러앉는 걸 바라지 않습니다. 넷플릭스에서 일할 정도의 실력이라면 다른 회사를 선택할 능력도 있는 겁니다. 선택할 마음이 있다면, 좋은 결정을 내릴 수 있습니다. 넷플릭스에서 일하는 것이 자기가 선택한 것이어야지 덫이 되어서는 안 됩니다."

나는 테드와 레슬리의 말을 듣고 그들의 뜻을 따르기로 했다. 두 사람의 의견은 넷플릭스가 인력 시장에서 직원에게 업계 최고 수준의 보상을 해주기 위해 시행하고 있는 다른 모든 일과 완전히 일치했다. 우리는 조지의 연봉을 인상해 주는 것뿐 아니라, 닐이 데리고 있는 다른 사람 중에 구글이 자리를 제안할 만한 사람을 찾아 그들의 연봉까지 함께 인상해 주었다. 그다음 우리는 모든 직원에게, 리크루터에게서 전화가 오면 당당히 받고 연봉 수준을 알아낸 후 그 정보를 우리에게도 알려달라고 고지했다. 또한 패티 는 데이터베이스를 따로 개발하여 직원들이 전화와 인터뷰를 통해 알아낸 자료를 누구나 입력할 수 있게 조치했다.

계속해서 우리는 모든 매니저에게 직원들이 찾아와 경쟁사로부 터 입사 제안을 받았다고 이야기할 때까지 기다리지 말고, 그 전에 연봉을 인상해 주라고 말했다. 어떤 직원을 잃기 싫다면, 그 사람의 시장가치가 얼마나 올랐는지 알아내어 그에 따라 알맞은 금액을 인상해 줘야 한다.

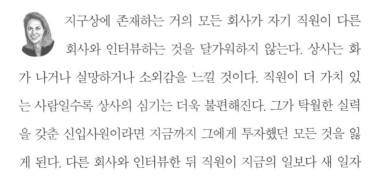 지구상에 존재하는 거의 모든 회사가 자기 직원이 다른 회사와 인터뷰하는 것을 달가워하지 않는다. 상사는 화가 나거나 실망하거나 소외감을 느낄 것이다. 직원이 더 가치 있는 사람일수록 상사의 심기는 더욱 불편해진다. 그가 탁월한 실력을 갖춘 신입사원이라면 지금까지 그에게 투자했던 모든 것을 잃게 된다. 다른 회사와 인터뷰한 뒤 직원이 지금의 일보다 새 일자

리에 흥미를 느낀다면, 그를 잃기 쉽다. 어떤 이유로 그가 이직하지 않고 남게 된다고 해도, 그는 최소한 예전과 같은 열정을 가지고 일하기 어려울 것이다. 직원이 다른 회사의 리크루터와 이야기할 때 배신감을 느끼는 건 바로 그런 이유 때문이다.

넷플릭스는 그렇게 생각하지 않는다. 콘텐츠 부사장인 래리 탄츠Larry Tanz는 리크루터의 전화를 받았던 때를 다음처럼 기억했다. 2017년, 그러니까 넷플릭스의 가입자가 1억 명을 막 돌파했을 때였다. 래리는 할리우드의 슈라인 오디토리엄Shrine Auditorium에서 성대한 축하 행사를 계획하고 있었다. 애덤 샌들러Adam Sandler의 공연도 준비되어 있었다. 그가 코트를 집어 들고 문 쪽으로 향할 때 휴대폰이 울렸다. "자신을 페이스북의 리크루터라고 소개한 사람은, 제게 회사에 와서 인터뷰에 응해달라고 했습니다. 저는 그 사람과 통화하는 것 자체가 눈치 보여 관심 없다면서 얼버무렸죠."

4주 뒤에 열린 월례 회의에서, 래리의 상사인 테드 사란도스는 직원들에게 이렇게 말했다. "시장이 한창 달아오른 상태이기 때문에 아마 리크루터들로부터 많은 전화가 올 겁니다. 아마존이나 애플이나 페이스북 같은 곳이겠죠. 여러분이 지금 최고의 연봉을 받고 있는지 궁금하다면 전화를 받아 다른 곳에서는 어느 정도의 연봉을 지급하는지 확인해 보세요. 그래서 우리보다 더 많은 돈을 준다고 하면 곧바로 알려주세요." 래리는 놀랐다. "직원들에게 경쟁사와 채용 관련해 이야기를 나누고 인터뷰를 해보라고 등 떠미는 회사는 넷플릭스가 유일할 겁니다."

몇 주 뒤에 래리는 리우데자네이루로 출장을 갔다가 페이스북으로부터 두 번째 전화를 받았다. "브라질의 유명 가수 아니타와 그녀의 거실에서 대화하던 중이었어요. 넷플릭스에서 곧 개봉될 다큐멘터리 〈거침없는 아니타 Vai Anitta〉에 관해 상의하기 위해서였죠. 2억 명의 브라질인들에게 아니타는 마돈나와 비욘세를 합친 것 같은 존재입니다. 그래서 휴대폰이 울렸을 때 받지 않았죠." 래리는 나중에 페이스북의 메시지를 받고 그쪽으로 전화했다. "한번 오라고만 얘기할 뿐 얼마를 주겠다고는 말하지 않더군요. 다른 직장을 알아볼 생각은 없지만 한번 가겠다고 했습니다."

래리는 그의 상사에게 페이스북 이야기를 하며 인터뷰를 해보고 싶다고 말했다. "좀 어색하더군요. 대부분의 경우 다른 회사와 인터뷰를 한다고 하면 의리 없다고 여기니까요." 페이스북에 다녀온 뒤 래리는 자리를 제안받았고, 넷플릭스보다 더 많은 돈을 주겠다고 한 그들의 말을 전했다. 테드는 약속대로 그의 연봉을 현재 시세에 맞게 올려주었다.

이제 래리는 부하직원들에게도 리크루터의 전화를 사양하지 말고 받으라고 말한다. "하지만 저 역시도 그들이 찾아오기만을 기다리지는 않습니다. 누가 다른 곳에 갔을 때 어느 정도 받을 수 있다는 정보를 입수하면 즉시 그 사람의 연봉을 인상해 줍니다." 최고의 인재를 놓치지 않으려면 다른 곳에서 제안이 들어오기 전에 먼저 손을 써야 한다.

물론 이러한 방식은 고액 연봉을 받는 래리나 남다른 재능을 가진 그를 부하직원으로 둔 테드에게는 의미가 있다. 그러나 테드의 충고는 아주 위험해 보인다. 그런 전화를 받으라고 했다가 인터뷰를 한 직장이 마음에 들어서 그렇게 다들 떠나게 되면, 회사에는 누가 남는가? 테드는 그런 문제를 이렇게 설명한다.

시장이 달아올라서 리크루터들로부터 전화가 오기 시작하면, 사람들은 일단 솔깃하게 됩니다. 제가 뭐라 하든, 호기심 때문에 인터뷰하러 가는 사람들은 있게 마련이죠. 그걸 허락하지 않으면, 몰래 나가 그쪽과 얘기해 본 다음 우리에게 붙들 틈도 주지 않고 떠날 겁니다. 제가 직원들에게 마음 놓고 인터뷰에 응하라고 얘기하기 1개월 전, 저는 절대로 다른 사람으로 대체할 수 없는 중견 간부 한 사람을 놓치고 말았습니다. 그녀는 이미 다른 일자리를 수락한 다음, 저를 찾아와 떠나겠다고 통보했죠. 저로서는 달리 방법이 없었어요. 넷플릭스에서 하는 일이 정말 마음에 들지만, 그쪽에서 40%나 많은 연봉을 제시했다는 말을 하는데, 아차 싶더군요. 그 사람의 시장가치가 그 정도 올랐다는 사실을 알았다면 미리 그에 맞는 대우를 해줬을 텐데! 제 부하직원들이 다른 회사와 상담해 보기를 바라는 것도 그 때문입니다. 단, 공개적으로 하고 그렇게 해서 얻어낸 정보를 우리에게 알려줬으면 하는 바람이죠.

테드는 요즘 새로 들어온 직원들로부터 이런 질문을 받는다. "정말로 그런 전화를 받아도 되나요? 의리 없다고 하지 않는 거죠?" 조지가 닐에게 와서 구글에서 받은 제안을 말해준 뒤로, 테드의 대답은 늘 똑같다. "몰래 나가서 얘기 다 해놓고 와서 시치미를 떼는 게 더 기분 나쁜 일이에요. 하지만 공개적으로 이야기하고 우리에게도 연봉 데이터를 알려주면 모두에게 큰 도움이 되죠."

리크루터의 전화를 받을 때 넷플릭스의 원칙은 이렇다. "'고맙지만 사양하겠습니다!'라고 말하기 전에, '얼마를 주실 건가요?'라고 물어보라."

네 번째 점

직장의 인재 밀도를 높이려면, 창의적인 직책에 평범한 사람 10명을 앉힐 생각을 말고, 아주 뛰어난 인재 1명을 채용하라. 그런 사람을 뽑을 때는 시장에서 그들이 받을 수 있는 최고의 금액을 제시하라. 그들의 연봉을 해마다 조정하여 경쟁사가 제시할 수 있는 금액보다 많은 연봉을 지급하라. 최고의 인재에게 최고의 대우를 할 여유가 없다면, 그보다 못한 사람을 몇 명 내보내 그 돈으로 최고를 붙들어라. 그렇게 하면 인재 밀도는 더욱 높아진다.

▶ **4장 요약**

☑ 일반적인 회사들이 직원을 충원하는 방법은, 창의적이고 인재 밀도가 높은 직장에는 그다지 바람직하지 않다.

☑ 창의적인 업무와 운영 업무를 구분하라. 창의적 업무를 하는 직원에게는 시장 최고의 대우를 하라. 적당한 수준의 직원을 10명 채용하는 것보다 아주 뛰어난 직원 1명을 앉히는 편이 낫다.

☑ 성과 기반의 보너스를 제공하지 말라. 그런 자원은 연봉에 포함하라.

☑ 직원들이 네트워크를 만들고 시간을 내 자신이나 팀의 시장가치가 시간이 지나면서 어떻게 변하는지 확인하도록 교육하라. 직원들이 리크루터의 전화를 받거나 다른 회사와 인터뷰하게 될 수도 있다. 그에 따라 연봉을 조정하라.

≡ **자유와 책임의 문화를 향해**

이렇게 인재 밀도가 높아지면, 자유의 폭을 늘릴 극단의 조치를 취할 단계다. 그러나 그 전에 솔직성부터 최고 수준으로 끌어올려야 한다.

웬만한 회사들은 직원의 재능이 아무리 뛰어나더라도 그에게 중요한 결정을 내릴 권한을 주지 않는다. 그것은 그들이 고위 경영진에 비해 많은 정보를 갖고 있지 않고, 회사기밀도 많이 알지 못하기 때문이다.

회사가 왕성한 의욕과 분명한 자기 인식, 절제력을 갖춘 남다른 책임감을 가진 직원들로 가득 차면, 그때부터 전에 없던 많은 양의 정보와 중요한 정보를 대폭 공개할 수 있다. 대부분의 회사에서는 비밀에 부쳐지는 그런 정보들 말이다.

이것이 5장의 주제다.

솔직한 문화를
강화하라.

5장

모든 것을 공개하라

평화봉사단 활동을 마치고 퓨어 소프트웨어를 설립하기
전이었던 1989년, 나는 코히런트 소트Coherent Thought라는
스타트업에서 소프트웨어 엔지니어로 일하고 있었다. 회사는 고
전을 면치 못하는 중이었고, 그때 나는 스물아홉 살이었다. 어느
금요일 아침 출근해서 자리에 앉았는데, 내 책상 앞쪽에 있는 회
의실 유리 벽으로 중역들이 서 있는 모습이 보였다. 회의실 문을
굳게 닫고서 그들은 창문 옆에 서서 무슨 이야기를 나누고 있었
다. 놀랍게도 그들은 정지된 화면처럼 움직이지 않았다. 최근에 다
녀온 여행에서, 나는 커다란 흰색 해오라기에게 잡아먹히기 직전
인 도마뱀 한 마리를 보았다. 녀석은 공포에 질려 한쪽 다리를 허

194 공에 든 채 꼼짝 않고 있었다. 그때 중역들의 모습이 딱 그랬다. 그들의 입은 부지런히 움직이고 있었지만, 몸은 미동도 없었다. 왜 의자에 앉아서 얘기하지 않는 거지? 그 모습이 너무 어색해서 내가 오히려 불편할 지경이었다.

다음 날 아침, 평소보다 일찍 출근했는데 회의실에는 이미 중역들이 모두 모여 있었다. 이번엔 모두 앉아 있었지만, 누군가가 커피를 가지러 나올 때마다 방 안에서 새어 나오는 목소리가 심상치 않았다. 무언가를 두려워하고 있는 것 같았다. 무슨 일이 있나? 무슨 얘기들을 하는 거지?

그들이 나눈 이야기가 무엇이었는지, 아직도 모른다. 만약 알았다면 가슴이 철렁 내려앉았을지도 모르겠다. 하지만 그때는 대단히 서운했다. 아니 화가 날 정도였다. 회사가 잘되도록 이렇게 열심히 일하고 애를 쓰는데, 내게 한마디도 안 해주다니, 나를 못 믿는다는 것 아닌가? 일반 직원들이 알아서는 안 될 중요한 비밀이 그들에게 있는 모양이었다.

물론 누구에게나 비밀은 있다. 그리고 비밀이 있기에 안전하다고 느낀다. 젊었던 나도 본능적으로 위험하거나 불편한 정보는 드러내지 않으려고 했다. 1979년, 열아홉 살때 나는 메인주에 있는 보든 칼리지에 다니는 학생이었다. 규모가 작고 환경이 쾌적한 학교였는데, 나는 운 좋게도 1학년 때 캘리포니아 출신의 피터와 기숙사에서 같은 방을 쓰게 되었다. 그해 초 어느 날, 방에서 옷가지를 개고 있는데 피터가 불쑥 자기는 숫총각이라고 털어놓았다. 그는 무슨 커피를 한잔 마신 얘기를 털어놓듯 아무렇지도 않게 태연한 표정으로 내게 말했다. 그 순간 역시 동정이었던 나는 내 비밀을 들킬까 두려워 간이 콩알만 해졌다.

그 친구가 내게 그런 고백을 했다고 해서, 나까지 그에게 비밀을 털어놓을 수는 없었다. 나는 오히려 그의 솔직한 이야기가 당황스러웠다. 나중에 알게 되었지만, 아무 말도 하지 않는 나를 보며 피터는 서운한 한편, 내가 믿을 수 없는 녀석이라는 생각이 들었다고 했다. 자신의 속내를 털어놓지 않는 친구를 어떻게 믿겠는가? 그는 자신의 감정이나 걱정은 물론, 저지른 실수 등을 내게 거침없이 말했다. 나는 할 말 안 할 말 가리지 않고 태연하게 모두 털어놓는 녀석에게 질렸다. 하지만 한편으로 그에게 믿음이 갔다. 나로서는 조금 이른 경험이었다. 피터와 그런 우정을 쌓은 덕분에 내 생각도 크게 바뀌었다. 비밀을 털어놓거나 솔직하게 말하는 것이 여러모로 좋은 점이 많다는 사실을 알게 된 것이다.

그렇다고 해서, 직장 동료에게 자신의 성 생활까지 솔직하게 털어놓고 나누라는 말은 아니다. 물론 피터는 직장 동료가 아니다. 직장은 학교 기숙사와 비교할 때 비밀을 털어놓기 훨씬 더 힘들고, 그래서 안 좋은 점도 더 많다.

컬럼비아 경영대학원의 경영학 교수인 마이클 슬레피언Michael Slepian의 연구에 따르면, 사람들은 보통 13개 정도의 비밀을 갖고 있는데 그중 5개는 누구에게도 절대 말하지 않는다고 한다. 내 생각엔, 회사를 경영하는 사람들은 이보다 훨씬 더 많은 비밀을 갖고 있는 것 같다.

슬레피언에 따르면, 일반적으로 신뢰에 금이 가는 문제와 관련된 비밀이 전체의 47%이고, 거짓말이나 금전적인 부정행위에 관한 비밀은 60% 이상이며, 직장에서의 불만이나 어떤 종류의 은밀한 관계 혹은 절도와 관련된 비밀이 대략 33%다. 이런 비밀들은 혼자서만 간직하고 있어야 할 내용이어서 스트레스나 근심, 중압감, 외로움, 낮은 자존감 등 심리적 대가를 치러야 한다. 비밀은 또한 생각의 많은 부분을 차지한다. 어떤 연구에 의하면, 사람들은 비밀을 숨기는 것보다 그렇게 숨긴 비밀을 생각하는 데 2배 더 많은 시간을 들인다고 한다.

반면, 누군가에게 비밀을 털어놓으면 듣는 쪽에서는 신뢰감이 생기고 의리를 지켜야겠다고 생각하게 된다. 내가 누군가에게 큰 실수를 저지른 얘기를 털어놓거나 내 성공에 지장을 줄지 모르는 정보를 말해준다면, 그 사람은 이렇게 생각할 것이다. '나한테 그런 걸 얘기하다니, 나를 단단히 믿는 모양이군.' 그러면 그 사람도 나를 철석같이 믿는다. 단시간 내에 상대방의 신뢰를 얻는 데, 비밀이라고 할 만한 것을 털어놓는 것보다 더 좋은 방법은 없다.

이 문제를 계속 논하기 전에, 먼저 '비밀이라고 할 만한 것'보다 더 좋은 용어가 필요할 것 같다. 비밀이라고 할 만한 것은 일단 얘기한 이후부터 더는 비밀이 아니기 때문이다.

SOS

앞으로 입을 다물기로 한 정보를, 폭로되면 위험해진다는 뜻으로 'SOS(Stuff Of Secrets의 줄임말, 넷플릭스에서 사용하는 용어는 아니다)'라고 부르겠다. 이런 정보가 함부로 알려지면 부정적인 반응이 나올 수 있고, 누군가의 도발을 자극할 수도 있으며, 폭력 사태를 유발하거나 특정인과 관계가 단절될 수도 있다. 그렇지 않다면 비밀을 지켜야겠다는 충동을 애초에 갖지 않았을 것이다.

직장에 있을 수 있는 SOS 정보는 대개 이런 것들이다.

- 당신은 구조조정을 생각하고 있다. 그럴 경우, 여러 사람을 내보내야 할 것이다.
- 당신은 어떤 직원을 해고했는데, 그 이유를 설명했다가는 그 사람의 평판에 흠집이 날 것이다.
- 당신에게는 '영업 비밀'이 있다. 경쟁사로 새어 나가서는 안 되는 정보다.
- 당신은 평판에 금이 갈 실수를 저질렀다. 사회생활에 막대한 지장을 초래할지도 모르는 실수다.
- 두 팀의 책임자가 의견이 맞지 않아 대립하고 있다. 팀원들이 알면 양쪽 분위기 모두 어수선해질 것이다.
- 회사 재정과 관련된 내용을 알고 있다. 무심코 친구에게 말했다가는 감옥에 갈 수도 있다.

어느 조직에나 SOS는 넘친다. 매니저들은 늘 이런 문제와 싸운다. '이 사실을 부서원들에게 알려야 하나? 위험하지 않을까?' 하지만 입 다물고 있어도 위험하기는 마찬가지다. 리드도 코히런트 소트에서 일할 당시 그런 점이 두려웠고, 그래서 실제로 생산성도 떨어졌다.

 매니저들은 대부분 투명성이라는 '개념'을 좋아한다. 그러나 정보를 쉽게 공유할 수 있는 환경을 만들고 싶다면, 가장 먼저 비밀을 지켜야 한다고 은연중에 압력을 넣는 구호나 신조가 없는지 사무실 주변을 살펴봐야 한다. 예전에 실리콘밸리에서 한 회사를 경영하고 있는 CEO 친구를 만나기 위해 사무실로 찾아간 적이 있다. 조직의 투명성을 매우 중시하는 친구였는데, 그는 일터에서의 개방성을 높일 수 있는 여러 가지 과감한 조치로 언론의 조명을 받기도 했다.

그 회사에 도착한 나는 엘리베이터를 타고 본사 건물 꼭대기 층으로 갔다. 안내 직원이 나를 길고 조용한 복도로 이끌었다. CEO의 사무실은 구석에 있었다. 평소 '개방형 사무실 정책open door policy'을 쓴다는 그의 말대로 사무실 문은 열려 있었지만, 문밖에는 비서가 마치 문지기처럼 앉아 있었다. 나는 그 친구가 조용한 구석에 방을 마련해야 할 이유가 있을 것으로 짐작했다. 보나 마나 밤에는 문을 잠그고 경비를 세워두겠지? 문들은 다 열어두었지만, 그 회사는 이렇게 외치는 것 같았다. "여기엔 비밀이 많아!"

내가 넷플릭스에 전용 직무실은 물론, 서랍이 딸린 칸막이 책상 하나 두지 않는 것도 그 때문이다. 낮 시간에 직원들과 토의할 일이 있으면 회의실을 미리 잡아두지만, 내 조수는 나의 미팅 대부분이 다른 사람의 사무실에서 이뤄진다는 사실을 잘 알고 있다. 누구에게 용건이 있으면 그를 호출하기보다 그 사람이 일하는 곳으로 찾아가는 편이다. 나는 특히 걸으면서 회의하는 것을 좋아한다. 그렇게 개방된 상태에서 회의하다 보면 도중에 다른 직원들과도 자주 마주치게 된다.

사무실만 문제가 되는 건 아니다. 폐쇄된 공간은 그곳이 어디든 은밀한 곳이라는 인상과 함께 서로를 믿을 수 없다는 의미를 드러낸다. 회사 초기에 싱가포르 지사로 출장을 갔을 때, 나는 직원들이 로커를 하나씩 갖고 있어서 저녁에 퇴근할 때는 그곳에 개인용품을 놓고 잠그는 것을 보았다. 그때 나는 잠금장치부터 없애라고 한마디 했다.

하지만 이런 종류의 신호만으로는 부족하다. 모든 사람이 가능한 한 많은 것을 공유하게 하여 투명성을 일상화하는 것이 리더의 몫이다. 중요한 것이든 사소한 것이든, 좋은 일이든 나쁜 일이든 리더부터 정보를 공개하면 다른 사람들도 따라서 그렇게 할 것이다. 넷플릭스에서는 이것을 '선샤이닝sunshining'이라고 부른다. 우리는 이렇게 밝은 햇볕에 온몸을 드러내듯, 가능한 한 많은 것을 공개하려고 노력한다.

이 책을 쓰기 위해 리드를 처음 만났을 때, 나는 문이 닫힌 어떤 회의실이나 조용한 구석방에서 그와 인터뷰를 할 것으로 예상했다. 그래야만 민감한 질문에도 답할 수 있을 테니까. 그러나 막상 안내를 받아 자리를 잡고 보니 개방된 발코니였다. 직원들 모두가 우리가 하는 말을 들을 수 있는 곳이었다. 그곳에서 리드는 집집이 찾아다니며 진공청소기를 팔던 첫 직업부터 고등학교 시절에 싸움에 휘말렸던 일, 예전에 사귀던 여자 친구와 아프리카를 횡단하며 히치하이크를 했다가 크게 차 사고를 당했던 일, 결혼 초기에 어려웠던 일 등을 신이 나서 이야기했다. 우리가 앉은 테이블 주변으로 계속 사람들이 지나갔지만, 그는 목소리를 낮추지 않았다.

몇 개월 뒤에 나는 이 책의 첫 장 초고를 리드에게 보내 검토해달라고 부탁했다. 그리고 다음 주에 넷플릭스 암스테르담 지사에서 한 매니저와 인터뷰를 하다가 기겁했다. 내가 리드에게 보냈던 초고에 나오는 구절을 그가 인용했기 때문이었다. "대표님이 그 초고를 모두에게 보냈거든요." 어이가 없었다.

"넷플릭스 직원 전부 다요?" 나는 당황한 표정을 감추지 않고 그렇게 되물었다.

"아뇨, 전부는 아니고요, 고위 매니저 700명에게만 보냈어요. 두 분이 구상하고 있는 것을 알고 있으라는 뜻으로요."

인터뷰를 끝내기 바쁘게 나는 휴대폰부터 들었다. 어떻게 말해야 하나? 나는 혼자서 생각했다. "무슨 생각으로 그러신 거죠? 마무리도 안 된 원고를 그 많은 사람에게 공개하면 어떡해요? 아직 팩트 체크도 제대로 안 했는데." 그러나 번호를 누르다 말고 리드가 뭐라고 할지 상상해 보았다. "마무리가 안 된 원고이니 보내지 말라고요? 그게 어때서요?" 생각이 거기에 미치자 그런 반응에 대꾸할 마땅한 말이 떠오르지 않았다.

공개할 때를 아는 것

투명성! 좋은 말이다. 비밀을 좋아하고 그래서 비밀스러운 정보를 많이 만들어낸다고 말하는 리더는 없다. 하지만 투명성에는 늘 위험이 따른다. 리드는 내 미완성 원고를 보는 순간 매니저들과 공유해야겠다고 생각하여 700명에게 보냈다. 그 700명 중에는 인터뷰에서 실제로 자신들이 한 말의 의도가 달라졌다며 불만을 얘기하는 사람도 있을지 모른다. 실제로 그랬다는 말은 못 들었지만, 얼마든지 있을 수 있는 일이다.

비밀을 지켜야 할 이유는 있다. 또 언제 투명해야 하고 언제 입을 다물어야 하는지 확실하지 않을 때도 많다. 나는 리드가 왜 그런 판단을 내렸는지 알기 위해, 그에게 시험을 하나 냈다. 이제 그 내용을 공개하겠다.

나는 비밀을 지킬 필요가 있는 시나리오를 네 가지 제시한 후, 리드에게 대안이 될 수 있는 답을 선택하고 그 이유를 밝힌 다음,

넷플릭스에서 실제로 그와 비슷하게 난처했던 상황이 있으면 소개해 달라고 했다.

독자 여러분도 이 퀴즈를 풀어볼 수 있다. 리드의 답을 읽기 전에, 여러분이라면 어떻게 할 것이며 그 이유는 무엇인지 자문해 보길 바란다. 그리고 리드의 의견과 일치하는지 확인해 보라.

리드(그리고 여러분)에게 내는 퀴즈

퀴즈 시나리오 1: 누설할 경우 불법이 되는 정보

당신은 직원이 100명인 스타트업을 설립했다. 조직은 투명해야 한다는 것이 당신의 평소 신념이다. 그래서 직원들에게 손익계산서 보는 법을 가르치고, 회사의 재정과 관련된 정보나 전략을 공개한다. 당신은 다음 주에 기업공개를 단행할 예정이다. 그러면 상황이 많이 달라질 것이다. 만약, 월스트리트에 성과를 발표하기 전 직원들에게 분기 실적을 공개했는데, 직원 중 하나가 친구에게 회사의 실적을 알린다면? 당신 회사의 주가는 크게 떨어질 것이고, 누설한 직원은 내부자 거래로 감옥에 가게 될 수도 있다. 당신이라면 어떻게 할 텐가?

a) 분기 실적은 계속 공개하되, 월스트리트 발표 이후에 한다.

b) 일반에게 공개되기 전 먼저 직원들에게 모든 수치를 공개하되, 이 정보

를 누설하면 감옥에 갈 수 있다는 사실을 강조한다.

리드의 답: 우산을 치워라

 1번 시나리오에 대한 나의 대답은 b)다. 즉 직원들에게 분기별 실적을 공개한 다음 세상에 알리는 것이다. 물론 정보가 외부로 새어 나갈 경우 발생할지 모르는 불행한 결과는 미리 경고한다.

나는 1998년에 처음으로 '오픈북 경영open-book management'이라는 말을 접했다. 바로 1년 전에 넷플릭스를 설립한 후 아스펜 연구소Aspen Institute에서 리더십 개발 과정을 듣고 있던 때였다. 여러 회사의 중역들과 함께 우리는 민감한 문제를 다룬 다양한 사례집을 놓고 토론을 벌였다. 그중에 잭 스택Jack Stack이라는 매니저에 관한 사례 연구가 있었다.

미주리주 스프링필드에서 회사를 운영하는 잭은 한때 인터내셔널 하베스터International Harvester의 소유였던 재제조remanufacturing(중고품을 분해하고 세척, 검사하고 보수하고 재조립해서 신제품으로 만드는 것-옮긴이) 공장을 기사회생시키는 데 성공했다. 공장이 막 문 닫으려던 차에 여기저기서 자금을 유치해 차입 매수한 것이다. 그는 직원들이 좀 더 의욕적으로 일하게 하고자 두 가지 목표를 세웠다.

1. 회사 재정을 투명하게 운영하여, 모든 직원에게 사업 현황을 낱낱이 공개한다.

2. 매주 나오는 운영 보고서와 재무 보고서를 전 직원이 읽고 이해할 수 있
도록 교육하는 데 많은 시간과 노력을 투자한다.

잭은 고급 엔지니어부터 생산 현장에서 일하는 직급이 낮은 직
원들까지 회사의 재무 보고서를 읽고 파악할 수 있도록 교육했다.
그는 고등학교 교육을 받지 못한 직원들에게도 손익계산서 보는
법을 상세히 설명했다. 사실 손익계산서는 고등 교육을 받은 웬만
한 회사의 부사장급들도 파악하기 어려워한다. 또한 잭은 회사의
운영 및 재무에 관한 자료를 매주 모든 직원에게 제시하여 회사
가 어떤 방향으로 가고 있으며, 그들이 회사의 성공에 어떤 식으
로 기여하고 있는지 알게 했다. 결과가 어땠을까? 직원들은 더욱
더 열정과 책임감을 갖고 잭이 바라는 것 이상으로 회사에서 주인
의식을 갖고 일하게 되었다. 이 회사는 40년째 이 같은 방법을 통
해 발전에 발전을 거듭하는 중이다.
　아스펜에서 이 사례를 토론하던 중, 리더 한 사람이 잭의 방식
에 이의를 제기했다. "나는 우산을 씌워 직원들을 보호하는 것이
리더가 할 일이라고 생각합니다. 자신이 맡은 일과 아무 상관도
없는 쓸데없는 문제에 신경 쓸 필요가 없게 말이죠. 내가 그들을
고용한 건 그들이 아주 잘하고 또 좋아하는 일을 할 수 있게 하기
위해서입니다. 관심도 없고, 또 안다고 해도 뭘 어쩌지도 못하는
회사의 내막을 듣는 데 시간을 허비하는 건 바람직하지 않다고 생
각합니다."

나는 그렇지 않다고 그의 말에 반박했다. "이 잭이라는 사람은 직원 각자가 자신이 하고 있는 일의 배경에 놓인 여러 가지 사정을 이해할 수 있게 해줌으로써 그들에게 주인의식을 심어주었습니다. 나 역시 잭처럼 회사를 운용하고 싶습니다. 나는 우리 직원들이 넷플릭스를 '위해' 일한다고 생각하기를 바라지 않습니다. 나는 그들이 스스로 넷플릭스의 '일부'라고 생각하길 바랍니다." 그렇게 말하면서 나는 그때 마음속으로 다짐했다. '누군가가 넷플릭스에서 일하게 된다면, 절대 그 사람의 머리 위에 우산을 씌우지 않을 것이다. 그가 비를 맞게 되더라도.'

회사로 돌아온 나는 매주 금요일마다 '전 직원' 회의를 시행했다. 패티 맥코드는 포고문을 발표하는 관리처럼 의자 위에 올라서서 직원들의 이목을 집중시킨 다음, 모두들 주차장으로 나가라고 말했다. 전 직원이 한자리에 모일 수 있는 장소는 그곳밖에 없었기 때문이다. 나는 모든 직원에게 손익계산서를 나누어 주었다. 그렇게 우리는 매주 성과의 수치를 확인했다. 배송은 전부 몇 건이었나? 평균 수익은 어느 정도인가? 인기 순위 1, 2위 영화에 대한 고객의 요청을 어느 정도 충족시켰는가? 우리는 또한 경쟁사가 알아서는 안 될 정보가 가득한 전략 문건을 커피머신 옆 게시판에 붙여놓았다.

우리는 이런 정보를 공개하면서 잭 스택이 했던 것처럼 직원들이 회사를 신뢰하고 주인의식을 가질 수 있길 바랐다. 그리고 이는 실제로 효과가 있었다. 나는 우산을 접었지만, 아무도 불평하지 않았다. 이후로 우린 넷플릭스의 경쟁자들이 알고 싶어 하는 정보는 물론이요, 모든 재정적 결과까지 전 직원에게 알리고 있다. 가장 대표적인 것이 우리 회사의 내부 전산망 홈페이지에 올린 4페이지짜리 '전략 베팅Strategy Bets'이다.

내 목표는 직원들이 자신을 회사의 주인으로 여김으로써 회사의 성공을 위해 자기가 짊어져야 할 책임의 크기를 늘리는 것이었다. 막상 회사의 기밀을 공개하고 나니, 기대하지도 않았던 성과까지 얻을 수 있었다. 직원들이 더욱 현명해진 것이다. 고위 중역들만 접할 수 있던 정보를 말단 직원에게도 알려주면, 그들 스스로 상황을 판단하여 일을 더욱 능률적으로 하게 된다. 정보를 캐묻고 승인을 구하는 절차를 없애고 나니, 업무 처리의 속도도 현격히 빨라졌다. 그들은 상부의 견해를 물을 필요 없이, 적시에 필요한 결정을 내렸다.

대부분의 회사가 이런 사실을 깨닫지 못한다. 고위 매니저들은 재무 혹은 전략 관련 정보를 숨김으로써, 직원들이 능력과 지능을 발휘할 기회를 빼앗는다. 직원들의 권한을 강화하는 방향을 거론하는 기업은 많지만, 대부분의 경우 그들의 권한을 실제로 증가시킨다는 건 몽상에 불과하다. 실제로 직원들에게 주인의식을 심어줄 만큼의 충분한 정보를 주지 않기 때문이다. 잭 스택은 그 점에 관해 이렇게 설명했다.

무엇보다 심각한 문제는, 직원들이 사업이 어떻게 진행되고 있는지에 관해 아무것도 알 수 없다는 겁니다. 야구를 잘 모르는 사람에게 규칙도 말해주지 않고 야구장으로 데려가는 것과 다를 바 없죠. 사업은 게임입니다. 1루에 나간 사람은 2루로 도루를 시도하지만, 자신의 시도가 경기의 전반적인 흐름에 어떤 영향을 미치는지는 전혀 모르고 있어요.

지난주와 지난달에 고객이 몇 명이나 가입했으며, 구체적인 업무에서 어떤 전략적 토의가 이루어졌고, 필요한 인원을 몇 명이나 더 채용할 여유가 있는지 등을 매니저가 모르고 있다면? 당연히 상사에게 물어야 할 것이다. 그 상사가 회사가 어느 정도 성장했는지 잘 몰라서 좋은 결정을 내릴 수 없다면, 그녀 역시 자신의 상사에게 가야 한다. 모든 직급에서 전략을 이해하고 있는 직원이 많을수록, 회사의 재정 상황과 그날의 맥락을 아는 사람이 많을수록, 상부의 별다른 지시가 없어도 정확한 정보를 기반으로 현명한 결정을 내릴 수 있다.

물론 직원들에게 재무 관련 자료를 전부 공개하는 리더들이 잭 스택만은 아니다. 그런데 이 리더들도 기업을 공개할 때 이렇게 말한다. "이제 우리는 도약할 시점에 왔다. 그래서 정보에 특히 조심해야 한다. 가능하면 위험을 피하고 우리의 기밀이 엉뚱한 사람들의 손에 들어가지 않게 해야 한다."

여기서 퀴즈 1번 시나리오로 돌아가자. 내 조언은 이것이다. 상장한다는 이유만으로 우산을 펴지 말라. 2002년에 넷플릭스의 기업 공개를 단행한 후, 나는 에린의 퀴즈에 등장하는 가상의 매니저가 겪었던 것과 동일한 딜레마에 부딪혔다. 어느 날 출근길에 늘 그렇듯 패티를 태웠다. 그녀는 울상이었다. "일반적으로, 상장 기업들은 월스트리트에 발표하기 전까지 극소수의 고위 내부자들만 분기별 재무 상황을 파악하고 있어요. 만에 하나 이 정보가 새어 나가면 누설한 직원이 감옥에 가게 된다고요! 잘못되면 어떻게 하죠?"

하지만 나는 분명히 못을 박았다. "이제 와서 갑자기 재무 자료를 비밀에 부치면, 직원들이 뭐가 됩니까? 자기 회사에서 자신이 아웃사이더가 된다고 생각하지 않겠어요?" 그리고 이어서 말했다. "회사가 커진다고 해서 비밀이 많아지면 안 됩니다. 우리는 반대로 하자고요. 갈수록 더 대담해지고 전보다 더 많은 정보를 공유하는 겁니다."

아마도 넷플릭스는, 분기가 끝나기 몇 주 전에 재무 상황을 내부에 공개하는 유일한 상장사일 것이다. 우리는 QBR 회의에서 고위 매니저 700여 명을 모아놓고 이 수치를 발표한다. 재무 관련 일을 하는 사람들은 매우 무모한 행위라며 실색했다. 그러나 지금까지 이런 정보가 새어 나간 적은 한 번도 없다. 설사 그렇게 되더라도(그러지 않는다는 법은 없으니까) 호들갑을 떨지는 않을 것이다.

그저 한 번의 불미스러운 사례였다고 여기면서 뒷수습을 한 뒤, 계속 투명성을 유지할 것이다.

투명성은 우리 직원들이 책임감을 가지고 행동할 것으로 회사가 믿는다는 걸 보여주는 가장 중요한 상징적 개념이 되었다. 우리가 그들에게 보여준 신뢰는 그들로 하여금 주인의식과 헌신, 책임감을 갖게 한다.

나는 신입사원들로부터 넷플릭스의 투명성이 너무 뜻밖이라는 이야기를 거의 매일 듣는다. 그런 말을 듣는 것은 큰 기쁨이다. 기업 활동 및 기업 개발 부사장인 스펜서 왕Spencer Wang은 전직 월스트리트 애널리스트 출신인데, 우리 회사에 입사한 첫 주에 겪은 일을 다음처럼 이야기한다.

넷플릭스는 구독자를 기반으로 하는 사업을 합니다. 따라서 회사 수익을 산출하려면 누구나 알고 있는 평균 구독료에 구독자 수를 곱하면 되죠. 하지만 분기에 한 번씩 발표하기 전까지 이 수치는 1급 비밀입니다. 누군가가 이 수치를 미리 알아내어 불법으로 넷플릭스의 주식 거래에 사용한다면 큰돈을 벌 수 있을 겁니다. 하지만 넷플릭스에 있는 누군가가 이 같은 정보를 외부에 누설하면 감옥에 갈 수도 있고요.

3월의 어느 월요일 아침, 8시였습니다. 저는 입사한 지 얼마 안 된 신출내기라 주변의 눈치를 보며 새 직장 분위기에 익숙해지고자 촉각을 곤두세우고 있었죠. 커피를 한 잔 따라서 자리에 앉은 다음 컴퓨터를 켰죠. 그런데 제 메일에 '2015년 3월 9일 일간 멤버십 업데이트'라는 제목의 메시지가 떠 있더군요. 어제 전국에서 새로 가입한 구독자 수가 그래프와 함께 상세하게 기록된 자료였습니다.

심장이 두근거렸습니다. 이런 민감한 데이터가 일반 메일로 오다니? 저는 모니터를 가슴 가까이 끌어당겨 안고 벽 쪽으로 붙었습니다. 누군가가 몰래 어깨 너머로 훔쳐볼까 겁나서요. 조금 뒤, 상사인 CFO가 제 자리에 찾아왔습니다. 그래서 얼른 그 메일을 보여드렸죠. "이거 아주 쓸 만한 자료 같은데, 혹시 새어나가기라도 하면 큰일 나는 것 아닌가요? 이걸 받은 사람이 몇 명이나 되죠?" 저는 그렇게 물었습니다. "대표님과 나, 자네밖에 몰라"와 같은 대답을 예상하면서 말이죠. 하지만 그의 대답은 어이가 없었습니다. "직원이라면 모두 받게 되어 있어. 관심이 있다면 다 열어보겠지."

물론 '투명성'은 넷플릭스의 다른 문화 원칙들과 마찬가지로 간혹 잘못된 결과를 초래할 때도 있다. 2014년 3월, 회사 기밀 자료를 내려받은 콘텐츠 구매 디렉터가 이를 가지고 경쟁사로 옮겨갔다. 결국 문제가 터졌고, 우리는 소송 문제로 꽤 오랜 기간 곤욕을 치렀다. 그러나 직원 하나가 우리의 신뢰를 악용한다고 해도, 이는

어디까지나 예외적인 사례다. 오히려 다른 사람에게는 투명성에 대한 우리의 약속을 더욱 굳게 보여줘야 한다. 소수의 불미스러운 행동으로 다수를 문책하는 일은 없어야 한다.

퀴즈 시나리오 2: 가능한 구조조정

 당신은 본사에 있는 상사와 구조조정에 관해 논의했다. 어쩌면 당신 팀의 프로젝트 매니저 여러 명이 해고될지 모르는 상황이다. 이 문제를 알고 있는 건 당신뿐이다. 그리고 실제로 그런 일이 일어날 확률은 50%다. 팀의 프로젝트 매니저들에게 지금 이 사실을 알리겠는가, 아니면 확실히 결정이 날 때까지 기다리겠는가?

a) 자연스럽게 알게 될 때까지 내버려 둔다. 지금 괜히 분위기를 어수선하게 만들 필요는 없다. 지금 그 사실을 알릴 경우 그들은 새 일자리를 찾기 시작할 것이다. 그러다가 유능한 직원을 잃을 수도 있다.

b) 어느 정도만 설명한다. 아무런 사전 통고도 없이 나가라고 하면 그들은 뒤통수를 맞았다며 분개할 것이다. 그렇다고 쓸데없는 풍파를 일으킬 필요도 없을 것 같다. 따라서 상세한 이야기는 하지 않되, 변동이 있을지 모른다는 암시를 준다. 혹시 다른 회사에서 프로젝트 매니저를 구한다는 정보를 얻는다면, 그들 책상에 그 회사의 구직 공고를 슬쩍 놔두어 스스로 생각하고 선택할 기회를 갖도록 배려한다.

c) 사실대로 말한다. 그들을 불러 6개월 뒤에 그들이 하는 업무 중 일부가

없어질 확률이 50%라고 말한다. 특히 여러 면에서 노고에 감사하고 있으며, 해고자 명단에 끼지 않기를 바란다는 점을 강조한다. 그리고 앞으로도 계속 모든 정보를 투명하게 공개하고 싶다고 말한다. 그렇게 하면 정보를 토대로 직원들 각자 앞으로의 처신을 고민하고 결정할 수 있을 것이다.

리드의 답: 사과 상자를 뒤엎어라

 2번 시나리오에 대한 나의 대답은 c), 사실대로 말하는 것이다.

내일부터 회사에 나오지 말라는 이야기를 듣고 싶은 사람은 없다. 다른 부서로 발령되거나 다른 사무실로 전근될 때와 마찬가지로, 아무리 작은 것이라도 변화는 불안하고 때로 스트레스가 된다. 물론 확실치 않은 일을 미리 알리면 너무 걱정되어 일이 손에 잡히지 않고 능률도 떨어질 것이다. 경우에 따라, 다른 곳에 일자리를 알아보는 사람도 있을 것이다. 확실하지 않은 일로 사과 상자를 뒤엎을 것인가?

그러나 투명한 문화를 조성하겠다면서 결론이 날 때까지 상황을 알리지 않는다면, 사람들은 당신을 믿지 못할 위선자로 여길 것이다. 앞에서는 투명성을 강조하면서, 뒤돌아서서는 그들의 일자리가 어찌 될지 모른다고 소곤대는 이중인격자가 되고 만다. 나는 좀 더 적극적으로 투명하게 운영하라고 조언하고 싶다. 당당히 나아가 사과 상자를 흔들어라. 부딪혀서 멍들 수도, 상자에서 떨어질 수도 있겠지만, 그래도 괜찮다. 일단 상황이 진정되고 나면 직원들은 당신을 더욱 신뢰할 것이다.

물론 경우에 따라 상황은 조금씩 다를 것이다. 넷플릭스의 직원들도 그런 감정적으로 민감한 사안에 대해서는 각기 다른 의견을 가지고 있을 수 있다. 정보 공개를 좋아하는 직원들이 있는가 하면, 그런 정보는 알고 싶지 않다는 사람도 있다. 우리는 직원들에게 자진해서 '퀴즈 시나리오 2'에 대한 입장을 말해달라고 요구했다. 그들의 답은 두 가지로 나뉘었다.

하나는 디지털제품 부사장인 롭 카루소Rob Caruso가 내놓은 답변인데, 내 입장과 비슷했다. 아마도 민감한 정보를 공개하지 않는 회사에 있을 때 어떤 결과가 초래됐는지 경험했기 때문일 것이다.

넷플릭스에 오기 전, 저는 HBO에서 디지털제품 부사장으로 재직했습니다. HBO에서는 어떤 직위에 올라도 절대 열 수 없는 문이 5개 이상 있는 것 같습니다. 전략 관련 토의 내용은 꼭 알아야 할 사람들만 알죠. 다른 사람은 그런 내용을 몰라도 된다는 것이 최고경영진의 생각입니다. HBO만 콕 찍어서 지적하는 건 아니에요. 다른 기업들도 대부분 이렇게 생각하니까요. 12월 어느 날, 우리는 중요한 프로젝트의 마감을 앞두고 있었어요. 평소보다 일찍 출근한 탓인지 사무실은 조용했죠. 그날 날씨가 나빴던 것으로 기억합니다. 내린 눈이 녹아서 길이 엉

망이었기에 정장을 입긴 했지만 구두 대신 낡은 운동화를 신고 집을 나섰죠. 출근해서 자리에 와 보니, 들어오는 대로 지사장에게 오라는 쪽지가 책상 위에 놓여 있더군요. 이런 식의 호출은 처음이었기에 불길한 예감이 들었어요. 그리고 낡은 운동화가 신경 쓰였죠.

지사장은 인상이 아주 좋은 사람과 함께 앉아 있었습니다. 지사장은 그를 저의 새로운 상사라고 소개했어요. 그 말을 듣는 순간 가슴이 철렁 내려앉았죠. '그렇다면 나와 우리 팀은 어떻게 되는 거지?' 대단히 좋은 소식이라는 걸 알게 된 것은 10분쯤 뒤였습니다. 해고되는 사람은 없었고 새 상사는 멋졌어요. 회사의 메시지는 이랬습니다. "우리는 자네 부서에 적극적으로 투자할 예정이다. 자네가 발의한 아이디어를 제대로 추진하기 위해 새로운 리더를 채용했다."

마땅히 우쭐했어야 하는 상황이었는데, 사장실을 나오면서 오히려 조금 씁쓸한 기분이 들더군요. 미리 내게 의견을 물으면 어디 덧나나? 나한테 얘기도 없이 새로운 리더를 물색했다는 걸 몇 명이나 알고 있었을까? 상부의 기밀이었을 테지만, 그 순간만큼은 제가 다니는 회사에서 이방인이 된 기분이더군요.

비밀주의는 어느 회사에서나 흔한 것이어서 HBO를 떠나서 넷플릭스로 옮겨왔을 때, 전 큰 충격을 받았습니다.

특히 넷플릭스에 와서 처음으로 QBR 회의에 참여했던 순간은 잊지 못할 것 같아요. 넷플릭스에 들어온 지 1~2주쯤 지났을 때였습니다. 그때까지 친한 사람도 없었기에 혼자서 강당으로 향하면서 전에 다니던 회사들의 리더십 미팅 때 보았던 요란한 행사를 예상했죠. 넓은 강당에는 400명 정도의 매니저들이 모여 있었습니다. 리드 회장의 간단한 인사말이 있고 나서, 주최자는 단상의 불을 끈 다음 하얀 스크린에 검은색 고딕 글자가 적힌 슬라이드를 비추었습니다.

이 정보를 다른 사람에게 넘기면 형사처벌을 받을 수 있습니다.
친구에게도 알리면 안 됩니다. 기밀 사항입니다.
다른 사람에게 알리지 마세요.

그리고 재무 부사장인 마크 유레츠코Mark Yurechko가 씩 웃으며 무대 위로 올라왔습니다. 그는 넷플릭스의 해당 분기 재무 내역, 주식시세 동향, 이들 수치가 주가에 미칠 영향 등을 설명했어요. 수십 년 동안 여러 회사를 거쳤지만, 이런 장면과 비슷한 것조차 본 적이 없었습니다. 이런 차원의 정보라면 극소수 고위 중역만 알 수 있는 기밀로, 다른 직원은 절대 접근할 수 없는 정보들이죠.

이후 24시간 동안 리드 회장과 고위 인사들이 고심하고 있는 구조조정 문제와 그 밖의 몇 가지 큰 변동 사항을 포함하여, 현재 당면한 전략적 난관에 관한 상세한 내용이 의제에 올랐고, 우리는 소그룹으로 나뉘어 이 문제들을 두고 난상토론을 벌였

습니다. 질릴 정도였어요. '와, 이건 너무 노골적이잖아!'

넷플릭스는 직원들을 까다로운 정보도 충분히 다룰 줄 아는 성숙한 인격체로 대합니다. 그 점이 마음에 들었어요. 이렇게 되면 직원들의 적극적인 참여의식과 지지를 끌어낼 수 있죠. 퀴즈 시나리오 2번에 대한 제 대답은 c), 즉 사실대로 공유하는 것입니다. 직원들에게 있는 그대로 말해야 한다고 생각해요. 펄쩍 뛰는 사람도 있겠지만, 적어도 당신이 솔직하다는 점은 인정할 겁니다. 그것이 중요합니다.

내 생각도 롭과 비슷하다. 그리고 이런 이야기를 들으면 자부심이 생긴다. 그런데 사실은 두 번째 견해가 더 흥미롭다. 오리지널 콘텐츠 프로젝트 매니저인 이사벨라의 대답이 그런 경우다. 그녀의 말을 들으면 투명성 관련 결정이 얼마나 어려운지 그리고 어떤 답도 완벽할 수 없다는 것을 알게 될 것이다. 그녀의 이야기를 들어보자.

전 '퀴즈 시나리오 2'와 거의 똑같은 경우를 겪었습니다. 그리고 투명성이란 게 대단해 보이지만, 현실에서는 모르는 편이 더 나은 경우가 많다는 결론을 내렸습니다.

당시 저는 회사 출·퇴근 시간을 줄이기 위해서 남편과 함께 LA

에 있는 넷플릭스 사무실과 멀지 않은 곳에서 14개월째 집을 알아보고 있었어요. 100곳 정도를 봤는데, 마음에 드는 집이 없더군요. 그러던 어느 날, 드디어 머릿속에 그리던 집을 하나 찾았어요. 오픈 플로어 플랜open floor plan으로 설계된 집이었어요. 내벽 없이 이처럼 탁 트인 구조라면 아래층 주방에서 위층 침실에 있는 사람과 자연스럽게 이야기할 수 있을 것 같았죠. 식탁을 치우며 침대에 누워 잠을 청하는 딸아이에게 자장가를 불러줄 수도 있고요.

저는 제 일을 사랑하고 또 꽤 잘하는 편이라고 생각합니다. 저는 첼시 핸들러Chelsea Handler의 토크쇼를 담당했죠. 넷플릭스는 보통 시즌 전체를 한꺼번에 공개하는데, 〈첼시Chelsea〉는 1주일에 세 번 업로드했어요. 촬영을 마친 후 24시간 안에 여러 나라의 언어로 번역한 뒤 자막과 함께 인터넷에 올려야 했죠. 그 모든 과정을 관리 감독하는 것이 저의 일이었습니다. 그러던 어느 날, 상사인 아론이 제 책상 달력에 미팅 날짜를 표시해 놓았더군요. '장래 문제'라는 제목으로요.

우리는 '아웃오브아프리카Out of Africa'라는 이름의 회의실에 마주 앉았습니다. 온통 노란색으로 칠해진 방이었어요. 벽도 카펫도 양탄자도 의자도 모두 노란색이었죠. 아론이 자기 의자를 제 앞으로 바짝 끌어와서는 이렇게 말하더군요. "사실 결정된 것은 하나도 없어요. 그러나 당신이 맡고 있는 프로그램 매니지먼트 업무가 사라질 수도 있습니다. 현재로서는 확률이 50대 50이에요. 지금 회사가 구조조정을 생각하고 있거든요. 직장을 그만두어야 할지도 모른다는 말이에요. 하지만 확실한 결론은 6개월이나 1년 뒤에 알 수 있을 겁니다." 갑자기 아뜩해졌어요. 바닥과 천장이 뒤바뀌는 것 같았고, 그의 얼굴을 똑바로 바라보기도 힘들더라고요.

그 후 제 사정은 조금씩 더 어려워졌어요. 점찍어 두었던 집은 다른 사람에게 양보했습니다. 회사에서 잘릴지도 모를 판인데 어떻게 집을 사죠? 그런 생각이 들자 화가 나더군요. 아니 그 양반은 확실하지도 않은 일로 왜 이런 스트레스를 주는 거지? 저녁에 두 아들과 TV를 보는데, 화면에서 넷플릭스 로고가 튀어나왔어요. 예전 같았으면 자랑스럽게 바라봤을 텐데, 이젠 낙오될지 모른다는 생각에 울화가 치밀어 올랐어요. 황당한 건 나중이었습니다. 결국 제 자리는 사라지지 않았으니까요. 맡은 일이 조금 바뀌었을 뿐이죠. 결국 아무것도 아닌 일로 집도 포기하고 몇 달 동안 불안에 떨어야 했던 겁니다.

내가 a)에 표를 던지는 것은 그 때문이에요. 확실한 근거도 없이 직원들의 생활을 망칠 필요가 있을까요?

이사벨라의 말이 맞다. 결국 일어나지 않은 일 때문에 불안해하며 초조하게 지내면서 꽤 오랫동안 잠자리에서 몸을 뒤척였다고 생각하면, 어이없다 못해 부아가 치밀어 오를 것이다. 그래서 그녀

는 a)를 골랐다고 했지만, 나는 이 이야기조차 정보를 '공유하라'는 c)를 역설적으로 강조할 뿐이라고 생각한다.

그녀의 상황이 다르게 전개되었다고 가정해 보자. 아론은 확실해질 때까지 이사벨라에게 아무 말도 하지 않기로 한다. 그 사이 이사벨라는 마음에 들었던 그 집을 결국 구입한다. 그렇게 이사해서 잘 지내던 어느 날, 출근했더니 아론의 입에서 청천벽력 같은 말이 떨어진다. "미안하게 됐어요. 당신이 맡은 일이 없어졌어요. 내일부터 나오지 않아도 됩니다." 그녀는 자기에게 한마디 귀띔도 없이, 자신의 인생에 큰 영향을 미칠 결정을 내렸다며 아론에게 분통을 터뜨릴 것이다.

직원이 집을 구하는 일이나 그 밖의 사생활과 관련된 문제는 넷플릭스가 관여할 일이 아니다. 하지만 이사벨라를 성숙한 인격체로 대우하여 우리가 가진 정보를 모두 알려주는 것은 우리가 해야 할 일이다. 그래야 이사벨라가 그런 정보를 바탕으로 중요한 결정을 내릴 수 있다.

이런 점들을 종합하여 넷플릭스는 투명성을 하나의 지침으로 삼았다. 그렇다고 고지식하게 원칙만 고집하지는 않는다. 나는 구글 독스Google Docs(구글에서 제공하는 웹 기반 문서 작성 도구-옮긴이)를 내 직계 부하직원 6명에게만 공개한다. 여기에는 무엇이든 적을 수 있다. 가령 "아이라의 성과가 조금 걱정되는군요" 같은 말도 할 수 있다. 이런 내용은 다른 사람에게 공개하지 않는다. 하지만 이는 매우 드문 경우다. 일반적으로 미심쩍은 부분이 있으면 우리는 가능한 한 빨리 공개하여 지지를 구한다. 그래서 상황이 계속 바뀌어도 사람들이 적어도 새로운 정보를 통해 사태의 추이를 짐작할 수 있게 배려한다.

퀴즈 시나리오 3: 해고 이후의 소통

 당신은 마케팅팀의 커트라는 고참 직원을 내보내기로 결정했다. 그는 일을 열심히 하고 능률도 높은 편이지만, 말실수가 잦다. 직원들뿐 아니라 외부 사람들에게도 쓸데없는 말을 해서 회사를 난처하게 만든 경우가 한두 번이 아니다. 그 책임이 막중하다.

커트에게 해고를 통지하자 그는 펄쩍 뛰었다. 그동안 얼마나 애착을 가지고 회사와 동료와 부서에 공을 들였는데, 어떻게 이럴 수 있느냐고 항변했다. 다만, 회사를 그만두게 되더라도 사람들에게는 해고가 아닌 자발적 퇴사로 알려주길 간청했다. 당신은 그의 해고를 직원들에게 어떤 식으로 알릴 텐가?

　a) 사실을 아는 편이 좋은 사람들에게는 있는 그대로 말한다. 넷플릭스에 근무하는 커트의 동료들에게 이메일을 보내 커트가 일도 열심히 하고 아주 잘했지만, 말실수가 잦아 회사를 곤경에 빠뜨리곤 했다고 설명한다. 그 책임을 묻지 않을 수 없어 내보내기로 결정했다고 말한다.

　b) 사실 중 일부만 말한다. 커트의 팀 동료들에게 알리되, 상세한 내용까지 알리진 않는다. 어차피 그는 그만두었다. 이유가 뭐 그리 중요한가? 커

트의 입장도 생각해 최소한 체면은 지켜준다.

c) 커트가 개인 사정으로 그만두었다고 발표한다. 그에겐 가족과 함께할 시간이 더 필요했다는 설명도 붙인다. 커트는 회사를 위해 열심히 일했고, 이제 그를 해고했다. 굳이 망신까지 줄 필요는 없지 않은가?

리드의 답: 돌려치기는 당구장에서나 할 일이다

 퀴즈 시나리오 3번에 대한 나의 대답은 a)다. 사실 그대로 말하는 것이 좋다.

사업을 하는 사람들은 자신이나 다른 직원 혹은 조직에 관해 말할 때, 실제보다 더 좋게 보이려고 메시지를 슬쩍 왜곡하는 경우가 많다. 지나치게 왜곡한다는 사실을 깨닫지 못할 정도도. 우리는 종종 사람들의 판단을 우리가 원하는 방향으로 조작하기 위해 사실을 선별적으로 알리면서, 좋은 면은 과장하고 부끄러운 면은 축소하는 방법으로 '돌려 말한다.'

여기, 돌려 말하는 두 가지 사례가 있다.

- "캐럴은 레이먼이 이끄는 부서의 핵심 인물이었지만, 자신의 업무 능력을 다른 분야로 넓힐 기회를 찾고 있습니다."
  ▸ **번역:** "레이먼은 캐럴을 더 이상 자기 팀에 두고 싶어 하지 않는다. 다른 사람이 그녀를 데려가면 굳이 해고할 필요가 없을 것이다."
- "회사 전체의 시너지를 높이기 위해, 더글러스의 업무를 캐서린을 지원하는 쪽으로 바꿀 것입니다. 두 사람이 이끌던 팀의 유능한 직원들이

한 팀이 되어 매출을 높이는 흥미로운 과제에 전념하게 될 것입니다."

▸ **번역:** "더글러스는 강등되어 캐서린 밑에서 일하게 된다. 더글러스의 부하직원들도 모두 캐서린 부서로 편입된다."

돌려 말하기는 사실을 왜곡할 때 쓰는 가장 흔한 수법이다. 분명히 말하지만, 그렇게 하지 말라. 부하직원들은 바보가 아니다. 당신이 아무리 돌려 말해도 그들은 모두 눈치챈다. 그리고 당신을 협잡꾼으로 생각한다. 좋지 않은 상황을 그럴듯하게 꾸미지 말고, 항상 솔직하게 말하라. 그러면 사람들은 당신이 사실만 말한다는 것을 알게 될 것이다.

물론 쉬운 일은 아니다. 투명성을 유지하려고 애쓰지만, 사실대로 말하기보다 프라이버시를 침해하지 않는 차원에서 개인의 권리를 존중해야 할 때도 있다. 둘 다 중요하다. 그러나 누군가를 해고하면 모두가 그 이유를 알고 싶어 한다. 무슨 일에든 이유가 있게 마련이니까. 그럴 때 그 이유를 쉽고 솔직하게 설명한다면, 수군거림도 멈추고 신뢰는 두터워진다.

몇 해 전, 일 처리를 투명하게 하지 못한 이유로 제이크라는 부사장을 내보냈다. 제이크는 마침 승진 대상자였는데, 그의 팀에 있는 사람들 몇 명이 나를 찾아와 그가 정치적인 장난을 많이 친다고 불평했다. 게다가 피드백을 잘 받아들이지도 않는다고 했다. 그들은 그에게 솔직한 피드백을 제시했다가 앙갚음을 당한 사례를 몇 가지 들려줬다. 그중에는 정도가 심한 경우도 있었다. 결국 그의 상사와 인사부까지 나서서 그와 얘기해 보았지만, 그는 사건을 과장하거나 축소하는 등 사실을 왜곡하면서 가장 가까운 동료들의 신의를 저버렸다.

그의 상사는 제이크를 해고하면서 고민했다. 모든 사람에게 이메일을 발송하여 자초지종을 설명해야 하나? 아니면 뭔가 변화를 줄 때가 되어 서로 합의하에 그런 결정을 내렸다고 말할까?

그러나 투명성이란 원칙에 부합하는 해답이 없었다. 그래서 상사는 제이크와 함께 일했던 사람들에게 이메일을 보냈다. 요약하면 이렇다.

✉️ 직원 여러분께.

착잡한 심정으로, 저는 제이크를 내보내기로 결정했습니다.

제이크는 임원으로 승진이 내정되어 있었습니다. 승진에 어울리는 그의 근면함에도 불구하고, 여러 면에서 제이크가 기대했던 리더로서의 자격을 갖추지 못했다는 몇 가지 정보를 입수했습니다.

특히 우리 사업에 영향을 미친 중요한 직원 관련 문제에 관해 물었을 때도 그가 솔직하게 말하지 않았다는 것이 분명해졌습니다.

제이크는 여러 해 동안 넷플릭스에서 일하면서 적지 않은 영향을 남겼기에, 이를 충격적으로 받아들이는 사람도 있을 것입니다. 그는 대단한 업적을 많이 남겼습니다. 그러나 제가 입수한 피드백이 사실임을 확신함에 따라, 이 같은 조치를 내리게 되었음을 분명히 밝힙니다.

물론 회사에서 누군가를 내보내야 하는 이유를 밝힐 때도, 지나치게 솔직해서 문제가 되는 경우도 있을 것이다. 어느 정도까지 발표할 것인가는 회사 고유의 문화적 차이를 고려해서 정할 일이다. 아울러 떠나는 사람의 체면을 지켜주는 것도 중요하다. 나는 우리 매니저들에게 할 수만 있다면 투명하게 하라고 권하지만, 아울러 또한 다음과 같은 질문에 '예'라고 답할 수 있게끔 하라고 당부한다. "다른 직원에게 보낼 이메일을 떠나는 당사자에게도 떳떳하게 보여줄 수 있는가?"

제이크의 경우는 사무실 내에서 일어난 문제였다. 하지만 직원 개인의 문제를 공개적으로 이야기할 경우라면, 상황이 훨씬 더 복잡해진다. 나도 그런 경우에는 다른 방법을 권하고 싶다.

2017년 가을, 우리는 몰랐지만 매니저 중 하나가 알코올 중독 문제로 힘겨운 싸움을 벌이고 있었다. 그는 한동안 용케도 술을 끊었지만 출장 중에 또다시 술을 입에 댔고, 결국 돌아오자마자 재활원에 들어가야 했다. 그의 팀원들에게는 뭐라고 말해야 할까? 그의 상사는 넷플릭스 문화에 따라, 모두에게 사실대로 이야기하자고 했다. 하지만 인사부에서는 당사자 자신이 결정할 문제라고 주장했다. 이 경우에 관해서는 나도 인사부의 생각과 같다. 사적인 문제라면 투명성을 요구하는 조직의 윤리보다는 프라이버시를 지킬 개인의 권리가 우선되어야 한다. 그래서 무조건 투명한 노선을 강요하지 않았다. 그렇다고 '돌려 말하지도' 않았다. 우리는 그가 개인 사정으로 2주 동안 결근하게 되었다고 모두에게 알렸다. 상세한 내용을 말하느냐 안 하느냐는 그가 결정할 문제였다.

일반적으로 결정하기 쉽지 않은 문제라도, 그것이 직장과 연결되는 일이라면 모두에게 알려야 한다는 것이 나의 생각이다. 그러나 그런 결정이 직원의 사적인 문제와 연결된다면, 자세한 사정을 알리고 말고는 당사자에게 맡기는 것이 좋다.

퀴즈 시나리오 4: 일을 망쳤을 때

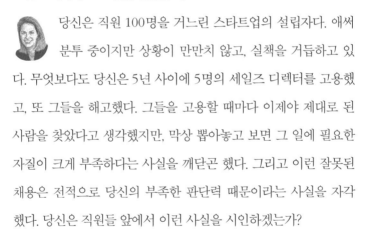

당신은 직원 100명을 거느린 스타트업의 설립자다. 애써 분투 중이지만 상황이 만만치 않고, 실책을 거듭하고 있다. 무엇보다도 당신은 5년 사이에 5명의 세일즈 디렉터를 고용했고, 또 그들을 해고했다. 그들을 고용할 때마다 이제야 제대로 된 사람을 찾았다고 생각했지만, 막상 뽑아놓고 보면 그 일에 필요한 자질이 크게 부족하다는 사실을 깨닫곤 했다. 그리고 이런 잘못된 채용은 전적으로 당신의 부족한 판단력 때문이라는 사실을 자각했다. 당신은 직원들 앞에서 이런 사실을 시인하겠는가?

a) 절대 그럴 수 없다! 리더로서의 능력만큼은 의심받고 싶지 않다. 그랬다가는 능력 있는 직원들이 더 좋은 리더를 찾아 떠날지도 모른다. 하

지만, 다섯 번째 세일즈 디렉터가 방금 또 해고되었다는 사실은 모두가 안다. 이제 '무슨 말'이든 해야 하지만, 능력 있는 세일즈 디렉터를 구하기가 쉽지 않다는 궁색한 변명밖에 할 수 없다. 그리고 이번에는 반드시 제대로 된 사람을 찾아야겠다고 다짐한다.

b) 시인하겠다! 채용한 사람이 모험을 사양하지 않기를 바라고 또 실수를 하나의 과정으로 여기도록 독려하고 싶다. 게다가 실수를 터놓고 말하면 사람들이 나를 더욱 신뢰할 것이다. 다음 회의에서는 연달아 다섯 번이나 세일즈 디렉터를 채용하고 관리하는 데 실패해서 무척 당황스럽다고 직원들에게 말할 것이다.

리드의 답: 잘한 일은 작은 목소리로, 실수는 큰 목소리로

 퀴즈 시나리오 4번에 대한 내 대답은 b)다. 그렇다! 당신이 일을 그르쳤다는 사실을 인정하라.

퓨어 소프트웨어를 설립한 지 얼마 되지 않았을 때, 나는 두려워서 내가 저지른 실수를 다른 사람들에게 제대로 말하지 않았다. 그래서 대가를 치렀고 아울러 교훈도 얻었다. 나는 리더로서 숱한 실수를 저질렀고 그로 인해 늘 마음이 무거웠다. 사람을 제대로 다룰 줄 모르는 것도 그렇지만, 실제로 나는 5년 동안 세일즈 디렉터를 5명 채용했고 그 5명을 모두 해고했다. 처음 두 번은 그들 탓이려니 했지만, 네 번째 다섯 번째에 이르자 내가 문제였다는 사실이 분명해졌다.

나는 늘 나보다 회사를 먼저 생각했다. 나의 무능으로 인해 조직에 문제가 생긴다는 판단이 섰을 때, 이사회를 소집하여 마치 고해하듯 부족했던 점을 일일이 나열한 후 대표이사직을 사퇴하겠다고 말했다.

하지만 이사회는 내 사퇴를 승인하지 않았다. 회사는 재정적으로 아무런 문제가 없었다. 그들은 내가 사람을 제대로 관리하지 못했다는 점에 동의했지만, 누가 와도 완벽한 사람을 뽑기는 어려울 것이라며 나를 두둔해 주었다. 그 회의를 통해 나는 두 가지 멋진 결과를 얻었다. 하나는, 마음의 큰 짐을 덜어낸 것이다. 사실대로 말하고 속내를 털어놓으니 그렇게 후련할 수 없었다. 또 다른 하나는, 이사회가 내 지도력을 더욱 신임하게 된 것이다. 나 자신의 취약점을 솔직하게 털어놓았기에 가능했다.

그 후 열린 전 직원 회의에서, 나는 이사회에서 했던 말을 그대로 직원들에게 반복했다. 내가 저지른 실수를 소상히 설명하고 회사에 누를 끼쳐 유감스럽다고 말했다. 그러자 이사회 때보다 마음이 더 홀가분해졌고 직원들의 신뢰도 더욱 돈독해졌다. 이후 그들도 자신들이 저질러 놓고 슬쩍 덮어둔 실수를 내게 말하기 시작했다. 그리고 이렇게 털어놓으니 마음이 후련하다고 했다. 그러면서 사람들의 관계는 더욱 좋아졌다. 그렇게 그들이 내게 준 많은 정보는 회사를 운영하는 데도 큰 도움이 되었다.

그때로부터 10년 가까이 흐른 2007년, 나는 마이크로소프트의 이사가 되었다. 당시 마이크로소프트의 CEO였던 스티브 발머Steve Ballmer는 몸집이 크고 활기가 넘치며 붙임성이 대단한 사람이었다.

그는 자신이 저지른 실수를 거리낌 없이 말하곤 했는데, 이런 식이었다. "말도 마쇼, 그 일은 완전히 나 때문에 죽 쒔다니까." 그 순간 뭔가 통한다는 느낌을 받았다. '정말 솔직하면서도 사려 깊은 사람이군!' 그리고 깨달았다. 실수를 털어놓는 사람에게 더 믿음이 가게 마련이라고.

그 후로 내가 실수했다는 생각이 들 때마다 나는 있는 그대로를 사람들에게 말한다. 리더가 실수를 '선샤이닝'하면 사람들은 '아! 실수는 누구나 하는 거구나'라고 생각한다. 그렇게 되면 사람들은 성공 여부가 확실하지 않아도 과감하게 모험을 선택한다. 이는 회사 전반의 과감한 혁신으로 이어진다. 자신의 약점을 드러내면 신뢰를 얻을 수 있다. 도움을 청하면 더 배울 수 있다. 실수를 인정하면 용서받을 수 있다. 리더가 실패한 사례를 공개하면 직원들은 더욱 용기를 갖고 모험하게 된다.

퀴즈 시나리오 4번과 관련하여 내 입장을 말하는 데 조금의 망설임도 없는 건 그 때문이다. 리더나 롤 모델의 미덕은 겸손이다. 성공했을 때는 조그맣게 얘기하거나, 스스로 말하지 말고 다른 사람들의 입에서 그 말이 나올 때까지 기다려라. 하지만 실수했을 때는 직접 분명하고 큰 소리로 말함으로써, 모든 사람이 알고 당신의 실수를 타산지석으로 삼게 하라. '잘한 일은 작은 소리로, 실수는 큰 소리로' 말하라.

리드는 퓨어 소프트웨어 CEO 시절, 자신이 저질렀던 실수를 지나칠 정도로 자주 입에 올린다. 그의 말을 들으면 뭐 큰 문제라도 일으킨 것 같다. 하지만 실제로 퓨어 소프트웨어의 연간 수익은 4년 연속 2배씩 올랐고 그 덕에 모건스탠리에 인수되어 주식시장에 공개되었다. 퓨어 소프트웨어의 매각 대금은 7억 5,000만 달러였다. 그 일부는 리드의 손에 들어가 넷플릭스의 종잣돈이 되었다.

리더가 자신의 실수를 공개할 때 긍정적인 결과가 나타난다는 리드의 주장은 연구 결과로도 입증된다. 심리 전문가인 브레네 브라운Brené Brown은 저서 《마음가면 Daring Greatly》에서, 그녀 자신의 정성 연구를 토대로 이렇게 말한다. "우리는 누구나 다른 사람이 있는 사실 그대로를 공개하는 걸 보고 싶어 하지만, 그들이 우리 안의 진실을 보는 것은 두려워한다. (중략) 같은 취약성도 남에게는 용기이고 내게는 부적합이다."

독일 만하임 대학교의 사회심리학 교수인 안나 브루크Anna Bruk는 브라운의 이론을 정량적으로 재현할 수 있는지 알아보기 위해 실험을 했다. 안나 팀은 자원자들에게 크게 싸우고 난 뒤 먼저 사과해야 할 경우나 직장에서 중요한 실수를 저지른 경우 등, 여러 가지 취약한 상황을 생각하게 했다. 그런 상황에 처했다고 생각한 피실험자들은 자신의 취약성을 드러낼 경우 자신이 '허약'하고 '부적합'한 사람으로 여겨질까 걱정했다. 하지만 다른 사람이 같은 상황에 처했을 때는 취약성을 보여주는 것이 '바람직하고' 또한 '좋은' 행동이라고 여겼다. 결국 실수에 대해 정직하면 관계에도 좋고, 건강이나 업무 성과에도 좋다는 것이 안나의 결론이었다.

한편 무능한 사람으로 여겨지는 사람이 실수했을 때는 역시 무능한 사람이 틀림없다는 생각을 더욱 굳히게 된다는 걸 보여준 연구 결과도 있다. 1966년에 심리학자 엘리엇 애런슨Elliot Aronson은 호감도를 측정하는 실험을 했다. 그들은 학생들을 두 그룹으로 나누어 한쪽 학생들에게 '퀴즈볼quiz-bowl(일종의 장학퀴즈)' 장면을 녹음으로 들려주었다.

첫 번째 그룹에게는 문제를 척척 맞히는 똑똑한 학생들의 경우를 들려주었고, 두 번째 그룹에게는 30% 정도만 정답을 말하는 평범한 학생들의 경우를 들려주었다. 그리고 이들에 대한 인상을 물었을 때 똑똑한 학생들과 평범한 학생들에 관한 두 그룹의 호감도엔 큰 차이가 나지 않았다. 똑똑한 학생에 대한 호감도가 약간 높았을 뿐이었다. 그러나 퀴즈볼 장면에 이어 커피잔을 떨어뜨리는 소리를 추가하자, 결과가 크게 달라졌다. 커피잔이 깨지는 소리가 난 다음 그 똑똑한 학생은 이렇게 말했다. "아니, 이런. 새 옷인데 커피를 쏟아버렸네." 그리고 평범한 학생도 똑같이 잔을 떨어뜨린 다음 커피를 쏟았다고 말했다. 하지만 이들에 대한 인상을 물었을 때, 두 학생에 대한 호감도엔 큰 차이가 드러났다.

첫 번째 그룹의 학생들은 똑똑한 학생이 옷을 버려 당황했어도 그 학생이 매우 마음에 든다고 말했지만, 평범한 학생의 커피 쏟은 장면을 들은 두 번째 그룹의 학생들은 그 학생의 덤벙대는 모습이 마음에 들지 않는다고 답했다.

이와 같은 인간의 심리를 가리켜, '실수 효과pratfall effect'라고 한다. 실수 효과는 똑같은 실수를 저질러도 평소 인상이 좋았던 사람에겐 그 실수가 오히려 그 사람의 매력을 증가시키는 역할을 하는 반면, 그 반대인 사람에겐 가뜩이나 좋지 않았던 인상이 더욱 안 좋아지는 역할을 하는 것이다.

리먼 대학교의 로시Rosh 교수가 행한 실험에서도 유사한 경향이 발견됐다. 한 여성이 자신을 소개하면서, 자신의 직업이나 학력에 관해 말하지 않고, 그저 어젯밤 내내 아기가 아픈 탓에 한숨도 못 잤다고 말했다. 그녀는 그 후 사람들의 신망을 얻기까지 몇 달이 걸렸다. 이 여성이 처음부터 자신이 노벨상 수상자라는 점을 밝히고 똑같은 말을 했다면, 오히려 청중들로부터 큰 호감을 샀을 것이다. 저런 대단한 사람도 아기 때문에 잠을 자지 못하는구나, 하면서 어떤 유대감과 따뜻한 인간미를 느꼈을 테니까.

리드의 조언과 이런 실험 결과들을 종합하여 요약하자면, 이렇다. 유능하고 팀원들의 호감을 얻은 리더는 자신의 실수를 '선샤이닝'할 때 오히려 더 큰 신뢰를 받게 되고, 그래서 더욱더 큰 모험을 할 수 있다. 그런 사람이 있으면 회사에도 큰 도움이 된다. 하지만 실력이 입증되지 않거나 신뢰받지 못하는 리더는 사정이 다르다. 따라서 리더는 자신의 실수를 공개하기 전에, 먼저 자신의 유능함부터 입증하고 사람들의 신뢰를 얻어야 한다.

다섯 번째 점

해당 분야의 최고 실력자들을 모아 인재 밀도를 높이고 그들에게 열린 피드백 문화를 정착시켰다면, 회사의 기밀을 공개하는 것이 직원들에게 주인의식과 충성심을 갖게 하는 데 도움이 된다. 직원들이 회사의 민감함 정보를 적절히 다룰 것으로 믿어주면, 그런 신뢰로 인해 책임감은 더욱 강해져 그들 역시 자신의 가치를 스스로 입증해 보일 것이다.

☑ 투명한 문화를 조성하려면 먼저 상징적인 메시지를 보내야 한다. 폐쇄적인 사무실, 경호원처럼 행동하는 비서, 비밀번호로 잠가둔 공간 등을 없애라.

☑ 직원들에게 사실을 모두 공개하라. 그들에게 손익계산서를 보는 법을 설명하라. 민감한 재무 정보와 전략을 전 직원과 공유하라.

☑ 구조조정이나 일시 해고 등 직원들의 복지에 직접적인 영향을 미칠 결정을 할 때는 미리 직원들에게 사정을 설명하라. 분위기가 어수선해지고 괜한 걱정을 끼칠 수도 있지만, 그런 부정적인 면보다는 리더에 대한 신뢰가 더욱 중요하다.

☑ 투명성과 개인의 프라이버시가 충돌할 때는 다음 지침을 따르면 된다. 직장 내에서 일어난 일과 관계된 정보일 경우엔 투명성을 선택해 사태의 전말을 솔직하게 공개하라. 직원의 사생활과 관련된 정보일 경우엔 회사가 공개할 권한이 없다고 말한 후, 궁금하면 당사자에게 직접 물어보게 하라.

☑ 능력이 이미 입증된 사람의 경우는 자신의 실수를 당당히 말해도 오히려 호감도와 신뢰도가 올라가기에, 조직을 혁신하는 데 유리하다. 그리고 조직의 모든 리더에게도 그렇게 하라고 권할 수 있다.

三 자유와 책임의 문화를 향해

높은 인재 밀도와 솔직함, 조직의 투명성이 정착되고, 휴가 제한이나 출장 및 경비 정책을 없애는 등 상징적인 자유에 대한 실험이 끝났다면, 본격적인 수준의 자유를 실천할 준비가 된 것이다.

다음 장의 주제는 어떤 의사결정도 승인받을 필요가 없다는 것이다. 이는 지금까지 앞장에서 거론한 문제들이 해결되어야 실행에 옮길 수 있다. 기초가 다져졌으면 이제부터는 조직 전반에서 혁신의 강도와 속도, 직원의 복지 수준을 높일 차례다.

통제를 더 많이
제거하라.

어떤 의사결정도
승인받을 필요가 없다

2004년에도 우리는 여전히 우편으로 DVD를 배달했다. DVD 구매는 테드 사란도스가 책임지고 있었다. 새로 나온 작품의 DVD를 60장 살지, 600장 살지는 그가 결정할 문제였다. 우리는 그렇게 구입한 DVD를 고객에게 배송했다.

어느 날, 에일리언을 소재로 한 영화가 출시되었다. 나와 커피를 마시며 주문서를 작성하고 있던 테드는 인기가 대단할 것 같다고 말했다. 그러더니 불쑥 물었다. "영화 DVD를 몇 장이나 주문해야 할 것 같아요?"

"글쎄…. 뭐 별 대단한 반응이 있을 것 같지는 않은데, 조금만 하죠." 나는 시큰둥하게 대답했다. 한 달도 안 된 사이 이 영화의 인기가 폭등했고, 우리는 재고가 없어서 쩔쩔맸다. "좀 많이 사두지 그랬어요, 테드?" 나는 투덜거렸다.

"많이 사지 말라고 하셨잖아요!" 그가 볼멘소리했다.

그의 말을 듣는 순간, 나는 일반적인 의사결정 피라미드의 위험성을 직감했다. 나는 상사이기 때문에 내가 아무렇지 않게 제시하는 의견도 파급력을 가질 수밖에 없다. 하지만 어떤 영화의 DVD를 얼마나 주문할 것인가도 그렇지만, 넷플릭스에서 매일 이루어지는 많은 실무적 결정에도 내 판단이 가장 정확하다고는 말할 수 없다. 나는 테드에게 이렇게 말했다.

"이봐요, 테드. 당신이 하는 일은 내 비위를 맞추는 것도 아니고, 내가 찬성할 것으로 생각하는 결정을 내리는 것도 아니에요. 우리 사업에 유리한 결정을 내리는 것이 당신이 할 일이에요. 나라고 회사를 벼랑 끝으로 몰고 가지 않는다는 법이 있나요? 그럴 때 그냥 내버려 두면 안 되죠!"

일반적으로, 회사의 상사는 직원들의 결정을 승인해 주거나 거부하기 위해 존재한다. 이것이야말로 혁신을 막고 성장을 더디게 하는 가장 확실한 방법이다. 넷플릭스에서는 매니저가 마뜩잖게 생각하는 아이디어라도 자신이 옳다고 판단하면 실천에 옮기라고 떠민다. 우리는 매니저가 부하직원이나 누군가의 괜찮은 아이디어를 알아보지 못해 뒤로 제쳐놓기를 원하지 않는다. 그래서 넷플릭스에서는 이렇게 말한다.

상사의 비위를 맞추려 들지 말라.
회사에 가장 이득이 되게 행동하라.

사람들이 잘못 알고 있는 것이 하나 있다. CEO나 고위 임원들이 사업의 세부 사항에 깊이 관여함으로써 그들의 제품이나 서비스가 더욱 좋아진다는 낭설이다. 사람들은 애플의 아이폰이 스티브 잡스가 자신의 성에 찰 때까지 모든 부분에 시시콜콜 개입한 덕에 성공했다고 생각한다. 이 역시 잘못 알려진 이야기다. 대형 네트워크나 영화 스튜디오의 수장들은 때로 프로젝트의 창의적 콘텐츠에 관해 많은 결정을 내린다. 심지어 어떤 중역은 알파와 오메가까지 '모두 참견했다'고 자랑하기도 한다.

물론 리더가 시시콜콜 참견하지 않는 회사에서도, 직원들이 상사의 눈치를 보면서 상사가 적극 지지해 줄 법한 결정을 하려고 애를 쓴다. 상사는 자기보다 사다리의 높은 곳에 올라간 사람이니 당연히 자기보다 더 많이 알 것으로 생각하는 것이다. 출세를 중요하게 생각하거나 윗선의 심기를 건드렸다가 미움을 사지 않을까 두려워하는 사람은, 상사의 의중을 잘 파악하며 행동하는 것이 상책이라고 생각한다.

넷플릭스는 이 같은 톱다운 방식top-down models을 흉내 내지 않는다. 우리는 회사 내의 모든 직원이 각자 판단에 따라 의사를 결정할 때 가장 빠르고 가장 혁신적인 아이디어가 나올 수 있다고 생각한다. 넷플릭스에서는 누구나 좋은 의사결정 근육을 키우기 위해 애를 쓴다. 그리고 우리는 실무자들의 결정에 고위 매니저가 별다른 관여를 하지 않는다는 사실을 자랑한다.

얼마 전, 페이스북의 COO인 셰릴 샌드버그가 하루 동안 넷플릭스에서 나와 함께 움직이며 내가 하는 일을 관찰한 적이 있다. 그녀는 내가 참석한 회의와 일대일 미팅에 모두 동석했다. 우리는 실리콘밸리의 다른 중역들과 가끔 이런 프로그램을 교환한다. 이렇게 서로 지켜보는 과정에서 많은 것을 배울 수 있기 때문이다. 그날의 소감을 물었을 때, 셰릴은 말했다. "온종일 지켜봤지만, 대표님은 한 가지도 결정하지 않더군요. 너무 의외였어요!"

그 말을 들으니 기분이 아주 좋았다. 그것이야말로 우리가 지향하는 문화이기 때문이다. 우리의 '분산된 의사결정 모델dispersed decision-making model'은 넷플릭스 문화의 초석이고, 우리가 그렇게 빠르게 성장과 혁신을 거듭할 수 있었던 중요한 원동력이다.

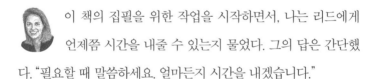 이 책의 집필을 위한 작업을 시작하면서, 나는 리드에게 언제쯤 시간을 내줄 수 있는지 물었다. 그의 답은 간단했다. "필요할 때 말씀하세요. 얼마든지 시간을 내겠습니다."

나는 놀랐다. 넷플릭스의 성장 속도를 생각하면, 리드 같은 사람이 얼마나 시간과 일에 쫓길지 보지 않아도 알 수 있지 않은가? 그러나 리드는 달랐다. 그는 분산된 의사결정의 중요성을 철석같이 믿고 있었다. 그의 모델에 따르면, 바쁘지 않은 CEO가 일 잘하는 CEO였다.

단, 분산된 의사결정은 인재 밀도가 높고 매우 투명한 조직에서만 위력을 발휘한다. 이런 요소들이 갖춰지지 않으면 어떤 조건을 전제로 내세워도 역효과만 난다. 일단 이 같은 요소들이 정착되면, 휴가기간을 확인하는 등의 몇 가지 상징적인 통제를 걷어낼 수 있을 뿐 아니라, 사업 전반에서 혁신의 속도에 박차를 가할 동력을 갖출 수 있다. 파올로 로렌초니Paolo Lorenzoni는 넷플릭스 암스테르담 지사로 옮기기 전까지 이탈리아의 스카이Sky에서 일했던 마케팅 전문가다. 그는 이 문제를 옛 직장과 새 직장을 비교하면서 다음처럼 설명한다.

이탈리아에서는 〈왕좌의 게임 Game of Thrones〉을 스카이에서 독점 배급했습니다. 스카이에 근무할 당시 저의 상사는 제게 〈왕좌의 게임〉을 효과적으로 홍보할 아이디어를 만들어내라고 했어요. 저는 꽤 괜찮아 보이는 아이디어를 하나 떠올렸죠.

〈왕좌의 게임〉을 본 사람은 알겠지만, 드라마에는 나라 전체를 지켜주는 거대한 빙벽이 나와요. 빙벽은 드라마 곳곳에 등장하고, 정말 무지하게 추운 느낌을 주죠. 저는 그 빙벽에서 아이디어를 얻었어요.

밀라노의 포근한 저녁, 친구 4명이 밖에 앉아 술잔을 기울이고 있습니다. 샴페인 잔에 담긴 핑크 벨리니 칵테일을 홀짝이는 그들 뒤로 석양이 막 지평선을 넘어가려 합니다. 안마당에 앉아 있는 그들은 모두 티셔츠 차림입니다. 뒤쪽 거실 유리창 안에 TV 화면이 보입니다. 친구 하나가 시계를 봅니다. 〈왕좌의 게임〉이 곧 시작된다는 것을 알게 된 그가 눈을 찡긋하며 말합니다. "들어가야겠어. 곧 겨울이 올 테니까Winter is coming." 다른 2명도 그 말을 듣고 주섬주섬 잔을 챙깁니다. 〈왕좌의 게임〉을 놓칠 수는 없으니까요. 하지만 남은 한 친구는 어리둥절한 표정입니다. "무슨 소리야? 이렇게 포근한데!" 3명은 폭소를 터뜨립니다. 그 친구에게는 스카이 TV가 없고, 당연히 빙벽이 뭔지도 모릅니다. "그게 있어야 무슨 말인지 알지! You have to get it to get it!" 그들은 그렇게 친구를 면박 줍니다.

저는 여러 사람에게 이 광고 아이디어를 들려줬어요. 모두 마음에 들어 했죠. 하지만 스카이에서는 무슨 일이든 CEO의 승인이 있어야 했습니다. 그런데 CEO는 이 카피의 의미를 이해하지 못했습니다. 그 CEO가 제 아이디어를 퇴짜놓는 데는 3분 30초밖에 걸리지 않았어요.

파올로는 이탈리아 지역의 판촉을 위해 넷플릭스에 고용되었다. 넷플릭스에서 인기 좋은 오리지널 〈나르코스Narcos〉는 콜롬비아의 마약왕 파블로 에스코바르Pablo Escobar의 이야기로, 파올로는 처음부터 이 시리즈의 히트를 확신했다. 영화의 주인공은 1980년대 유행하던 덥수룩한 고수머리와 두툼한 콧수염을 기른 멋쟁이

였다. "에스코바르는 갖가지 만행을 저지르지만, 영화를 보다 보면 자신도 모르게 그를 응원하게 됩니다." 파올로는 그렇게 말했다. "마피아 영화를 좋아하는 이탈리아 사람들로서는 좋아할 수밖에 없는 드라마죠. 몇날 며칠 잠을 설쳐가며 머리를 짜내다가 이탈리아 사람들의 마음을 단번에 사로잡을 아이디어를 생각해 냈습니다. 너무 확실해서 생각하고 말고 할 게 없었어요. 하지만 돈이 많이 드는 아이디어였죠. 이탈리아에 할당된 마케팅 예산을 모두 동원해야 할 정도로."

파올로는 무엇보다 그의 새로운 상사이자 마케팅 부사장으로, 싱가포르에 사는 미국인 제럿 웨스트Jerret West가 그 아이디어를 동의해 줄지 걱정됐다. 경연진의 승인을 끌어낼 수 있을까?

제럿은 암스테르담으로 올 예정이었습니다. 저는 그동안 이 안건을 놓고 몇 주째 이리저리 재고 있었어요. 그가 허락하지 않으면 모든 것이 수포가 될 판이었죠. 월요일, 화요일, 수요일… 전 밤이고 낮이고 그를 설득할 수 있는 말과 문구를 죄다 동원했습니다. 목요일 정오에 그렇게 고치고 또 고쳐 쓴 이메일을 제럿에게 보냈어요. '보내기' 버튼을 누르기 전에, 저는 모니터를 보고 속삭였어요. "제발 승인이 나야 해!"

그날 미팅을 하는데, 너무 초조해서 손이 자꾸 떨리더군요. 이를 감추기 위해서 두 손을 주머니에 찔러 넣었죠. 그러나 제럿은 회의 내내 인원 보충 문제에 관해서만 이야기했어요. 더는 듣고 있을 수 없었어요. 심호흡을 한번 하고서 불쑥 끼어들었죠. "팀장님, 제가 말씀드린 〈나르코스〉에 관해서는 언제 의논하나요?"

파올로는 제럿의 입에서 나온 말에 자신의 귀를 의심했다.

"뭐 더 논의할 게 있어요? 파올로, 그건 당신이 결정할 일입니다. 내가 뭐 도와줄 일이 있나요?" 순간 벼락에 맞은 기분이더군요. 됐다! 넷플릭스에서는 자신이 내린 결정의 모든 맥락을 공개하는 순간, 기초공사가 끝납니다. 승인은 필요 없어요. 당신에게 달렸죠. 당신의 결정.

사람들은 자신의 의사결정에 따라 일하고 이를 통해 성공하길 바란다. 1980년 이후로 출간된 경영서들은 직원들이 자신의 권한을 더욱 늘려야 한다고 강조하면서 더 많은 권한을 위임받을 수 있는 방법들을 제시했다. 바로 파올로가 말한 그런 방법이다. 자신이 세운 계획에 대한 권한을 많이 가질수록, 사람들은 더욱 주인의식을 가지고 일을 더 잘해야겠다는 동기를 품게 된다. 직원들에게 할 일을 정해주는 것은 구시대적 발상이다. 그랬다가는 '좁쌀영 감!', '독재자!', '폭군!'이라는 소리밖에 못 듣는다.

그러나 말로는 직원들에게 스스로 목표를 정하고 직접 아이디 어를 개발하라고 하면서도, 돈과 자원을 낭비하는 어리석은 결정 을 사전에 방지하는 것이 상사의 할 일이라고 생각하는 사람들이 많다. 혹시 당신이 그런 상사라면 '상사의 비위를 맞추려 들지 말 라'라는 리드의 만트라에 말도 안 되는 헛소리라며 코웃음을 칠 것이다.

인재 밀도와 솔직함을 정착시켰다
정말로 통제를 없앨 준비가 되었는가?

이런 시나리오를 생각해 보라. 당신은 무섭게 성장하는 첨단기 업에서 핵심 관리직에 올랐다. 보수도 만족스럽고 배당받은 직속 부하직원 5명도 경험이 풍부하고 일을 열심히 한다. 모든 면에서 나무랄 데가 없다. 한 가지 사소한 문제만 빼고. 이 회사는 업계 최 고 엘리트만 채용하지만, 직원이 성과를 내지 못하면 지체 없이 해고하는 것으로 유명하다. 당신은 성공해야 한다는 엄청난 중압 감에 시달린다.

당신은 좁쌀영감이 아니다. 팀원들이 일하는 곳을 기웃거리지 도 않고, 이건 이렇게 하고 저건 저렇게 하라든가 이런 전화는 걸고 저런 전화는 걸지 말라는 등 참견하지도 않는다. 당신은 일을 성사시키는 법을 알고 있다. 실제로 전 직장에서는 부하직원들에게 많은 권한을 위임함으로써 좋은 평을 받았다.

어느 날 아침, 팀원 중 하나인 셰일라가 와서 제안서를 내놓는다. 그녀는 사업을 진척시킬 혁신적인 아이디어를 갖고 왔으니, 앞서 당신이 제안했던 프로젝트는 취소했으면 좋겠다고 말한다. 셰일라의 당돌한 모습은 인상적이지만, 당신이 보기에 그녀의 아이디어는 실패할 것이 틀림없다. 실패할 확률이 높아 보이는 프로젝트에 그녀가 4개월을 매달리도록 내버려 둔다면, 나중에 당신 상사에게는 뭐라고 변명하겠는가?

당신은 그녀에게 이 아이디어에 반대하는 이유를 열심히 설명한다. 그러나 이미 셰일라에게 많은 권한을 위임했기 때문에 결국 최종 결정은 그녀의 몫이라고 말한다. 그녀는 고맙다고 말하면서 지금 하신 말씀을 잘 생각해 보겠다고 대답한다. 1주일 뒤에 셰일라가 다시 찾아와서는 이렇게 말한다. "반대하시는 줄 알고 있습니다. 하지만 저는 그대로 진행하기로 결정했어요. 틀림없이 잘 될 거예요. 그래도 제 결정을 번복하고 싶으시면 말씀해 주세요." 이제 당신은 어떻게 하겠는가?

이 가상의 시나리오는 여기가 끝이 아니다. 이틀 뒤 또 다른 직원이 찾아와 근무 시간의 절반 정도를 투자하고픈 아이디어가 있다고 말한다. 들어보니 이 또한 폭탄이 될 것 같다. 그런데 며칠 뒤에 세 번째 직원이 불쑥 찾아와 비슷한 요청을 한다. 당신은 그들의 경력은 물론 당신 자신의 경력까지 걱정되기 시작한다. 그래서 어쩔 수 없이 그들의 아이디어는 별다른 성과를 얻지 못할 것이라고 말해야겠다는 생각이 든다.

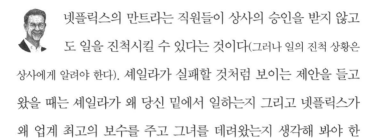 넷플릭스의 만트라는 직원들이 상사의 승인을 받지 않고 도 일을 진척시킬 수 있다는 것이다(그러나 일의 진척 상황은 상사에게 알려야 한다). 셰일라가 실패할 것처럼 보이는 제안을 들고 왔을 때는 셰일라가 왜 당신 밑에서 일하는지 그리고 넷플릭스가 왜 업계 최고의 보수를 주고 그녀를 데려왔는지 생각해 봐야 한다. 특히 다음 네 가지 사항을 자문해 보라.

- 셰일라는 놀라운 능력을 갖춘 직원인가?
- 그녀의 판단력이 정확한 편이라고 생각하는가?
- 그녀가 긍정적인 영향을 줄 수 있다고 생각하는가?
- 셰일라는 당신 팀에 있을 자격을 갖추었는가?

이 질문에 '아니다'라는 답이 하나라도 나오면 셰일라를 해고해야 한다(이 문제는 다음 장에서 '적당히 해도 퇴직금은 후하다'라는 주제를 다루면서 설명할 것이다). 그러나 답이 '그렇다'이면 물러나 그녀가 스스로 결정하게 하라. 상사가 '결정권자'의 역할을 포기할 때 사업은 속도가 붙고 혁신이 가능해진다. 파올로는 제럿의 승인을 받기 위한 준비를 하는 데 너무 많은 시간을 투자했다. 제럿이 그의 제안을 기각했다면, 파올로는 성공을 믿어 의심치 않았던 아이디어를 폐기하고 다른 경로를 모색했을 것이다. 그랬다면 멋진 아이디어 뿐 아니라, 그 많은 시간도 아깝게 버려졌을 것이다.

물론 부하직원들의 결정이 모두 성공하는 것은 아니다. 그리고 상사가 부하직원의 결정을 꼼꼼히 검토하지 않을 때는 실패할 확률이 더 높아진다. 셰일라의 아이디어에 문제가 있다고 생각할 때 그녀 마음대로 하도록 내버려 두기가 어려운 것도 바로 그 때문이다.

넷플릭스에서 마시는 것

몇 해 전, 회의에 참석하기 위해 제네바에 갔을 때의 일이다. 저녁에 회의장 근처에 있는 술집에 들렀다가, 옆자리에 앉은 CEO 2명이 나누는 이야기를 본의 아니게 엿듣게 되었다. 한 사람은 스위스 출신인데 스포츠용품 회사를 운영하는 모양이었다. "우리 매니저 중 하나가 매장에 롤러블레이드 레인을 설치하자는 거야. 온라인에 뺏긴 젊은 애들을 일부 되찾아보자는 거지." 그는 말을 이었다. "참신하잖아? 우리에겐 이런 발상이 필요해. 그런데 그 매니저는 제안을 내놓기 무섭게 자신이 한 말을 주워 담기 시작하더군. 생각해 보니 공간이 없고, 돈이 많이 들어갈 것 같고, 위험해서 사고가 날지 모르겠다면서 말이야. 2분도 안 되어서는 자기 아이디어를 전혀 없던 일로 하더군. 나중에 보니 자기 상사에게도 말한번 안 꺼냈다는 거야. 너무들 몸을 사려. 모험을 싫어한다고! 그러니 무슨 수로 혁신을 기대하겠어?"

또 다른 CEO가 고개를 끄덕였다. 의류소매업을 하는 미국인이었다. "우리는 각자 자리에 '혁신을 위한 10분Ten minutes to innovate'이라는 표어를 붙여놓게 했어. 문제는 너무 일을 열심히 해서 새로운 방법을 생각할 틈이 없다는 거지. 그래서 생각할 시간을 주기로 했어. 한 달에 하루를 '혁신의 금요일'로 정해서 전 직원이 무조건 10분 동안 아이디어를 하나씩 생각해 내게 한 거지. 사실 우리는 온종일 구글로 검색하고, 아마존에서 물건을 사고, 스포티파이로 음악을 듣고, 우버를 타고, 에어비앤비 아파트로 가고, 저녁에 넷플릭스로 영화를 보잖아. 그런데도 우린 이런 회사들이 어떻게 그렇게 빠른 시간에 그만큼 눈부신 혁신을 이루었는지는 잘 모르고 있다고."

"뭐가 됐든 넷플릭스 사람들이 마시는 것을 우리도 마셔야 해." 그는 그렇게 말을 마쳤다.

듣고 있자니 웃음이 나왔다. 그런데 우리가 뭘 마시고 있지? 우리 직원들은 유능하지만, 회사에 올 때는 롤러블레이드 레인 설치를 생각하는 사람만큼이나 실패를 최소화하기 위해 머리를 감싸쥐고 고민한다. 그리고 우리 직원들도 그 의류소매업체 직원들만큼이나 바쁘다.

차이가 있다면, 직원들에게 스스로 결정하고 실행할 자유를 허락하고 있다는 것뿐이다. 탁월한 능력을 갖춘 인재들을 뽑은 다음 그들에게 괜찮다고 생각하는 아이디어를 실행할 자유를 주면, 혁신은 일어나게 마련이다. 넷플릭스는 의료업이나 핵발전소처럼 안전을 최우선 과제로 삼는 시장에서 활동하는 기업이 아니다. 오류를 막는 것이 제1과제인 사업이 있다. 하지만 우리의 활동 무대는 창의력을 중시하는 시장이다. 장기적으로 볼 때 가장 큰 위협은 오류가 아니라, 혁신하지 못하는 것이다. 넷플릭스의 위험은 우리 고객들을 만족시킬 독창적인 아이디어를 생각해 내지 못해 부적격자로 낙인찍히는 것이다.

더 많은 혁신을 이루길 원한다면, 팀원들에게 상사의 비위를 맞출 생각을 하지 말고 사업을 진척시킬 방법을 찾으라고 교육해야 한다. 직원들에게 셰일라가 했던 바로 그런 식으로 상사에게 도전하라고 격려하라. "반대하시는 줄 알고 있습니다. 하지만 저는 그대로 진행하기로 결정했어요. 틀림없이 잘 될 거예요. 그래도 제 결정을 번복하고 싶으시면 말씀해 주세요." 동시에 리더들에게 그런 결정을 기각하지 않게끔 교육하라. 오랜 경험에 비추어 의구심을 떨치기 힘들어도 자제해야 한다. 직원들이 실패할 때도 있다. 그럴 때 상사는 이런 식으로 말하기 쉽다. "그러게, 내가 뭐랬나?" 그러나 그들은 상사가 망설였던 프로젝트를 성공시키기도 한다.

카리 페레스Kari Perez도 그랬다. 멕시코 출신으로 할리우드에 살고 있는 카리는 라틴아메리카에서 넷플릭스의 브랜드 이미지 홍보를 맡고 있는 커뮤니케이션 담당 디렉터다.

2014년 말이었어요. 그때만 해도 멕시코 사람들은 넷플릭스를 잘 몰랐습니다. 아무래도 상황을 바꿔봐야겠다는 생각이 들더군요. 아직 오리지널 멕시코 작품은 없었지만, 넷플릭스를 멕시코 현지 콘텐츠의 선두주자로 만들고 싶었어요.

제 구상은 이랬습니다. 우선 멕시코의 유명 감독과 유명 배우를 동원하여 그해에 나온 영화 중 주요 작품 10편을 선정합니다. 그리고 〈나르코스〉에 출연한 텔레노벨라telenovela(라틴아메리카 지역 특유의 통속적 TV 연속극-옮긴이)의 스타 아나 데 라 레게라Ana de la Reguera와 유명 감독 마놀로 카로Manolo Caro(그는 최근에 턱시도를 풀어 헤친 채 양쪽에 두 여배우와 침대에 누운 모습으로 배너티페어Vanity Fair의 표지를 장식했다) 등 우리 브랜드를 시청자들에게 널리 알리기에 적합한 멕시코의 유명 인사들로 10명의 심사위원을 선발합니다. 이들 영화계 스타와 심사위원들은 자신들이 좋아하는 영화를 소셜미디어를 통해 로비를 벌여 각자 트위터나 페이스북, 링크드인에서 투표하도록 독려합니다. 표를 가장 많이 얻은 영화 2편은 넷플릭스와 그해 국제배급 독점 계약을 맺습니다. 그 후 멕시코의 유명 인사들을 대거 초청하여 성대한 파티를 열어 유종의 미를 거둔다는 것이 제 계획이었어요.

그러나 저의 상사인 잭은 이 아이디어를 달가워하지 않았어요. 넷플릭스가 만들지도 않은 영화에 왜 시간과 돈을 투자하느냐, 게다가 브라질에서 이와 비슷한 시도를 했다가 실패한 경험이 있지 않으냐 하면서요. 그때 우리는 몇몇 영화제와 손을 잡았지만, 사람들의 관심을 전혀 끌지 못했거든요. 그래서 잭은 회의 때마다 자기에게 결정권이 있다면 절대로 승인하지 않을 거라고 공개적으로 말했어요.

하지만 저는 확신했습니다. 베팅할 준비가 되어 있었고, 실패하면 스스로 책임지겠다고 마음을 단단히 먹었어요. 여러 가지 우려의 목소리를 신중하게 참고했고, 브라질에서의 재앙을 되풀이하지 않기 위해 영화제가 아닌 지역 유지들과 벤더와 손을 잡기로 했습니다. 물론 상사의 부정적인 인식을 알고 있었기에 일을 계속 추진하기가 겁이 난 것도 사실이죠.

그러나 모두 쓸데없는 걱정이었어요. 대회 시작을 알리는 기자 회견은 몰려든 기자들로 성황을 이루었고, 트위터는 행사가 치러지는 몇 주 동안 경쟁하듯 폭주했습니다. 유명 인사들로 구성된 심사위원은 페이스북과 트위터에 미친 듯이 메시지를 올렸고, 제작자와 감독, 배우들 역시 직접 캠페인을 벌였습니다. 폐막 행사는 시작보다 더 요란했어요. 그에 힘입어 프레미오 넷플릭스Premio Netflix는 멕시코 영화 산업의 독자적 중요 플랫폼으로 자리를 잡았습니다.

Ana De La Reguera ✓ @ADELAREGUERA · 4 Mar 2015   ⌄
#PremioNetflix Mexico. Entra a premionetflixmx.com para votar y apoyar al cine independiente Mexicano !!

투표에 참여한 사람은 수천 명에 이르렀어요. 우리로서는 매우 중요한 전환점이었죠. 넷플릭스는 어느 순간 갑자기 모든 사람이 아는 유명 브랜드가 되었습니다. 시상식도 대성공이었죠. 멕시코 대통령인 엔리케 페냐 니에토Enrique Peña Nieto의 딸을 포함하여 영향력 있는 유력 인사들이 도착했습니다. 그렇게 레드 카펫을 밟은 인사 중에는 살아 있는 멕시코 배우 중 가장 유명한 케이트 델카스티요Kate Del Castillo도 있었어요. 그녀는 무려, 저의 상사인 잭이 섭외한 자가용 비행기로 도착했죠! 잭은 더는 망설이지 않았어요.

그 후 열린 팀 미팅에서 잭은 팀원들 앞에서 자기 생각이 오판이었다고 인정했습니다. 그리고 믿어지지 않을 만큼 대단한 캠페인이었다고 칭찬했어요.

카리 같은 직원에게 힘을 실어주고 잭 같은 매니저의 생각을 실험적인 방향으로 돌리기 위해, 우리는 '베팅'이라는 비유를 즐겨 사용한다. 베팅 비유를 통해 직원들은 자신을 기업가로 생각하게 된다. 기업가는 실패를 통해 성공을 획득한다. 카리도 그렇고 앞서 소개한 파올로의 사례도 넷플릭스에선 흔한 일상이다. 우리는 모든 직원이 확신하는 일에 베팅하여 새로운 시도를 하길 바란다. 상사나 다른 사람들이 시원치 않은 아이디어라고 여겨도 아랑곳하지 않는다. 베팅했지만 소득이 없을 때는 가능한 한 빨리 문제

를 바로잡고 그로 인해 얻은 교훈을 논의한다. 이런 창의적인 사업에서는 빠른 복구가 가장 좋은 모델이다.

베팅 전후에 취해야 할 조치

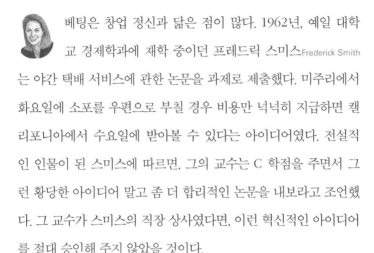베팅은 창업 정신과 닮은 점이 많다. 1962년, 예일 대학교 경제학과에 재학 중이던 프레드릭 스미스Frederick Smith는 야간 택배 서비스에 관한 논문을 과제로 제출했다. 미주리에서 화요일에 소포를 우편으로 부칠 경우 비용만 넉넉히 지급하면 캘리포니아에서 수요일에 받아볼 수 있다는 아이디어였다. 전설적인 인물이 된 스미스에 따르면, 그의 교수는 C 학점을 주면서 그런 황당한 아이디어 말고 좀 더 합리적인 논문을 내보라고 조언했다. 그 교수가 스미스의 직장 상사였다면, 이런 혁신적인 아이디어를 절대 승인해 주지 않았을 것이다.

그러나 스미스는 다행히도 창업가였다. 예일 대학교에서의 논문은 그가 1971년에 설립한 페덱스의 기초가 되었다. 그는 또한 도박사였다. 페덱스 초기 시절에 은행이 중요한 대출의 기한을 연장해 주지 않자, 스미스는 회사에 남은 마지막 자금 5,000달러를 들고 라스베이거스에 갔다. 그는 블랙잭으로 2만 7,000달러를 따서 회사의 연료비를 메웠다. 물론 넷플릭스는 직원들에게 카지노를 가라고 떠밀지는 않는다. 그래도 프레드릭 스미스의 정신 중

어떤 면은 본받으라고 권한다. 카리는 이렇게 회상한다.

넷플릭스에 처음 왔을 때, 상사인 잭은 제게 칩을 몇 개 받은 것으로 생각하라고 했어요. 승산이 있다고 생각하는 쪽에 칩을 걸라고요. 하지만 제 베팅이 최고의 베팅이 될 수 있도록 신중히 생각해야겠죠. 그가 요령을 설명해 주었어요. "베팅하다 보면 실패하기도 하고 성공하기도 합니다. 그런 개별적인 성패는 그다지 중요하지 않아요. 성과는 칩을 활용하여 사업을 얼마나 진척시켰는지 그 칩의 전반적인 운용 능력에 따라 평가받습니다. 넷플릭스에서는 베팅을 잘못했다고 쫓아내지 않습니다. 그보다는 큰일을 벌일 수 있는데도 칩을 사용하지 않거나, 잘못된 판단이 장기간 이어질 경우에만 쫓겨납니다."

잭은 카리에게 설명했다. "우리는 어떤 결정을 내리기 전에 상사의 승인을 받으라고 하지 않아요. 하지만 맥락을 확실하게 파악하고 다양한 관점을 가진 사람으로부터 피드백을 받은 후 모든 선택지를 알고 있어야 좋은 결정을 내릴 수 있습니다." 자유가 주어졌다고 중요한 결정을 독단적으로 내리면, 그것은 일단 형편없는 판단이 될 확률이 높다.

잭은 카리에게 넷플릭스의 혁신 사이클을 소개했다. 넷플릭스의 혁신 사이클은 카리가 성공할 확률이 높은 베팅을 하기 위해 따라야 하는 프레임워크다. '상사의 비위를 맞추려 들지 말라'는 원칙은 직원들이 이런 간단한 4단계 모델을 따를 때 효과가 극대화된다.

넷플릭스 혁신 사이클

꼭 실현하고 싶은 아이디어가 있다면, 다음 사항을 따라야 한다.

1. 이의 제기를 장려하거나, 아이디어를 공유하라.
2. 빅 아이디어는 테스트를 거쳐라.
3. 정보에 밝은 주장으로서 베팅하라.
4. 성공하면 축하하고, 실패하면 선샤이닝하라.

혁신 사이클 1단계
이의 제기를 장려하거나…

 '이의 제기 장려farming for dissent'라는 제언이 나오게 된 동기는 퀵스터Qwikster의 패착 때문이었다.

2007년에 우리는 DVD 임대와 스트리밍을 결합한 10달러짜리 서비스를 제공하고 있었다. 그러나 스트리밍 서비스의 비중이 커질수록 DVD를 보는 사람은 줄어들 것이 분명했다.

우리는 DVD 쪽으로 힘을 분산하지 않고 스트리밍에 좀 더 집중하고 싶었다. 그래서 나는 두 가지를 분리하기로 했다. 넷플릭스는 스트리밍 서비스만 하고, DVD 대여 서비스는 퀵스터라는 새로운 회사를 만들어 취급하기로 한 것이다. 그리고 두 서비스에 대한 요금을 각각 8달러로 책정했다. DVD와 스트리밍을 모두 원하는 고객 입장에서 보면 결국 시청료가 16달러로 대폭 인상되는 셈이었다. 하지만 그렇게 하면 넷플릭스로서는 DVD 대여 관련 물류 부담에서 벗어나, 향후 스트리밍 서비스에 집중할 수 있을 것 같았다. DVD는 어차피 물 건너간 얘기였으니.

이 같은 발표가 나가자, 고객들은 반발했다. 신규 모델로 인해 비용이 더 들게 되었을 뿐 아니라, 하나의 웹사이트에서 해결하던 것을 나뉜 두 사이트에서 구독해 처리해야 했기 때문이다. 이후 몇 분기 동안 우리는 수백만 명의 구독자를 잃었고, 주가도 75% 넘게 하락했다. 공들여 쌓은 탑이 나의 잘못된 결정 하나로 허망하게 무너진 것이다. 두 번 다시 있어서는 안 될 오점이었다. 내가 유튜브를 통해 고객들에게 사과할 때 표정이 얼마나 한심해 보였던지, 〈새터데이 나이트 라이브〉에서 조롱할 정도였다.

그러나 정작 기가 막힐 노릇은 그다음의 일이었다. 이 일이 있고 난 뒤, 매니저와 부사장 수십 명이 찾아와 처음부터 그 아이디어를 믿지 않았다고 말한 것이다. 누군가는 이렇게 말했다. "참담한 결과가 나올 줄 진작 알고 있었습니다. 하지만 '대표님은 늘 옳

으니까'라고 생각해 입을 다물고 있었죠." 경리부의 어떤 친구도
맞장구를 쳤다. "말도 안 되는 아이디어라고 생각했어요. 10달러
를 내던 고객들이 DVD 서비스를 받지 못하게 되었으니까요. 하
지만 다들 그 아이디어를 수긍하는 것 같아서 우리도 잠자코 있었
죠." 또 어떤 매니저는 이렇게 말했다. "퀵스터라는 이름이 영 마음
에 들지 않았어요. 하지만 아무도 문제 삼지 않더군요. 그래서 가
만히 있었죠." 마지막으로 부사장 1명이 내 가슴에 못을 박았다.
"대표님은 뭔가에 꽂히면 완전히 빠져드는 것 같아요. 그럴 때는
제 말을 듣지도 않고요. 이건 망하는 길이라고 소리 지르며 트랙
한복판에 드러누웠어야 했는데 말이에요. 하지만 그렇게 못했죠."

그때까지 말로만 솔직함을 강조할 뿐, 내가 나의 의견과 반대되
는 의견은 반기지 않는다는 메시지를 보내왔던 것이다. 넷플릭스
문화에 새로운 요소가 첨가된 것도 바로 그 일이 있고 나서다. 이
제 우리는 어떤 아이디어를 찬성하지 않을 때 그런 사실을 표현하
지 않는 것은, 넷플릭스에 대한 불충이라고 말한다. 자신의 의견을
묻어두는 것은 회사를 돕지 않겠다는 말 없는 시위다.

 선장이 퀵스터라는 폭풍을 향해 뛰어드는데, 왜 선원들은
침묵했을까? 아마도 대세에 묻어가려는 인간의 자연스러
운 성향 때문일 것이다. 엘리베이터에 탄 배우 3명을 보여주는 몰
래카메라 동영상이 있다. 그들은 문 쪽이 아닌 뒤쪽을 향해 몸을
돌려 선다. 엘리베이터가 움직이고 중간에 어떤 여성이 탄다. 그녀

는 그들의 모습에 당황한다. 이 사람들이 왜 엉뚱한 쪽을 보고 있지? 뭔가 이상하다고 생각하지만, 곧 그녀도 천천히 몸을 돌리기 시작한다. 남들이 하는 대로 따라야 마음이 편하다. 그렇게 해서 손해 보는 경우는 많지 않다. 그러나 그런 방식에 익숙해지면, 본능적으로나 경험으로 보아 터무니없다고 생각되는 아이디어라도 아무 생각 없이 따라 하거나 심지어 적극 지지하게 된다.

또 다른 이유도 있다. 아이디어를 낸 사람이 설립자이자 CEO라는 사실이다. 이렇게 되면 문제가 훨씬 더 복잡해진다. 우리 모두의 머릿속에는 리더의 말을 따르고 리더로부터 배워야 한다는 생각이 뿌리 깊게 박혀 있다. 말컴 글래드웰Malcolm Gladwell은 그의 저서《아웃라이어Outliers》에서, 괌에서 추락한 대한항공 여객기 사고는 기장이 그릇된 결정을 내렸을 때 부기장이 이의를 제기하지 못해서 일어났다고 밝힌다. 중요한 순간에 함부로 나서는 것은 권위에 대한 도전으로 여겨지기 때문이다. 이것 또한 인간의 성향이다.

몇 달 뒤 퀵스터 위기가 지나가고 1주일 동안 진행된 임원 연수회가 끝나갈 무렵, 모두 실내에 둥글게 앉아 연수회를 통해 배운 것을 돌아가면서 이야기할 기회가 있었다. 지금은 CTO이지만 당시 인적자원부 부사장이던 제시카 닐Jessica Neal은 당시를 이렇게 회상한다. "대표님이 마지막 차례였는데, 자신이 회사를 궁지에 몰아넣어 너무 속상하다면서 울기 시작하셨어요. 그러고는 많은 것을 배웠다면서 모두 잘 버텨주어서 고맙다고 하셨죠. 다른 회사 CEO에게서는 보기 힘든 장면이었기에 매우 감동적이었습니다."

사람들로부터 의견을 충분히 받지 못하면, 나 역시 좋은 결정을 내리기 어렵다. 중요한 결정을 앞두고, 나나 넷플릭스의 다른 모든 직원이 적극적으로 다른 견해를 찾는 것도 바로 그 때문이다. 우리는 그것을 '이의 제기 장려'라고 부른다. 넷플릭스에서는 일반적으로 절차를 짧고 간단하게 줄이려고 애쓰지만, 이 특별한 원칙은 너무 중요해서 여러 가지 시스템을 개발하지 않을 수 없었다. 모두 다른 의견을 받기 위한 조치였다.

제안할 안건이 있는 직원은 아이디어를 설명하고, 수십 명의 동료로부터 견해를 구하는 공용 메모장을 만든다. 그러면 그들은 그 직원의 전자서류 여백에 코멘트를 남긴다. 당연히 모두 볼 수 있다. 이들 코멘트만 간단히 훑어봐도 지지나 반대가 어느 정도인지 느낌으로 금방 안다. 여기 표본을 하나 소개하겠다. 안드로이드 스마트Android Smart 다운로드에 관한 내용이다.

좀 더 과감하게 '내 관심 목록' 버튼과 '스마트 다운로드'를 묶는 방법이 있다. '내 관심 목록'과 '다운로드'가 모두 나중에 볼 것을 저장하는 개념이라면, '내 관심 목록'에 추가하여 '스마트 다운로드'를 촉발할 수 있지 않을까?

그런 특징은 여러 기기에 두루 적용할 수 있다. 가령 오늘 밤 스마트 TV로 넷플릭스를 검색하면서 좋아하는 것을 본다고 하자. 그것을 '내 관심 목록'에 추가하면 스마트폰에 내려받아 내일 아침 출근길에 볼 수 있을 것이다.

우리는 이런 아이디어를 앞으로 있을 제품 전략회의에 가져갈 것이다. 좋은 아이디어가 있는 사람은 아래에 첨가해 주길 바란다.

 2018. 4. 4.

탈퇴할 옵션을 사전에 줄 필요는 없을 것 같다. 목표는 특징을 가볍게 소개해서…
더 보기
답글 총 7개 보기

샤론 윌리엄슨
Sharon Williamson
2018. 4. 4.

아, 좋아요. 다운로드 세팅이 이게 전부는 아니겠죠? 고마워요.

아이디어

- PVR 점수가 높은 새로운 콘텐츠의 첫 번째 에피소드를 적극적으로 자동 배포하면 회원들이 모바일로 시청하고 있다는 걸 알 수 있다. [에디]
- 일부러 내려받은 타이틀(또는 미래의 '워치리스트')뿐 아니라 '계속 시청'에서 나온 에피소드를 적극적으로 자동 배포한다. [스티븐]
- **쉽게 시청할 수 있도록 '모바일 미리보기'를 자동 배포한다. [스티븐]**
- 내가 시청하지 않는 것들이 자동 배포되는 다른 섹션을 만든다. 가령 '내 관심 목록(내가 수동으로 받은 것과 여기서 테스트 된 것)'과 추천된 다운로드(PVR & CW 타이틀 같은 위에 열거한 아이디어) 등이다. [캐시]
- **'롱 플라이트' 원클릭 다운로드** — 자녀나 내가 볼 것을 몇 편 추천하고, 그러기 위해 내게 원클릭의 기회를 달라(예를 들어, 인기 영화나 뭔가 새로운 에피소드 몇 편, 그리고 재시청률이 높은 것들을 다운로드). [팻]

토드 옐링
Tod Yelling
2018. 4. 3.

회원들에게 개선된 점을 확실히 인식시키려면 아마도 좀 더 흥미로운 카피가 되어야 할 것 같네요.

답글 총 3개 보기

자크 셴델
Zach Schendel
2018. 4. 5.

우리 스마트한 에피소드가

경우에 따라 아이디어를 제안할 직원은 공용 스프레드시트를 작성하여 직원들에게 배포하기도 한다. 그곳에 자신의 아이디어에 관한 설명이나 논평과 함께 -10점부터 +10점까지 점수를 매겨 달라고 직원들에게 부탁하는 것이다. 이렇게 하면 자신의 아이디어에 대해 사람들이 제시하는 이견의 강도를 명확히 파악하여 논의를 시작하는 데 큰 도움이 된다.

나 역시 중요한 리더십 회의를 갖기에 앞서, 넷플릭스의 구독료를 1달러 인상하는 안건과 함께 새로운 가격 차별 모델을 설명하는 메모를 전 직원에게 돌렸다. 이 안건에 대해 많은 매니저가 거리낌 없이 등급을 매기고 코멘트를 달았다. 여기에 몇 가지 간단한 사례를 소개한다.

알렉스	-4	한 번에 두 가지를 바꾸는 것은 좋은 생각이 아니다.
다이애나	8	빅 마켓이 시작되기 직전이라 타이밍이 완벽하다.
자말	-1	나름 묘수일 수도 있다. 다만 올해 이 정도 금액이 적당하다고 생각하지 않기를.

이 스프레드시트는 사람들의 찬성과 반대 의견을 수집할 수 있는 아주 간단한 방법이다. 무엇보다 팀이 최고의 실력자들로 구성되어 있을 때는 이런 스프레드시트가 소중한 견해를 제공할 것이다. 다만 명심해야 할 것이 있다. 이것은 투표도 민주주의도 아니라는 것이다. 따라서 숫자를 합산하고 평균을 구해서는 안 된다. 이 스프레드시트는 그저 사안의 본질을 꿰뚫어 볼 수 있게 해주는 도구일 뿐이다. 나는 중요한 결정을 내리기 전에 이 같은 방법으로 사람들의 솔직한 피드백을 수집한다.

'이의 제기 장려'를 적극적으로 활용할수록 반대 의견을 공개적으로 표현하는 문화를 더욱 쉽게 조성할 수 있고, 그로 인해 회사 차원의 의사결정의 질은 더욱 좋아진다. 이것은 어느 문화권에서든 어떤 규모의 기업에서든 마찬가지다.

사소한 발의에까지 이의 제기 장려를 동원할 필요는 없다. 다만 자신이 진행하고 있는 일을 모두에게 알리고 반응의 온도를 재는 것이 현명하다. 다시 셰일라의 경우로 돌아가 보자. 셰일라가 당신이 반대하는 아이디어를 들고 찾아왔다. 당신은 그녀의 의견에 찬성하기 어려운 이유를 설명한 다음, 사내 동료나 다른 리더들에게 그 아이디어를 공유해 보라고 제안할 수 있다. 그러면 그녀는 결정을 내리기 전에 여러 차례 미팅을 열어 자신의 제안을 설명한 다음, 논의에 부쳐 아이디어에 대한 스트레스 테스트를 거침으로써 많은 의견과 자료를 수집할 수 있다. 공유는 일종의 '이의 제기 장려'이지만 이의 제기보다는 장려하는 쪽을 강조하는 절차다.

2016년에 나도 공유를 통해 내 의견을 바꾼 경험이 있다.

그때까지 나는 어린이용 TV 프로그램이나 영화로는 새로운 고객을 끌어들이기는커녕 기존 고객을 유지하기도 어려울 것이라고 굳게 믿고 있었다. 자녀들을 위해 넷플릭스에 가입하는 사람이 얼마나 되겠는가? 넷플릭스에 가입하는 사람은 우리의 콘텐츠를 좋아하는 성인이다. 어린이들은 어른들이 보는 것을 그냥 따라 볼 뿐이다. 그래서 우리는 성인 콘텐츠에만 초점을 맞춰 오리지널 프로그램을 제작하기 시작했다. 어린이 프로그램은 지금처럼 디즈니나 니켈로디언과의 라이선스로 해결하면 된다고 생각했다. 그래서 어린이 프로그램을 직접 제작할 때도, 디즈니와 달리 돈을 많이 투자하지 않았다. 하지만 키즈 콘텐츠팀은 생각이 달랐다. "어린이들은 차세대 고객입니다." 그들은 그렇게 주장했다. "우리는 아이들이 부모만큼이나 넷플릭스를 사랑하기를 원합니다." 그들은 오리지널 어린이 콘텐츠도 제작하고 싶어 했다.

나는 그들의 아이디어가 탐탁지 않았지만, 어쨌든 공유하기로 했다. 다음 QBR 회의에서 우리는 최고 실력을 갖춘 직원 400명을 6, 7개 그룹으로 나눠 60개의 원형 테이블에 앉혔다. 그들은 작은 카드를 하나씩 받았다. 카드에는 질문이 하나 적혀 있었다. '어린이 콘텐츠에 들이는 비용을 늘려야 하는가, 줄여야 하는가, 아예 없애야 하는가?'

투자해야 한다는 목소리들이 봇물 터지듯 쏟아졌다. 엄마이기도 한 어떤 디렉터는 무대로 올라가 격한 목소리로 단언했다. "여기서 일하기 전에도 저는 넷플릭스만 구독했습니다. 우리 딸아이에게 〈도라도라 영어나라_Dora the Explorer_〉를 보여주기 위해서죠. 저는 제가 보는 프로그램보다 아이들이 보는 것에 더 관심이 많습니다." 어떤 아빠는 무대에서 이렇게 선언했다. "여기 오기 전부터 넷플릭스를 구독한 건 한 가지 이유 때문입니다. 아이들에게 믿고 보여줄 수 있다는 점이죠." 그는 설명을 덧붙였다. "아내와 저는 TV를 보지 않지만, 아들은 보니까요. 넷플릭스에는 케이블 같은 광고가 없고 유튜브를 뒤질 때처럼 아이들을 엉뚱한 곳으로 빠지게 만드는 위험한 토끼 굴도 없습니다. 아무리 그렇다 해도 아이가 넷플릭스에 그다지 애착을 보이지 않았다면 안 봤겠죠. 그러

면 우리도 구독을 취소했을 겁니다." 여러 사람이 무대 위로 올라
가 내 생각이 잘못되었다고 지적했다. 어린이 프로그램은 절대 소
홀히 할 수 없는 중요한 고객 기반이라고 그들은 힘주어 말했다.

그 후 6개월이 지나기 전에 우리는 드림웍스DreamWorks에서 유
아 가족 프로그래밍 부사장을 새로 영입하여, 우리만의 애니메이
션 주인공들을 만들기 시작했다. 2년 뒤 우리는 어린이 콘텐츠를
3배로 늘렸고 2018년에는 〈알렉사와 케이티Alexa and Katie〉, 〈풀러
하우스FullerHouse〉, 〈레모시 스니켓의 위험한 대결A Series of Unfortunate
Events〉 등 오리지널 어린이용 프로그램을 제작하여 에미상 3개
부문에 후보로 올렸다. 지금까지 우리는 〈미스터 피바디와 셔먼
쇼The Mr. Peabody and Sherman Show〉나 〈트롤헌터: 아카디아의 전설Troll-
hunters: Tales of Arcadia〉 같은 프로그램으로 데이타임 에미상Daytime
Emmy Award을 열 번 넘게 수상했다.

내가 여유를 가지고 이 아이디어를 공유하지 않았다면, 이런 일
은 일어나기 힘들었을 것이다.

혁신 사이클 2단계
빅 아이디어는 테스트를 거쳐라

 성공한 회사들은 고객들의 행동 양식과 그 동기를 알아
내기 위해 여러 가지 방법으로 테스트를 한다. 그리고 테

스트의 결과는 보통 그들의 전략에 적극 반영된다. 넷플릭스가 다른 회사와 크게 다른 점은, 책임자들이 아이디어에 철저히 반대해도 테스트가 이루어진다는 점이다. 넷플릭스가 다운로드 서비스를 늦게 제공한 이유에 얽힌 비하인드 스토리가 바로 그런 사례다.

2015년에 비행기에 탑승했다면, 넷플릭스 프로그램이 보고 싶어도 단념할 수밖에 없었다. 그때는 스마트폰 같은 기기에 콘텐츠를 내려받는 방법이 없었으니까. 넷플릭스는 오직 라이브 인터넷 스트리밍 서비스를 제공했다. 인터넷이 되지 않으면, 넷플릭스도 없었다. 아마존 프라임Amazon Prime은 일부 국가의 유튜브처럼 다운로드를 제공했다. 다운로드는 넷플릭스의 뜨거운 감자였다.

당시 CPO였던 닐 헌트는 다운로드 서비스에 반대했다. 규모가 크고 시간이 오래 걸리는 프로젝트인 데다, 인터넷 상태가 원활하지 않은 곳에서도 스트리밍이 제대로 작동하게 만드는 핵심 사업에 지장을 줄 수 있다는 이유에서였다. 또 가는 곳마다 인터넷이 없는 곳이 드물고 속도도 점점 빨라지고 있기 때문에, 다운로드의 필요성은 갈수록 줄어들 것이 틀림없었다. 닐은 영국 기자와의 인터뷰에서 다운로드는 사람들의 생활만 복잡하게 만들 뿐이라고 말했다. "이걸 아셔야 해요. 어떤 것을 다운받고 싶다고 해서 바로 되는 건 아닙니다. 갖고 있는 기기에 저장 공간이 있어야 하고, 또 그 공간을 관리해야 하죠. 그런데도 사람들이 콘텐츠를 꼭 다운받겠다고 할지 잘 모르겠어요. 그렇게 복잡한 서비스를 제공할 가치가 있을까요?"

닐만 반대한 것도 아니다. 리드도 직원들에게서 왜 우리는 다운로드 기능을 제공하지 않느냐는 질문을 자주 받았지만, 그의 반응은 시큰둥했다. 넷플릭스의 모든 직원이 볼 수 있는 2015년의 기록에 그의 대답이 있다.

직원의 질문: 다른 기업들은 오프라인 다운로드를 강화하고 있는데, 우리만 이런 서비스를 외면하면 브랜드 이미지가 나빠지지 않을까요?

리드의 답: 아뇨. 이제 곧 기내에서도 넷플릭스를 완벽하게 시청할 수 있도록 기내 무료 와이파이 스트리밍 서비스를 발표할 겁니다. 우리는 스트리밍에 집중하고 있기 때문에 기내 등 인터넷이 확장되면, 다운로드에 대한 고객의 수요는 시들해질 겁니다. 우리의 경쟁사들은 앞으로 자꾸 위축되는 다운로드 사례를 뒷감당하느라 헛심만 쏟는 겁니다. 그렇게 되면 가만히 있어도 우리의 브랜드 이미지가 크게 올라가겠죠.

직원의 질문: 앞서 이 문서를 보니 콘텐츠 비용 때문에 다운로드 기능을 제공하지 않는다는 코멘트가 있었습니다. 그러면 인기 프로그램이나 영화만이라도 판권을 사서 우수 고객에게만 다운로드 서비스를 제공하는 건 어떨까요?

리드의 답: 조만간 기내를 포함하여 어디에서나 스트리밍이 가능하게 될 겁니다. 다운로드 기능을 사용하는 1%의 사람들을 위해 복잡한 UX(사용자 경험)를 적용하는 것은 좋은 생각이 아닙니다. 우리는 이런 방법을 기피합니다. 복잡성보다 효용성을 봐야 한다는 것이 우리의 판단입니다.

닐과 리드처럼 회사를 대표하는 인물들은 사적인 자리에서나 공적인 자리에서 다운로드 기능에 관해서는 분명한 반대 의사를 밝혔다. 어느 직장에서든 이런 사람들이 반대하면 더는 왈가왈부할 것이 없다. 그러나 닐 부서의 제품 부사장인 토드 옐린Todd Yellin은 생각이 달랐다. 그는 UX 선임 연구원인 자크 셴델Zach Schendel과 상의하여 닐과 리드의 주장이 맞는지 몇 가지 테스트를 해보자고 제안했다. 자크는 그때를 이렇게 회상한다.

저는 닐과 리드가 이렇게 반대하는데 테스트를 해도 괜찮은 걸까 생각했어요. 전에 다니던 직장 같았으면 별로 좋은 방법이 아니었을 겁니다. 그러나 넷플릭스가 어떤 곳입니까? 윗선에서 반대해도 말단 직원들이 하고 싶으면 하는 곳 아닙니까? 그런 생각으로 진행했죠.

미국에서는 유튜브의 영상을 다운로드할 수 없지만, 인도나 동남아 등 몇몇 나라의 경우 다운로드가 가능했습니다. 넷플릭스는 마침 2016년 1월에 국제서비스를 대폭 확대할 준비를 마친 상태였고, 이들 나라는 우리에게 대단히 중요한 실험 대상이었기에 저는 조금 들떴습니다. 우리는 인도와 독일에서 사람들을 만나, 다운로드 기능을 사용하는 사람들이 어느 정도인지 알아보기로 했습니다. 인도에서는 유튜브 이용자들을 만났고, 독일에서는 유튜브와 비슷한 플랫폼인 워치에버Watchever 사용자들과 인터뷰했고, 미국에서는 다운로드를 제공하는 아마존 프라임 사용자들을 인터뷰했죠.

인터뷰 결과, 미국에서는 아마존 프라임 사용자 중 15~20%가 다운로드 기능을 사용했습니다. 리드가 추산한 1%보다는 크게 높지만, 그렇게 높은 비율은 아니었죠.

인도는 유튜브 사용자의 70% 이상이 다운로드 기능을 사용하는 것으로 나타났습니다. 대단한 비율이었죠! 대부분은 이렇게 답했어요. "전 출·퇴근에 90분이 소요됩니다. 카풀로 출근하는데 매일 그 시간을 차 안에서 보내죠. 이곳 하이데라바드는 스마트폰 스트리밍이 너무 느려요. 그래서 보고 싶은 건 전부 다운로드해서 봅니다." 미국에서는 듣기 힘든 대답도 있었습니다. "사무실은 인터넷 속도가 빨라서 스트리밍이 잘 되지만, 우리 집은 그렇지 않아요. 그래서 보고 싶은 건 사무실에서 다운받아 저녁에 집에서 보고 있어요."

독일에서는 인도와 같은 교통 문제도, 통근 거리도 문제가 되지 않았습니다. 그러나 미국과 마찬가지로 독일의 경우 아무 데서나 인터넷이 되는 게 아니더군요. "주방에서 뭘 좀 보려고 하면 몇 분마다 툭툭 끊어져요." 어떤 사람은 그렇게 설명했어요. "그래서 인터넷이 잘 되는 거실에서 다운받아 요리하면서 보죠." 독일은 미국과 인도의 중간이었습니다.

자크는 조사 결과를 상사인 에이드리언 라누세Adrien Lanusse에게 가져갔고, 에이드리언은 그의 상사 토드 옐린에게 보고했으며, 토드는 그의 상사 닐 헌트에게, 닐은 그의 상사 리드에게 가져가 자신과 리드의 생각이 틀렸다고 지적했다. 그리고 마침 국제적으로 넷플릭스 서비스를 확장하는 기회를 이용하여, 다운로드 기능까지 함께 채택하는 것이 낫겠다고 말했다.

"분명히 말하지만, 지위로 보면 저는 회사에서 아무것도 아니에요." 자크는 이렇게 말을 맺었다. "그냥 일개 연구원일 뿐이죠. 하지만 저는 고위 인사들이 공개적으로 강력하게 반대한 의견을 뒤집고 다운로드 기능에 관한 관심을 다시 집중시켰습니다. 넷플릭스는 그런 곳이에요."

지금 넷플릭스는 다운로드 서비스를 제공한다.

혁신 사이클 3단계
정보에 밝은 주장으로서 베팅하라

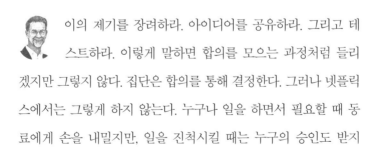 이의 제기를 장려하라. 아이디어를 공유하라. 그리고 테스트하라. 이렇게 말하면 합의를 모으는 과정처럼 들리겠지만 그렇지 않다. 집단은 합의를 통해 결정한다. 그러나 넷플릭스에서는 그렇게 하지 않는다. 누구나 일을 하면서 필요할 때 동료에게 손을 내밀지만, 일을 진척시킬 때는 누구의 승인도 받지

않는다. 우리의 4단계 혁신 사이클은 다른 사람의 의견을 바탕으로, 개인이 결정하는 과정이다.

모든 중요한 결정에는 항상 '정보에 밝은 주장informed captain'이 있다. 많은 정보를 취합한 후 그 일을 책임지고 추진하는 당사자를 말한다. 충분한 정보를 가지고 이끄는 주장에게는 의사결정의 완전한 자유가 있다. 에린의 시나리오에서는 셰일라가 정보에 밝은 주장이다. 결정권자는 그녀의 상사나 동료가 아니다. 그녀는 사람들의 의견을 들은 뒤 직접 선택한다. 그녀는 결과에 홀로 책임을 진다.

2004년에 CMO인 레슬리 킬고어는 정보에 밝은 주장이, 내린 결정에 대해 단독으로 책임진다는 점을 강조하는 관례를 만들었다. 대부분의 경우 회사에서 중요한 계약은 그 조직의 높은 자리에 있는 사람이 서명한다. 하지만 레슬리가 밀어준 덕에 그녀의 부하직원인 카미유는 각종 미디어 계약서에 직접 서명하기 시작했다. 그 분야에서는 그녀가 주장이었기 때문이었다. 어느 날 넷플릭스의 법률자문위원이 레슬리에게 와서 물었다. "디즈니와 맺은 이 중요한 계약서에 당신의 서명이 보이지 않네요? 왜 서명란에 카미유의 이름이 있는 거죠?" 레슬리는 이렇게 대답했다.

계약서는 부서장이나 부사장이 아니라, 그 계약에 자기 일의 명운을 건 사람이 주도하고 서명해야 합니다. 그렇지 않으면 책임

을 져야 할 사람이 책임을 지지 않게 되니까요. 저도 그 계약서
의 내용을 확실히 봤습니다. 그러나 카미유는 자신이 주도한 프
로젝트에 자부심을 갖고 있습니다. 이건 카미유가 한 일이지 제
일이 아닙니다. 그녀는 자신의 정신적 자산을 투자했어요. 저는
카미유가 계속 그렇게 하기를 바랍니다. 그 계약서에 제 이름을
넣음으로써 카미유의 소유권을 손상하는 일을 저는 하지 않을
겁니다.

레슬리가 옳았다. 요즘 넷플릭스에서는 누구나 그녀의 사례를
따른다. 넷플릭스에서는 어떤 문제이든 경영진의 결재를 받을 필
요가 없다. 자신이 정보에 밝은 주장이라면 주인의식을 가지고 서
류에 직접 서명하면 된다.

 넷플릭스에서는 'F&R'이라는 말을 자주 입에 올리지만,
자유라는 듣기 좋은 말에 혹해서 그 의미를 자칫 잘못 해
석하면, 그에 따른 책임의 무게를 소홀히 하기 쉽다. 충분한 정보
를 가지고 프로젝트를 이끄는 주장이 직접 계약을 체결하는 것도
바로 그런 이유 때문이다. F&R은 직원들을 접주기 위해 만든 개
념이 아니다. 하지만 F&R이 제 기능을 발휘할 수 있는 것은 직원
들이 자유에 따른 책임을 막중하게 여기고 그에 따른 노력을 각별
하게 하기 때문이다.

사실 넷플릭스의 인터뷰 대상자 중에는 직접 계약을 체결하는 것이 몹시 부담스럽다고 말하는 이도 많았다. 브라질 넷플릭스의 초창기 직원 중 하나인 오마르손 코스타Omarson Costa도 그랬다. 넷플릭스 초기 시절, 그가 사업개발 디렉터를 맡은 지 얼마 되지 않았을 때였다.

넷플릭스에서 일한 지 몇 주 되지 않았을 때, 법률팀으로부터 이메일을 받았어요. "오마르손. 당신에게는 브라질 넷플릭스가 체결하는 계약서나 협약서에 서명할 권한이 있습니다."

저는 이메일의 일부 문구가 누락되었다고 생각했어요. 그래서 즉시 답장을 보냈습니다. "어느 정도 금액까지 말하는 건가요? 그 금액 이상의 계약이면 누구의 결재를 받아야 합니까?"

답장이 왔어요. "당신이 판단할 문제입니다."

이해가 되지 않았죠. '수백만 달러짜리 계약도 내 마음대로 서명할 수 있다는 말인가? 라틴아메리카의 일개 직원에게 어떻게 그런 막강한 권한을 줄 수 있지? 내가 입사한 지 몇 주밖에 되지 않았다는 걸 그들도 알 텐데.'

놀랍기도 했지만, 겁이 나더군요! '나를 철석같이 믿는 모양이군. 그러면 정말 정확히 판단하고 철저히 조사해서 결정해야겠네. 내 상사를 위한, 그 상사의 상사를 위한, 그 상사의 상사의 상사를 위한, 결국은 넷플릭스의 모든 사람을 위한 결정을 누구

의 승인도 없이 나 혼자 독단으로 내려야 한다는 거잖아?' 생각
이 거기에 미치자 그동안 한 번도 느껴보지 못한 책임감과 함
께 두려운 생각이 들었어요. 그리고 그 어느 때보다 더욱 정성
을 들이게 되고, 계약할 때마다 회사 전체에 큰 도움이 되도록
만전에 만전을 기하게 되었습니다.

넷플릭스 직원들이 느끼는 책임감은 때로 막중하다. 인터내셔
널 오리지널 디렉터인 디에고 아발로스Diego Avalos는 야후Yahoo에서
일하다가 2014년에 넷플릭스 베벌리 힐스 지사로 왔을 때 어안이
벙벙했다.

넷플릭스에 들어온 지 얼마 되지 않았을 때였어요. 매니저로
부터 300만 달러에 사들이기로 한 영화 인수 건을 마무리하라
는 지시를 받았습니다. 야후에 있을 때는 5만 달러짜리 약정도
CFO나 법률고문의 서명을 받아야 했죠. 디렉터로 일하면서도
계약서에 직접 서명한 적은 없었죠.
교섭 내용은 잘 알고 있었지만, 막상 직접 계약하라는 상사의
말을 들으니 걱정부터 앞서더군요. '이거 사람 미치게 만드는
군. 이러다 잘못되면 어쩌지? 이 계약 건으로 잘리는 것 아냐?
이 회사는 내가 무슨 대단한 능력이 있는 줄 아는 모양인데, 이

거 완전 목에 올가미를 씌우는 거잖아? 그것도 내 손으로 말이야.' 저는 뛰는 가슴을 진정시킬 수가 없어, 사무실을 나와 무작정 걸었어요.

자리로 돌아와 법률팀에서 검토한 서류를 넘겨받았는데, 서명란에 제 이름이 또렷하게 인쇄되어 있더군요. 손에서 진땀이 났어요. 펜을 꺼내는 손이 떨릴 정도로요. 이렇게 무거운 책임을 지게 될 줄이야!

그런데 어찌 된 일인지 동시에 해방된 것 같은 느낌도 들었습니다. 야후를 그만둔 데는 무엇 하나 마음대로 할 수 있는 게 없다는 것도 한몫하지 않았던가! 아이디어가 떠올라 주도적으로 실행에 옮겨보려 했다가도, 이 사람 저 사람 손을 거쳐 막상 승인이 떨어질 때가 되면 이미 제 일처럼 느껴지지 않았죠. 그렇게 진행한 프로젝트의 결과가 실패로 끝났을 때는 그런 생각이 들었어요. '그래, 뭐. 30명이 동의한 일인데! 내 잘못만은 아냐!'

넷플릭스 방식에 익숙해지는 데는 6개월이 걸렸습니다. 일을 완벽하게 처리하는 것은 중요하지 않았어요. 중요한 것은, 빨리 처리하고 그렇게 처리한 것에서 뭔가를 배우는 것이었습니다. 저는 직접 내린 결정에 책임을 지는 자리에 있습니다. 어떻게 보면 그동안의 경력이 이 일을 하기 위한 준비 과정이었다고 할 수 있겠죠. 최근에는 1억 달러짜리 다단계 계약을 맺었습니다. 이제는 두렵지 않습니다. 오히려 우쭐해지는 기분이에요.

재능이 뛰어난 사람들은 정보에 밝은 주장이 되었을 때 오히려 해방감을 느낀다. 실제로 이런 자유를 맛보기 위해 넷플릭스에 들어오는 사람도 많다. 하지만 디에고처럼 편안함보다는 부담감을 더 많이 느끼는 사람도 있다. 그렇지만 그들 역시 적응하면서 앞으로 나가는 법을 배운다.

혁신 사이클 4단계
성공하면 축하하고, 실패하면 선샤이닝하라

부하직원이 제안한 프로젝트가 성공을 거두면, 상사로서 기뻐하고 흡족한 모습을 확실하게 보여주어야 한다. 등을 두드려 주며 샴페인 잔을 건넬 수도 있고, 팀원 전원을 데리고 나가 저녁을 한턱낼 수도 있다. 축하하는 법은 정하기 나름이다. 무엇보다 '반드시' 잊지 말아야 할 것이 있다. 당신이 반신반의하고 심지어 부정적인 의견을 냈는데도, 고집을 꺾지 않고 밀어붙인 셰일라의 뚝심을 드러내 칭찬해야 한다는 점이다. 공적인 자리에서 하면 더욱 좋다. "자네가 옳았어! 내 생각은 틀렸고!" 이처럼 상사의 의견에 부하직원이 제동을 걸어도 전혀 문제 될 것이 없다는 것을 전 직원에게 보여주어야 한다.

셰일라의 계획이 실패로 끝났을 때는 어떻게 해야 할까? 상사의 반응은 이때 더욱 중요하다. 일이 실패로 끝나면 모든 사람이 당신의 표정부터 살필 것이다. 질책하고 망신을 주는 것도 한 가지 방법일 수 있다. 기원전 800년경 그리스에서는 사업을 그르쳤을 때 책임자가 바구니를 높이 들고 시장 한복판에 앉아 있어야 했다. 17세기 프랑스에서 파산한 사업주는 광장에 서서 사람들에게 욕을 먹었다. 또 감옥에 가기 싫으면 공공장소에 나갈 때마다 초록색 벙거지를 쓰는 치욕을 감수해야 했다.

요즘 조직사회는 실패를 좀 더 조용하게 다룬다. 당신이 셰일라의 상사라면 그녀를 흘겨보거나 한숨을 쉬거나 귀에 대고 이렇게 말할 수도 있다. "내 이럴 줄 알았지." 아니면 그녀의 한쪽 어깨에 팔을 두르고 다정한 목소리로 이렇게 말할 수도 있다. "다음에는 내 말 좀 들어." 그것도 아니라면 불러놓고 회사의 당초 목표를 짤막하게 설명한 뒤, 이렇게 결과가 훤히 보였던 일로 아까운 시간을 낭비한 것이 얼마나 한심한 일인지 따끔하게 일침을 놓을 수도 있다(셰일라의 입장에서 보면, 머리에 바구니를 올려놓거나 초록색 벙거지를 쓰는 편이 차라리 속 편하겠지만).

이들 중 어떤 방법을 택하든 한 가지는 분명하다. 앞으로 당신이 뭐라고 하든, 팀에 있는 모든 사람이 '상사의 비위를 맞추려 들지 말라'는 지침을 곧이곧대로 듣지 않을 것이다. 그런 것은 그냥 하는 소리이고, 칩이니 베팅이니 하는 말도 괜한 소리일 뿐이며, 당신은 혁신보다 실수를 방지하는 것에 더 관심이 있는 부류라고 생각할 테니까.

우리는 그보다 당신이 이렇게 반응하길 권하고 싶다.

1. 그 프로젝트에서 무엇을 배웠는지 물어보라.

2. 그 일로 수선을 피우지 말라.

3. 그녀에게 실패를 선샤이닝하라고 요청하라.

1. 그 프로젝트에서 무엇을 배웠는지 물어보라

실패한 프로젝트는 성공을 위해 꼭 거쳐야 하는 단계다. 나는 1년에 한두 번 모이는 제품 미팅에서 모든 매니저에게 지난 몇 해 동안 그들이 시도한 베팅을 간단한 양식으로 작성해서 설명하라고 요구한다. 양식은 세 가지다. 성공한 베팅, 실패한 베팅, 판단이 보류된 베팅. 그런 다음 소그룹으로 나뉘어 각각의 베팅을 평가하고 그것으로부터 배울 점을 찾아낸다.

이런 과정을 통해 사람들은 대담한 아이디어의 필요성을 깨닫게 되고, 아울러 아무리 애를 써도 성과를 내지 못하는 모험도 있다는 사실을 알게 된다. 그들은 베팅이 개인 성패의 문제라기보다 사업을 한 단계 진전시키는 데 필요한 절차라는 사실을 깨닫는다. 무엇보다 그런 과정은 또한 넷플릭스에 새로 들어온 직원들이 일을 그르쳤을 경우 자신의 실패를 공개적으로 인정하는 일에 익숙해지도록 돕는다. 실수는 누구나 하는 것이라고 생각하게 되는 것이다.

2. 그 일로 수선을 피우지 말라

 성과를 내지 못한 베팅을 두고 법석을 떠는 것은, 앞으로 모험 따위는 생각도 하지 말라는 경고와 다를 바 없다. 사람들은 당신이 말로만 분산 의사결정을 말할 뿐, 실제로는 그런 방식을 용납하지 않는다고 생각할 것이다. 2010년에 넷플릭스의 제품혁신 디렉터로 채용된 크리스 제프Chris Jaffe는 대실패로 끝난 자신의 프로젝트에 수많은 시간과 재능과 자원을 낭비한 일을 보고도 태연했던 리드의 모습을 똑똑히 기억한다.

2010년에는 TV 프로그램을 스트리밍하며 컴퓨터로 볼 수 있게 되었지만, 실제로 스마트 TV는 그리 많이 보급되지 않았어요. 따라서 넷플릭스 프로그램을 TV로 보려면, 플레이스테이션PlayStation이나 위Wii에 연결해야 했죠.

저는 사람들이 벽장을 열고 예전에 쓰던 위를 꺼내 넷플릭스를 보기를 바랐어요. 그렇게 하면 우리 고객들이 거의 경험하지 못했던 방식으로 인터넷을 거실로 가져오리라 생각했죠. 디자이너와 엔지니어팀을 동원해서 저는 위와 넷플릭스의 인터페이스를 개선하기로 했습니다. 당시 인터페이스는 슈퍼베이식이었어요. 우리 팀은 제 지휘 아래에서 다소 복잡하지만 유저에게 어필할 수 있는 방법을 개발하는 데 수많은 시간을 투자했습니다. 우리는 그 작업에 1년을 꼬박 매달렸어요. 그리고 그 프로젝트를 '익스플로러Explorer'라고 이름 붙였죠.

테스트까지 마친 우리는 넷플릭스 유저 20만 명을 대상으로 새로운 인터페이스를 실험했습니다. 하지만 반응을 보니 한심하더군요. 새 인터페이스 때문에 위 인터페이스를 쓰는 소비자가 줄어든 거예요! 우리는 시스템에 버그가 있다고 생각해서 전부 점검한 후 다시 테스트를 시작했어요. 그래도 마찬가지였죠. 유저들은 기본적인 오리지널 버전을 더 좋아했습니다.

그때 저는 넷플릭스에서는 신참에 속했어요. 앞서 혁신적인 아이디어를 하나 성공시키긴 했지만, 이번 프로젝트로 혹독한 신고식을 치른 셈이 되고 말았죠. 우리는 '소비자 과학Consumer Science'이라고 명명된 분기 미팅을 리드와 함께 했습니다. 제품 매니저들은 무대로 올라가 그들의 제품 베팅 내용을 업데이트했어요. 주효한 것은 무엇이고, 효과가 없었던 것은 무엇이며, 어떤 점을 배웠는지 그들은 설명했습니다. 그곳에는 동료들뿐 아니라 매니저들, 그러니까 저의 상사인 토드 옐린과 토드의 상사인 닐 헌트와 리드도 자리를 지키고 있었어요.

그들이 어떤 반응을 보일지 감을 잡을 수 없었습니다. 쓸모없는 일에 수천 시간과 수십만 달러를 날렸다고 리드가 질책하지 않을까? 그러면 닐은 변명하느라 진땀을 빼겠지? 토드는 나를 잘못 채용했다고 후회할까?

넷플릭스에서는 실패한 모험을 숨기지 말고 백주에 다 드러내라고 말합니다. 이를 가리켜 '선샤이닝'이라고 하죠. 저는 리더들이 자신의 실수를 낱낱이 고백하는 모습을 보아왔기 때문에 제 실패를 선샤이닝할 뿐 아니라, 요란한 플래시 세례도 사양하지 않기로 마음먹었어요.

저는 무대로 올라갔어요. 실내는 어두웠고요. 저는 첫 번째 슬라이드를 켰어요. 붉은 대문자가 선명했습니다.

익스플로러: 실패로 끝났지만, 내게는 엄청났던 베팅

저는 프로젝트의 결과를 설명했습니다. 어느 부분은 주효했으며, 어느 부분에서는 통하지 않았는데, 이 모든 것이 100% 저의 베팅이었다고 하나하나 설명했습니다. 리드가 몇 가지 질문을 했고, 저는 우리 팀이 파악한 실패의 원인을 말했죠. 그러자 리드는 그래서 뭘 배웠느냐고 물었어요. 저는 너무 복잡해서 소비자들의 반응을 끌어내지 못했다는 사실을 알았다고 말했죠. 어쨌든 복잡성 때문에 익스플로러 프로젝트의 결과가 처참하게 끝났다는 사실을 회사 전체가 알게 된 것도 교훈이라면 교훈이었어요.

"좋아요. 재미있군요. 다들 그 점을 명심합시다." 리드는 그렇게 말을 맺으며 이어 물었어요. "자, 그 프로젝트는 그렇게 끝났고, 그럼 다음 발표는 뭐죠?"

18개월 뒤, 크리스는 몇 가지 프로젝트를 성공시킨 공로로 제품 혁신 부사장으로 승진했다. 리드가 보인 반응은 직원의 혁신적인 사고를 부추길 수 있는 '유일한' 리더의 반응이다. 베팅이 실패했을 경우 매니저는 핵심 내용에 관한 관심을 신중하게 밝히되, 질책은 삼가야 한다. 그날 그 방에 있던 사람들은 모두 두 가지 중요한 메시지를 마음에 담았다. 첫째, 베팅했다가 실패할 경우 CEO는 그 과정을 통해 무엇을 배웠는지 물을 것이다. 둘째, 뭔가 큰일을 시도했다가 성과를 내지 못해도 화를 내는 사람은 없다. 직장에서 쫓겨나는 일도 없다.

3. 실패를 선샤이닝하라고 요청하라

베팅한 일이 실패했을 경우엔 전말을 상세히 공개해야 한다. 그것도 자주 언급해야 한다. 상사들도 실패한 베팅에 관해 상세하게 알고 싶다는 입장을 부하직원들에게 분명히 밝혀야 한다. 크리스는 실패한 프로젝트를 적당히 둘러대고 다른 사람의 탓으로 돌리거나 변명할 생각도 할 수 있었다. 하지만 그는 용기를 내어 실패한 베팅을 정면으로 다룸으로써 리더로서의 함량을 보여주었다.

이를 통해 그는 자신뿐 아니라 넷플릭스 전 직원에게 귀감이 되었다. 직원들은 끊임없이 다른 사람의 실패 사례를 귀담아들어야 한다. 그래야 직접 베팅을 시도해 볼 용기가 생긴다. 실패할지 모르지만, 그래도 해보고 싶다는 생각이 들어야 한다. 이런 분위기가 아니고는 혁신적인 문화를 기대할 수 없다.

넷플릭스 사람들은 실패한 베팅을 선샤이닝하려고 노력한다. 우리는 직원들에게 자초지종을 솔직하게 밝히는 공개 메모를 쓰도록 권하고, 거기에서 얻은 교훈을 첨가하게 한다. 여기 한 가지 사례를 요약하여 소개한다. 우연하게도, 이것 역시 크리스 제프가 쓴 것이다. 이번은 몇 해 뒤인 2016년에 소득 없이 끝난 '메멘토'라는 프로젝트 이야기다. 실패한 베팅을 기록으로 선샤이닝하는 방법을 보여주는 좋은 사례로, 넷플릭스 내에서 자주 회자된다.

메멘토 업데이트 – 제품관리팀 크리스 제프

18개월 전, 나는 제품 전략회의에 메모 한 장을 들고 갔다. 배우의 전기와 관련 제목 등 보완적인 타이틀의 메타 데이터를 세컨드 스크린으로 확인할 수 있게 하는 아이디어였다.

열띤 토론을 거친 뒤 나는 그 프로젝트를 추진하기로 마음먹었다. 우리는 계속해서 안드로이드 모바일에서 메멘토 경험을 구축해 나갔다. 이 프로젝트에는 1년 이상이 소요됐다. 지난 9월, 우리는 간단한 테스트 론칭을 거쳐 시험 배포판을 확보했다.

하지만 2월에 나는 더 이상 일을 벌이지 않고 거기서 프로젝트를 접기로 했다. 분명히 밝히지만, 메멘토를 추진하기로 하고 그동안 내내 그 프로젝트에 투자를 계속한 것은 순전히 내 독단적인 결정 때문이다. 결과가 이렇게 되고 그로 인한 비용이 발생한 것도 전적으로 내 책임이다. 1년 넘게 투자했다가 론칭하지 못한 탓에, 결국 시간과 자원을 낭비한 셈이 되고 말았다. 하지만 배운 점도 있었다. 여기 그것을 추려놓았다.

- 이 프로젝트를 추진하는 과정에서 결과적으로 모바일에서 중요한 혁신의 속도를 떨어뜨린 실질적 기회비용이 발생했다. 내 리더십과 집중력 부재에서 비롯된 큰 패착이었다.
- 나는 소형 세컨드 스크린 사용자들의 규모를 파악하는 개인적 능력에 한계가 있다는 사실을 미리 알았어야 했다. 문제는 세컨드 스크린 사용자들이 더 많아질 것으로 추정했다는 점이다.
- 처음 전략회의를 할 때 이런 아이디어에는 다윈이 더 좋은 테스트 플랫폼이라는 의견이 나왔다. 그때 그 의견을 좀 더 진지하게 생각했어야 했다. 이번 일로 나 자신의 선입견에 제동을 걸 수 있는 열린 마음이 필요하다는 사실을 절실히 깨달았다.
- 제품 전략회의를 거쳐 이 프로젝트를 추진하기로 했을 때, 론칭이 완전히 보류될 경우에 대비할 수 있는 방법을 마련했어야 했다. 우리가 일을 처리하는 방식에 문제가 있는 것이 아니라, 이 프로젝트가 우리의 제품 혁신 방법과 맞지 않았기 때문이다.
- 몇 달 전 메멘토의 가치가 계속 하락하고 있다는 것을 깨달았을 때, 중단했어야 했다. 9월에 나타난 급격한 하락률은 이제 손을 떼라는 분명한 신호였지만, 조금만 더 버티면 끝낼 수 있을 것 같았다. 안타깝게도 그것은 착각이었다. 이런 일이 대개 그렇듯.

한 사람이 실패 사례를 선샤이닝하면, 모두가 승자가 된다. 사람들은 그 사람이 자기의 실수를 솔직하게 말하면서 그 행동에 책임을 지는 모습을 보며 신뢰하게 되므로 그 사람 역시 승자가 된다. 그의 팀도 실패로 귀결된 프로젝트의 결과에서 분명 무언가를 배웠을 테니 역시 승자가 된다. 무엇보다 실패한 베팅은 혁신적 성공의 수레바퀴의 본래적 일부라는 사실을 모두가 똑똑히 볼 수 있기 때문에 회사도 승자가 된다. 실패를 두려워해선 안 된다. 실패를 적극적으로 포용해야 한다.

그리고 실수를 더 많이 선샤이닝하라!

앞 장에서 소개한 용어를 빌리자면, 실패한 베팅은 감춰야 할 'SOS'가 아니라, 누구나 하는 실수일 뿐이다. 크리스가 익스플로러와 메멘토 같은 실패한 베팅을 털어놓은 이상, 그는 더는 창피할 것이 없게 되었다. 그는 넷플릭스가 바라는 대로 대담하게 생각하고 승산이 있다고 판단한 아이디어에 칩을 걸었다. 이런 맥락에서는 무대에 올라 다음처럼 말하는 것도 어렵지 않다. "여기 제가 베팅한 곳을 보십시오. 결과가 바라는 대로 나오지 않았습니다."

그러나 막상 실수를 저지르면 당황하게 마련이다. 중대한 판단 착오나 부주의로 인한 것일 때는 특히 그렇다.

큰 실수를 저질렀을 때는 본능적으로 발을 빼고 싶은 생각부터 든다. 넷플릭스에서는 권하지 않는 태도다. 실수를 저지르고도 무사하려면, 더욱더 햇볕으로 나아가야 한다. 사실대로 말하면 용서받을 수 있다. 적어도 처음 몇 번은 말이다. 그러나 실수를 얼버무리려 하거나 같은 실수를 반복한다면(실수를 인정하지 않으면 반복할 가능성이 커진다), 결과는 심각해진다.

암스테르담에 사는 터키 출신의 소셜미디어 전문가인 야세민 도르멘Yasemin Dormen은 넷플릭스의 히트 시리즈 〈블랙 미러〉 시즌 4의 홍보 과정에서 저지른 실수를 통해 넷플릭스의 생리를 다시 한번 확인했다.

〈블랙 미러〉에는 만화 캐릭터인 왈도Waldo라는 푸른색 곰이 등장합니다. 시즌 4는 2017년 12월 29일에 공개될 예정이었기 때문에, 우리는 연말 시즌에 맞춰 홍보 계획을 준비했죠. 저는 'iamwaldo'라는 계정으로 수백 명의 구독자에게 터키의 레딧Reddit에 해당하는 사이트로 알 듯 말 듯 한 홍보 메시지를 보내기로 했어요. 헷갈리면서도 궁금증을 자아내는 내용이었죠. "당신의 꿍꿍이를 다 알고 있습니다. 우리가 어떻게 할지 와서 확인하세요." 사람들이 이를 보고 친구들에게 트위터를 날리기를 바랐어요. "왈도가 돌아온 거야?" "〈블랙 미러〉 시즌 4가 나왔대?" 저는 우리의 메시지로 호기심이 확산되기만 기다렸죠. 하지만 아이디어를 공유하지 않은 것이 큰 불찰이었어요. 저는 가족과 함께할 1주일짜리 휴가 준비에만 열중했어요. 다른 나

라에 있는 홍보팀 동료들에게도 알리지 않았고요. 넷플릭스 커
뮤니케이션팀과 '이의 제기 장려'도 하지 않았습니다. 저는 메
시지를 올려놓고 그리스로 아빠와 휴가를 떠났어요.

12월 29일에 아빠와 아테네 박물관에서 가이드의 설명을 듣고
있는데, 휴대폰이 울렸어요. 전 세계에 흩어져 있는 동료들이
난리가 났다며 사방에서 호들갑을 떨었습니다. 터키에서 나온
'iamwaldo' 메시지 때문에 언론의 항의가 빗발친다는 얘기였
어요. "이거 우리 얘기 맞아?" 어떤 문자는 믿기지 않는다는 투
였어요. 스마트폰으로 급히 검색해 보니 터키 언론이 발칵 뒤집
혀 있더군요.

테크놀로지 관련 유명 블로그인 '엔가젯Engadget'은 상황을 이렇
게 설명했다.

이번 시즌은 불길하고 위협적인 인터넷 홍보 캠페인을 앞세웠
다. 넷플릭스는 터키의 레딧에 해당하는 '엑시 소즐루크Ekşi Sö-
zlük'로 〈블랙 미러〉 시즌 4를 홍보한답시고 유저들에게 다이렉
트 메시지로 겁을 주었다. 〈블랙 미러〉 시즌 2 '왈도의 전성시
대The Waldo Moment'에서 따온 'iamwaldo' 계정에서 보낸 메시지
는 아닌 밤중에 불쑥 나타나 이렇게 위협하는 것 같다. "당신의

꿍꿍이를 다 알고 있어." 그리고 덧붙인다. "우리가 어떻게 할지 와서 한번 확인해 보시지."

영국의 주류 매체들도 흥분했다. '〈블랙 미러〉 시즌 4: 소름 끼치는 마케팅 횡포에 시청자들 분노.' 뉴스 사이트인 〈익스프레스Express〉의 헤드라인도 불쾌한 기색을 숨기지 않았다. '쿨하지 못하다.' 야세민은 이 모든 괴로운 경험을 이렇게 회상했다.

가슴이 철렁 내려앉았어요. 속이 메슥거렸죠. 100% 제 잘못이었습니다. 캠페인을 정해놓고 아무에게도 공유하지 않았으니까요. 저의 동료들은 열받았고 상사는 황당해했죠.
아빠가 저를 한쪽으로 데려갔어요. 아빠에게 사정을 설명하는데 정말로 눈물이 나더라고요. "그럼, 너 잘리는 거냐?" 아빠가 한숨을 쉬는데, 그 말에 헛웃음이 나더군요. "아니에요, 아빠! 넷플릭스에서는 이런 일로 자르지 않아요. 오히려 모험하지 않고 대담한 시도를 하지 않으면 잘리죠. 하긴, 일을 망쳤을 때 드러내놓고 얘기를 안 해도 잘려요."
물론 홍보 행사를 공유하지 않는 실수를 다시는 저지르지 않을 겁니다. 그랬다가는 잘릴지 모르니까요.
이후 사람들에게 제 실수를 알리고, 그로 인해 제가 깨달은 점을 설명하는 데 나머지 휴가기간을 모두 썼어요. 메모를 보내고 전화를 수십 통 했죠. 휴가기간 내내 선샤이닝만 했다니까요. 물론 그리스 해안에서 사람들이 흔히 하는 그런 것 말고요.

야세민은 넷플릭스에서 승승장구했다. 'IamWaldo' 실수가 있은 지 5개월 뒤 그녀는 선임 마케팅 매니저가 되어 책임 업무가 150% 늘어났고, 18개월 뒤에는 마케팅 디렉터로 승진했다.

무엇보다 중요한 것은, 야세민뿐 아니라 넷플릭스 마케팅 팀원 전체가 그녀의 실수로부터 교훈을 얻었다는 점이었다. "우리는 마케팅 직원을 새로 채용할 때 이러저러한 것은 하지 말라고 얘기해 줄 수 있는 그간의 사례들을 많이 확보해 놓고 있습니다. 터키의 〈블랙 미러〉 캠페인은 사람들이 가장 많이 입에 올리는 사례죠." 야세민은 그렇게 설명한다. "그 일은 공유의 중요성과 공유하지 않을 경우의 결과를 똑똑히 보여줍니다. 하지만 이는 또한 마케팅 팀에 속한 사람이라면 반드시 명심해야 할 한 가지도 알려줍니다. 넷플릭스의 목표는 즐거운 순간을 만들어내는 것이라는 사실 말이죠. 그래서 으스스한 기분 나쁜 캠페인은 하지 않습니다. 시청자들을 겁줘서 우리 프로그램을 보게 만들면 안 되죠. 흥미롭고 유쾌하고 재미있는 캠페인이 좋은 캠페인입니다."

여섯 번째 점

인재 밀도를 높이고 조직의 투명성을 확고하게 정착시켰다면, 더 빠르고 더 혁신적인 결정을 내릴 수 있다. 직원들은 큰 포부를 가지고 자신의 아이디어를 시험해 보고, 확실하다 싶은 베팅을 시도할 수 있다. 상사들이 반대할 때도 말이다.

▶ 6장 요약

- ☑ 빠르고 혁신적인 회사에서, 중요하고 비용이 많이 드는 결정에 대한 소유권은 위계상 높은 사람이 아닌, 여러 직급의 모든 직원에게 분산되어야 한다.

- ☑ 분산된 의사결정권이 효력을 발휘하려면, 직원들에게 넷플릭스의 원칙을 가르쳐야 한다. '상사의 비위를 맞추려 들지 말라.'

- ☑ 새 직원이 들어오면 베팅할 수 있는 칩을 몇 개 확보하라고 말하라. 성공하는 베팅도 있고 실패하는 베팅도 있을 것이다. 한 직원의 성과는 그가 베팅한 결과의 집합으로 평가될 것이다. 한 가지 사례의 결과가 아니라.

- ☑ 직원들이 좋은 베팅을 할 수 있도록 이의 제기 장려와 아이디어 공유, 대대적인 테스트를 적극적으로 권하라.

- ☑ 베팅이 실패했을 때 공개적으로 선샤이닝하게 하라.

☰ 자유와 책임의 문화를 향해

여기까지 따랐다면 당신의 회사는 F&R 문화의 덕을 크게 보고 있을 것이다. 더 빨리 행동하고 더 많이 혁신하며 직원들은 더욱 행복해한다. 그러나 조직이 커질수록, 그토록 많은 것을 쏟아부어 이룩해 놓은 이런 문화를 유지하기가 쉽지 않다는 사실을 깨닫게 될 것이다.

넷플릭스에서도 그런 일이 일어났다. 2002년부터 2008년 사이에, 우리는 이 책의 6장까지 설명한 여러 분야의 기반을 대부분 잘

다져 놓았다. 그러나 다른 회사에 몸담았던 사람들이 매주 수십 명씩 들어오게 되면서, 그들의 사고방식을 넷플릭스식으로 바꾸는 일은 갈수록 어려워졌다.

이러한 이유로, 우리는 변화와 성장을 거듭하면서도 인재 밀도와 솔직함 그리고 자유라는 주요 요소들을 적절히 유지하기 위해 사내 모든 매니저에게 몇 가지 기법을 익히도록 교육했다. 그 기법이 3부의 주제다.

자유와 책임의 문화를 강화하는 법

인재 밀도를 극대화하라.　　　　7장　　　키퍼 테스트

솔직성을 극대화하라.　　　　　　8장　　　피드백 서클

대부분의 통제를 제거하라.　　　　9장　　　통제가 아닌, 맥락으로 리드하라

3부에서는 앞서 1, 2부에서 다루었던 개념을 보강하기 위해 팀이나 조직이 실행할 수 있는 실제 기법을 중점적으로 다룰 것이다. 7장에서는 매니저들이 높은 인재 밀도를 유지할 수 있도록 넷플릭스가 활용하고 있는 주요 수단인 '키퍼 테스트keeper test'에 관해 소개하고자 한다. 8장에서는 상사와 부하직원과 동료들이 서로 솔직한 피드백을 지속해서 교환할 수 있게 하는 두 가지 프로세스를 살펴볼 것이다. 9장에서는 관리 방식을 정확히 어떻게 바꿔야 부하직원들에게 더 많은 의사결정권을 줄 수 있는지 그 방법을 알아보겠다.

인재 밀도를
극대화하라.

키퍼 테스트

2018년 연말부터 2019년 초까지 넷플릭스에는 축하할
일이 많았다. 넷플릭스 설립 이후 6주 동안 이례적인 경
사가 계속 이어졌다. 나는 기분이 너무 좋아서 테드 사란도스에게
전화를 걸어 축하한다고 말했다.

11월에 테드 팀은 〈로마〉를 출시했다. 알폰소 쿠아론 감독이 직
접 각본을 쓰고 연출한 영화로, 멕시코의 한 중산층 가정에 입주
한 가정부의 삶을 그린 작품이었다. 〈뉴욕타임스*The New York Times*〉
는 〈로마〉를 '걸작'이라 칭하면서, 넷플릭스 오리지널 중 최고의
작품이라고 칭찬했다. 이 영화는 오스카 감독상과 외국어 영화상
을 받았다.

몇 주 뒤에 테드 팀은 〈버드 박스_Bird Box〉를 공개했다. 샌드라 블록_Sandra Bullock이 살아남기 위해서 아이들과 함께 눈을 가린 채 소용돌이치는 강을 따라 목숨 건 여정을 강행하는 스릴러였다. 〈버드 박스〉는 12월 13일에 공개되어 한 주간 동안 4,500만 명의 구독자들이 시청하는 기염을 토했다. 넷플릭스 오리지널 중 첫 7일 동안의 최고 기록이었다.

"사상 최고의 6주였어!" 내가 그렇게 말하자 테드가 답했다. "그래요. 우리가 모두 최고의 선택을 한 겁니다!" 사상 최고라는 막연한 표현으로는 부족했는지 그가 구체적으로 이유를 밝혔다. "대표님이 날 택했고, 내가 스콧 스터버를 택했죠. 스콧은 재키와 닉을 뽑았고요. 재키와 닉은 〈로마〉와 〈버드 박스〉를 택했어요. 멋진 선택이었어요!"

두말하면 잔소리였다. 넷플릭스의 분산 의사결정 모델도 그렇지만, 우리가 최고의 사람들을 뽑고 그들이 또 최고의 사람들을 뽑고 그렇게 계속 뽑는다면, 그 최고의 사람들이 대단한 일을 해낼 것이다. 테드는 이를 가리켜 '선발의 위계_hierarchy of picking'라고 말한다. 그리고 그것이 바로 높은 인재 밀도 위에 세워진 넷플릭스 인력의 실체다.

선발이라고 하면 가장 먼저 인재 채용과 관련된 얘기처럼 들린다. 사실 조직은 사람을 뽑을 때 신중해야 하고, 신중하게 잘 뽑은 직원은 자신의 실력을 마음껏 발휘해 나갈 것이다. 그러나 현실은 그렇게 녹록지 않다. 아무리 신중하게 사람을 뽑아도 잘못 채용할 수 있고, 그가 생각하고 기대했던 만큼의 실력을 보여주지 못할 때도 있으며, 그래서 변화를 주어야 할 때도 있다. 최고 수준의 인재 밀도를 달성하기 위해서는 어려운 결정을 내릴 각오를 해야 한다. 인재 밀도를 중요하게 여긴다면, 더 힘든 조치를 습관화해야 한다. 즉 대단한 사람을 얻을 수 있다는 생각이 들 때 좋은 직원을 해고하는 것이다.

이 같은 힘든 결정을 단행하지 못하는 이유는 리더들이 평소 직원들에게 '우리는 가족이다'라는 말을 습관처럼 하기 때문이다. 그러나 인재 밀도가 높은 직장의 직원들은 가족이 아니다.

가족은 '성과'와 관계없이 함께하는 집단이다

오랜 세월 동안 기업은 대부분 가족에 의해 운영되었다. 요즘 CEO들이 자신의 회사를 흔히 가족에 비유하는 것도 아마 그런 역사의 잔재가 아닌가 싶다. 가족은 소속감과 위로 그리고 헌신으로 서로 돕는 집단을 의미했다. 어떤 기업이 자신들이 고용한 사람들이 회사에 깊은 애정을 갖고 충성하기를 바라지 않겠는가?

월마트_{Walmart}의 안내 도우미들은 수십 년 동안 자신을 '월마트 가족'의 일원으로 생각하게끔 훈련받았다. 그들은 방문하는 고객을 자기 집에 오는 손님처럼 반갑게 맞으라고 교육받는다.

넷플릭스의 엔지니어링 부사장이었던 대니얼 제이콥슨Daniel Ja-
cobson은 넷플릭스에서 10년간 일하기 전에, 워싱턴 DC의 내셔널
퍼블릭라디오National Public Radio, NPR에 10년간 몸담았다. 그는 NPR
시절 느꼈던 가족적 분위기의 이점을 이렇게 설명한다.

저는 1999년 말에 온라인으로 NPR에 채용된 최초의 풀타임
소프트웨어 엔지니어였습니다. 전 일 욕심이 많아요. 하긴 저만
그런 건 아니었어요. NPR에서 일하길 원하는 사람은 사명감이
투철하고 뉴스와 정보를 다루는 조직에 대한 헌신적인 애정이
남달라야 했습니다. 모두가 그런 공통의 목적으로 모였기 때문
에 직장이라기보다 하나의 가족 같은 문화가 형성됐죠. 아주 매
혹적인 문화였습니다. 그리고 저는 그런 직장에서 사람들과 끈
끈한 인간관계를 많이 맺었어요.
NPR은 유대감이 남다른 가족 문화여서 많은 사람이 실제로 가
족이 되었습니다. NPR의 창립발기인 중 하나인 수잔 스탬버
그Susan Stamberg는 NPR 직원들의 '사내 결혼 명단'을 간직하고
있었습니다. NPR은 비교적 규모가 작은 조직이지만, 그곳에서
만나 부부가 된 사람들의 명단은 꽤나 길었죠.

대니얼 역시 동료들이 했던 말을 기억한다. "NPR에서 3년만 근

무하면 평생 NPR에 있게 돼."

물론 사랑과 성실함이 가족의 전부는 아니다. 가족은 서로 조금 못나도 봐주고, 엉뚱한 짓을 하거나 변덕을 부려도 참아준다. 오랫동안 서로 헌신하고 의지하고 지지해 왔으니까. 누구 한 사람이 못되게 굴고 자기 몫이나 책임을 다하지 못해도, 다른 사람들이 나서서 무마할 방법을 찾는다. 달리 선택의 여지가 없다. 모두가 끈끈하게 뭉쳤으니까. 그것이 바로 가족이다.

하지만 대니얼이 전하는 NPR 이야기의 뒷얘기는 가족 같은 직장의 문제점을 고스란히 드러낸다.

NPR의 문화는 좋은 점이 많고 또 나름의 기능도 있습니다. 그러나 시간이 지나면서 직장을 가족으로 여길 때의 문제점이 보이기 시작하더군요. 우리 팀에는 패트릭이라는 소프트웨어 엔지니어가 있었습니다. 그는 노련한 엔지니어였지만, 일을 제대로 마무리하는 능력이 부족했어요. 무슨 프로젝트를 해도 완성하려면 남들에 비해 항상 시간이 배로 필요했습니다. 그렇게 해도 그가 작성한 코드에는 중대한 버그나 문제점이 자주 발견되었고, 그래서 다른 엔지니어들이 수시로 개입해야 했어요.
패트릭은 아주 성실했기 때문에 문제가 더욱 복잡했습니다. 그는 일을 제대로 해보려고 남들보다 더욱 노력했고, 혼자서 일을 처리할 수 있다는 것을 입증하고 싶어 했어요. 우리도 그가

잘 해내기를 간절히 바랐고 또 그의 부족한 능력에 맞는 기회를 찾아 주려고 했습니다. 그러나 그가 내놓는 결과는 늘 동료들에 비해 좋지 않았어요. 저는 다른 사람들은 몰라도 패트릭이 늘 마음에 걸렸어요. 아주 멋진 친구였는데도 성과가 나오지 않았기 때문이죠.

패트릭은 무얼 해도 시간이 오래 걸렸어요. 그리고 그가 저지른 실수를 바로잡느라 다른 사람들까지 적지 않은 시간을 손해 봤고요. 문제가 점점 심각해졌죠. 팀의 에이스 엔지니어들은 그 문제로 답답해했고, 그럴 때마다 저더러 어떻게 좀 해보라고 졸랐어요. 저는 그들이 참다못해 다른 곳으로 가버릴까 봐 걱정되었습니다.

패트릭만 아니면 정말로 일을 잘 해낼 수 있는 팀이었어요. 그 대신 다른 사람을 데려다 놓지 않더라도 말이에요.

이런 상황을 상사에게 말했더니, 패트릭이 잘할 수 있는 일을 찾아보라면서 그 때문에 다른 사람이 피해를 보지 않게 하라고 제게 당부하더군요. 그의 해고는 논의 대상도 아니었어요. 그런 약점이 해고할 명분도 안 되고, 딱히 잘못한 일도 없다는 식이었죠. 우리 조직은 가족 같은 분위기여서 대개 이런 반응을 보였어요. "그는 우리 가족이야. 가족은 함께하는 거지. 우리는 그 사람과 계속 같이 일할 거야."

가족에서 팀으로

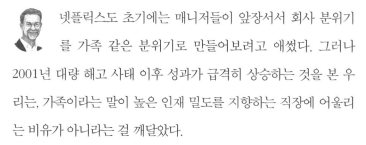 넷플릭스도 초기에는 매니저들이 앞장서서 회사 분위기를 가족 같은 분위기로 만들어보려고 애썼다. 그러나 2001년 대량 해고 사태 이후 성과가 급격히 상승하는 것을 본 우리는, 가족이라는 말이 높은 인재 밀도를 지향하는 직장에 어울리는 비유가 아니라는 걸 깨달았다.

우리는 직원들이 끈끈한 유대감으로 회사에 헌신하면서 자신을 더 큰 전체의 한 부분으로 생각하기를 바랐다. 그러나 직원들이 이 회사를 평생직장으로 여기길 바라지 않았다. 직장은 어떤 사람이 그 일을 가장 잘할 수 있고, 그 일을 하기에 가장 좋은 자리가 마련된 그런 마법 같은 기간에 전력을 다할 수 있는 곳이 되어야 한다. 더는 직장에서 배울 것이 없거나 자신의 탁월성을 입증할 수 없다면, 그 자리를 자신보다 더 잘할 수 있는 사람에게 넘겨주고 자신에게 더 잘 맞는 역할을 찾아가야 한다.

그런데 넷플릭스가 가족이 아니라면 무엇이란 말인가? 각자가 자기 살 궁리만 하는 개인들의 집단인 건가? 그것은 결코 우리가 지향하는 바가 아니었다. 많은 논의 끝에, 패티는 넷플릭스의 성격을 프로스포츠팀으로 규정해 보자고 제안했다.

처음 그의 말을 들었을 때 나는 시큰둥했다. 회사를 스포츠팀에 비유하는 것은 가족만큼이나 식상해 보였다. 그러나 그녀가 계속 같은 말을 반복하자 그 의미를 다시 생각해 보게 되었다. 패티는 영화를 예로 들었다.

마침 아이들과 함께 〈19번째 남자*Bull Durham*〉를 볼 기회가 있었
어요. 프로야구팀 이야기인데, 선수들끼리의 관계가 보통이 아
니더군요. 정말로 유대감이 대단했어요. 서로 부족한 점을 메워
주고 밀어주었죠. 그들은 함께 기뻐하고 서로 위로했으며 각자
의 스타일을 잘 알고 있어서 말하지 않아도 한 몸처럼 움직였
어요. 그러나 프로선수들이 가족이 될 수는 없었죠. 감독이 바
뀐 뒤로 1년 내내 각 포지션에 베스트 플레이어가 채워질 때까
지 선수들이 계속 나가고 들어왔어요.

패티가 옳았다. 나는 넷플릭스의 모든 매니저가 자신의 부서를
최고의 프로팀처럼 운영하길 바란다. 헌신적이고 끈끈한 동지애
로 뭉친 팀 말이다. 그러나 한편으로는, 매니저들이 각 포지션에
최고의 선수를 앉히는 데 필요한 힘든 결정을 계속해 주었으면 하
는 바람도 함께 가지고 있다.

프로스포츠팀은 높은 인재 밀도의 좋은 비유다. 프로팀의 선수
들은 다음과 같기 때문이다.

- 뛰어난 기량이 요구된다. 그래서 매니저들은 필요한 때 모든 자리를 최

고의 인재들로 채워야 한다.

- 이기는 팀이 되도록 훈련받는다. 그래서 감독과 다른 선수들이 경기에 대해 지속적으로 솔직한 피드백을 주고받는다.
- 열심히 하는 것만으로는 안 된다. 그래서 제일 열심히 노력했는데도 결과가 시원치 않으면, 매니저는 최대한 예의를 갖춰 그동안 고마웠다는 말과 함께 그를 내보내고 다른 선수로 교체한다.

성과가 뛰어난 팀은 협업 능력과 서로에 대한 신뢰가 남다르다. 모든 구성원이 자신이 하는 일과 다른 사람과 함께하는 일에서 뛰어난 기량을 발휘하기 때문이다. 기량이 뛰어난 사람으로 인정받으려면 놀라운 실력만으로는 부족하다. 이기심을 자제하고 남을 먼저 생각할 줄 알아야 한다. 언제 공을 패스할지 알아야 하고, 동료가 골을 넣을 수 있도록 결정적인 어시스트를 해야 하며, 팀이 이길 때만 내가 이긴다는 사실을 인정해야 한다. 그것이 바로 넷플릭스에서 우리가 만들고자 하는 문화다.

그래서 우리는 이렇게 말하기 시작했다.

우리는 가족이 아니라, 팀이다.

우승팀이 되려면 모든 포지션에 최고의 선수가 자리를 잡고 있어야 한다. 뭔가 큰 잘못을 저지르거나 게으름을 피우지 않는 한 쫓겨날 일은 없다고 생각한다면, 요즘 사람이 아니다. 프로스포츠나 올림픽에서 감독의 역할은 뛰어난 선수를 위대한 선수로 바꾸는 것이다. 선수들도 그런 사실을 잘 알기 때문에 매 경기를 띌 때마다 팀에 잔류하기 위해 안간힘을 쓴다. 우승컵보다 직업의 안정성을 중시하는 사람에게는 넷플릭스라는 직장이 어울리지 않는다. 우리는 그 점을 처음부터 분명히 밝힌다. 이에 관해서는 타협할 생각이 없다. 그러나 이기는 팀에 속하는 것을 중시하는 사람은 우리 문화가 큰 기회가 될 수 있다. 우리는 최고의 기량으로 멋진 경쟁을 펼치는 팀을 지향하는 한편, 동료들과 깊은 인간관계를 형성하며 서로를 돌본다.

키퍼 테스트

물론 넷플릭스의 매니저들도 다른 곳에서 근무하는 괜찮은 사람들처럼, 자신이 취하는 조치를 긍정적으로 생각해야 한다. 그들이 좋아하고 존중하는 부하직원을 내보내는 문제에 관해 모두가 수긍하게 만들려면, 그들에게 조직에 도움이 되는 일을 하게끔 만들고 모든 자리에 최고의 기량을 갖춘 사람이 있을 때 직원들이 더 즐겁게 일하고 더 일을 잘할 수 있다는 사실을 깨닫게 해주어야 한다. 그래서 우리는 매니저들에게 묻는다.

당신이 새뮤얼을 내보내고 좀 더 일을 잘하는 사람을 데려온다면, 회사가 더 좋아지겠는가? 그들이 "그렇다"고 답하면, 그때가 바로 다른 사람을 찾을 때라는 확실한 신호다.

우리는 또한 모든 매니저에게 늘 부하직원을 생각하고 그들이 각자 맡은 자리에서 최고가 될 수 있게 만들라고 격려한다. 매니저들이 나름대로 현명하게 판단할 수 있게 고안한 것이 바로 '키퍼 테스트'다.

팀원 중 한 사람이 내일 그만두겠다고 하면,

다시 한번 생각해 보라고 설득하겠는가,

아니면 속으로 다행이라 생각하며 사직서를 수리하겠는가?

후자라면 지금 당장 그에게 퇴직금을 주고 스타 플레이어를 찾아라.

어떻게 해서든지 지켜야 할 사람을 말이다.

넷플릭스는 모든 사람에게 키퍼 테스트를 적용하려고 한다. 우리 자신도 예외는 아니다. 내가 맡은 일을 다른 사람이 하면 회사가 더 잘될까? 이렇게 하는 이유는 누구를 내보낼 때 부끄럽지 않기 위해서다. 올림픽에 출전하는 하키팀을 생각해 보자. 어떤 선수를 팀에서 내보내는 것은 애석하지만, 팬을 비롯한 다른 사람들은 그것이 팀을 강하게 만들 배짱과 능력을 갖춘 사람만이 내릴 수 있는 결단이었다고 칭찬할 것이다. 넷플릭스에서 누군가를 내보낼 때도 우리는 그런 반응을 바란다. 회사에서 누군가가 나가도 우리는 여전히 친구다. 그래서 부끄럽지 않다.

패티 맥코드가 그렇다. 10년이 넘도록 함께 일하다 보니, 어느 날 문득 다른 사람이 그녀의 역할을 대신하면 더 잘할 것 같다는 생각이 들었다. 나는 패티에게 그런 생각을 털어놓았고 그런 생각을 하게 된 이유도 말했다. 마침 그녀도 일을 좀 줄이고 싶어 했던 터였기에, 일은 원만히 해결되었다. 7년이 지났지만 우리는 여전히 가까운 친구이며, 서로에게 격 없이 조언하며 지낸다.

그런 사례는 또 있다. 레슬리 킬고어는 CMO로 눈부신 업적을 쌓았고, 우리 문화를 만들고 블록버스터와 싸우며 넷플릭스를 성장시키는 데 큰 역할을 했다. 그녀의 사업적 두뇌는 비상했고, 지금도 그렇다. 그러나 〈하우스 오브 카드〉를 공개하는 것과 동시에 영화를 배급하는 일보다 마케팅에 미래를 걸어야 할 상황에서, 나는 할리우드 스튜디오의 경험이 풍부한 사람이 필요하다고 판단했다. 특히 쇼 비즈니스 쪽을 잘 몰랐기 때문에 그 부분을 채워줄 사람이 필요했다. 나는 레슬리를 회사에서 내보냈지만, 이사직을 유지해 달라는 나의 부탁을 그녀가 기꺼이 수락해 주었다. 지금 나의 상사가 된 그녀는 몇 해째 우리 회사의 임원으로 대단한 수완을 발휘하고 있다.

이처럼 키퍼 테스트는 매우 현실적인 도구다. 그래서 우리 회사 모든 직급의 매니저가 이런 테스트를 수시로 활용한다. 나는 내 상사인 이사회 임원들에게 나 역시 특별한 대우를 받을 입장이 아니라는 사실을 분명히 밝혀두었다. 그들은 내게 문제가 생기면 지체 없이 내 자리에 다른 사람을 앉힐 것이다. 더 유능한 CEO가 있다고 판단하면 이 자리는 즉시 대체될 것이다. 그래서 나는 분기 때마다 누구보다 의욕적으로 내 자리에 어울리는 역할을 해야 한다고 스스로 일깨운다. 그리고 누구보다 앞서 나가기 위해, 나 자신을 꾸준히 계발하려고 애쓴다.

넷플릭스에서는 최선을 다해 누구보다 열심히 일하고, 회사의 성공을 위해 모든 열정을 바치고, 어떻게든 탁월한 성과를 내기 위해 애를 쓰다가도 어느 한순간, '훅~' 하고 날아가… 실업자가 될지 모른다. 회사의 재정이 어려워서도 아니고, 예기치 못한 대량 해고의 바람이 불어서도 아니다. 단지 상사가 기대했던 그런 놀라운 수준의 성과를 내지 못했기 때문이다. 그저 괜찮은 수준에서 그쳤기 때문이다.

이 책 앞부분에서 우리는 리드의 철학을 보여주는 넷플릭스 컬처 데크 중 가장 논란이 많은 몇 개의 슬라이드를 보았다.

다른 회사와 똑같이,
우리도 채용을 잘하려고 애쓴다.

NETFLIX

> 다른 회사와 다르게,
> 우리는 다음과 같은 원칙을 지킨다.
>
> *적당한 성과를 내는 직원은*
> *두둑한 퇴직금을 주고 내보낸다.*
>
> **NETFLIX**

> 이제 그런 사람들은 두둑한 퇴직금을 받고 나갔다.
> 우리에겐 새로운 스타를 맞이할 자리가 생겼다.
>
> **매니저는 다음 '키퍼 테스트'를 활용하라.**
>
> 부하직원이 다른 회사로 가서 비슷한 일을 하겠다고 한다면,
> 어떻게 해서든 그를 붙잡겠는가?
>
> **NETFLIX**

이 슬라이드를 보면 조금 곤란한 질문을 하지 않을 수 없다. 리드에게서 이런 질문에 관한 대답을 들을 수 있도록 이제부터는 Q&A 식으로 풀겠다.

리드와의 인터뷰

질문 1:

전 CPO였던 닐 헌트에 따르면, '우리는 가족이 아니라, 팀이다'
라는 말은 넷플릭스 초기 때부터 많은 논란을 일으켰다. 닐은 이
렇게 기억한다.

2002년에 리드는 하프문베이에서 리더십 오프사이드 미팅을
열었어요. 그곳에서 그는 패티와 함께 대량 해고를 준비하면서
겪은 혹독한 과정을 평소에도 계속해 나가야 한다고 강조했습
니다. 어떤 직원이 그 자리에 여전히 최고의 플레이어인지 계속
자문해 봐야 하고, 피드백을 받은 후 그들이 최고의 선택이 아
니라면 과감하게 내보낼 수 있어야 한다고 말하더군요.
전 너무 놀랐습니다. 저는 사람들에게 펭귄과 코끼리의 차이를
설명했어요. 펭귄은 허약하거나 적응력이 약한 놈을 무리에서
내쫓는 반면, 코끼리는 그럴수록 보살펴 건강을 찾을 때까지 먹
이를 줍니다. "여러분은 지금 우리더러 펭귄이 되자고 말하는
겁니까?" 저는 그렇게 물었죠.

리드! 닐의 이야기처럼 넷플릭스가 비정한 펭귄의 무리가 되진

않을까 걱정되지는 않나? 직장을 잃는 것은 보통 문제가 아니다. 경제적인 문제도 그렇지만, 평판이나 가족 관계, 경력을 생각해도 타격이 만만치 않을 것이다. 이민자라면 직장을 잃을 경우 추방당할 수도 있다. 회사 대표야 재산이 많으니까 월급이 없어도 큰 타격을 입지 않겠지만, 직원들은 대부분 그렇지 않다.

놀라운 결과를 내지 못한다는 이유만으로 최선을 다하는 사람을 내보내는 것이 과연 윤리적으로 타당한가?

답변 1:

 넷플릭스는 직원들에게 업계 최고의 대우를 해준다. 따라서 모두 고액 연봉을 받고 있다. 그리고 그 자리에서 최고의 역할을 할 경우에 한해서 계속 활동할 수 있다는 협약을 맺는다. 그들은 우리 회사가 빠르게 변신해야 하고, 그런 점에서 우리가 그들에게 남다른 성과를 기대한다는 점을 이해하고 있다. 그래서 넷플릭스에서 일하기로 작정한 사람들은 모두 우리의 높은 인재 밀도를 유지하는 정책을 알고 선택했다. 우리는 우리의 전략을 투명하게 운영하고 직원들은 그런 탁월한 수준의 동료들과 함께 일하는 것을 즐거워하기 때문에, 그에 따른 약간의 직업적 위험은 기꺼이 감수하는 편이다. 장기간 안정을 보장해 주는 직업을 선호하는 사람들은 넷플릭스에 들어올 생각을 하지 않는다. 그렇다. 나는 우리의 방식이 윤리적으로 문제가 없다고 생각한다. 그리고 또한 대부분의 직원도 그런 방식을 좋아한다.

그렇기는 해도 성과에 대한 우리의 기준이 너무 높기 때문에, 그들의 일자리를 빼앗을 때는 다른 일을 시작할 수 있을 만큼의 금전적 보상을 하는 것이 공평한 처사라고 생각한다. 직원을 해고할 경우 우리는 그게 누구든 퇴직금을 두둑하게 지급한다. 다른 일자리를 얻을 때까지 자신은 물론, 가족들까지 책임질 수 있게 말이다. 누군가를 내보낼 때마다 우리는 여러 달 치의 월급, 그러니까 적게는 4개월 치부터 부사장의 경우 9개월 치의 월급을 지급한다. 그래서 우리는 이렇게 말한다.

적당히 일해도 퇴직금은 후하다.

이렇게 하면 다들 엄청나게 큰 비용이 지출되리라 예상한다. 그럴지도 모른다. 불필요한 통제 과정을 제거하려는 우리의 노력이 없다면 말이다.

미국의 대기업들은 대부분 어떤 직원을 내보내기로 마음먹으면, '성과향상계획서 Performance Improvement Plan , PIP'라는 것을 제출하게 한다. 다시 말해, 그를 내보내기로 한 매니저는 몇 달 동안 그 직원과 매주 토론을 벌여 그 내용을 기록하고, 그가 피드백을 받았음에도 만족할 만큼 개선된 부분이 없다는 것을 기록으로 입증해야 한다. 사실 PIP를 해도 몇 주 동안에 해당 직원의 업무 능력이 향상되는 경우는 거의 없다. PIP는 그저 해고를 지연시킬 뿐이다.

PIP를 고안한 것은 두 가지 이유 때문일 것이다. 첫째는 직원이 상호 발전적인 피드백이나 업무 능력을 향상할 기회도 받지 못한 채, 하루아침에 일자리를 잃는 봉변을 당하지 않도록 배려하는 것이다. 그러나 우리 넷플릭스에는 솔직한 문화가 있기 때문에 직원들은 매일 피드백이라는 부담을 안고 생활한다. 따라서 해고될 사람은 그 전에 이미 업무 능력을 향상하기 위해 개선해야 할 사안을 주기적으로 들었을 것이다.

PIP를 고안한 두 번째 이유는, 기업이 소송에 휘말리는 일이 없도록 하기 위해서다. 우리는 직원을 채용할 때 나중에 후한 퇴직금을 받으려면 회사를 상대로 고소하지 말아야 한다는 약정에 서명하도록 요구한다. 거의 모두가 이 제안을 받아들인다. 그들은 적지 않은 돈을 받고 다음 일자리를 찾는 데 집중할 수 있다.

PIP에는 비용이 많이 든다. 누군가를 4개월짜리 PIP에 투입하면 그 4개월 동안 자격 미달자에게 월급을 지급해야 하고, 그의 직속 상사와 인사팀은 그 과정을 시행하고 기록하는 데 많은 시간을 들여야 한다. 길고 지루한 PIP에 자본을 쏟아붓기보다, 그 돈을 나가는 사람에게 퇴직금으로 내주면서, 일이 이렇게 되어 유감스럽지만 다음에 하는 일은 잘되기를 바란다고 말해주는 편이 낫다고 생각한다.

질문 2:

 영화 〈헝거 게임 *The Hunger Games*〉에서는 캣니스 역을 맡은 제니퍼 로렌스 Jennifer Lawrence가 가죽 위장복을 입고 작은 금속 원판에 서서 경쟁자를 탐색하는 장면이 나온다. 차출된 24명의 12~18세 청소년들은 서로 죽고 죽이는 시합을 벌이는데, 이 장면이 TV로 중계된다. 승자는 1명뿐이니 나머지는 다 죽을 것이다. 살아남으려면 다른 사람을 죽여야 한다.

넷플릭스에서 처음 인터뷰를 시작할 때, 나는 회사 분위기가 사무실에서 벌어지는 〈헝거 게임〉 같을 것으로 예상했다. 프로스포츠 선수들은 누구 한 사람이 이기면 다른 사람은 질 수밖에 없다는 것을 잘 알고 있다. 자리 하나를 놓고 벌이는 경쟁이니까.

또한 마이크로소프트 같은 대기업들이 과거에 시행했던 방법에 관해서도 읽은 적이 있다. 물론 지금 이런 방법은 내부 경쟁만 유발하는 좋지 못한 발상으로 평가받아 퇴출되었지만. 그러나 2012년까지만 해도 마이크로소프트의 매니저들은 직원들을 최고부터 최저까지 성과에 따라 점수를 매긴 후, 최저 점수를 받은 직원을 내보냈다.

저널리스트인 커트 에이첸왈드Kurt Eichenwald는 〈배너티페어〉에 기고한 '마이크로소프트의 잃어버린 10년Microsoft's Lost Decade'이라는 제목의 기사에서, 해고된 직원의 말을 이렇게 인용한다.

당신이 10명으로 구성된 팀에 있다고 합시다. 출근한 첫날 가만히 보니, 모두가 아무리 일을 잘해도 2명은 높은 점수를 받고, 7명은 보통 점수를 받고, 1명은 나쁜 평가를 받게 되어 있는

겁니다. 이렇게 되면 다른 회사와 경쟁을 벌일 게 아니라, 동료들과의 경쟁에 집중해야겠죠.

마이크로소프트의 어떤 엔지니어는 이렇게 말했다고 한다.

사람들은 대놓고 다른 사람들의 일을 방해하게 됩니다. 제가 배운 가장 쓸만한 방법은 겉으로는 친절한 척하면서, 그들이 저보다 높은 순위에 오르지 못 하도록 정보를 적당히 틀어쥐고 내놓지 않는 것이었습니다.

'가족이 아닌, 팀'이라는 넷플릭스의 구호와 다른 게 뭘까? 보나마나 넷플릭스의 직원들도 자기 자리를 지키기 위해서 앞에서 웃고 뒤로는 서로 헐뜯을 것으로 예상했다. 그러나 인터뷰를 아무리 많이 해도, 그런 조짐은 찾아볼 수 없었다.

리드, 넷플릭스에서는 직원들이 자리를 유지하기가 쉽지 않을 것 같다. 그 치열한 내부 경쟁을 어떻게 해결하는가?

기업들이 우리처럼 인재 밀도를 높이는 데 집중하게 되면서, 뜻하지 않게 내부 경쟁이 심각한 지경에 이르렀다. 그들은 평범한 직원들을 몰아내고 내부 경쟁을 부추기는 절차와 규정을 강행한다. 최악의 사례가 소위 말하는 '스택 랭킹stack rank-ing(구성원들의 성과를 수치화해 층을 쌓듯 서열화하는 인사평가 제도-옮긴이)'이다. '활력 곡선vitality curve'이라고도 하고, 쉬운 말로 '랭크앤양크Rank-and-Yank'라고도 부른다.

에린이 앞서 인용한 〈배너티페어〉 기사는 스택 랭킹의 한 가지 버전을 설명한 것이다. GE와 골드만삭스도 스택 랭킹 시스템으로 인재 밀도를 높이려고 했다. 이 방법을 사용한 최초의 CEO는 아마도 잭 웰치Jack Welch일 것이다. 그는 GE에서 매년 직원들의 순위를 매겨 하위 10%의 직원을 내보내는 식으로, 성과를 높게 유지한 것으로 유명하다.

2015년에 〈뉴욕타임스〉는 GE가 이 같은 평가 방식을 포기했다고 보도했다. 마이크로소프트가 2012년에 그만두었듯이 말이다. 예상할 수 있는 일이지만, 스택 랭킹은 협업을 가로막고 팀워크를 만들어가는 즐거움을 망가뜨린다.

우리는 매니저들에게 키퍼 테스트를 주기적으로 실시하라고 권한다. 하지만 정해진 비율에 해당하는 직원을 해고하거나 순위를 매기는 짓은 하지 않는다. 랭크앤양크나 '몇 %를 내보내야 한다'와 같은 방식은 거부한다. 그렇게 하면 평범한 직원들을 내보낼 수 있을 것이다. 하지만 팀워크를 기대하기는 어렵다. 탁월한 성과를 낼 수 있는 직원은 내부 동료가 아닌, 다른 경쟁사들과 경쟁해야 한다. 랭크앤양크를 적용하면 인재 밀도가 높아지겠지만, 협업이 되지 않으면 그것도 아무 소용이 없다.

다행히 높은 인재 밀도와 긴밀한 협업은 하나를 선택하기 위해 다른 하나를 포기해야 하는 사안이 아니다. 키퍼 테스트를 통해 이 두 가지를 모두 이룰 수 있으니까. 이는 우리에게 프로스포츠 팀과 다른 한 가지 특징이 있기 때문이다.

넷플릭스 팀의 자리에는 정해진 수가 없다. 우리는 정해진 규칙에 따라 플레이를 하는 것도 아니고, 경기에 몇 명까지 뛸 수 있다는 제한이 있는 것도 아니다. 오히려 팀에 뛰어난 선수가 많으면 많을수록 성과도 더 많이 나올 것이다. 성과를 많이 낼수록 우리는 더욱 성장할 것이다. 더욱 성장할수록 명단에 포함될 포지션도 늘어날 테고. 포지션의 수가 늘어날수록 유능한 인재가 활동할 공간은 더욱 많아질 것이다.

질문 3:

2018년 11월, 잡지 〈더 위크The Week〉가 '공포의 넷플릭스 문화Netflix's Culture of Fear'라는 제목의 기사를 실었다. 그 기사는 '기즈모도Gizmodo'라는 IT 전문 온라인매체의 렛 존스Rhett Jones라는 사람의 말을 인용했는데, 그는 넷플릭스가 '억지스러운 정직, 그들끼리만 통하는 용어, 끊임없는 두려움'을 조장한다고 꼬

집었다. 또 그보다 앞선 1개월 전에는 샬리니 라마찬드란Shalini Ram-achandran과 조 플린트Joe Flint가 〈월스트리트저널〉에 넷플릭스 직원들과 인터뷰한 내용을 바탕으로 기사를 썼다. '지난봄, 넷플릭스 홍보팀 중역 회의 때 누군가는 매일 출근할 때마다 오늘 해고당하지 않을까 걱정된다고 털어놓았다.'

내가 인터뷰한 넷플릭스 직원 중에도, 직장에서 쫓겨날 걱정을 드러내놓고 하는 사람들이 있었다. 암스테르담 지사의 리크루터인 마르타 뭉크 데 알바Marta Munk de Alba도 그중 하나였다. 그녀는 2016년에 스페인에서 네덜란드로 건너와 넷플릭스 인적자원부에 들어간, 자격증을 갖춘 심리학자다. 그녀의 사연은 이렇다.

저는 처음 몇 달 동안, 동료들이 저를 드림팀에 어울리지 않는 사람으로 낙인찍어 결국 쫓아낼지도 모른다는 두려움을 떨치기 힘들었습니다. 그들의 실력을 제 눈으로 직접 확인했으니까요. 전 생각했죠. '여기가 정말 내가 있을 곳인가? 내가 속 빈 강정이라는 사실을 그들이 알아차리는 데 얼마나 걸릴까?' 매일 아침 8시에 엘리베이터를 타고 버튼을 누를 때마다 그 버튼이 꼭 방아쇠 같은 기분이 들어, 가슴 한쪽이 오그라들었어요. 문이 스르르 열리면 저쪽에 상사가 저를 해고하기 위해 버티고 서 있을 것만 같았습니다.

여기서 쫓겨나면 너무도 아까운 기회를 잃는 것이란 생각이 들어 미친 듯이 일했습니다. 늦은 밤까지 일했고, 그 어느 때보다 저 자신을 가혹하게 몰아붙였죠. 그래도 두려움은 사라지지 않았습니다.

지금 넷플릭스의 디렉터인 데릭의 경우도 크게 다르지 않았다.

넷플릭스 입사한 첫해 동안, 저는 매일 회사에서 쫓겨나지 않을까 전전긍긍했습니다. 9개월 동안 저는 사물함에 짐도 풀지 않았어요. 그 짐을 정리하는 날 바로 잘릴 것 같은 예감이 들었기 때문이죠. 저만 그런 건 아니었어요. 저의 동료들도 틈만 나면 키퍼 테스트를 입에 올렸으니까요. 택시를 타도, 점심을 먹어도, 우리 대화의 으뜸 주제는 늘 회사에서 쫓겨나지 않을까 하는 두려움이었습니다. '최근에 누가 나갔네, 내 생각엔 누가 쫓겨날 것 같네, 어쩌면 우리가 쫓겨날지도 모르네' 하는 얘기들이었죠. 그런 걱정이 기우였다고 생각한 것은 상사가 저를 디렉터로 승진시켜 준 그때뿐이었어요.

키퍼 테스트는 분명 인재 밀도를 높이지만, 아울러 직원들의 걱정거리를 만든다. '조금 신경 쓰인다'부터 팀에서 내쳐질까 봐 '가끔은 무섭다'라는 반응까지 걱정의 수위도 다양했다.

리드, 당신은 직원들의 이 같은 두려움의 문화를 완화하기 위해 어떤 조치를 하고 있는가?

답변 3:

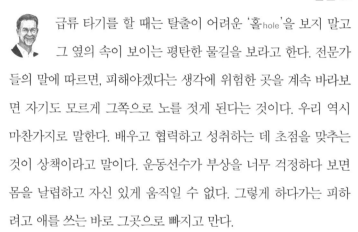

급류 타기를 할 때는 탈출이 어려운 '홀hole'을 보지 말고 그 옆의 속이 보이는 평탄한 물길을 보라고 한다. 전문가들의 말에 따르면, 피해야겠다는 생각에 위험한 곳을 계속 바라보면 자기도 모르게 그쪽으로 노를 젓게 된다는 것이다. 우리 역시 마찬가지로 말한다. 배우고 협력하고 성취하는 데 초점을 맞추는 것이 상책이라고 말이다. 운동선수가 부상을 너무 걱정하다 보면 몸을 날렵하고 자신 있게 움직일 수 없다. 그렇게 하다가는 피하려고 애를 쓰는 바로 그곳으로 빠지고 만다.

즉각적인 키퍼 테스트

두려움을 최소화하기 위해 넷플릭스에서는 두 가지 조치를 취하고 있다.

첫째는 '즉각적인 키퍼 테스트Keeper Test Prompt'다. 마르타와 데릭과 같은 걱정을 가진 직원에게는 가능한 한 빨리 이런 절차를 활

320 용하라고 권한다. 그러면 상황은 어김없이 좋아진다.

상사와 일대일로 말할 기회가 있을 때 이렇게 묻는 것이다.

"제가 일을 그만둔다고 한다면,
어떻게 해서든 저를 붙잡으실 건가요?"

상사의 답을 들으면, 자신이 처한 상황을 정확히 알 수 있다. 실리콘밸리 사무실의 선임 툴 엔지니어인 크리스 케리 Chris Carey 는 주기적으로 이런 질문을 던진다.

상사에게 즉각적인 키퍼 테스트 질문을 했을 때 나올 수 있는 답변은 세 가지예요. 첫째, 상사가 무슨 수를 써서라도 당신을 놓치지 않겠다고 말하는 경우죠. 이런 답을 들으면 그동안 잠을 설치게 만들었던 두려움이 말끔히 사라질 것입니다.

둘째, 상사가 명확하게 답변하지는 않지만, 성과를 개선할 수 있도록 분명한 피드백을 주는 경우입니다. 이 역시 당신이 제 역할을 할 수 있도록 도와주는 말이니 나쁘지 않죠.

셋째, 상사가 당신을 지키기 위해 노력할 기색이 없어 보이는 경우입니다. 이때는 괜히 쓸데없는 질문을 한 셈일 수도 있습니다. 그런 질문으로 인해 당신의 상사는 그동안 딱히 생각해 보지 않았던 당신의 부정적인 측면을 진지하게 따져보게 될 테니까요. 그러니 이런 질문을 하는 것 자체가 조금은 걱정되겠죠. 하지만 이 역시 좋은 일입니다. 이를 계기로 지금 하는 일이 당신의 능력에 맞는지 확실히 따져볼 기회가 되기 때문이죠. 아무것도 모르고 있다가 어느 날 아침, 느닷없이 회사를 그만두라는 통고를 받는 것보다는 낫지 않을까요?

크리스는 넷플릭스에서 일하기 시작하면서 매년 11월에 즉각적인 키퍼 테스트를 사용하기로 마음먹었다. 갑작스럽게 해고 통고를 받는 것은 정말 싫었으니까.

저는 프로그래머입니다. 코드를 짤 때 가장 행복해요. 넷플릭스에서 일한 지 1년이 지났지만, 코드를 짜느라 제 생활은 일단 뒷전입니다. 어느 날 상사인 폴에게 물었어요. "팀장님, 제가 일을 그만둔다고 한다면 저를 붙잡으실 건가요?" 그는 당연하다며 절대로 놓치지 않겠다고 했어요. 아주 흡족했습니다.

나중에 어떤 프로젝트를 인계받았는데, 역시 코드를 짜야 하는 일이었습니다. 하지만 우리 넷플릭스에는 제가 개발하고 있는 툴을 사용하는 직원들이 있었어요. 폴은 제게 내부사용자들과 집중집단인터뷰focus group interviews를 해보라고 제안했죠. 그러나 저는 사람들을 만나는 데는 서툴렀기 때문에 미팅을 갖는 대신

제 직관에 의존하여 제품을 개발하기로 했어요.

그렇게 11월이 됐습니다. 저는 폴에게 다시 즉각적인 키퍼 테스트 질문을 했죠. 이번에는 대답이 조금 시원치 않더군요. "글쎄, 크리스. 당신을 꼭 잡아야 하는지 잘 모르겠어요. 전에 하던 그 일을 다시 하세요. 그것이 당신의 주특기니까. 하지만 이 일을 계속하고 싶다면, 우리 내부사용자와 의견을 더 많이 주고받아야 할 겁니다. 집중집단인터뷰를 직접 주도하면서 프레젠테이션도 해야 하고요. 그렇게 하려면 안전지대에서 나와야 하는데, 그것을 당신이 잘 해낼지 모르겠네요."

더는 피할 수 없었어요. 그래서 모험해 보기로 했습니다. 작업도 열심히 하고 온라인으로 프레젠테이션 수업도 들은 후, 이웃들을 모아놓고 연습도 했죠. 넷플릭스에서 처음 프레젠테이션을 하는 날, 아침 6시에 일어나 4시간 동안 외발자전거를 탄 다음 샤워를 하고 11시에 출근해 곧바로 회의실로 들어갔어요. 1차 목표는 단 한 가지였습니다. 마음 한구석에서 떠나지 않는 걱정거리를 덜어내고, 더 이런 일로 초조해하지 않는 것. 집중집단인터뷰에서도 저는 사람들 앞에서 말하는 시간을 가능하면 짧게 줄이고자 사전 토론 동영상 같은 방법을 썼습니다.

지금은 5월이지만, 저는 다시 즉각적인 키퍼 테스트를 하기로 했어요. 제 자리가 정말 안전한지 알고 싶었기 때문이죠. "저를 붙잡으실 건가요?" 폴에게 물었습니다.

폴은 제 눈을 똑바로 바라보며 말했어요. "당신은 90% 부분에서 아주 탁월했어요. 혁신적이고 신중한 데다 또 열심히 했죠. 나머지 10%는 사람들로부터 피드백을 받아보세요. 지금 잘하고 있으니까. 그리고 우리 내부사용자들과 소통을 좀 더 적극적으로 계속해 나가길 바랍니다. 어찌 됐든 지금은 최고 수준입니다. 당신이 나간다고 하면, 무슨 수를 써서라도 붙잡을 겁니다."

크리스는 상사에게 세 번 질문했고, 그때마다 중요한 정보를 얻었다. 첫 번째 답변을 듣고는 기분이 좋았지만, 부가가치는 없었다. 두 번째 답변을 듣고는 스트레스를 심하게 받았지만, 어떻게 해야 할지 확실히 알게 되었다. 세 번째 답변을 듣고는 그동안의 노력이 보람 있었다는 것을 확인하게 되었다.

직장을 잃을지 모른다는 두려움을 해소하기 위한 두 번째 방법은 '사후 Q&A'다.

사후 Q&A

사전 경고도 한번 없이 팀원 하나가 직원 명단에서 사라지는 것보다 등골이 서늘해지는 일도 없을 것이다. 동료가 해고됐다는 말을 듣게 되면, 직원들은 당장 궁금한 게 하나 생긴다. 그 사람이 그전에 충분한 피드백을 받은 걸까? 아니면, 갑작스럽게 이루어진 도쿄 지사의 콘텐츠 전문가인 요카는 이런 이야기를 들려준다. 그녀의 이야기가 특히 예사롭지 않게 들리는 것은 일본엔 원래 '평생직장'이란 개념이 강하기 때문이다. 요즘도 일본 회사들은 웬만해서는 직원을 해고하지 않는다. 그래서인지 도쿄에 있는 우리 직원들도 넷플릭스에 오기 전까지는 직장 동료들이 쫓겨나는 것을 본 적이 없다고 말한다.

저와 가장 가까운 동료였던 아이카는 하루라는 사람 밑에서 일했어요. 아이카의 말을 빌리면, 하루는 그다지 호감이 가는 상사가 아니었던 것 같습니다. 팀원들도 하루의 통솔 방식 때문에 많이 힘들어했습니다. 저는 무슨 일이라도 일어났으면 하고 은근히 바랐지만, 막상 하루가 직장에서 해고되었다는 말을 들었을 때는 무척 놀랐어요.

폭설로 도로 사정이 좋지 않아 평소보다 조금 늦게 출근한 어느 날이었습니다. 자리에 앉기 무섭게 아이카가 쪼르르 달려오더니 상기된 얼굴로 말하더군요. "얘기 들었어?" 하루의 상사인 짐이 캘리포니아에서 날아와 다른 사람들이 출근하기 전 아침 일찍, 하루와 만났다고 했어요. 아이카가 사무실에 도착했을 때 하루는 이미 해고되어 사물함을 챙기고 작별 인사를 했다고 하더군요. 그렇게 하루는 회사를 나갔고, 다시는 그를 볼 수 없게 되었습니다.

그런데 갑자기 눈물이 나더군요. 한 번도 그를 친근하게 여긴 적은 없지만, 불길한 생각이 드는 것은 어쩔 수 없었어요. '어느 날 출근했는데, 누군가가 나를 기다리고 있다가 앞으로 회사에 그만 나오라고 한다면 어떡하지?' 전 한 가지만 알고 싶었습니다. 하루 씨는 그 전에 피드백을 받았을까? 무슨 내용이었을까? 이렇게 될 줄 짐작은 했을까?

무언가 난감한 일이 발생했을 때 최선의 대응법은 모든 사람이 그 문제를 공개적인 차원에서 극복할 수 있도록 해당 사건을 밝은 곳에서 드러내는 것이다. 그리고 기왕 벌어진 일을 '선샤이닝'하기로 했다면, 투명하고 공개적인 방법으로 해야 집단의 두려움이 사라진다. 다시 요카의 이야기로 돌아가 보자.

하루 씨의 팀은 물론, 하루와 같이 일을 했거나 하루의 해고에 의문을 가진 사람들은 오전 10시에 회의실에 모였어요. 20명 정도의 인원이 커다란 원탁에 둘러앉았죠. 모두 말이 없었어요. 짐은 하루가 두각을 나타냈던 부분과 힘들어한 부분을 상세히 열거하고, 왜 그가 더는 그 자리에서 최고가 되지 못하는지 설명했습니다. 그리고 침묵이 흘렀습니다.

짐은 다른 질문은 없는지 묻더군요. 저는 손을 들고 하루가 피드백을 어느 정도 받았으며, 해고 통고를 듣고 놀라지는 않았느냐고 물었습니다. 짐은 그동안 몇 주에 걸쳐 하루와 이 문제를 상의했다고 하면서, 그 내용을 대충 설명했어요. 또한 그동안 피드백을 많이 주었지만, 막상 해고 통고를 받았을 때는 조금 놀란 것 같았으며 결국 하루 씨가 크게 화를 냈다고 전했습니다.

이야기를 듣고 나니 마음이 좀 진정되면서 감정을 추스를 여유가 생겼어요. 저는 캘리포니아에 있는 제 상사에게 전화를 걸어 저를 내보낼 생각이 조금이라도 있느냐고 물었습니다. 그리고 솔직한 답을 듣고 싶다고 덧붙였어요. 내보낼 수밖에 없다고 해도 놀라지 않겠다고 약속도 했고요.

짐이 주선한 미팅 덕분에, 해고된 하루와 직접 일을 같이했던 사람들은 자초지종을 알게 되었고, 질문을 통해 궁금증을 해소할 수 있었다.

마지막 총계

 대부분의 회사는 이직률을 줄이기 위해 안간힘을 쓴다. 새 직원을 찾아내고 훈련하는 데 큰 비용이 들기 때문에,

새로운 사람을 찾느니 현재 인원을 유지하는 편이 여러 면에서 좋다고 판단한 것이다. 그러나 리드는 이직률에 그다지 신경을 쓰지 않는 것 같다. 그리고 새로운 인원을 대체하는 비용에 신경 쓰는 것보다 각 직책에 적합한 인재를 앉히는 문제가 더 중요하다고 생각한다. 그럼 총계를 내보자.

이처럼 키퍼 테스트를 중요하게 생각하는 넷플릭스는 매년 얼마나 많은 직원을 내보내고 있을까?

인적자원관리협회Society for Human Resource Management가 발표한 인적자본 벤치마킹 보고서Human Capital Benchmarking Report에 따르면, 지난 몇 년간 미국 기업의 연평균 이직률은 직원이 자진해서 회사를 그만두는 자발적 이직이 약 12%, 해고에 의한 비자발적 이직이 6%로, 연평균 총 이직률이 18%에 이른다. 우리의 관심사인 테크놀로지 분야의 연평균 이직률은 13% 정도이고, 미디어 및 엔터테인먼트 사업은 11%다.

같은 기간에 넷플릭스의 자발적 이직률은 꾸준히 3~4%를 유지해 왔다. 이는 평균 12%에 비해 크게 낮은 수치로, 넷플릭스를 떠나겠다고 마음먹는 사람이 많지 않다는 뜻이다. 그리고 비자발적 이직률은 8%로, 평균 6%에 비해 넷플릭스에서는 2%가 더 해고되는 셈이다. 결국 넷플릭스의 전체 연간 이직률은 11~12%다. 이 분야의 평균과 크게 다르지 않다. 결론적으로, 넷플릭스의 매니저들이 포기한 사람은 그렇게 많지 않은 것 같다.

키퍼 테스트는 넷플릭스의 인재 밀도를 다른 조직에서 보기 어려운 수준으로 높이는 데 도움이 되었다. 직원들이 실제로 그 직책에 최고로 적합한 사람인지 주기적으로 신중히 판단한 뒤 그렇지 못한 사람을 교체한다면, 조직 전체의 성과는 새로운 수준으로 크게 치솟는다.

▶ 7장 요약

- ☑ 매니저들이 부하직원의 성과를 엄격히 관리할 수 있도록 키퍼 테스트의 활용법을 숙지하게 하라. '부하직원이 다른 회사로 가서 비슷한 일을 하겠다고 한다면, 어떻게 해서든 붙잡겠는가?'

- ☑ 스택 랭킹 시스템을 피하라. 그런 시스템은 내부 경쟁을 과열시켜 협업 분위기를 해친다.

- ☑ 성과를 높이는 문화에는 가족보다 프로스포츠팀이란 개념이 더 가깝다. 투철한 헌신과 결속, 동료애를 키울 수 있도록 매니저를 교육하고, 아울러 괴롭더라도 끊임없이 모든 직책에 최고의 선수를 채우도록 하라.

- ☑ 누군가를 내보내야 할 일이 생기면, PIP에 투입하기보다 후한 퇴직금을 주어 내보내라. PIP는 개인적으로도 치욕일 뿐 아니라 조직 차원에서도 더 큰 비용이 든다.

- ☑ 성과 위주 문화에는 직원들이 언제 어떻게 될지 몰라 불안해할 수 있다는 것이 단점이다. 이런 문제는 직원들에게 매니저와 즉각적인 키퍼 테스트를 사용하게 권함으로써 해결할 수 있다. "제가 일을 그만둔다고 한다면, 어떻게 해서든 저를 붙잡으실 건가요?"

- ☑ 직원을 내보낸 뒤에는 공개적인 자리에서 다른 직원들에게 그간의 사정을 설명한 뒤, 그들의 질문에 솔직하게 답하라. 그렇게 하면 자신이 다음 차례일지 모른다는 불안감을 줄이는 한편, 회사와 매니저에 대한 신뢰를 높일 수 있다.

이제 키퍼 테스트를 끝냈다. 축하한다. 이제 회사는 확실한 베스트 플레이어들을 확보했다. 경쟁사들이 모두 부러워한다. 인재 밀도가 높으니 회사는 당연히 성장할 것이다. 새로 입사한 사람들이 회사의 업무처리 방식에 쉽게 적응할 수 있도록 모든 지원을 아끼지 말아야 한다.

넷플릭스가 성장을 거듭하면서 우리는 성패를 좌우하는 중요한 기반인 솔직한 문화를 유지하는 것이 특히 어렵다는 것을 뼈저리게 느꼈다. 솔직함은 치과에 가는 것과 같다. 많은 사람이 치과에 가기를 꺼린다. 다음 장에서는 사무실의 솔직한 문화를 최고 수준으로 유지하는 데 필요한 몇 가지 간단한 전술을 살펴보겠다.

솔직성을
극대화하라.

8장

피드백 서클

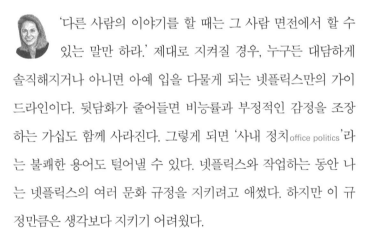'다른 사람의 이야기를 할 때는 그 사람 면전에서 할 수 있는 말만 하라.' 제대로 지켜질 경우, 누구든 대담하게 솔직해지거나 아니면 아예 입을 다물게 되는 넷플릭스만의 가이드라인이다. 뒷담화가 줄어들면 비능률과 부정적인 감정을 조장하는 가십도 함께 사라진다. 그렇게 되면 '사내 정치office politics'라는 불쾌한 용어도 털어낼 수 있다. 넷플릭스와 작업하는 동안 나는 넷플릭스의 여러 문화 규정을 지키려고 애썼다. 하지만 이 규정만큼은 생각보다 지키기 어려웠다.

실리콘밸리에서 인터뷰를 진행할 때였다. 홍보 매니저인 바트가 간단히 요령을 설명해 주어서인지, 인터뷰이들은 자신의 사연

과 견해를 거침없이 쏟아냈다. 그러나 하이디는 예외였다. 그녀는 책상 앞에 서서 동료 2명과 이야기하다가 내가 다가가자 눈길을 돌렸다. 내가 올 줄 몰랐다는 듯 딴청을 피우는 바람에, 하이디로부터 성의 있는 답변을 듣기 위해 나는 온갖 수를 써야 했다. 그녀의 태도는 냉담한 정도가 아니라, 거의 적의에 가까웠다. 질문을 해도 단답형 답밖에 나오지 않았다. 결국, 나는 인터뷰를 서둘러 끝내야 했다.

바트와 함께 엘리베이터를 기다리다가 나는 그에게 하이디 이야기를 하고 말았다. "소득이 없었어요. 인터뷰할 생각도 없었던 것 같고 아예 나오는 말을 섞으려 하지 않더군요." 나는 투덜거렸다. 그런 말을 하면서 슬쩍 주변을 둘러보는데, 마침 하이디가 우리 근처를 지나가는 것이 보였다. 그녀가 내 말을 들었는지는 지금도 잘 모르겠다. 하지만 그 순간 갑자기 머릿속에 그 문구가 떠올랐다. '다른 사람의 이야기를 할 때는 그 사람 면전에서 할 수 있는 말만 하라.' 말이 그렇지, 그게 어디 그렇게 쉬운 일인가? 사람들은 누구나 다른 사람이 없는 곳에서 그 사람 이야기를 한다. 나도 예외는 아니다.

나는 바트에게 넷플릭스 방식대로 대응한다면, 어떻게 해야 했느냐고 물었다. 하이디에게 이렇게 말할 수는 없는 것 아닌가. "8분씩이나 시간을 내줘서 고마웠어요. 그런데 당신은 전혀 준비가 안 되었군요. 별로 신경 쓰는 것 같지도 않고요."

바트는 당신이 우리 직원이라도 되느냐는 식으로 나를 물끄러미 보았다. "교수님은 넷플릭스 직원이 아니잖아요. 게다가 하이디와는 딱 한 번 인터뷰했고요. 그러니 교수님의 피드백은 이 프로젝트에 도움이 안 될 겁니다. 교수님이 넷플릭스 직원이고 그래서 그녀와 다시 만날 일이 있다면 다음번 인터뷰를 하기 전에 미리 어떤 정보를 줘야겠다고 생각하시겠죠. 가령 하이디의 달력에 피드백 미팅 날짜를 표시하는 식으로 말입니다." 그러면서 바트는 진짜 직원이 어때야 하는지 보여주었다. "몇 명을 더 섭외해서 하이디를 인터뷰해 보라고 부탁해야겠군요. 그러면 그때 하이디에게 피드백을 줄 수 있을 것 같아요."

하지만 넷플릭스에 있는 사람들 모두가 바트처럼 피드백 주기를 편안하게 생각하는 것은 아니다.

치과에 가는 것

 우리 회사가 솔직함을 중요하게 여긴다는 것은 분명한 사실이다. 하지만 회사가 커지고, 새로운 사람들이 계속 들어오고, 관계가 점점 복잡해지는 상황에서는 이런 원칙을 지키기가 그리 쉽지 않다. 넷플릭스에 들어온 지 1년이 되어가는 디렉터와 일대일 미팅을 하면서 나는 이를 실감했다. 그는 이렇게 말했다. "제가 처음 들어왔을 때 사람들이 저더러 피드백을 많이 받게 될 거라고 하더군요. 하지만 지금껏 피드백이라고는 한 번도 받아보지 못했습니다."

나는 정기적으로 치과를 찾을 때 이와 비슷한 걱정을 했다. 치과의사는 내 어금니 하나를 아프게 찔렀다. "좀 더 자주 와서 검사하셔야겠어요. 저 뒤쪽으로 칫솔이 닿지 않는 부분이 있군요."

솔직하다는 것은 치과에 가는 것과 같다. 아무리 매일 양치질을 해도 칫솔이 닿지 않는 부분이 있다. 열심히 해도 관리가 잘 안 되는 부분이 있다는 말이다. 솔직해지라고 수시로 말하지만, 정말 그런지는 나도 의문이다. 그러나 기본적인 메커니즘이 마련되어 있으면 중요한 피드백이 나오리라고 확신한다. 2005년에 우리는 일상적인 업무 과정에서는 쉽게 나오기 어려운 솔직한 피드백을 믿고 받아볼 수 있는 툴을 만드는 데 온 힘을 기울였다.

연간수행평가annual performance reviews는 손쉬운 선택지가 될 수 있었다. 요즘은 외면당하는 추세이지만, 2005년만 해도 거의 모든 회사가 수행평가 제도를 활용했다. 상사는 이런 시스템으로 부하 직원들의 장점과 단점을 기록하고, 전반적인 성과에 점수를 매긴 다음, 일대일 미팅으로 그 평가를 검토했다.

우리는 처음부터 이런 수행평가를 몇 가지 이유로 반대했다. 첫째는 이런 피드백이 일방적인 하향 평가일 수밖에 없기 때문이다. 둘째는 수행평가로는 오직 한 사람, 즉 상사의 피드백밖에 받을 수 없다. 이는 '다른 사람의 이야기를 할 때는 그 사람 면전에서 할 수 있는 말만 하라'는 넷플릭스의 원칙에 정면으로 위배된다. 나는 직원들이 자신의 직속 상사뿐 아니라, 누구에게나 피드백을 받

을 수 있길 바란다. 셋째는 회사들이 보통 연간 목표를 기반으로
수행평가를 하는 반면, 넷플릭스의 직원과 매니저들은 연간 목표
나 KPI, 즉 연간핵심성과지표key performance indicators를 정해놓지 않
기 때문이다. 뿐만 아니라 다른 회사들은 대부분 수행평가를 근거
로 연봉 인상률을 결정하지만, 넷플릭스에서는 업무 성과가 아닌
시장을 기준으로 연봉을 정한다.

우리는 누구든 원하는 사람들로부터 피드백을 받을 수 있도록
하고, 우리가 가꾸고자 노력하는 수준의 솔직함과 투명성을 보장
해 주면서, F&R이라는 우리 문화에 어울리는 메커니즘을 찾아왔
다. 수많은 실험을 거듭한 끝에, 넷플릭스는 기본적인 두 가지 프
로세스를 확보했다.

1. 이름을 밝힌 360도 서면 평가

360도 서면 평가를 처음 실험할 때는 우리도 다른 회사들과 같
은 방식으로 이를 운용했다. 피드백을 받고 싶은 사람들을 몇 명
선택하면, 그들이 익명으로 리포트를 작성해서 해당 항목에서 1부
터 5까지 중 점수를 매긴 다음 코멘트를 남기는 방식이었다. 우리
는 사람들이 그저 등을 두드려 주기만 하는 것이 아니라, 구체적
이고 적극적인 피드백을 남길 수 있도록 세 가지 코멘트를 사용했
다. '시작하세요.' '중단하세요.' '계속하세요.'

일부 경영진에서 익명은 솔직한 넷플릭스 문화에 어울리지 않는다는 말이 나왔지만, 나는 익명이 필요하다고 생각했다. 사무실 분위기가 아무리 솔직하다고 해도, 누군가가 한 해 동안 어떤 동료에게 공개적인 피드백을 하지 않았다면 그만한 이유가 있는 것이다. 상대방이 앙심을 품지 않을까 걱정돼서 안 했을 수도 있으니까. 익명으로 하면 사람들도 안심하고 코멘트를 남길 것으로 생각했다.

그러나 막상 360도 서면 평가를 시행해 보니, 흥미로운 현상이 나타났다. 우리 문화가 확실하게 대세를 압도한 것이다. 레슬리 킬고어를 비롯한 꽤 많은 사람이 이름을 밝히지 '않고' 코멘트를 남기는 것을 몹시 거북하게 생각했다. "1년 내내 서로 직접 피드백을 주라고 말해놓고, 360도 서면 평가서에서는 마치 은밀한 내용을 알리는 것처럼 코멘트를 남기는 것이 맞지 않아 보였어요." 레슬리는 그렇게 이유를 설명했다. "어차피 하고 싶은 말은 다 적잖아요. 나는 그저 우리의 현재 분위기에서 당연하다고 생각한 대로 했습니다. 나는 피드백을 적고, 내 이름을 밝혔습니다."

나도 다른 사람에게 피드백을 남기기 위해 로그인할 때마다 사실 개운하지 않았다. 하고 싶은 말을 쓰면서도 누가 남긴 피드백인지 아무도 알 수 없다는 것을 알기 때문이었다. 이렇게 되면 어딘가 정직하지 못하고 은밀한 냄새를 풍기게 되는데, 이건 내가 가꾸려 했던 문화와는 정반대의 분위기였다.

그 해의 360도 서면 평가서가 모두 작성된 뒤 사람들이 내게 남긴 코멘트를 읽었을 때, 익명으로 인한 불편한 심기는 더욱 커졌다. 자칫 너무 구체적이고 상세하게 피드백을 남겼다가는 당사자가 누가 쓴 글인지 분명 눈치챌 것이라고 우려한 것 같았다. 그래서인지 에둘러서 표현한 내용이 많았다. 어떤 코멘트는 너무 모호해서 한참을 들여다봐도 무슨 뜻인지 도통 알 수 없었다.

"중단하세요: 어떤 이슈에 관해 상대에게 알쏭달쏭한 메시지를 주는 것을."

"중단하세요: 별 반향도 없는 아이디어를 기각하면서 무심한 듯한 인상을 주는 것을."

도대체 무슨 말을 하고 싶은 거지? 이런 피드백은 있으나 마나였다. 이런 게 무슨 도움이 된담? 누가 쓴 것인지 알 수 없으니 따질 수도 해명할 수도 없었다. 게다가 익명이다 보니 비열하고 빈정거리는 말투로 자신의 감정을 풀어내는 사람도 있었다. 어떤 매니저는 자신이 받은 코멘트를 내게 보여주었다. "당신은 이요르(곰돌이 푸에 등장하는 걱정 많은 당나귀)만큼도 열정이 없어요." 이러한 지적이 무슨 의미가 있는가?

결국 레슬리가 이겼다. 두 번째 360도 서면 평가를 시행했을 때, 직원들은 대부분 자진해서 이름을 밝혔다. 이렇게 되자 익명을 고집하는 사람들이 많지 않았기에 오히려 누군지 금방 알게 되었다. "7명이 피드백을 남겼는데 5명이 이름을 밝혔다면, 나머지 두 사람의 정체는 금방 드러나게 마련이죠." 레슬리는 그렇게 말했다.

세 번째 해에는 모두가 자기의 이름을 밝혔다. "한결 좋아졌어요." 레슬리는 그렇게 말했다. "사람들은 자신에게 솔직하게 피드백을 준 사람의 책상으로 곧장 걸어가 그와 얘기를 나누었어요. 저는 이런 식의 토론이 실제 360도 서면 평가서에 적힌 내용보다 훨씬 더 가치 있다는 생각을 했습니다."

레슬리와 리드를 포함한 경영진들은 피드백에서 익명을 포기했지만, 솔직하지 않다는 인상은 남기지 않았다. 레슬리는 그것이 "넷플릭스가 이미 상당한 시간을 투자하여 솔직한 문화를 조성했기 때문"이라고 말한다. 실제로 넷플릭스에는 직원들이 코멘트를 업무 중 하나로 여기게 되면서, 피드백의 질이 한층 높아졌다고 주장하는 사람도 많다.

여기에 리드가 최근 360도 서면 평가서에서 직원들에게 받은 코멘트가 있다. 그에 대한 불만 사항을 적은 내용이라는 점에서는 2005년에 받았던 것과 기본적으로 같지만, 이번에는 구체적인 사례와 자기 이름을 남겼다는 점에서 다르고, 그래서 더 상세하고 실질적이다.

대표님은 어떤 입장을 자신 있게, 심지어 공격적으로 지지하실 수 있습니다. 또 어떤 견해를 묵살하실 수도 있죠. 저는 대표님이 싱가포르에서 한국 관련 업무를 하고 있는 우리 직원들을 일본으로 전근시키는 것을 지지하실 때 그런 모습을 보았습니다. 대표님께서 질문하시고 또 공개적으로 과감한 변화를 꾀하는 것은 대단히 중요한 일이지만, 실사 과정 내내 대표님이 어떤 결과를 미리 정해놓고 반론을 무시하는 것 같다는 인상을 지울 수 없었습니다. -오베

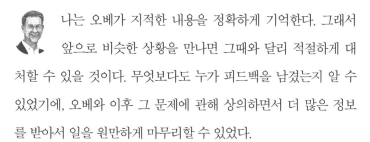 나는 오베가 지적한 내용을 정확하게 기억한다. 그래서 앞으로 비슷한 상황을 만나면 그때와 달리 적절하게 대처할 수 있을 것이다. 무엇보다도 누가 피드백을 남겼는지 알 수 있었기에, 오베와 이후 그 문제에 관해 상의하면서 더 많은 정보를 받아서 일을 원만하게 마무리할 수 있었다.

지금 넷플릭스는 매년 360도 서면 평가라는 문서화된 피드백을 통해 모든 사람에게 코멘트를 남기도록 요청한다. 우리는 직원들에게 서로 5점 만점 기준으로 점수를 매기라고 하지 않는다. 이를 연봉 인상이나 승진 혹은 해고와 연결하지 않기 때문이다. 우리의 목표는 모든 사람이 더 나은 성과를 내게 하는 것이지, 그들을 정해진 평가의 틀에 넣어 분류하려는 게 아니다. 또 크게 개선된 부

분이 있다. 직속 부하직원이나 일선 매니저 혹은 의견을 청한 몇몇 팀원들뿐 아니라, 조직의 어느 지위에 있는 누구에게나 피드백을 줄 수 있게 된 것이다. 넷플릭스에서는 최소한 10명, 평균적으로는 30명이나 40명 정도에게 피드백을 준다. 나는 2018년에 71명으로부터 코멘트를 받았다.

무엇보다 360도 서면 평가는 중요한 논쟁을 부추긴다는 점에서 의미가 있다. 나는 내가 받은 코멘트를 직속 부하직원과 체계적으로 공유하고, 그들 역시 자신이 받은 피드백을 팀원들과 공유한다. 이렇게 하면 투명성에 대한 인식이 더욱 투철해질 뿐 아니라, 역책임reverse accountability이 형성되어, 팀원들도 상사의 문제점을 용기 내어 지적하게 된다. 테드 사란도스는 그런 사례로 번지점프 이야기를 자주 한다.

1997년, 넷플릭스로 오기 전인 피닉스에서 일할 때, 저는 회의도 하고 야외활동도 하는 이벤트에 참가한 적이 있어요. 주차장에 딸린 식당 뒤쪽에는 번지점프장이 있었죠. 15달러를 내면 모두가 보는 앞에서 크레인에 올라가 뛰어내릴 수 있었습니다. 아무도 하지 않기에 제가 나섰죠. 그렇게 뛰어내렸는데, 곧바로 점프를 담당하는 직원이 다가와 말하더군요. "한 번 더 해보시지 않겠어요? 이번엔 돈을 받지 않을게요." 이상해서 물었죠. "왜 돈을 안 받아요?" 그가 대답했어요. "식당에서 보고 있는 당

신의 동료들이 신이 나서 또 뛰어내리는 당신의 모습을 보았으면 해서요. 하나도 무섭지 않다는 걸 알면 그들도 해보고 싶지 않겠어요?"

이것이 바로, 리더들이 자신의 360도 서면 평가서를 팀원들과 공유해야 하는 이유다. 특히 자신의 서툰 부분을 솔직하게 지적한 코멘트가 있으면, 더욱 공개해야 한다. 이렇게 하면 분명하고도 실질적인 피드백을 주고받는 것이 전혀 두려운 일이 아니라는 사실을 모두가 알게 된다.

 넷플릭스 매니저들은 요즘 이런 방식을 일상적으로 실천한다. 콘텐츠 부사장인 래리 탄츠는 2014년 넷플릭스에 입사한 후 몇 주 동안 테드와 가졌던 뜻밖의 미팅을 소개했다(그는 리크루터의 전화를 받아도 좋다는 테드의 말을 들은 뒤 페이스북에 인터뷰하러 간 바 있다).

지난 5년 동안 저는 디즈니의 전 CEO인 마이클 아이스너Michael Eisner 밑에서 일했습니다. 마이클에게는 부정적인 피드백을 직접 줄 기회가 없었어요. 그곳 상사들은 부하직원들에게 솔직한 말을 할지 모르지만, 반대 방향의 피드백이 있다는 말은 거의 들어본 적이 없었죠.

테드는 두 번째 미팅에서 우리 팀 12명에게 몇 달 뒤면 360도 서면 평가를 시행할 것이니 서로 솔직한 피드백을 주는 습관을 붙여보라고 이야기했습니다. "함께하는 작업이 없어도 지속해서 솔직한 비판을 해줄 수 있을 정도로 가깝게 지낼 필요가 있어요. 우리는 리드의 팀원들과 360도 서면 평가를 한 차례 막 끝냈어요. 그때 내가 받은 피드백을 읽어주죠."

저는 정말 당황했습니다. 이 양반이 도대체 뭘 하는 거지? 지금까지 살면서 저의 상사가 자기 동료나 상급자가 자신에 관해 말한 내용을 얘기해 주는 것은 본 적이 없었거든요. 그래서 순간적으로 그가 자신에게 유리한 말만 골라 들려주리라 생각했죠. 그는 리드와 데이비드 웰스 그리고 닐 헌트, 조너선 프리드랜드 외에 모든 사람에게서 받은 피드백을 한 줄 한 줄 읽어나갔어요. 좋은 얘기는 하나도 없더군요. 전혀 없지는 않을 텐데 말입니다. 테드는 코멘트들을 상세히 읽었어요. 이런 것도 있었죠.

• 우리 팀에서 보낸 메일에 답장하지 않을 때는 너무 위계적인 것처럼 느껴져서 김이 빠집니다. CCO께서 그런 식으로 일하거나 그렇게 생각하지 않는다는 것을 잘 알긴 하지만 말입니다. 아마 서로 신뢰를 더 쌓아야 할 것 같습니다. 좀 더 시간을 내어 관심을 보여주셨으면 좋겠습니다. 그러면 우리 팀도 그

쪽에 더 많은 도움을 드릴 수 있을 것입니다.

- 〈오래된 부부*old married couple*〉에 관해 신디와 벌인 당신의 논쟁 은 그다지 모범적인 중역들의 의견 교환이라고 보기 어려웠 습니다. 두 분 모두 좀 더 상대방의 말을 경청하고 서로의 입 장을 이해할 필요가 있습니다.

- 팀 내에서 공공연하게 드러난 갈등을 외면하지 마세요. 그랬 다가 엉뚱한 곳에서 터지면 더 큰 문제가 되어 돌아올 겁니 다. 재닛이 완전히 지쳐버린 것이나 로버트의 역할을 두고 벌 어진 극적인 상황은 이미 1년 전부터 불씨가 자라고 있었습 니다. 그때 정면으로 다뤘다면 지금처럼 많은 사람을 힘들게 하고 사기를 떨어뜨리는 일은 없었을 겁니다.

테드는 이런 글들을 무슨 슈퍼마켓에서 장 볼 목록을 나열하듯 읽어 내려갔어요. 저는 생각했습니다. '맙소사, 내가 내 부하직 원들에게 이런 피드백을 읽어줄 용기가 있을까?'

분명한 건, 래리도 그렇게 했다는 것이다. "그날 미팅 이후로 저 는 테드처럼 해보려고 열심히 노력했습니다. 360도 서면 평가를 할 때뿐 아니라 어느 때든 분발을 촉구하는 피드백은 모두 공개했 습니다. 그리고 제 아래 리더들에게도 각자 팀원들에게 나처럼 하 라고 권했습니다."

360도 서면 평가로 인해 정기적인 솔직한 피드백이 가능해졌고, 그 평가서를 토대로 많은 사람이 토론을 벌이기로 했다. 그런데 실제로 열린 토론이 이루어지는지는 확실하지 않다. 360도 평가서에서 크리스와 앤이 장과 폴에게 고객과 만나서 귓속말을 한 행동으로 인해 판매에 지장이 있을 것이라는 피드백을 준다고 해도, 장과 폴이 크리스와 앤이나 다른 누구에게도 그 코멘트와 관련해 이야기하지 않으면, 그것은 일종의 비밀이 된다. 이런 문제를 해결하기 위해 리드는 다음과 같은 절차를 정했다.

2. 라이브 360도 평가

2010년에 넷플릭스는 많은 성공 사례를 통해, 우리만의 360도 서면 평가 제도를 안착시켰다. 그러나 회사의 전반적인 투명성을 높이기 위해 취했던 여러 가지 조치를 생각한다면 시스템을 한 단계 더 진전시킬 필요가 있었다. 그래서 나는 우리 경영진이 투명성을 강화할 경우 낙수효과가 나타나는지 알아보기 위해 몇 가지 실험을 시작했다. 첫 번째 시도는 내 직속 부하직원과 관련된 활동이었다.

우리는 실리콘밸리 원체스터 100번지에 있는 넷플릭스 구사옥 내의 '타워링The Towering Inferno'이라는 회의실에서 만났다. 작은 새둥지처럼 꾸민 곳이었다. 레슬리와 닐이 짝이 되어 방 한쪽 구석으로 가고, 테드는 패티와 짝이 되어 또 한쪽에 자리를 잡았다. 그렇게 모두가 짝을 지어 앉았다. 누가 보면 즉석 소개팅인 줄 알겠지만, 사실은 즉석 피드백이었다. 각 조는 몇 분 동안 '시작하세요, 중단하세요, 계속하세요Start, Stop, Continue' 방식에 따라 서로 피드백을 준 뒤, 옆으로 옮겨 새 짝을 만난다. 나중에 한 바퀴를 돌고 나면 모든 내용을 종합하여 보고한다. 2명씩 조를 이루는 것도 성과가 있었지만, 더 중요한 것은 8명 전체의 그룹 토론이었다.

우리는 곧바로 그룹 토론을 시작했다. 다만 시간에 쫓기는 기분을 갖지 않도록 다른 문제는 의제에 올리지 않고 이 문제만으로 저녁을 먹으며 두 번째 실험을 하기로 했다. 우리는 새러토가에 있는 플럼드 호스Plumed Horse라는 식당으로 자리를 옮겼다. 새러토가는 사무실에서 차로 멀지 않은 곳에 위치한 작고 특이한 마을이었다. 주차장에 차를 세우고 보니 빛을 받으며 줄지어 선 나무들이 숲속의 반딧불처럼 반짝거렸다. 밖에서 볼 땐 조그만 식당이었는데, 문을 열고 들어가니 커다란 동굴처럼 내부가 넓었다. 우리는 예약해 놓은 구석의 조용한 방으로 갔다.

테드가 자진해서 먼저 시작했다. 우리는 둥글게 돌며 각자 테드에게 '시작하세요, 중단하세요, 계속하세요' 등의 피드백을 주었다. 당시 테드는 로스앤젤레스에서 일하는 몇 안 되는 직원 중 하나였고, 실리콘밸리에는 1주일에 하루만 출근하고 있었다. 매주 수요일에 그는 사무실로 뛰어 들어와 사흘 걸릴 토론을 6시간에 몰아서 해치우곤 했다. 데이비드와 패티와 레슬리는 그런 테드의 행동이 다른 사람들에게 얼마나 분주한 인상을 주는지 지적했다. "수요일 오후에 당신이 떠나고 나면 제트보트가 휙 지나간 것 같아요. 거대한 거품 자국만 남긴다고요." 패티는 그렇게 말했다. "사무실 전체가 초토화된 기분이어서 스트레스가 아주 심해요."

사실 내가 하려던 얘기였는데 좀 허탈했다. 그날 이후 테드는 실리콘밸리에 오기 전에 전화로 상의할 수 있는 것은 미리 할 수 있도록 스케줄을 다시 조정했다. 테드는 자신의 행동이 다른 사람들에게 얼마나 심리적인 압박이 되는지 알게 되었고, 라이브 360도 평가를 통해 더 좋은 방법을 찾았다.

라이브 360도 평가는 팀원들에게 자신의 행동과 활동을 직접 설명할 수 있다는 점에서 아주 유용하다. 우리는 직원들에게 많은 자유를 주지만, 동시에 '다른 사람의 이야기를 할 때는 그 사람 면전에서 할 수 있는 말만 하라'고 요구한다. 이런 상호적 책임감이 모두에게 안전망을 제공해 준다. 직원들은 할 일과 방법에 관해 상사로부터 일일이 지시받지는 않지만, 무책임하게 행동할 경우 집단으로부터 피드백을 받게 된다.

다음은 패티 차례였다. 닐이 먼저 입을 열었다. "미팅할 때 당신이 말을 너무 많이 해서 나는 말할 틈도 못 찾겠어요. 당신의 열정이 지나쳐 분위기를 압도해 버린다고요." 그러나 순서가 조금 돌아갔을 때 레슬리가 다른 의견을 제시했다. "닐의 코멘트는 뜻밖이네요. 나는 패티가 다른 사람의 말을 아주 잘 듣고 모든 사람이 공평하게 얘기할 수 있도록 시간을 잘 안배한다고 생각하거든요."

그날 저녁 모임을 마칠 무렵, 각자는 하고 싶은 핵심적인 내용을 짧게 정리했다. 패티가 말했다. "닐처럼 말수가 적은 사람들과 회의할 때는 그런 침묵을 보완해야겠다는 생각에 말을 많이 하게 돼요. 레슬리처럼 말을 잘하는 사람들과 있을 때는 나도 별문제가 없다고요. 우리 팀에서 내가 얼마나 조용한 사람인지 잘 모르실 거예요. 어떨 때는 한 마디도 안 한다니까요. 다른 사람이 30분 얘기하고 나면 10분쯤 얘기하는 정도죠. 아무도 말하지 않으면 다들 조용히 앉아만 있겠죠."

나 역시 말이 많은 편이어서인지, 패티를 그렇게 혼자 분위기를 휘어잡는 사람으로 여기는 동료가 있다는 사실을 전혀 눈치채지 못하고 있었다. 패티와 수시로 만나 얘기를 나누지만 그런 점을 전혀 느끼지 못했기 때문에, 나라면 그런 피드백을 주지 못했을 것이다. 이런 훈련을 통해 우리는 상사뿐 아니라 동료에게 피드백을 받는 것이 왜 중요한지 실감하게 되었다. 이 모임은 새롭고 예기치 못한 방향에서 팀의 긴장 관계를 이해하고 해결하는 데 큰 도움이 됐다. 그날 저녁 식사를 통해 우리는 집단적 효율성을 형성하는 상호 간의 역동성을 더 잘 이해하고 그래서 협업을 향상할 수 있는 계기를 마련할 수 있었다.

이 같은 실험이 있었던 직후 우리 직원들은 각자의 팀에서 똑같은 훈련을 했고, 결국 라이브 360도 평가는 회사 전체의 일상적 활동이 되었다. 여기에는 어떤 강제적인 요소도 없다. 물론 우리 직원 중에는 라이브 360도 평가를 한 번도 못 해본 사람도 있을 것이다. 그러나 매니저들만큼은 1년에 적어도 한 번씩 이와 비슷한 훈련을 하면서 이 방법의 위력을 모두 실감하게 되었다. 요즘은 모든 직원이 이런 절차의 중요성을 아주 잘 이해한다. 그리고 맥락만 잘 정해주고 능숙한 사회자만 있으면 그렇게 어려운 것도 아니라는 걸 잘 알게 되었다. 단, 라이브 360도 평가에는 몇 가지 요령이 있다.

시간과 장소: 라이브 360도 평가엔 다소 시간이 걸린다. 그러니 인원을 좀 줄인 다음, 식사하거나 식사를 대용할 음식을 준비해 놓고 진행하는 것이 좋다. 우리도 10명이나 12명이 할 때가 없지 않지만, 사실 8명 이하가 가장 적당하다. 8명일 경우 3시간 정도가 소요된다. 12명이면 5시간은 예상해야 한다.

방법: 모든 피드백은 2장에서 설명한 4A 피드백 지침에 따라, 각자에게 실질적인 선물이 되도록 해야 한다. 리더는 이 점을 미리 설명하고 진행 중에도 계속 모니터링한다.

'계속 ~를 해주세요' 같이 긍정적이고 실질적인 피드백이면 좋지만, 이 역시 진행자가 계속 확인하고 조정해야 한다. '~을 시작하세요' 같은 긍정 피드백과 '~은 중단하세요' 같은 개선을 조언하는 피드백은 25% 대 75% 정도가 적당하다. "당신은 대단해요"라든가 "당신과 함께 일하는 것이 즐거워요" 같은 실속 없는 공치사는 하지 않는 편이 좋다.

일단 시작하라: 피드백을 몇 가지 주고받으면 그날 저녁의 수위가 정해질 것이다. 거친 피드백을 주어도 기꺼이 감사한 마음으로 받아줄 사람을 선택하라. 4A 피드백 지침에 따르면서 당신에게 거친 피드백을 줄 사람을 선택하라. 대개는 상사가 첫 번째 피드백을 받는 것이 좋다.

라이브 360도 평가가 제 기능을 발휘할 수 있는 것은, 넷플릭스에 높은 인재 밀도와 '똑똑한 왕재수는 사절'이라는 기준이 있기 때문이다. 직원들이 성숙하지 못하거나 태도가 불량하거나 자신의 약점을 남들 앞에 자신 있게 드러내지 못한다면, 이런 절차를 실천하기가 쉽지 않다. 실천할 준비가 완벽하게 되어 있다고 해도, 모든 피드백이 4A 지침을 벗어나지 않도록 경계하고 누군가가 선을 넘을 때 개입할 수 있는 사회자가 있어야 한다.

디바이스 파트너 에코시스템의 팀장인 스콧 미러Scott Mirer는 팀에서 라이브 360도 평가를 하던 도중 누군가가 도를 넘은 말을 했지만, 현장에서 제지하지 못했던 경우를 고백했다. 흔한 사례는 아니지만 이런 일이 실제 일어난다면 심각한 사태로 발전할 수도 있다. 따라서 리더는 상황을 늘 확실하게 파악하고 있어야 한다.

관리팀 9명을 이끌고 저녁 식사를 하며 라이브 360도 평가를 진행하고 있을 때였습니다. 우리 팀에는 더크라는 아주 멋진 매니저가 있는데, 마침 사비나라는 여성 동료에게 피드백을 주

고 있었죠. 더크가 말했어요. "당신의 일하는 방식을 보면, 영화 〈신경쇠약 직전의 여자Women on the Verge of a Nervous Breakdown〉가 생각나요." 그는 미소를 띤 채 그 말을 했고 사비나는 머리를 끄덕이며 받아 적었어요. 무슨 이유가 있었겠지만, 그때는 그 말이 부적절하다고 생각하지 못했습니다. 다른 사람들도 마찬가지였던 것 같아요. 다들 그대로 넘어갔으니까요. 그 일이 있고 나서 며칠 동안 사비나의 심기가 몹시 불편했다는 사실을 1주일 뒤에야 알게 되었습니다. "성차별적인 피드백은 누구에게도 도움이 되지 않아." 사비나가 한 동료에게 불만을 털어놓았어요.

라이브 360도 평가 시 누군가가 4A 피드백 지침을 어기고 비꼬거나 공격적으로 말하거나 아무 도움도 안 되는 이야기를 한다면, 리더가 즉시 개입하여 바로잡아야 한다. 우리는 그 자리에 있는 모든 사람이 해당 문제와 관련이 있으며 그런 논평이 알게 모르게 편견을 부추길 수 있다는 것을 이해할 수 있게끔 리더들을 가르쳤으므로, 이 같은 상황은 특히 중요하다. 스콧은 타이밍을 놓쳤다. 그러나 이를 해결해 준 것은 회사의 솔직한 문화였다.

저는 사비나에게 전화를 걸어, 더크의 부적절한 발언을 지적하지 못한 점을 사과했어요. 그러나 사비나는 더 이상 화를 낼 일

이 없어졌다고 말하더군요. 그녀는 이미 더크에게 그 문제에 관해 따졌고 그의 사과를 받아냈으며, 두 사람은 그 문제로 1시간 넘게 이야기를 나눠 앙금을 모두 풀었다고 했어요. 라이브 360도 평가를 진행하던 저녁에 정면충돌할 뻔 했지만, 오히려 그 일이 있고 난 뒤 두 사람의 관계는 더 좋아진 것 같아요. 그때 이후로 저는 피드백이 위험 수위를 넘으려 할 때 개입할 타이밍을 놓치지 않으려고 세심한 주의를 기울입니다.

 공개적 망신? 왕따? 상호 비방? 방금 이 글을 읽었다면 먼저 이런 단어들을 떠올렸을 것이다. 여러분만 그런 것은 아니다. 라이브 360도 평가를 처음 해보는 넷플릭스 직원들도 대부분 이를 불안해한다. 테드가 자신이 받은 360도 서면 평가서 피드백을 팀원들에게 읽어주는 모습을 보고도 아연실색했던 콘텐츠 부사장 래리 탄츠는 그런 경험을 이렇게 설명한다.

공개적인 자리에서 심한 지적을 받을 때는 마치 고문을 당하는 기분이 듭니다. 저도 라이브 360도 평가 일정이 잡혀 있으면 대단히 불안합니다. 그러나 막상 시작하면 괜찮다는 것을 금방 알게 되죠. 모두가 지켜보기 때문인지, 사람들은 가능하면 너그럽고 지지하는 어조로 피드백을 주려고 배려하거든요. 누군가가 선을 넘으면, 거의 예외 없이 즉석에서 "이봐요, 그런 말은 도움이 안 돼요!" 같은 피드백이 나옵니다. 라이브 모임이 잘 되면 모든 사람이 따끔한 충고를 많이 받죠. 그래서 혼자 외톨이가 되는 일은 없어요. 사람들의 따끔한 지적을 받는다는 것이 쉬운 일은 아니지만, 그래도 자신을 발전시켜 주는 인생의 큰 선물이라고 여긴다면 해볼 만합니다.

넷플릭스 직원 중 라이브 360도 평가가 도움이 되지 않는다고 말하는 사람은 거의 없을 것이다. 오히려 이 평가를 하는 저녁 시간을 동료들과 결속력을 다지는 아주 유쾌한 기회로 삼는 사람도 있다. 그런가 하면 매년 치과를 찾는 리드처럼 약간 두려움을 가지고 라이브 360도 평가 행사를 맞는 사람도 있다. 분명 도움이 되는 줄은 알지만, 그런데도 막상 끝날 때까지는 걱정을 떨치지 못한다. 암스테르담 사무실에서 일하는 프랑스 출신의 커뮤니케이션 매니저 소피는 후자에 속한다.

우리 프랑스 사람들은 대부분 그렇지만, 저도 학교에서 배운 방식대로 저의 주장을 개진합니다. 원칙을 세우고 이론으로 보강하고 주장에 대한 반론을 검토한 다음, 결론에 도달하는 거죠. 서론, 테제, 안티테제, 진테제는 우리 프랑스 사람들이 학창 시

절에 배우고 익히는 기본적인 분석법입니다.

그런데 미국 사람들은 '요점만 간단히 말하고 옆길로 빠지지 말라'고 배우죠. 이에 대해 프랑스 사람들은 이렇게 말합니다. '자신의 논리를 설명해 보지도 않고 어떻게 결론에 도달할 수 있지?' 그러나 넷플릭스는 애당초 미국 회사이고, 제 상사도 미국인이고, 팀 동료들도 모두 미국인이에요. 저는 잘 몰랐지만, 평소 저의 소통 방식 때문에 제 의도가 그들에게 제대로 전달되지 않았던 것 같습니다.

2016년 11월, 제 상사는 우리 팀을 인솔하여 라이브 360도 평가 행사를 마련했습니다. 우리는 암스테르담에 있는 월도프 아스토리아 호텔에 독실을 하나 빌려, 4코스짜리 식사를 했어요. 문자 그대로 '폭풍우 몰아치는 칠흑 같은' 밤에 우리는 중세풍 장식이 화려한 방에 자리를 잡았어요. 조명이라고는 커다란 목제 장방형 식탁 위에 매달린 대형 크리스털 샹들리에가 전부였죠. 초조하긴 했지만, 넷플릭스에서 제가 짧은 시간에 이룩한 성과를 떠올리며 스스로 다독였어요. 저는 분명 '비범한 동료' 중 한 사람일 것이라고 믿었죠.

드디어 제 차례가 되었어요. 먼저 동료 조엘이 저의 소통 방식을 지적하더군요. 말을 해도 사람들의 관심을 집중시키지 못하고, 또 핵심을 전달하기까지 너무 많은 시간을 들인다는 얘기였어요. 어이가 없더군요. '소통을 잘 못 한다고? 내가? 무슨 소리야? 난 소통의 달인인데! 내가 제일 잘하는 것이 바로 소통이라고!' 말이 안 되는 지적이라 생각하며 무시해 버렸어요.

그런데 다른 미국인 동료들도 저마다 비슷한 지적을 하는 거예요. 제 논리가 너무 형식적이어서 현실성이 없다느니, 메시지가 금방 와닿지 않는다느니, 써놓은 글을 봐도 무슨 말인지 잘 모르겠다고도 했죠. 다섯 번째 사람까지 같은 말을 하자 속에서 화가 치밀었어요. '좋아. 무슨 말인지 알겠으니 그만들 좀 두들겨대라고.' 그런데 일곱 번째부터는 변명거리를 찾기 시작했어요. '이봐, 미국인 친구들. 어디 프랑스 회사에 가서 한번 일해보시지? 그러면 당신들의 글 쓰는 방식의 문제가 뭔지 금방 알게 될 테니!'

그러나 그날 저녁의 불편함도 분명 감수할 만한 가치가 있었다.

2년 전의 그 저녁 시간에, 동료들은 지난 10년 동안 제가 개선했어야 할 가장 중요한 부분을 지적해 주었어요. 저는 곧 상황에 적응했고, 그래서 새로운 차원을 향해 큰 걸음을 뗄 수 있었죠. 저는 상황에 따라 미국인과 프랑스인들의 소통 방식을 번갈아 구사하는 요령을 터득했어요. 물론 쉽지는 않았죠. 하지만 최근에 가진 라이브 360도 평가에서 동료들은 제 소통 방식이 많이 달라졌다며 축하해 주었어요. 월도프의 일은 잊고 싶을 정

도로 속상한 기억이지만, 그 일이 없었다면 저는 결국 키퍼 테스트를 통과하지 못했을 겁니다. 그리고 넷플릭스에도 남아 있지 못했을 것 같아요.

소피의 고백은 아주 전형적인 대답이다. 모든 사람이 듣고 있는 가운데 '고쳐야 할 부분'을 지적받았을 때의 기분을 물어보면, 대부분 이렇게 답한다. 그런 지적은 당황스럽고 또 불편하다. 그러나 결국 그런 지적이 성과를 끌어올린다. 소피가 지금 넷플릭스에서 잘 버티는 것도 그 때문일지 모른다.

여덟 번째 점

솔직함이 중요하다고 생각하면, 바로 그 자리에서 솔직함을 가능하게 해주는 메커니즘을 가동해야 한다. 두 가지 제도적 절차만 확보되면 누구나 솔직한 피드백을 주기적으로 받을 수 있다.

☑ 솔직함은 치과에 가는 것과 같다. 아무리 양치질을 열심히 해도, 칫솔이 닿지 않는 부분이 있게 마련이다. 그렇게 불편한 곳은 계속 놓치게 된다. 6개월 또는 12개월 주기로 모임을 꼬박 챙겨, 이를 깨끗이 닦는지 피드백을 확실히 주고받는지 확인하라.

☑ 성과 평가는 솔직한 직장 환경을 만드는 데 그다지 바람직한 메커니즘이 아니다. 피드백은 보통 일방적이고(하향 평가), 오직 한 사람(상사)에게서 나오기 때문이다.

☑ 360도 서면 평가는 연례적으로 시행할 수 있는 좋은 피드백 메커니즘이다. 다만 익명이나 점수를 매기는 일을 피하고, 결과를 연봉 인상이나 승진과 연계하지도 말라. 그리고 각오가 된 사람에게는 언제든 공개적으로 코멘트를 하라.

☑ 저녁 식사를 겸한 라이브 360도 평가는 또 하나의 효과적인 절차다. 이 행사를 위해 몇 시간 정도를 따로 할애하라. 분명한 지침을 주고 4A 피드백 지침에 따라, '시작하세요, 중단하세요, 계속하세요'를 활용하라. 긍정적인 코멘트와 시정을 요구하는 코멘트는 25% 대 75% 정도가 좋다. 피드백은 실질적인 내용을 담아야 한다. 의례적이고 상투적인 언사는 피하라.

三 자유와 책임의 문화를 향해

키퍼 테스트 시스템을 실천했다면, 사무실 내의 인재 밀도가 꽤 높아졌을 것이다. 여기에 공개적인 라이브 360도 평가 피드백까지 했으니, 솔직한 문화는 물론 직원들이 서로 공개적으로 솔직하

358 게 말할 수 있는 제도적 도구까지 마련된 셈이다. 인재가 많이 확보되고 솔직한 문화가 정착되었으면, 리더들이 쥐고 있던 통제권을 내려놓도록 교육할 차례다.

앞서 6장에서 우리는 의사결정의 자유를 다루었다. 그러니 개념적으로 어느 정도는 준비가 된 셈이다. 그러나 F&R의 진정한 환경을 개발하려면 모든 매니저가 통제가 아닌, 맥락으로 리드하는 법을 알아야 한다. 이것이 다음 장의 주제다.

대부분의 통제를
제거하라.

통제가 아닌,
맥락으로 리드하라

넷플릭스의 오리지널 다큐멘터리 프로그래밍 디렉터인 애덤 델 데오Adam Del Deo는 불안한 마음으로 전화를 끊었다. 그는 유타주 파크시티에 있는 워싱턴 스쿨하우스 호텔 로비 벽에 기대어, 숨을 깊게 들이마신 후 눈을 감았다. 잠시 후, 인기척에 눈을 떠보니 동료인 선임 법률고문 롭 기예르모Rob Guillermo가 옆에 와 있었다. "이봐, 애덤. 괜찮은 거야? 〈이카루스Icarus〉의 입찰 소식 들었어?"

때는 2017년 1월이었고, 애덤과 롭은 선댄스 영화제Sundance Film Festival에 참석 중이었다. 그들은 전날, 러시아 도핑 스캔들 이야기를 다룬 다큐멘터리 〈이카루스〉를 관람했다. 애덤은 자신이 본 다큐멘터리 중 최고라고 생각했다.

영화는 콜로라도 출신의 저널리스트인 브라이언 포겔Bryan Fogel의 흥미로운 이야기를 따라갑니다. 사이클 선수이기도 한 브라이언은 자신도 특정 약물을 투입할 경우 적발되지 않고 랜스 암스트롱Lance Armstrong처럼 놀라운 기록을 세울 수 있는지 실험해 봅니다. 브라이언이 러시아의 도핑 방지 검사소장인 그리고리 로드첸코프Grigory Rodchenkov에게 연락하자, 그 역시 도와주겠다고 약속하죠. 그들은 스카이프로 알게 된 사이였습니다. 그러나 실험하던 도중 러시아는 자국의 올림픽 선수들에게 금지약물을 투여했다는 혐의로 기소됩니다. 도핑 프로그램을 운영한 사람은 다름 아닌, 로드첸코프였습니다. 그가 동시에 도핑 방지 프로그램도 운영한 것이죠! 로드첸코프는 푸틴에게 살해당할까 두려워 러시아를 탈출해 브라이언의 집에 은신합니다.

지어내기도 쉽지 않은 이야기에요. 영화는 한순간도 눈을 뗄 수 없을 정도로 박진감이 넘쳤습니다.

애덤은 어떻게 해서든지 이 영화를 넷플릭스로 가져오고 싶었다. 소문으로는 아마존과 훌루, HBO 등, 모두가 이 작품을 노리고 있다고 했다. 그날 아침, 애덤은 다큐멘터리로는 거금인 250만 달

러를 써냈지만, 보아하니, 그 가격으로는 어림도 없을 것 같았다. 350만이나 400만 달러는 되어야 하나? 지금까지 그렇게 높은 금액의 다큐멘터리는 없었다. 그와 롭이 입찰가를 의논하는데, 옆 식당에서 아침 식사를 마친 테드 사란도스가 로비로 들어섰다. 그들은 테드에게 〈이카루스〉의 상황을 설명한 뒤, 어떻게 하면 좋겠느냐고 물었다. 애덤은 당시 대화를 이렇게 회상한다.

"375만 달러나 400만 달러로 올려야 할 것 같은데, 다큐멘터리치고는 너무 큰 액수예요. 그러면 시장가격이 완전히 새로 형성되는 겁니다." 저는 그렇게 말하면서 테드의 표정을 살폈습니다. 테드가 제 눈을 정면으로 보며 말하더군요. "그러니까, 그게 바로 '월척'이라는 말이죠?" 그는 그 단어를 강조하듯 손가락으로 따옴표를 만들었어요. 그래서 더욱 초조해졌죠. 그건 제가 노리던 월척이었어요. '테드도 월척이라고 생각하는 걸까?' 그래서 물었죠. "어떻게 생각하세요?"

테드는 출입문 쪽으로 걸음을 옮기기 시작했어요. 제 질문에는 답할 생각이 없어 보였죠. "그러니까 말이지." 그가 입을 열더군요. "내 생각은 중요하지 않아요. 다큐멘터리는 당신 담당이잖아요, 내가 아니라. 당신한테 월급을 주는 건 그런 결정을 하라고 주는 겁니다. 이게 월척인지 스스로 물어보세요. 이게 대박을 터뜨릴까? 〈슈퍼사이즈 미Super Size Me〉나 〈불편한 진실An

Inconvenient Truth〉처럼 오스카 후보에 오를 수 있을까? 그렇지 않다면 너무 큰 돈이죠. 하지만 월척이라면, 450만이든 500만이든 잡아야죠. 그게 월척이라면 말입니다."

2007년에, 레슬리 킬고어는 테드가 호텔 로비를 나가면서 보여준 바로 그런 태도를 가리키는 말을 만들었다. '통제가 아닌, 맥락으로 리드하라Lead With Context, Not Control.' 지금 넷플릭스 사람이라면 모두가 아는 경구다. 일반적으로 이 정도 큰돈이 걸린 문제라면 고위층이 개입해서 협상을 통제한다. 하지만 넷플릭스에서 그런 리더십은 보기 어렵다. 애덤의 설명대로, "테드는 직원 대신 결정하려 했던 것이 아니라, 좀 더 넓은 차원에서 맥락을 짚어 회사의 전략에 맞춰 생각할 수 있게 도와준 것이었다. 그가 맥락을 짚어준 덕분에 이를 기반으로 마음을 정할 수 있었다."

통제인가 맥락인가

누구에게나 익숙한 방식은, 통제의 리더십이다. 상사는 팀에서 제시한 안건이나 조치나 결정을 승인하고 지시한다. 때로는 실무진의 업무를 직접 감독하여 할 일을 일러주고, 수시로 확인하면서 잘못되면 바로잡아 준다. 그런가 하면 간혹 직접적인 감독을 자제하고 실무진에게 좀 더 많은 권한을 주기도 한다. 하지만 전반적인 절차는 여전히 통제한다.

실무자가 원하는 대로 처리할 수 있도록 어느 정도 자유를 주지만, 그래도 어떤 일을 언제까지 끝낼 것인가 하는 문제는 여전히 상사가 통제한다. 예를 들어, 상사는 목표관리법Management by Objectives 같은 프로세스를 마련하여 직원과 함께 핵심성과지표KPI를 정한다. 그다음 진행 상황을 주기적으로 모니터링하고, 담당자가 정해진 목표를 제시간에 한정된 예산 안에서 완수하는지를 근거로 개인의 최종 성과를 판단한다. 상사는 또한 결과물이 고객의 손에 들어가기 전에 최종 상태를 확인하거나 주문을 하기 전에 구매항목을 승인하는 등 오류 저감 프로세스를 마련하여 업무의 질을 통제하기도 한다. 어느 정도의 자유는 허락하지만, 그래도 상당 부분을 통제하는 프로세스다.

반면 맥락만 짚어주는 방식은 좀 더 까다롭지만, 실무진에게 상당한 자유를 주는 프로세스다. 상사는 실무자의 업무 활동을 감독하거나 통제하지 않고 팀원들이 훌륭한 결정을 내려 일을 끝낼 수 있도록 모든 정보를 제공한다. 이렇게 되면 실무진 각자의 의사결정 근육이 튼튼해져 이후로도 좀 더 나은 결정을 독자적으로 내릴 수 있다.

맥락을 짚어주어도 적절한 조건이 마련되지 않으면, 별다른 결과를 기대할 수 없다. 맥락으로 리드할 때의 첫 번째 선결 조건은 높은 인재 밀도다. 자녀나 집을 수리해 주는 기사 등 그 누구라도 사람을 다뤄봤다면, 그 이유를 잘 알 것이다.

예를 들어, 열다섯 살짜리 아들이 있다고 하자. 그 아이는 틈만 나면 일본 애니메이션 주인공의 그림을 그리고 복잡한 스도쿠 문제를 풀며 색소폰을 즐겨 분다. 최근에는 토요일 밤마다 저보다 나이가 많은 친구들과 파티에서 어울리기 시작했다. 당신은 이미 그 아이에게 술을 마시지 말고, 술을 먹고 운전하거나 술 마신 사람이 운전하는 차에 타서는 안 된다고 단단히 일러두었다. 그래도 아이가 나갈 때마다 걱정이 되는 것은 어쩔 수 없다. 이런 문제에 접근하는 방법은 두 가지다.

1. 가도 되는 파티와 갈 수 없는 파티를 정해주고, 그곳에 있는 동안 아들의 행동을 감시한다. 아이가 토요일 밤에 나가겠다고 하면, 절차를 따라야 한다. 가장 먼저, 파티에 누가 오며 무엇을 할 것인지 설명해야 한다. 그러면 당신은 파티가 열리는 집의 부모에게 전화를 걸어 이야기를 나눠볼 것이다. 그래서 옆에서 지켜보는 어른이 있는지, 메뉴 중 술이 있는지 확인할 것이다. 그런 정보를 종합해 아들을 보낼지 말지 결정한다. 참석을 허락하더라도 수시로 아들에게 전화를 걸어 중간에 딴 길로 빠지지 않는지 확인한다. 이것이 통제로 리드하는 방식이다.

2. 맥락을 짚어주어 아들과 의견을 조율하는 방법이다. 우선 평소 아들에게 청소년이 술을 마시면 안 되는 이유와 음주나 음주운전의 위험성을 설명한다. 주방에서 여러 종류의 술을 따라가며 살짝 취기가 오거나, 거

나하게 취하거나, 필름이 끊기는 양을 설명해 주고 음주가 사람의 행동이나 건강에 어떤 영향을 미치는지 토론한다. 유튜브에서 음주운전의 결과를 보여주는 교육용 동영상도 보여준다. 아이가 위험성을 충분히 이해한 것 같다면, 더는 행동을 제한하거나 감독하지 않고 가고 싶어 하는 파티에 가게 해준다. 이것이 맥락으로 리드하는 방식이다.

어느 쪽을 택할 것인가는 아이가 어떤지에 따라 달라진다. 그동안 지각없는 행동을 자주 저질러 믿음이 가지 않는다면, 통제로 다스리는 쪽을 택할 것이다. 하지만 평소에 신뢰를 줄 만큼 분별력이 있는 아이라면, 맥락을 짚어준 다음 삼가서 처신하리라 여기고 그 이상 참견하지 않는다. 그런 식으로 하면 아들이 토요일 밤마다 스스로 현명한 결정을 내리게 되는 것은 물론, 앞으로 살면서 만나게 될 수많은 유혹과 친구들과의 교제에서 쉽게 휩쓸리지 않고 더욱 책임 있는 결정을 하게끔 미리 훈련할 수 있다.

아이가 책임감이 있다면 2번 선택지가 확실한 답일지 모른다. 세상에 어떤 아이가 위압적인 부모를 원하겠으며, 부모도 무엇 때문에 아이가 스스로 책임질 기회를 그렇게까지 빼앗으려 하겠는가? 그러나 대부분은 그렇게 무 자르듯 명쾌하게 선택할 수 없다. 이런 시나리오를 생각해 보자.

당신은 근대를 배경으로 한 〈다운튼 애비 *Downton Abbey*〉에 나오는 저택의 여주인으로, 영국 상류층의 억양을 구사하면서 귀족 드라마에 흔히 등장하는 돈 많고 콧대 높은 여성이다. 오늘 장성한 자녀들이 한 달 휴가를 보내기 위해 당신의 저택으로 오고 있다. 그래서 당신은 며칠 전에 요리할 사람을 고용했다. 그런데 당신 집안 사람들은 식성이 까다롭다. 한 사람은 당뇨 환자이고, 또 한 명은 채식주의자이며, 나머지 한 사람은 저탄수화물 식이요법을 하고 있다. 물론 당신은 자녀들이 좋아하는 음식을 잘 알고 또 만들 줄도 알지만, 당신이 고용한 요리사는 어떤가? 그녀는 당신 가족에 관해 아무것도 모른다. 당신이 할 수 있는 선택지는 여기서도 두 가지다.

1. 당신은 요리사에게 매일 저녁 만들 식단을 구체적으로 짜주고, 레시피도 알려준다. 각각의 메뉴를 얼마나 만들지 설명해 주고 어떤 식자재를 넣고 뺄 것인지 알려준다. 그리고 식탁에 올리기 전에 양념이 제대로 되었는지 알맞게 익었는지, 만드는 메뉴마다 맛을 본다. 요리사는 당신의 지시만 따르면 된다. 물론 그녀도 직접 아이디어를 제시하여 새로운 요리를 만들 수 있지만, 사전에 당신의 허락을 받아야 한다. 이것이 통제로 리드하는 방식이다.

2. 당신은 식단에 필요한 사항을 그녀와 상세하게 의논한다. 당신은 저탄수화물 식이요법을 설명해 주고, 당뇨환자가 먹을 수 있는 것과 없는 것을 일러준다. 당신이 예전에 맛있게 만들어 인기가 좋았던 요리의 레시피와 망쳤던 요리를 일러주고, 그 경우 손쉽게 대체할 수 있는 메뉴도 알려준다. 당신은 어떤 요리든 단백질이 어느 정도 포함되어야 하고, 샐

러드는 필수이며, 채소도 최소한 한 가지는 올라가야 한다고 알려준다. 마지막으로 훌륭한 요리를 만드는 데 필요한 사항에 관해 요리사와 의견을 조율한 다음, 직접 만들고 싶은 요리를 찾아보라고 일러준다. 이것이 맥락으로 리드하는 방법이다.

1번을 선택하면 식탁에 어떤 요리가 올라올지 미리 알 수 있다. 자녀들도 그 요리들을 틀림없이 좋아할 것이다. 요리사가 실수로 요리를 망칠 가능성은 거의 없다. 따라서 당신이 고용한 요리사가 창의적인 아이디어를 낼 줄 모르고 좋은 레시피를 발굴해 낼 만큼의 탐구심이 없고 경험도 부족하다면, 게다가 더 나은 요리사를 구할 수도 없다면, 1번이 옳은 선택이다. 이런 상황에서 2번을 선택하는 것은 모험이다.

그러나 당신이 요리사의 판단력과 솜씨를 믿어 2번을 선택하면 이야기가 흥미로워진다. 능력이 뛰어난 요리사는 선택의 자유가 주어질 때 솜씨를 마음껏 발휘할 수 있고, 그래서 자신만의 요리법을 시도한다. 그녀는 당신보다 더 혁신적인 음식을 선보이게 될 것이다. 실수해도 그 과정에서 뭔가를 배운다. 그래서 휴가를 끝내고 다들 돌아가서도 당신 가족들은 그녀가 만들어준 훌륭한 요리를 기억할 것이다.

따라서 리드 방식을 맥락과 통제 중에 선택하기 전 대답해야 할 첫 번째 질문은 이것이다. '우리 회사의 인재 밀도는 어느 수준인가?' 직원들이 능숙하지 못해 하는 일마다 쩔쩔맨다면, 당신이 나서서 감시하고 제대로 된 결정을 내리는지 확인해야 한다. 하지만 실력이 뛰어난 인재로 구성된 집단을 이끌고 있다면, 그들은 자유를 원할 것이고 따라서 맥락만 짚어줘야 제 실력을 발휘할 것이다.

맥락인지 통제인지에 대한 결정은, 인재 밀도와 관련된 문제만은 아니다. 회사가 속한 산업의 성격과 그곳에서 이루고자 하는 목표도 함께 고려해야 한다.

안전이 우선인가?

최근에 상당한 성과를 낸 두 회사에 관한 기사를 잠깐 살펴보자. 두 기업 중에 통제와 감독과 오류 저감 프로세스로 리드하여 수익을 낸 쪽은 어느 기업이고, 맥락으로 혜택을 본 쪽은 어느 기업인지 맞혀보라.

먼저 미국의 다국적 석유화학 기업인 엑슨모빌ExxonMobil부터 보자. 그들의 홈페이지에는 이런 구절이 있다.

ExxonMobil

2000년 이후로 우리는 근로손실재해율 workforce lost-time incident rate을 80% 이상 줄여왔다. 수치는 줄어들고 있지만, 아직도 안전사고는 일어난다. 우리는 2017년에 엑슨모빌의 작업과 관련하여 계약직 직원

2명이 별건의 사고에서 중상을 입은 것을 크게 유감스럽게 생각한다. 하나는 지상 시추정에서 발생했고, 또 하나는 건설과정 중 정유소에서 일어났다. 우리는 향후 이와 비슷한 사고가 재발하지 않게 하기 위해 사고와 관련된 원인을 철저히 조사하여 전 세계에 그 결과를 공표할 것이다. 우리는 또한 사상자에 대한 선행지표를 좀 더 정확히 파악하기 위해 미 안전협회National Safety Council의 캠벨연구소Campbell Institute 같은 석유와 휘발유 그 밖의 산업 대표들과 통합산업 워킹그룹에 가입했다. 우리는 '아무도 다치지 않는' 작업장이라는 목표에 도달할 때까지 엑슨모빌 정규직과 계약직 모든 직원에게 안전 제일의 원칙을 계속 강조해 나갈 것이다.

두 번째는 미국 유통업계의 거물, 타깃Target이다. 2019년에 〈패스트컴퍼니Fast Company〉는 타깃을 세계에서 가장 혁신적인 기업 11위에 선정했다. 관련 기사에는 이런 내용이 나온다.

Target

리테일 아포칼립스Retail Apocalypse가 수많은 대형 유통업체에 치명타를 입혔다. 전자상거래가 크게 늘면서 J.C. 페니J.C. Penney와 시어스Sears, K마트Kmart는 휘청거리며 동네 구멍가게로 전락하고 있다. 하지만 그런 와중에도 타깃은 현대 소비자의 기호에 민첩하게 대처해 왔다. 미국 전역에서 1,800개가 넘는 매장을 운영하고 있는 타깃은 초대형 슈퍼타깃SuperTarget부터 유연한 구조를 가진 소규모 도심 매장까지 그 형태와 구조가 모두 달라 쇼핑객들의 특화된 요구를 충족시킨다. 이 브랜드는 또한 짜임새 있는 홈페이지, 아마존과 경쟁할 수 있는 당일배송 및 24시간 이내 배송 체제, 온라인으로 주문한 품목을 당일 수령할 수 있는 옵션 등 온라인 시스템 구축에도 심혈을 기울여왔다.

리더십의 방향을 선택하기 전, 두 번째 던져야 할 핵심 질문은 이것이다. '1차 목표가 오류 방지인가, 혁신인가?'

오류를 제거하는 데 초점을 맞출 때는 통제 방식이 좋다. 엑슨 모빌은 안전이 무엇보다 중요한 시장에서 활동한다. 그들의 사이트를 들여다보면, 인사 사고를 최소화하기 위한 안전 수칙이 수백 가지 올라와 있다. 늘 위험이 존재하는 환경에서도 가능한 한 사고를 내지 않고 이윤을 올려야 할 때는 통제 메커니즘이 필수다.

마찬가지로 병원 응급실을 운영하면서 경력이 짧은 간호사들에게 맥락만 짚어주고 감독도 없이 스스로 결정하라고 한다면, 환자의 안전을 보장할 수 없다. 항공기를 제작하면서 모든 부품이 제대로 조립되는지 확인하는 통제 절차를 완벽하게 마련해 놓지 않는다면, 치명적인 사고 발생 확률이 올라간다. 고층빌딩의 유리창을 닦을 때도 주기적으로 안전을 점검하고 매일 체크리스트를 확인해야 한다. 오류를 방지하는 데는 통제로 리드하는 것이 가장 좋다는 이야기다.

그러나 타깃처럼 혁신이 목표라면, 실수를 좀 해도 크게 위험할 일은 없다. 정작 위험한 것은 직원들이 사업의 성격을 바꿀 만한 대단한 아이디어를 생각해 내지 못하는 것이다. 온라인으로 쇼핑하는 사람들이 많아지면서 문을 닫는 재래식 유통업체들이 많은 이때, 타깃에게 가장 중요한 것은 고객들을 매장으로 끌어들일 수 있는 참신한 발상이다.

참신한 발상은 타깃에만 필요한 것이 아니다. 아이들 장난감을 만들고, 컵케이크를 팔고, 스포츠용품을 디자인하고, 퓨전 레스토랑을 운영한다면, 무엇보다 혁신이 중요하다. 이런 곳에는 베스트 플레이어가 있어야 하고, 베스트 플레이어가 있는 곳에서는 맥락으로 리드하는 것이 가장 좋다. 독창적인 사고를 부추기려면, 무엇을 하라고 지시하거나 점검표를 주고 확인란에 표시하도록 해서는 안 된다. 꿈을 크게 갖도록 자극하고, 틀에서 벗어나 생각하게끔 영감을 주고, 도중에 실수할 여유를 허락해야 한다. 다시 말해, 맥락으로 리드해야 한다.

아니면 〈어린 왕자 _Le Petit Prince_〉를 쓴 앙투안 드 생텍쥐페리 Antoine de Saint-Exupéry처럼 좀 더 시적으로 표현할 수도 있다.

> 만약 배를 만들고 싶다면
> 일꾼들에게
> 나무를 구해오라고 지시하지 마라.
> 업무와 일을 할당하지도 마라.
> 그보다는 갈망하고 동경하게 하라.
> 끝없이 망망한 바다를

나는 이 구절이 무척 마음에 들어서 넷플릭스 문화를 설명할 때마다 인용하곤 하지만, 한편으로 생각해 보면 비현실적인 요구라며 이런 문구에 거부감을 드러낼 사람도 있을 것 같다. 그래서 나는 맥락으로 리드하기 위해 갖춰야 할 세 번째 필요조건을 생각해 냈다. 높은 인재 밀도를 갖추고 오류 방지보다 혁신을 중시하는 것 외에, '느슨하게 결합된' 시스템을 유지해야 한다. 이것이 세 번째 조건이다.

느슨한가, 단단한가?

나는 소프트웨어 엔지니어다. 소프트웨어 엔지니어는 시스템 설계를 설명할 때 '단단한 결합'과 '느슨한 결합' 두 가지 유형을 말한다. 단단하게 결합된 시스템에는 다양한 요소가 복잡하게 얽혀 있다. 이런 체계의 어느 한 부분에 변화를 주려면, 원점으로 돌아가 기초부터 다시 작업해야 한다. 그렇게 하면 변화를 주어야 할 부분뿐 아니라 시스템 전체가 흔들린다. 반면, 느슨하게 결합된 설계 시스템에는 구성 요소들 사이에 상호의존성이 거의 없다. 이런 체계는 처음으로 돌아가 기초를 바꾸지 않고도 각 부분을 상황에 맞게 바꿀 수 있도록 설계되어 있다. 소프트웨어 엔지니어들이 느슨한 결합을 좋아하는 것도 그 때문이다. 결합이 느슨하면 다른 부분에 영향을 주지 않고도 특정 부분을 바꿀 수 있으니 말이다.

이런 시스템은 전체적으로 유연성이 크다.

조직의 짜임새는 컴퓨터 프로그램과 상당히 비슷하다. 체계가 단단히 결합되어 있는 회사에서는 빅 보스가 주요 결정을 내린 다음 아래 부서로 밀어 내리기 때문에, 흔히 여러 사업 분야 사이의 의존성이 강화된다. 어떤 부서에서 문제가 생기면 그것을 처음 지시한 상사에게 다시 가져가야 한다. 그가 모든 부서를 장악하고 있기 때문이다. 한편 체계가 느슨하게 결합된 회사에서는 매니저나 실무 직원이 각자 자유롭게 결정을 내리거나 문제를 해결한다. 그래도 결과가 다른 부서로 파급되지 않기 때문에 안전하다.

회사의 리더들이 원래부터 통제 방식으로 조직을 이끌어왔다면, 당연히 체계가 단단히 결합되어 형성되었을 것이다. 그런 체계에서 맥락으로 사람들을 리드하려고 하면, 그 단단한 결합이 방해된다는 것을 수시로 느끼게 된다. 중요한 결정은 모두 위에서 내리기 때문에 부하직원들에게 결정권을 주고 싶어도 그럴 수 없다. 중요한 결정에는 당신뿐 아니라, 당신의 상사 그리고 그 상사의, 상사의 승인이 있어야 한다.

단단히 결합된 체계가 굳어진 상태에서 조직의 운영 방식을 통째로 바꾸려면 낮은 위계에서 맥락으로 리드하는 방식으로는 힘들고, 회사의 최고 리더들과 이를 도모해야 한다. 아무리 인재 밀도가 높고 혁신을 목표로 삼는다고 해도, 이 문제를 해결하지 못하면 맥락으로 리드할 수 없다.

넷플릭스가 느슨한 결합 체계를 유지할 수 있는 건 '정보에 밝은 주장'이라는 모델이 있기 때문이다. 중앙에 집중된 통제 절차나 규정, 정책이 거의 없고, 의사결정권은 철저히 분산되어 있다. 따라서 직원 각자에게 많은 자유가 주어지고, 각 부서는 유연하게 운신할 수 있으며, 회사 전체를 봐도 의사결정이 빠르게 이루어진다.

혁신과 유연성을 지향하는 스타트업이라면, 의사결정을 분산시켜 여러 부서의 상호의존성을 배제하고 처음부터 느슨한 결합을 조성해야 한다. 단단히 결합된 체계가 한번 정착되고 나면, 느슨한 결합으로 바꾸기 어렵다.

하지만 단단한 결합 체계도 적어도 한 가지 측면에서는 중요한 혜택이 있다. 전략에 변화를 줄 때는 조직 전체의 노선을 조율하기가 아주 쉽다. CEO가 지속 가능성과 윤리적 기준의 강화에 초점을 맞추기로 마음을 바꾸면, 자신의 집중화된 의사결정을 통해 사내 모든 부서의 노선을 통제하면 되기 때문이다.

반면, 느슨한 결합 체계에서는 이러한 조율이 쉽지 않다. 이를테면 노동력을 착취하던 공장이 방침을 바꿔 환경과 인권 문제를 중시하려고 해도, 어느 한 부서에서 조율이 제대로 되지 않아 조직 전체의 노선 자체가 엉뚱하게 뒤틀릴 수 있다. 해당 부서의 부서장이 나름 멋진 비전을 가지고 새로운 전략에 적극적으로 협조하려고 해도, 누가 어떤 프로젝트를 맡을지를 팀원 스스로 정하게 하면, 각자 저마다 다른 방향으로 일을 추진할 것이다. 이런 상황에서는 부서의 비전을 빠른 시일 내에 실현시키기가 어렵다.

그래서 맥락으로 리드하기 위한 네 번째 선결 조건을 마련했다.

당신의 조직은 조율이 잘 되는가?

 중요한 결정권이 실무자 개인에게 있는 느슨한 결합 체 계가 진가를 발휘하려면, 목표를 앞에 둔 상사와 부하직 원의 의견이 확실하게 일치해야 한다. 느슨한 결합은 상사와 팀원 이 맥락을 확실하게 공유할 때만 제 기능을 한다. 이처럼 맥락이 잘 조율된 상태에서는 각자가 조직 전반의 전략이나 임무를 뒷받 침하는 결정을 쉽게 내릴 수 있다. 그래서 넷플릭스에는 이런 만 트라가 존재한다.

목표는 동일하게, 실행은 자율적으로

가족들이 식사를 기다리는 '다운튼 애비' 이야기로 돌아가 보자. 어떤 음식을 만들어야 가족들이 맛있게 먹을지, 누가 무엇을 먹을 지, 어느 정도의 분량을 만들지, 어떤 음식을 살짝 익힐지 아니면 적당히 익히거나 바싹 익힐지 등을 놓고 당신과 요리사가 충분한 시간 동안 긴밀하게 의견을 조율한다면, 실력 있는 당신의 요리사 는 당신이 감독하지 않아도 언제든 메뉴를 선택하고 음식을 조리 할 태세를 갖출 것이다.

그러나 능력이 있는 요리사를 고용하여 원하는 요리를 할 수 있 도록 자유를 준다고 해도, 가족들이 음식에 소금을 치는 것을 싫 어하고 설탕이 들어간 샐러드드레싱은 먹지 않는다는 사실을 알려주지 않는다면, 식탁에 앉은 가족들의 표정이 그렇게 밝을 것 같지 않다. 이는 요리사의 잘못이 아니라, 당신의 잘못이다. 당신은 훌륭한 요리사를 채용했지만, 맥락을 제대로 짚어주지 않았다. 요리사에게 자유를 주었지만, 의견 조율에는 실패했다.

물론 다운튼 애비에서는 가족을 위해 요리하는 사람이 요리사 한 사람이지만, 회사는 그렇게 간단하지 않다. 위계마다 리더들이 겹겹이 자리 잡고 있다. 그래서 조율을 이뤄내는 과정이 더욱 복잡할 수밖에 없다.

이제부터는 모든 리더가 조율에 초점을 맞출 경우, 조직 전반에서 맥락이 어떤 식으로 설정되는지 살펴보자. 1단계 맥락을 제공하여 회사 전반에 최초 기반을 세우는 사람은 CEO다. 그러니 리드에서 시작하자.

북극성에 맞춰 조율하기

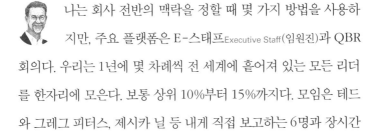 나는 회사 전반의 맥락을 정할 때 몇 가지 방법을 사용하지만, 주요 플랫폼은 E-스태프Executive Staff(임원진)과 QBR 회의다. 우리는 1년에 몇 차례씩 전 세계에 흩어져 있는 모든 리더를 한자리에 모은다. 보통 상위 10%부터 15%까지다. 모임은 테드와 그레그 피터스, 제시카 닐 등 내게 직접 보고하는 6명과 장시간 미팅하거나 식사하는 것으로 시작된다. 그런 다음 나는 모든 부사

장급 이상의 임원진과 이야기하는 데 꼬박 하루를 보내고, 이틀 동안 QBR 회의를 통해 프레젠테이션하고 의견을 나누고 토론한다. 여기에는 디렉터급 이상이 모두 참석하는데, 전체 인원의 10% 정도다.

이 모임의 첫 번째 목표는 회사의 모든 리더가 내가 '우리의 북극성'이라고 지칭한 것에 맞춰 의견을 긴밀히 조율하는 것이다. 우리는 모두 북극성을 향해 달려간다. 단, 그곳에 이르는 방법까지 조율하진 않는다. 그건 각 부서가 알아서 할 문제다. 하지만 우리가 모두 같은 방향을 향해 움직이도록 조율할 필요는 있다.

QBR을 전후로 우리는 수십 쪽에 달하는 구글 독스 메모를 전 사원에게 보내, 우리가 QBR에서 공유한 맥락과 내용을 전부 공개한다. 이 정보는 QBR에 참석한 사람뿐 아니라 행정비서나 판매 보조사원 등 회사의 모든 직급에 있는 사람이 전부 읽을 수 있다.

QBR이 진행되는 동안 나는 계속되는 일대일 미팅을 통해 우리가 실제로 얼마나 조율이 잘되고 있는지, 맥락이 부족한 부분은 어디인지 확인한다. 또 나는 1년에 한 번씩, 디렉터들과 30분짜리 일대일 미팅을 갖는다. 계산해 보면 조직도에서 나로부터 세 단계부터 다섯 단계 아래의 직책을 가진 직원들과 약 250시간 미팅하는 셈이다. 나보다 두세 단계 아래 직급인 부사장들과도 분기마다 1시간씩 미팅을 갖는다. 결국 일대일 미팅에 매년 500시간을 쓰고 있다. 넷플릭스의 규모가 작았을 때는 사람들과 더 자주 만났지만, 지금도 여전히 이런 종류의 미팅에 매년 25%의 시간을 들인다.

일대일 미팅을 통해 나는 우리 직원들에게 필요한 맥락을 더 잘 이해하고, 우리의 리더십에서 잘 조율이 되지 않는 부분을 파악하여, 다음 QBR 회의 때 다시 핵심 포인트로 다룬다.

2018년에 싱가포르 지사를 찾았을 때의 사례로 설명하면 쉽게 이해가 될 것이다. 제품개발부에 있는 한 디렉터와 30분짜리 일대일 미팅을 하던 중, 그는 별생각 없이 팀에서 5개년 채용계획을 개발 중이라고 말했다. 나는 놀랐다. 번듯한 회사라면 5개년 계획 정도는 당연히 있어야 하는 것 아닌가 생각할지 모르지만, 우리처럼 역동적인 산업에서 5개년 계획은 말도 안 되는 이야기다. 넷플릭스 같은 기업은 5년 뒤에 어떻게 될지 알 수 없다. 추측해 보고 그 추측을 기준으로 계획해 봐야 운신의 폭만 좁아지고, 그래서 빠른 변화에 적응하는 것이 더욱 힘들어진다.

알아보니, 설비 담당 임원 중 한 사람이 여러 지사에 2023년에 필요한 인원수를 예측하여 보고하도록 요청했다는 것이다. 그래서 그와 직접 이야기해 봤다. 전 세계에 있는 지사 중 몇 군데가 예상보다 빠른 속도로 성장한 탓에 공간이 부족해져 재정적 낭비가 심하다는 설명이었다. "5개년 채용계획을 마련하면, 가장 저렴한 비용으로 가장 좋은 장소를 구할 수 있으니 이런 실수를 반복하지 않아도 되죠. 그래서 여러 부서 사람에게 계획을 작성해 달라고 요청했습니다." 그는 태연하게 말했다.

나는 이렇게 말하고 싶었다. "아이고, 이 사람아! 유연성보다 오류 예방을 중시하면 안 되지! 그건 완전 시간 낭비라고. 그런 계획은 아무리 공을 들여도 정확한 통계가 나오지 않아. 그 프로젝트를 당장 취소해!" 그러나 그렇게 하면 통제로 리드하는 것이 된다. 나는 평소 넷플릭스 리더들에게 자주 하던 말을 떠올렸다.

> 부하직원이 멍청한 짓을 했을 때 나무라지 말라.
> 대신 맥락을 잘못 짚어준 것이 없는지 자문해 보라.
> 목표와 전략은 확실하게 전달했는가?
> 그것을 성취하는 데 필요한 의욕과 열망을 제대로 불어넣었는가?
> 팀이 좋은 결정을 내리는 데 도움이 될 만한
> 가설과 위험을 정확히 일러주었는가?
> 부하직원들이 당신과 같은 비전과 목표를 가질 수 있도록
> 그들과 의견을 철저히 조율했는가?

당시 나는 그 설비 담당 임원에게 별다른 말을 하지 않았다. 사무실 공간을 선택하는 문제에서는 내가 아닌, 그가 정보에 밝은 주장이었기 때문이다. 그러나 그와의 대화를 통해 나는 우리 조직 전체가 필요로 하는 맥락을 좀 더 정교하게 설정할 필요를 느꼈다. 한 사람의 아이디어가 우리의 전략과 맞지 않으면, 그와 한 배를 탄 50명의 생각이 우리와 다르다는 얘기가 된다. 나는 다음 번 QBR 회의에 이 문제를 의제로 올렸다. 거기서 나는 우리 사업이 앞으로 어떤 모습이 될지 예견할 수 없고, 예견하려고 해서도 안 된다는 점을 강조했다. 또 그렇기 때문에 우리 넷플릭스가 항

상 유연성을 허락하는 옵션에 더 많은 돈을 쓰고 있다는 걸 설명했고, 그에 관해 모든 리더와 이야기를 나누었다.

물론 이런 문제도 사정에 따라 예외가 있을 수 있다. 또 사업을 하다 보면 예측도 필요할 때가 있다. QBR 기간에 우리는 어느 정도의 기간을 예측해야 유연성을 유지할 수 있는지를 놓고 의견을 나누었다. 그리고 우리가 그동안 성장을 잘못 예측하거나 좋은 기회를 예측하지 못했던 사례를 확인했다. 우리는 난상토론을 통해 미래를 예측하는 데 더 많은 돈을 들였거나 유연성을 줄이는 데 돈을 덜 들였던 과거의 사례들을 검토했다. 우리는 우리의 사업에 어느 정도의 유연성이 필요하며 우리가 그런 일에 얼마나 많은 돈을 투자할 각오가 되어 있는지도 이야기했다.

대화를 한다고 해서 명확한 결론이 나거나 어떤 규정이 만들어지는 것은 아니다. 다만 우리 리더들은 한 가지 아이디어에 관한 생각만큼은 확실히 조율할 수 있었다. 즉 장기 계획을 마련하여 오류를 방지하거나 돈을 절약하는 것은 우리의 1차 목표가 아니라는 점이었다. 예측 못 한 기회가 생기고 사업 조건이 변할 때 빨리 적응할 수 있는 회사를 만드는 것, 그것이 우리의 북극성이다.

물론, 어떤 회사든 CEO는 첫 번째 층의 맥락만 정한다. 넷플릭스에서는 어느 직급의 매니저이든 회사에 들어오는 순간부터 맥락으로 리드하는 법을 배워야 한다. 테드 팀의 멜리사 콥_{Melissa Cobb}의 사례는 맥락을 정하는 것이 조직 전체에 어떤 영향을 미치는지를 모범적으로 보여준다.

조율은 피라미드가 아닌, 나무다

 오리지널 애니메이션 부사장인 멜리사 콥은 2017년 9월에 넷플릭스로 오기 전까지 폭스, 디즈니, VH1, 드림웍스에서 일했다. 드림웍스에서 멜리사는 오스카상 후보에 오른 〈쿵푸팬더 Kung Fu Panda〉 3부작을 제작했다. 리더의 자리에 오른 지 24년 만에 멜리사는 그녀의 팀에 들어오는 매니저들에게 전통적인 리더십 역할과 넷플릭스에서 말하는 맥락으로 리드하는 것의 차이를 이해시키기 위해, 피라미드와 나무라는 두 가지 메타포를 사용했다. 그녀는 이렇게 설명한다.

넷플릭스로 오기 전까지 제가 일했던 모든 조직에서 어떤 사안에 대한 의사결정은 늘 피라미드 구조에서 이루어졌습니다. 저는 네트워크 분야에 종사한 이후로 줄곧 영화와 TV 프로그램을 제작해 왔어요. 피라미드의 맨 아래에는 소위 창작부 책임자들이 있었죠. 아마 45명이나 50명쯤 됐을 겁니다. 이들은 각자 1~2개 정도의 프로그램을 책임졌어요.

예를 들어, 디즈니에서 일할 당시 우리는 체비 체이스 Chevy Chase 가 주연한 〈아빠 수업 Man of The House〉을 제작했는데, 그 작품의 창작부 책임자는 매일 촬영장에 나와 대본과 의상 등 모든 세부 사항을 재가했어요. 프로그램 제작의 자잘한 항목들이 모두

피라미드 아래쪽에서 관리되었죠.

그러나 만약 프로그램 도입 부분에 나오는 대사에 다소 민감한 부분이 있어서 누군가가 바꿔야겠다고 생각하면, 피라미드 상부에까지 보고해야 했습니다. 이의를 제기한 사람에게 창작부 책임자는 이렇게 말하곤 했죠. "보스가 어떻게 생각하실지 모르겠네. 전화 좀 해보고."

그 책임자는 피라미드의 한 단계 위에 있는 디렉터 15명 중 한 사람에게 전화합니다. "어떻게 생각하세요? 이 대화 내용이 문제가 되지 않을까요? 바꿀까요?" 대사를 바꿀지 아니면, 아예 삭제할지는 디렉터가 결정합니다.

그러나 일부 대사를 바꾸는 정도가 아니라 장면 하나를 통째로 들어내는 등 그 이상의 변화가 필요한 경우라면, 그 디렉터는 이렇게 말합니다. "글쎄, 나도 저 위에서 뭐라 할지 잘 모르겠네. 한번 확인해 봐야겠군."

그 문제는 피라미드의 다음 단계로 올라갑니다. 거기에는 부사장 6명이 있어요. 디렉터는 그의 매니저에게 전화를 걸어 말하죠. "어떻게 생각하세요? 이 장면은 삭제할까요?" 부사장은 그렇게 하라거나 놔두라고 합니다.

그런데 훨씬 더 큰 문제가 생긴다면, 그러니까 특정 배우를 탈락시킨다거나 대본 전체를 다시 써야 할 경우엔 그보다 한 단계에 위에 있는 선임 부사장에게까지 올라갑니다. 그리고 작가가 병이 나서 새로운 작가를 물색하여 계약해야 할 경우엔 피라미드 최상부 작은 삼각형 끝에 있는 CEO에게까지 올라가죠.

멜리사가 이전 회사들에서 겪었던 피라미드식 결정 구조는 업종이나 장소에 상관없이 어느 조직에서든 쉽게 찾아볼 수 있다. 상사가 결정한 다음 피라미드 아래로 밀어내려 실행시키거나 아니면, 사소한 결정은 아래쪽에 있는 사람들이 하고 중요한 문제는 높은 사람에게 물어서 승인받는 식이다.

그러나 앞서 설명했듯, 넷플릭스에서는 상사가 아니라 정보에 밝은 주장이 의사결정권자다. 상사는 팀이 현명한 결정을 내릴 수 있도록 맥락만 짚어준다. CEO부터 정보에 밝은 주장에 이르기까지 모든 사람이 이런 리더십 체계를 따른다면, 조직은 피라미드가 아니라 나무를 닮은 구조로 가동될 것이다. CEO는 아래쪽 뿌리에 앉아 있고, 결정은 가장 꼭대기 나뭇가지에 있는 주장이 내리는

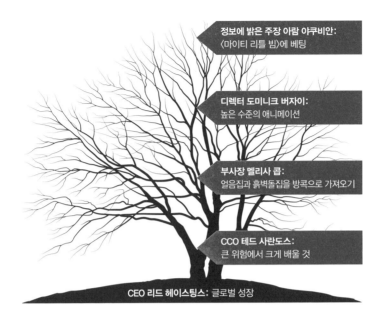

정보에 밝은 주장 아람 야쿠비안:
〈마이티 리틀 빔〉에 베팅

디렉터 도미니크 버자이:
높은 수준의 애니메이션

부사장 멜리사 콥:
얼음집과 흙벽돌집을 방콕으로 가져오기

CCO 테드 사란도스:
큰 위험에서 크게 배울 것

CEO 리드 헤이스팅스: 글로벌 성장

것이다.

멜리사는 나무뿌리에서 출발하여 가장 높은 가지로 올라가는 동안 맥락을 짚는 문제가 어떤 식으로 작동되는지 자세한 사례를 통해 보여준다. 이 과정에서 리드에게서 나온 다양한 차원의 맥락은 테드 사란도스와 멜리사 자신을 통과하고, 멜리사 밑에서 일하는 디렉터 도미니크 버자이Dominque Bazay를 거치게 된다. 그렇게 거슬러 올라간 모든 맥락은 마침내 정보에 밝은 주장인 아람 야쿠비안Aram Yacoubian에 이르러 그가 내리는 결정에 영향을 미친다. 이제 각각의 포인트에서 짚어준 맥락이 조직의 위아래에서 어떤 식으로 조율되는지 그 과정을 살펴보자.

뿌리에 있는 리드
- 글로벌 성장

멜리사가 넷플릭스에 들어와 처음으로 QBR 회의에 참석한 것은 2017년 10월이었다. 당시 리드는 앞으로 넷플릭스의 사업 범위를 전 세계로 확장하는 문제를 놓고 주제발표를 했다. 멜리사는 당시를 이렇게 기억한다.

넷플릭스에 온 지 한 달도 채 안 됐을 무렵이었죠. 10월 둘째 주에 저는 파사데나에 있는 랭엄헌팅턴 호텔에서 열린 QBR 회의에 처음 참석했습니다. 그동안은 넷플릭스 사람들이 일하는 방식을 파악하기에 바빴죠. 제가 궁금해할 때마다 사람들은 QBR에 참석하면 거기서 모든 퍼즐이 맞춰질 것이라고 했어요. 그래서 리드가 무대에 올랐을 때 그의 말에 귀를 기울였죠.

주어진 15분 동안 리드는 설명했어요. "지난 분기 동안 우리 성장의 80%는 해외에서 이뤄졌습니다. 바로 그곳이 앞으로 우리의 에너지를 집중시켜야 할 새로운 시장입니다. 고객의 절반 이상이 외국에 있고, 그 수치는 매년 늘어날 것입니다. 그래서 더욱 특별한 성장이 기대됩니다. 국제무대에서의 성장이 우리의 최우선 과제입니다."

리드는 계속해서 인도와 브라질, 한국과 일본 등 특히 관심을 집중시켜야 할 나라들을 상세히 설명한 후, 그 이유를 설명했다. 멜리사는 리드의 메시지를 받아 자신의 부서에 필요한 전략을 개발했다. 하지만 멜리사의 직속 상사는 리드가 아닌, 테드 사란도스였다. 그래서 QBR이 끝난 뒤 멜리사는 테드와 일대일 미팅을 가졌고, 테드는 리드의 메시지를 토대로 맥락을 짚어주었다.

줄기에 있는 테드
- 큰 위험에서 크게 배울 것

테드는 멜리사와 일대일 미팅을 갖기 전에 이미 그녀와 국제 시장에서의 성장 기회에 관해 이야기를 나눈 적이 있었다. 인도는 넷플릭스엔 보통 큰 시장이 아니다. 그리고 한국과 일본은 콘텐츠를 개발하기 좋은 풍족한 생태계를 갖고 있다. 브라질은 작은 사무실 하나가 전부인데도, 시청자가 1,000만 명이 넘는다. 그러나 2017년 10월 말에 멜리사와 마주 앉은 테드는 넷플릭스가 알고 있는 것이 아닌, 모르고 있는 모든 것들에 관해 말했다.

보세요, 멜리사. 지금 넷플릭스는 전환점을 맞고 있어요. 현시점 국내 가입자는 4,400만 명입니다. 의미 있는 성장을 기대하

388

려면 국제시장을 봐야 하는데, 그러기 위해서는 알아야 할 게 많아요. 우리는 사우디아라비아 사람들이 라마단 기간에 TV를 더 보는지 덜 보는지 몰라요. 우리는 이탈리아 사람들이 다큐멘터리나 코미디를 어느 정도 좋아하는지 모르죠. 우리는 인도네시아 사람들이 침실에서 혼자 영화를 보는지, 거실에서 가족들과 함께 보는지 잘 몰라요. 이쪽에서 성공하려면 국제적인 러닝 머신이 되어야 합니다.

멜리사는 이미 넷플릭스에서 통용되는 도박 용어는 물론, 성공하는 베팅과 실패하는 베팅이 담고 있는 함축적 의미에 익숙했다. 하지만 도박이라는 비유로도 포착하기 힘든 부분이 있었다. 실패에서 배운 것에 대한 비평의 방향이었다. 테드가 짚어준 맥락을 들여다보자.

전 세계에서 콘텐츠를 구입하거나 만들어낼 때는 배워야 할 것이 무엇인지부터 정확히 따져야 합니다. 인도나 브라질처럼 성장 가능성이 큰 나라에서는 위험을 감수할 각오가 되어 있어야 더 많은 것을 배울 수 있거든요. 분명 크게 손해 보는 곳도 있을 겁니다. 그런 것을 겁내면 안 돼요. 그래야 다음번에 제대로 공략하는 법을 배울 수 있으니까요. 우리는 늘 이렇게 물어야 합

니다. '이 작품을 사들였다가 완전히 망할 수도 있다. 그럴 때 배울 수 있는 것은 무엇일까?' 뭔가 배울 점이 많다는 답이 나오면, 거침없이 베팅하면 됩니다.

리드와 테드의 맥락은 다음 주간 미팅에서 멜리사가 어린이 및 가족 콘텐츠와 관련된 맥락을 개발하는 데 도움이 되었다.

큰 가지에 있는 멜리사 콥
- 얼음집과 흙벽돌집을 방콕으로 가져오기

멜리사가 근무했던 디즈니나 드림웍스 같은 회사는, 세계적으로 잘 알려져 있고 전 세계 어느 나라에서나 시청할 수 있는 콘텐츠를 배급한다. 그러나 멜리사는 넷플릭스가 글로벌 브랜드뿐 아니라 진정한 글로벌 플랫폼으로서, 스스로 차별화할 기회를 가지고 있다고 생각했다.

어느 나라에서나 어린이들은 자국의 콘텐츠를 보거나, 미국이 만든 영화와 프로그램을 봅니다. 그러나 저는 리드가 QBR 회의에서 윤곽을 짚어준 것처럼, 국제적 성격을 띤 작품이면 더

좋은 성과를 낼 수 있을 거라고 생각했어요.

넷플릭스에서 스트리밍되는 어린이 프로그램이 지구촌처럼 다양한 모습을 띠었으면 했죠. 방콕의 아파트에 사는 '쿨랍'이라는 열 살짜리 아이가 토요일 아침에 눈을 떠서 넷플릭스를 켤 때, 태국 TV나 디즈니 케이블 방송국에서 내보내는 미국의 캐릭터뿐 아니라, 전 세계의 다양한 TV나 영화의 주인공들을 만났으면 하는 것이 제 바람이었습니다. 그 아이는 얼음 덮인 스웨덴의 오두막이나 케냐의 시골이 무대인 프로그램을 선택할 수 있어야 합니다. 전 세계 여러 나라 아이들에 '관한' 스토리가 중요한 것이 아닙니다. 그런 것은 디즈니도 할 수 있어요. 중요한 것은 이런 프로그램을 전 세계에서 '가져왔다'는 느낌을 주어야 한다는 거죠.

우리 팀은 이런 전략이 통할지 확인하기 위해 많은 토론을 했어요. 아이들이 그들과 전혀 다른 낯선 캐릭터들을 보고 싶어 할까? 알 수 없었죠.

그래서 테드가 짚어준 맥락이 필요했어요. 그가 강조한 것처럼, 이런 것들은 우리가 답을 찾아야 할 질문이에요. 그리고 실패할 경우에 대비해야 하죠. 물론 명확한 교훈을 안겨준다는 전제가 있어야 하겠죠. 모든 의견이 일치했어요. 우리는 시도할 것이고, 그 과정을 통해 배울 겁니다.

미팅을 통해 멜리사는 그녀의 직속 부하직원들과 의견을 조율했다. 미취학 아동용 콘텐츠 구매팀에 소속된, 디렉터 도미니크 버자이도 그중 하나였다.

중간 가지에 있는 도미니크 버자이
– 높은 수준의 애니메이션

도미니크는 멜리사와 미팅한 뒤 멜리사가 말하는 '지구촌' 꿈을 실현할 방법을 두고 많은 생각을 했다. 스웨덴이나 케냐에서 만든 TV 프로그램을 쿨랍이 보게 하려면, 넷플릭스가 무엇을 제공해야 할까? 도미니크가 보기에 정답은 애니메이션이었다. 그렇게 해서 그녀는 팀원들과 맥락을 정했다.

영국에서 만든 유아용 애니메이션 TV 시리즈인 〈페파 피그Peppa Pig〉는 스페인 사람처럼 스페인어를 하고 터키 사람처럼 터키어를 하며 일본어도 완벽하게 구사해요. 애니메이션은 실사가 할 수 없는 국제 프로그래밍에 더없이 좋은 기회를 제공하죠. 벨라 램지Bella Ramsey가 주연한 실사 영화 〈꼴찌 마녀 밀드레드Worst Witch〉가 영어권 이외의 나라에서 방영되면 더빙이나 자막으로 시청해야 합니다. 아이들은 자막을 싫어하고 그래서 더

빙을 하면 포르투갈어나 독일어를 하는 벨라의 모습이 무척 낯설겠죠. 목소리가 화면 속 주인공의 모습과 어울리지 않아 시청의 질도 떨어질 거고요. 그러나 만화 페파는 애니메이션의 주인공이 모두 그렇듯, 언제나 시청자의 언어로 말합니다. 한국 어린이가 페파에게 느끼는 친밀감은 네덜란드 어린이의 경우와 조금도 차이가 없습니다.

넷플릭스의 어린이 프로그래밍이 멜리사가 말한 다양한 플랫폼을 지향한다면, 우리도 목표를 크게 가질 필요가 있다고 생각했어요. 저는 팀원들과 함께 토론하면서 우리가 어느 나라의 애니메이션을 사 오든지 품질만큼은 다들 알 만한 나라에서 최고로 인정해 줄 수 있는 수준이 되어야 한다는 점을 분명히 했습니다. 예를 들어, 칠레의 애니메이션을 사들일 때는 칠레의 고급 시청자를 만족시킬 정도의 품질만으로는 안 됩니다. 그 작품은 애니메이션에 대한 애착이 남다른 일본에서도 히트할 정도가 되어야 해요.

리드와 테드, 멜리사와 도미니크가 짚어준 이런 맥락들 덕분에, 콘텐츠 구매 매니저인 아람 야쿠비안은 뭄바이 시내에 있는 작은 회의실에 앉아 자꾸 마음이 기우는 〈마이티 리틀 빔*Mighty Little Bheem*〉을 생각할 수 있었다.

작은 가지에 있는 아람 야쿠비안

-<마이티 리틀 빔>에서 확실하게 배운 것

아람은 귀여운 인도 꼬마가 주인공인 애니메이션 시리즈 〈마이티 리틀 빔〉의 오리지널 버전을 처음 본 순간, 이것이 인도에서 크게 히트할 것을 직감했다.

주인공은 인도의 작은 마을에 사는 꼬마예요. 아이는 끝없는 호기심과 무서운 괴력으로 갖가지 모험을 벌여요. 인도판 꼬마 뽀빠이인 셈이죠. 산스크리트어로 된 서사시 〈마하바라타*Mahabharata*〉에 등장하는 신비스러운 영웅 빔Bheem에서 따온 캐릭터인데, 빔은 인도에서는 모르는 사람이 없다고 해요. 제가 보기에 인도인들이 좋아할 만한 작품임이 틀림없었습니다.

그러나 넷플릭스 입장에서 〈마이티 리틀 빔〉이 좋은 베팅인지는 매우 의심스러웠다. 아람의 첫 번째 걱정은 작품의 질이었다.

인도의 프로그램은 대부분 저예산 작품이고, 〈마이티 리틀 빔〉은 인도 TV에서나 인기를 기대할 정도의 수준이었어요. 저는

도미니크와 합의한 부분을 떠올렸습니다. 넷플릭스에 올릴 작품은 제작한 나라뿐 아니라, 전 세계 어느 나라에서도 히트할 수 있을 정도의 질을 갖춰야 하죠. 이 프로그램을 살 경우, 인도에서 애니메이션에 들이는 비용의 2~3배 정도는 투자해야 우리가 원하는 수준으로 만들 수 있을 것 같았습니다.

이로써 아람에게는 또 한 가지 걱정이 생겼다.

그 정도면 인도에 투자하기에는 큰돈이었어요. 투자한 만큼 수익을 내려면, 전 세계에서 꽤 많은 어린이가 이 작품을 봐줘야 합니다. 하지만 그동안 인도의 TV 프로그램 중 인도 외 지역에서 크게 인기를 얻은 작품은 별로 없었어요. 저예산 작품이 많았던 탓도 있지만, 글로벌 시청자들에게 어필하기에는 그들의 스토리텔링이 너무 국지적이었기 때문이죠. 인도의 시리즈들은 먼 여행을 하지 못한다는 믿음이 널리 확산되어 있었죠.

미취학 아동용 프로그램에 관한 기록 데이터가 부족하다는 점도 세 번째 걱정이었다. 인도의 경우 특히 더 심했다.

〈마이티 리틀 빔〉이 나오기 전까지 인도에는, 스트리밍용이든 TV용이든 미취학 아동을 타깃으로 제작된 프로그램이 없었어요. 인도의 등급심사기관들이 미취학 아동 프로그램을 취급하지 않았기 때문이죠. 그래서 이 같은 프로그램의 채산성을 알아낼 방법이 없었어요. 심지어 인도에 그 정도 나이대의 아이들을 대상으로 제작한 프로그램을 시청할 사람이 있는지조차 알 도리가 없었습니다.

아무리 따져 봐도, 여러 여건이 〈마이티 리틀 빔〉에는 불리해 보였다. "그동안의 자료나 사업적인 근거를 살펴봐도 이런 프로그램은 만들지 않는 편이 옳은 것 같았습니다." 아람은 그렇게 말했다. 하지만 그러면서도 그는 넷플릭스의 리더들이 짚어주었던 맥락도 따져 보았다.

리드는 국제시장의 확장이 넷플릭스의 미래이며, 그런 측면에서 볼 때 핵심 성장 시장은 인도라고 콕 찍어 말했습니다. 그렇게 본다면 〈마이티 리틀 빔〉은 분명 성장 시장의 발판이 될 만한 대단한 프로그램임이 틀림없었어요.
테드는 인도 시장은 배울 것이 많기 때문에 큰 베팅을 해볼 만

하다고 분명히 말했어요. 학습 잠재력이 확실한 시장이라는 거죠. 테드가 짚어준 맥락을 곱씹으며 생각했습니다. '좋아, 이 프로그램이 망하는 한이 있더라도 세 가지는 시도해 봐야겠어. 그리고 그 세 가지는 모두 넷플릭스에 정말로 쓸모 있는 정보를 줄 거야.'

멜리사가 명확히 짚어준 맥락은, 주제와 성격 면에서 지역적 특성이 뚜렷하되 전 세계 어린이들이 좋아할 만한 수준으로 넷플릭스의 프로그래밍 기반을 구성할 수 있는 작품이어야 한다는 것이었죠. 〈마이티 리틀 빔〉은 인도 고유의 특성이 강하고, 전세계 어느 나라 어린이에게도 어필할 수 있는 요소를 가지고 있었어요.

도미니크와 저는 국제적 대형 베팅에서 애니메이션이 우선적 관심사이며, 작품성이 높아야 한다는 데 동의했습니다. 〈마이티 리틀 빔〉은 우리가 재정적 투자를 할 경우 품질을 월등하게 높일 수 있는 애니메이션 프로그램이었습니다.

아람은 리드와 테드, 멜리사와 도미니크가 짚어준 이러한 몇 가지 맥락을 염두에 두고, 마침내 결정을 내렸다. 그는 〈마이티 리틀 빔〉을 사들였고, 지역 제작자들에게 자금을 지원하여 작품 수준을 높이게 했다.

그렇게 2019년 4월 중순에 출시된 〈마이티 리틀 빔〉은 3주 만에, 넷플릭스에서 전 세계 사람들이 가장 많이 시청하는 애니메이션 시리즈가 되었다. 이 시리즈는 2019년 5월 시점, 2,700만 명이 넘는 시청자들이 즐기고 있다.

나는 아람을 인터뷰하면서, 넷플릭스의 매니저들이 맥락으로 이끌 때 활용하는 분산된 의사결정이 어떻게 엄청난 이점으로 작용하는지 명확히 알 수 있었다. 아람은 말한다.

넷플릭스가 인도에서 사들일 어린이 콘텐츠를 선별할 때, 가장 정확한 판단을 내릴 수 있는 사람은 바로 접니다. 저는 인도의 애니메이션 시장과 인도의 가정에서 시청하는 프로그램의 유형을 손바닥 들여다보듯 훤히 알고 있으니까요. 하지만 정보에 밝은 주장으로서 제가 우리 조직과 전 세계 넷플릭스 시청자들에게 즐거움을 줄 작품을 담대하게 결정할 수 있는 것은, 우리 조직이 투명하고 풍부한 맥락을 가진 상태에서, 지도부와 제가 조율을 잘하고 있기 때문입니다.

〈마이티 리틀 빔〉을 구매하기로 한 아람의 결정은, 맥락으로 리드하는 것이 넷플릭스에서 어떤 효과를 내는지 잘 보여주는 대표적인 사례다. 나무뿌리에 있는 나 자신부터 중간 가지인 도미니크를 거쳐 계속 갈라지는 가지마다 포진하고 있는

모든 리더가 아람이 최선의 결정을 내릴 수 있도록 맥락을 짚어준다. 하지만 정보에 밝은 주장으로서 어떤 프로그램을 사들일지 결정하는 당사자는 아람 자신이다.

눈치챘겠지만, 아람은 결코 특이한 사례가 아니다. 이 책 곳곳에서 우리는 하급 직원이 상사의 승인 없이 수백만 달러가 들어가는 결정을 내리는 이야기를 했다. 밖에서 보면 재정적으로 책임을 져야 하는 조직에서 어떻게 이런 일이 가능한지 궁금할 것이다. 답은 간단하다. 바로 조율 때문이다.

넷플릭스는 직원들에게 재정적으로 상당한 자유를 주지만, 막상 그런 투자는 멜리사가 설명한 것 같은 맥락의 나무를 따라 올라가면서 이루어진다. 테드와 나는 특정 분기에 구매할 작품을 두고 어느 정도의 금액을 투자할지에 관해 평소 의견을 조율하고 있다. 그러면 테드는 그렇게 조율한 내용을 아래로 흘려 보내, 멜리사 팀이 어린이와 가족 프로그래밍에 투자할 금액을 결정하는 데 필요한 맥락을 짚어준다. 이를 토대로 멜리사는 특정 분야의 카테고리에 어느 정도의 금액을 투자할지를 두고 그녀의 디렉터들과 의견을 나눈다. 그 결과 마침내 아람은 〈마이티 리틀 빔〉에 입찰하고 또한 그 애니메이션에 상당한 돈을 들여 작품의 질을 높이기로 결정하지만, 그렇다고 돈을 마음대로 쓰는 것은 아니다. 그때도 아람은 멜리사와 도미니크가 재정과 관련하여 짚어준 맥락을 적용하여 결정한다.

⟨이카루스⟩의 마지막 장면

 앞서 워싱턴스쿨하우스 호텔에서 애덤 델 데오의 고민은 깊어갔다. 태양에 너무 가까이 다가갔다가 밀랍 날개가 녹아버린 사나이의 이름을 차용한 ⟨이카루스⟩란 영화에 입찰할지 말지 확신이 서지 않았기 때문이다.

테드가 짚어준 맥락은 분명했다. ⟨이카루스⟩가 대박을 터뜨릴 작품이 아니라면, 큰돈을 쓸 수 없다. 그는 이미 250만 달러를 써 냈고, 아마존이나 훌루 등도 호시탐탐 기회를 노리고 있다. 250만 달러로는 낙찰받을 수 없기에 '월척'이 아니라면 포기해야 한다. 그러나 월척이 틀림없다고 믿는다면 큰맘 먹고 얼마가 됐든 넷플릭스가 가져갈 수 있는 베팅을 해야 한다.

애덤은 ⟨이카루스⟩가 대박을 터뜨릴 것이라는 데 한 치의 의심도 없었다. 그는 넷플릭스로서는 기록적인 460만 달러를 써냈다. 그렇게 해서 ⟨이카루스⟩는 2017년에 넷플릭스에서 공개되었다.

처음 몇 달 동안, ⟨이카루스⟩는 고전을 면치 못했다. 아무도 관심을 보이지 않았다. 애덤은 당황했다.

⟨이카루스⟩를 공개한 뒤 열흘이 지났을 때, 우리는 팀 회의를 열어 시청자들의 반응을 확인했습니다. 시청률이 좀처럼 나오지 않더군요. 크게 실망했어요. 동료들은 시청률과 여론, 오스카 수

상 기대치 등에 대한 평소의 제 예측력을 믿고 있었거든요. 저의
평판은 그런 믿음 위에 세워진 것이었고요. 저는 돌이킬 수 없는
실수를 저질렀고, 동료들의 믿음을 크게 저버렸다며 자책했죠.

그런데 대반전이 이루어졌다. 2017년 12월, 국제올림픽위원
회IOC가 러시아의 출전을 금지한다는 보도가 나온 것이다. IOC 발
표를 전하는 보도 내용은 하나같이 〈이카루스〉를 핵심 증거가 되
는 작품으로 인용했다. 〈60분60 Minutes〉에 출연한 로드첸코프는 적
어도 20개국의 선수들이 같은 방식으로 금지약물을 투입했을 것
이라고 폭로했고, 사이클 영웅인 랜스 암스트롱 역시 공개적으로
〈이카루스〉를 높이 평가했다. 갑자기 모든 사람이 이 영화를 화제
로 삼으면서, 시청률이 무섭게 치솟았다.

2018년 3월, 〈이카루스〉는 아카데미상 다큐멘터리 부문에 작품
상 후보로 올랐다. 아담은 당시 시상식을 이렇게 회상한다.

솔직히 수상에는 자신이 없었어요. 배우 로라 던Laura Dern이 막
수상작을 발표하려는 때, 상사인 리사 니샤무라Lisa Nishamura의
귀에 대고 속삭였죠. "우린 틀렸어요. 〈바르다가 사랑한 얼굴
들Faces Places〉이 받을 거예요"라고 말했어요. 바로 그 순간, 마치
슬로모션처럼 로라 던의 목소리가 들렸어요. "작품상은… 〈이

카루스〉!" 브라이언 포겔이 무대로 달려 나갔어요. 2층에서 누군가가 환호성을 질렀고요. 갑자기 다리에 힘이 풀렸죠. 의자가 아니었다면, 그 자리에 주저앉았을 겁니다.

시상식이 끝나고 연회장으로 이동하던 중, 애덤은 테드와 마주쳤다. 테드가 축하의 말을 건넸다.

저는 물었어요. "테드, 우리가 선댄스에서 나눴던 대화를 기억하세요?" 테드가 이를 환히 드러내며 웃더군요. "아무렴…. 〈이카루스〉가 바로 월척이었던 거지!"

아홉 번째 점

인재 밀도가 높고 1차 목표가 혁신인 느슨한 결합 조직이라면, 통제 위주의 전통적 방법은 효과적인 선택이 아니다. 감시나 절차를 통해 오류를 최소화하려고 하기보다, 맥락을 정확히 짚어주고 상사와 팀원이 북극성을 보며 의견을 조율하면서 정보에 밝은 주장에게 결정할 자유를 주도록 힘써야 한다.

▶ 9장 요약

- ☑ 맥락으로 리드하기 위해서는 인재 밀도를 높이고, 오류 방지가 아닌 혁신을 목표로 삼으며, 느슨한 결합 시스템에서 운영해야 한다.

- ☑ 이런 요소들이 자리를 잡으면, 직원들에게 무엇을 하라고 지시하지 말고, 그들이 좋은 결정을 내릴 수 있도록 맥락을 짚어주고 토론하여 의견을 확실하게 조율하라.

- ☑ 부하직원이 어리석은 행동을 했을 때 나무라지 말라. 대신 맥락을 제대로 짚어주지 않았는지 자문해 보라. 목표와 전략을 분명히 전달하고 실행하는 데 필요한 의욕을 제대로 불어넣었는가? 팀이 좋은 결정을 내릴 수 있도록 모든 가설과 위험을 확실하게 설명했는가? 비전과 목표에 관해 부하직원들과 의견을 조율했는가?

- ☑ 느슨한 결합 조직은 피라미드보다 나무를 닮았다. 상사는 뿌리에서 선임 매니저들이 있는 줄기를 떠받치고, 선임 매니저들은 결정을 내리는 나뭇가지들을 받쳐준다.

- ☑ 부하직원들이 당신과 당신 주변 사람들로부터 받은 정보를 사용하여 팀을 바람직한 방향으로 밀고 나갈 때 맥락을 잘 짚어주어 훌륭한 결정을 직접 내리게 하면, 조직은 성공한다.

☰ 이것이 자유와 책임이다

현재, 우리는 높은 인재 밀도와 솔직함이라는 기본 요소를 구축한 다음, 규정과 절차를 없애 직원들에게 더 많은 자유를 주는 방법을 모색하면서 빠르고 유연한 환경을 조성하고 있다.

우리는 웬만한 회사에는 다 있지만 넷플릭스에는 없는, 10개가 넘는 규정과 절차를 확인했다. 가령 이런 것들이다.

휴가 규정	의사결정 승인
비용 규정	성과 향상 계획
승인 절차	인상 풀
핵심성과지표	목표관리법
출장 규정	위원회에 의한 의사결정
계약 승인	연봉 밴드
급여 등급	성과에 따른 보너스

이런 것들은 모두 직원의 의욕을 고취하기보다 통제하는 데 필요한 장치다. 이런 통제 장치를 제거하면 혼돈과 무정부 상태로 빠지기 쉽지만, 직원들의 자율성과 책임감을 개발하고 그들이 현명한 결정을 내릴 수 있을 만큼의 지식을 습득하게 하고 학습을 자극하는 피드백 문화를 개발한다면, 놀라울 정도로 효율적인 조직을 만들 수 있다.

이 하나만으로도 F&R 문화를 개발해야 할 이유는 충분하다. 그러나 F&R의 혜택은 이것뿐이 아니다.

- 앞의 목록에 속한 몇몇 항목은 혁신을 방해한다. 휴가 규정, 출장 규정, 비용 규정은 창의적인 사고를 방해하고, 혁신적인 직원들을 움츠리게 만

들어 융통성 없는 환경을 조성한다.

- 이 목록에 있는 몇몇 항목은 사업을 부진하게 만든다. 승인 규정, 위원회에 의한 의사결정, 계약 승인 등은 걸림돌이 되어 일의 신속한 추진을 가로막는다.

- 이런 항목들은 대부분 환경 변화에 발 빠르게 대응하는 걸 어렵게 만든다. 성과에 따른 보너스, 목표관리법, 핵심성과지표는 정해진 경로를 벗어나지 못하게 만들어, 기존 프로젝트를 버리고 신속하게 다른 선택을 하는 걸 힘들게 한다. 아울러 성과 향상 계획은 고용 및 해고 절차와 함께 사업에 변화를 주어야 할 때 직원들을 빠르게 교체하기 어렵게 한다.

창의적이고 신속하고 유연한 조직을 만들고 싶다면, 이런 규정과 절차를 제거하는 데 필요한 조건을 수립하여 F&R의 문화를 개발해야 한다.

이 책 서두에서 우리는 몇 가지 질문을 던졌다. 왜 블록버스터나 AOL, 코닥 그리고 내가 처음에 세웠던 퓨어 소프트웨어 같은 수많은 회사가 환경의 변화에 신속하게 적응하거나 혁신하지 못했는가? 어떻게 해야 조직은 보다 창의적이고 민첩한 변신으로 목표에 도달할 수 있는가?

2001년에 우리는 2015년까지 강도 높은 F&R 문화를 조성한다는 목표를 세우고 긴 여정을 시작했다. 우리는 넷플릭스를 우편을 이용한 DVD 배송업체에서 〈하우스 오브 카드〉나 〈오렌지 이즈 더 뉴 블랙〉 같은 권위 있는 상을 받는 프로그램을 만들어내는 스트리밍 서비스 회사로 탈바꿈시키는 데 성공했다. 2010년에 8달러 안팎이었던 우리의 주가는 2015년 말, 123달러까지 올랐고, 같은 기간에 우리의 유저 베이스는 2,000만 명에서 7,800만 명으로 확대되었다.

이처럼 미국에서 놀라운 성공을 거둔 넷플릭스는 다음 문화적 도전을 시작했다. 해외 시장 개척이었다. 2011년부터 2015년까지 우리는 한 번에 하나씩 몇 나라들의 문을 두드리기 시작했다. 그러다 2016년에 우리는 크게 도약하여 단숨에 130개국으로 서비스를 확대했다. 넷플릭스를 여기까지 이끌어준 것은 우리의 문화다. 그런데 하나 궁금한 것이 생겼다. 우리의 기업문화가 과연 세계에서도 통할까? 10장에서 이를 알아볼 것이다.

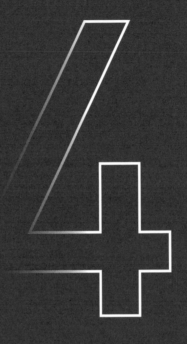

4

세계를 무대로

이제는 세계로!

1983년에 나는 평화봉사단의 일원으로 스와질란드의 어느 시골에서 일했다. 외국 경험이 처음은 아니었지만, 그곳에서만큼 많은 것을 배운 곳도 없다. 나는 타지 생활 몇 주 만에 내가 주변 사람들과는 전혀 다른 방식으로 세상을 이해하고 살아왔다는 사실을 깨달았다.

그러니까 열여섯 살짜리 고등학생들에게 수학을 가르치기 시작한 첫 달이었다. 나는 그들에게 곧 다가올 국가시험을 준비시켰는데, 내가 맡은 반에는 수학 실력이 뛰어난 아이들이 많았다. 나는 그 아이들이 자신의 실력으로 충분히 풀 수 있을 만한 문제를 쪽지 시험으로 냈다.

가로 2m, 세로 3m인 방이 있다. 한 변이 50cm인 정사각형 타일로 바닥을 깔려면, 타일이 몇 개 필요할까?

답안지를 확인해 보니, 정답을 쓴 아이는 한 명도 없었고 대부분은 아예 답을 적지도 않았다.

다음 날 수업 시간, 나는 칠판에 그 문제를 다시 적고 누가 나와서 풀어보라고 했다. 아이들은 다리를 배배 꼬며 창밖만 내다보았다. 어이가 없었다. "아무도 없어? 이걸 풀 수 있는 사람이 한 명도 없다고?" 나는 믿기지 않아서 다시 물었다. 맥이 풀려 책상에 걸터앉은 나는 아이들의 표정을 살폈다. 그때 타보가 저 뒤쪽에서 손을 들었다. 키가 크고 매사에 진지한 아이였다. "그래, 타보. 어디 한번 설명해 봐." 나는 반가워 자리에서 벌떡 일어났다. 그러나 타보는 답 대신 엉뚱한 질문을 했다. "선생님, 그런데 타일이 뭐예요?"

학생들은 대부분 전통 초가집에 살았다. 바닥은 진흙, 아니면 콘크리트였다. 아이들은 타일이 뭔지 몰랐다. 답이 나올 리 없었다.

이후로도 여러 가지 낯선 경험을 통해, 나는 내가 살아온 방식을 다른 문화에 곧바로 적용하려 들 때 어떤 무리가 따르는지 조금씩 알게 되었다. 그래서 내 방식을 어떻게 적용해야 원하는 결과를 효과적으로 얻을 수 있을지 생각했다.

넷플릭스가 세계로 무대를 확장하기 시작한 2010년에도, 나는 우리의 문화를 어떤 식으로 각색해야 다른 나라에 무난히 정착시킬 수 있을지를 두고 많은 생각을 했다. 당시엔 우리의 경영 방식도 상당히 체계가 잡혀서 좋은 결과를 낳고 있었기에, 나로서는 큰 변화를 주기가 망설여지던 터였다. 그러나 우리의 솔직한 피드백과 무규정 원칙 그리고 '키퍼 테스트' 방식이 다른 나라에서 어느 정도 효과를 거둘지는 여전히 확신이 서지 않았다.

그래서 이미 국제적 입지를 확고히 다진 다른 대기업들을 살펴봤다. 구글은 우리와 마찬가지로 자신만의 확고한 기업문화를 자랑스럽게 내세우지만, 그 문화를 그들이 진출하는 나라에 맞게 각색하기보다는 자신의 문화에 맞는 사람을 고용하는 데 주력하는 편이었다. 어느 나라에 살든 어느 나라 출신이든 상관없이, 그들의 기업문화에 적합한 '구글러들Googlers'만 채용한 것이다.

나는 1988년에 팔로알토에 있는 슐룸베르제Schlumberger에서 일하던 1년 동안의 상황을 곰곰이 생각해 봤다. 슐룸베르제는 프랑스의 다국적 대기업으로, 실리콘밸리의 사무실 문화는 프랑스에서 수입해 온 그대로였다. 모든 부서장이 프랑스 사람들이어서, 그곳에서 출세하려면 파리 본사에서 하듯 그 나라의 의사결정 시스템과 위계 체제에 적응하는 법부터 배워야 했다. 그래서인지 신입사원을 맞을 때 그들은 먼저 연수 프로그램을 통해 효과적으로 토론하는 법과 원칙 우선 접근 방식을 활용하여 상황을 분석하는 법 등 전형적인 프랑스식 업무 문화를 전수했다.

구글과 슐룸베르제는 전 세계 어디서나 통일된 기업문화를 유지하고 있다. 그래서 조금 불안하긴 하지만, 우리도 그들처럼 할 수 있겠다고 생각했다. 넷플릭스도 구글처럼 우리 문화에 맞는 사람을 채용하고, 우리가 그렇게 오랫동안 가꿔왔던 기업문화에 매력을 느끼고 이 문화를 편안하게 여기는 사람들을 선발하기로 했다. 그리고 슐룸베르제처럼 다른 나라에서 뽑은 신입사원들이 넷플릭스의 방식을 이해하고 우리 식으로 일할 수 있도록 교육할 것이다. 동시에 우리는 각 나라에 맞춰 우리의 문화를 고쳐가는 한편, 그 나라로부터 무언가를 배우는 겸손과 유연성을 함께 추구할 것이다.

2010년에 우리는 국제화 프로세스에 시동을 걸어, 이웃 캐나다를 시작으로 1년 뒤에는 라틴아메리카로 범위를 넓혔다. 2012년과 2015년 사이에는 보폭을 더욱 크게 잡아 유럽과 아시아태평양 지역까지 발을 뻗었다. 도쿄와 싱가포르, 암스테르담, 상파울루에 속속 지사를 열었다. 2016년에는 국제적으로 큰 도약을 단행하여 하루에 130개국에 달하는 새로운 나라들이 우리의 플랫폼을 이용할 수 있게 만들었다. 이 같은 확장 정책은 큰 성공을 거두어 불과 3년 사이에 우리의 해외 구독자는 4,000만 명에서 8,800만 명으로 급등했다.

그 3년 동안 넷플릭스의 직원 수는 2배가 되었다. 직원 대부분은 미국에서 일하지만, 배경은 점점 더 다양해졌다. 우리는 우리의 문화 가치에 '포용inclusion'이라는 개념을 추가했다. 넷플릭스의 성공은 우리의 직원들이 도달하고자 하는 시청자들의 성향을 얼마나 반영하느냐와 우리가 들려주는 이야기에 비친 자신의 삶과 열정을 보는 사람들의 능력에 달려 있다는 걸 깨달았기 때문이다. 2018년에 우리는 갈수록 다양해지는 직원들의 정체성을 확인하

고, 그들 고유의 문화를 배우기 위해 버나 마이어스VernaMyers를 초
대 포용전략책임자로 합류시켰다.

　해외 시장이 활성화되고 직원들의 출신 배경이 다양화되면서,
우리 기업문화가 다른 나라에서 잘 통하는지 아닌지를 확인하는
데는 오래 걸리지 않았다. 다행히, 우리 직원들이 미국에서 일궈낸
자유는 어느 나라에서도 쉽게 적용되어 좋은 결과를 낳았다. 간혹
규정집을 확인하지도 않고 승인 없이 의사결정을 하는 방식을 낯
설게 여기는 문화도 있었지만, 익숙해지면 모두 캘리포니아만큼
이나 규정이 많지 않은 자율적 분위기를 반갑게 받아들였다. 자신
의 삶과 일만큼은 직접 통제하겠다는 의지는, 미국인에게만 해당
하는 특성이 아니었다. 그 점에서는 문화적 차이가 없었다.

　그러나 우리의 문화 중에는 수출이 어려운 부분도 있었다. 초기
에는 키퍼 테스트도 그중 하나였다. '적당히 해도 퇴직금은 후하
다'라는 넷플릭스의 만트라는 어느 나라에서나 적용할 수 있는 원
칙이지만, 미국에서 후한 줄 알았던 액수가 유럽 어느 나라에서는
불법까지는 아니더라도 인색하다는 평을 면치 못했다. 예를 들어,
네덜란드에서 법으로 정해진 퇴직금은 그 회사에 얼마나 오래 근
무했는가에 따라 결정된다. 따라서 우리는 현지 사정에 맞게 액수
를 조정해야 했다. 지금 네덜란드에서 장기 근속한 사람을 해고할
때는 적당히 했더라도 퇴직금은 '훨씬 더' 후하다. 키퍼 테스트와
그에 따른 여러 요소는 어느 나라에서나 통했지만, 그래도 해당
지역의 고용 관행과 법률에 맞게 각색해야 했다.

이러한 뚜렷한 요소 외에도 전 세계로 무대를 빠르게 넓혀야 하는 현실과 우리의 기업문화가 성공에 매우 중요하다고 생각한 나는, 우리가 진출하려는 나라의 문화를 가능하면 많이 이해하고 또 그 지역 문화와 넷플릭스 문화 사이에 유사성과 잠재적 어려움을 찾아내기 위해 할 수 있는 모든 것을 하고 싶었다. 그것만 알아내도 핵심적인 논의를 시작하여 궁극적으로 우리의 효율성을 높일 수 있으리라 판단했다.

컬처 맵으로

그때쯤, 인적자원부의 한 매니저가 일독을 권하며 에린의《컬처 맵》을 건네주었다.《컬처 맵》은 한 나라의 문화와 다른 나라의 문화를 수직선에서 비교할 수 있도록 체계적으로 설명해 놓은 책이었다. 책에는 나라에 따라 상사에게 결정을 맡기는 정도와 결정을 내리는 방법이 어떻게 다른지, 문화에 따라 신뢰를 구축하는 방식이 어떻게 다른지도 비교되어 있었다. 무엇보다 넷플릭스 입장에서 가장 관심이 가는 부분은 세계 여러 나라 사람들이 주고받는 피드백 방식이었다. 책은 그들이 중요한 피드백을 솔직하게 하는지, 아니면 우회적인 수단을 통해서 하는지 비교했다.

나는 수직선의 수치를 특히 눈여겨보았다. 전체적인 틀은 엄청난 분량의 연구를 기반으로 구성되어 있었는데, 논지가 단순하면서도 확고하다는 인상을 받았다. 나는 우리 임원들에게《컬처 맵》을 읽게 했다. 직원 중에는 우리의 지사가 있는 여러 나라의 컬처 '맵'을 보고 그것들을 아래의 도표에 따라 서로 비교하며 이를 통해 받은 느낌을 토론해 보자고 제안한 사람도 있었다.

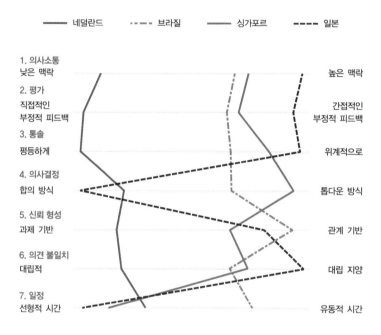

이런 훈련은 우리에게는 하나의 계시로 다가왔다. 이 프레임워크는 가령 네덜란드에서 피드백에 대한 우리의 경험이 왜 일본과 정반대로 나오는지(그래프의 2번)와 같은, 우리가 이미 마주했던 많은 사실에 관한 설득력 있는 설명을 제공해 주었다. 우리는 임원 회의를 소집하여 넷플릭스의 기업문화를 같은 기준에서 지도로 작성하기로 했다. 일단 지도가 만들어지면, 우리의 기업문화와 우리가 진출하려는 국가의 문화를 비교할 수 있을 테니까.

앞에서도 언급했지만, 우리는 QBR 회의를 하기 전에 부사장급 이상으로 구성되는 'E-스태프' 회의를 운영한다. 2015년 11월의 회의에서 우리는 참가자 60명을 6명씩 10개 그룹으로 나누어 회의를 진행했다. 원탁에 둘러앉은 우리는 《컬처 맵》의 기준에 따라 2시간에 걸쳐 우리의 기업문화를 지도로 작성했다.

각 그룹이 작성한 넷플릭스의 컬처 맵은 조금씩 달랐지만, 다음 세 가지 사례에서 보듯 몇 가지 뚜렷한 패턴이 나타났다.

그룹 1:

그룹 2:

1. 의사소통 낮은 맥락	높은 맥락
2. 평가 직접적인 부정적 피드백	간접적인 부정적 피드백
3. 통솔 평등하게	위계적으로
4. 의사결정 합의 방식	톱다운 방식
5. 신뢰 형성 과제 기반	관계 기반
6. 의견 불일치 대립적	대립 지양
7. 일정 선형적 시간	유동적 시간

그룹 3:

1. 의사소통 낮은 맥락	높은 맥락
2. 평가 직접적인 부정적 피드백	간접적인 부정적 피드백
3. 통솔 평등하게	위계적으로
4. 의사결정 합의 방식	톱다운 방식
5. 신뢰 형성 과제 기반	관계 기반
6. 의견 불일치 대립적	대립 지양
7. 일정 선형적 시간	유동적 시간

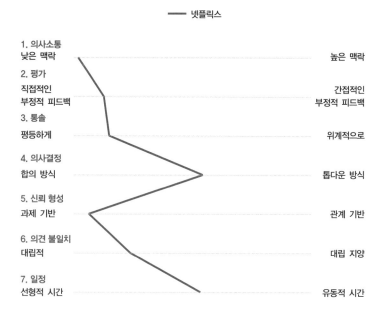앞의 사례와 같은 우리 기업의 컬처 맵을 살핀 후, 우리는 10개 그룹에서 작성된 지도를 한자리에 모아 하나의 넷플릭스 컬처 맵으로 취합했다. 그 결과는 다음과 같다.

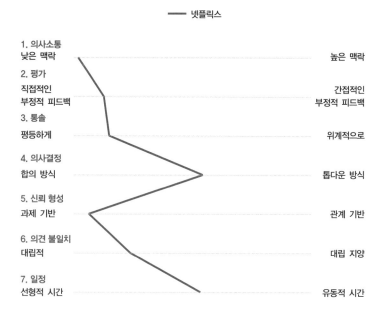

이렇게 완성된 넷플릭스의 컬처 맵은 우리가 중시하는 가치를 한눈에 보여줬다. 그다음 우리는 에린의 국가 매핑 툴을 사용하여, 넷플릭스의 컬처 맵과 우리의 지역 허브가 위치한 나라들의 컬처 맵을 차례차례 비교했다.

420

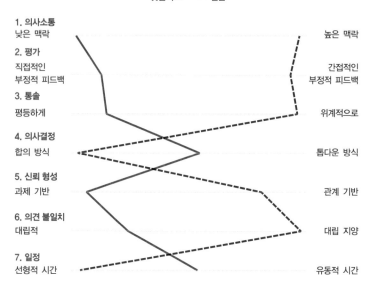

컬처 맵을 연구하면서, 우리는 해외 지사들이 갖고 있는 문제 중 몇 가지는 문화적 차이에서 비롯되었다는 것을 알게 되었다. 예를 들어, 의사결정 방식(4번)의 경우, 네덜란드와 일본은 넷플릭스 문화에 비해 합의에 의한 방식을 취했다. 이를 보면 암스테르담과 도쿄 지사에 있는 직원들이 왜 그렇게 '정보에 밝은 주장' 모델에 부담을 느꼈는지 알 것 같다. 이 모델에는 내려야 할 한 가지 의사결정이 있으면, 반드시 이 같은 결정에 책임을 지는 사람이 있다(6장 참조). 하나의 문화가 권위에 의지하는 정도를 보여주는 3번 항목에서 보듯, 넷플릭스는 네덜란드의 오른쪽에 자리 잡고 있는 반면(우리는 네덜란드가 다른 나라에 비해 평등한 문화를 유지하고 있다는 사실을 알게 되었다), 위계를 중시하는 싱가포르에 비해서는 왼쪽에 있다. 이를 보면, 네덜란드 직원들은 상사의 제안을 무시해도 아무 문제가 없지만, 싱가포르의 직원들은 상사가 동의하지 않을 때 쉽게 결정하지 못하는 이유도 이해할 수 있다.

우리는 또한 신뢰 형성 항목(5번)에서도 뜻밖의 결과를 확인했다. 이 부분에서 넷플릭스의 문화는 대체로 우리가 진출한 어떤 나라의 문화보다 과제 지향적이라는 사실이 확실하게 드러났다. 다음 도표는 신뢰 형성 항목만 따로 보여주므로, 무엇이 문제인지 알 수 있다. 우리는 여기에 우리의 관심사인 미국을 추가했다.

넷플릭스는 직원들에게 늘 시계를 보라고 강조한다. 회의 시간은 대부분 30분 안팎이다. 아무리 중요한 안건이라도 30분이면 대부분 해결할 수 있다고 생각하기 때문이다. 우리는 늘 호의적

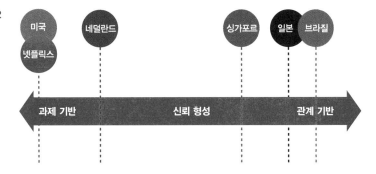

인 분위기에서 서로에게 도움이 되도록 애쓰지만, 이런 컬처 매핑을 실행하기 전에는 비업무용 토론에 많은 시간을 들이지 않았다. 우리의 목표는 커피를 들고 잡담하며 시간을 보내는 것이 아니라, 능률과 속도였다. 그러나 점차 세계 여러 나라에서 직원들을 채용하게 되면서, 과제를 수행하는 데 모든 시간을 투입하려는 강박감으로 인해 다양한 부작용이 나타난다는 것을 알게 되었다. 2015년에 넷플릭스에 입사한 라틴아메리카의 사업개발 디렉터인 레오나르도 삼파이오Leonardo Sampaio의 사례에서, 그런 사실을 확실하게 알 수 있다.

전화 인터뷰와 화상 인터뷰를 여러 차례 거친 후, 정식 인터뷰를 위해 실리콘밸리에 왔을 때였습니다. 리크루터가 회의실로 안내하더군요. 이후 저는 제게 관심을 보이는 여러 분야의 사람들과 오전 9시부터 정오까지 30분씩 여섯 차례에 걸쳐 릴레이

인터뷰를 했습니다. 나중에 제 상사가 될지도 모르는 사람들이었죠. 그리고 이 같은 일정에는 30분짜리 점심 시간도 포함되어 있었습니다.

브라질에서 점심 시간은 동료들과 개인적인 관계를 다지는 시간이에요. 일은 잠깐 제쳐두고 서로를 알아갈 수 있는 즐거운 시간이죠. 이런 시간을 통해 우리는 서로 간 신뢰를 쌓습니다. 신뢰는 협업에 상당히 중요한 기반이죠. 브라질 사람들이 일에 재미를 붙일 수 있는 것도 이런 인간관계가 바탕에 있기 때문이죠. 그래서 저는 점심시간이 겨우 30분이라는 사실에 놀랐고, 그래서 그 짧은 시간에 누구와 점심을 먹게 될지 궁금했어요.

그때 모르는 여성이 회의실로 들어오더니 제가 있는 쪽으로 곧장 다가왔어요. 저는 자리에서 일어나 인사했습니다. '내 점심 파트너인 모양이군.' 그녀가 다정한 말투로 말하더군요. "새라가 점심을 갖다주라고 해서 왔어요. 마음에 들었으면 좋겠습니다." 샐러드와 몇 가지 샌드위치와 과일이 담긴, 보기에도 근사한 점심이었어요. 그녀는 입에 맞을지 모르겠다며 혹시 다른 음식이 필요하진 않으냐고 물었어요. 괜찮다고 하자 그녀는 돌아서서 나갔고, 저는 혼자 덩그러니 회의실에 앉아 점심을 먹었습니다. 미국 사람들에게 점심 식사는 하루 중 어쩔 수 없이 치르는 하나의 과제에 지나지 않는다는 사실을, 그날 처음 알았어요. 그러나 브라질 사람의 입장에서 볼 때는 혼자 앉아서 식사하는 것만큼 황당한 일도 없죠. 그래서 생각했습니다. '적어도 내 상사가 될지도 모르는 사람이었을 텐데 그렇게 들어와 식사를 건넬 때 몇 마디 나눴으면, 처음 회사에 온 소감이 어떤지 브라질에서는 어땠는지 정도는 물어봐야 하는 것 아닌가? 우린 가족이 아니라, 팀이라더니 그래서 그런 건가?'

물론 혼자 있어야 하는 시간은 그리 길지 않았어요. 30분이 금방 지나고 다음 면접관이 들어왔기 때문이죠.

레오나르도의 이야기를 듣고서는 마음이 편치 않았다. '우리는 팀이지, 가족이 아니다'라는 만트라는 업무 성과를 높게 유지하기 위한 하나의 방편일 뿐, 업무 시간에는 일만 하라거나 서로를 깊이 알려고 하지 말라거나 함께 일하는 사람을 배려하지 말라는 얘기가 아니다. 미국인이라면 앉아서 하루 꼬박 인터뷰해야 할 경우, 단 30분 만이라도 혼자 점심을 먹으며 메모지를 검토하는 데 거부감을 느끼지 않을 것이다. 그러나 이제는 우리 회사의 문을 두드리는 브라질 지원자들을 식사 시간에 혼자 내버려 두는 것이 예의에 어긋난다는 사실을 알게 되었다. 그래서 브라질 출신의 동료들이 방문했을 때 우리는 개인적인 차원에서 그들을 알아가는 데 더 많은 시간을 투자할 뿐 아니라, 브라질 배급사들과 협상할 때도 브라질의 동료들에게 도움을 받아 그들과의 관계를 원만하게 이어갈 수 있도록 우리의 접근법을 조정한다.

컬처 맵이 있으면 이런 상황뿐 아니라 다른 중요한 여러 순간에도 좀 더 철저하게 준비할 수 있고, 보다 효과적으로 일을 해결할 수 있다. 컬처 매핑을 실천하며 형성한 다변화된 인식은 대부분 중요한 논의를 거쳐 그리 어렵지 않은 솔루션으로 귀결되었다.

그러나 《컬처 맵》에서 강조하고 있는 요소들이 모두 다루기 쉬운 것은 아니었다. 솔직함과 관련된 항목, 즉 평가 항목으로 표시된 부분은 크고 작은 난관이 계속 이어졌다. 덕분에 문화의 차별성을 인식할 수 있었지만, 그 차이점을 어떻게 다루어야 할지는 전혀 감이 잡히지 않았다.

솔직함을 바라보는 관점은
나라마다 크게 다르다

해외 업무를 많이 해본 사람들은 알겠지만, 어떤 나라에서 솔직한 피드백이 효과를 봤다고 해서 그 방식이 다른 나라에서도 통한다고 말할 수는 없다. 예를 들어, 독일인 상사가 잘못을 직설적인 방식으로 지적하면 미국인들은 너무 심하다고 여기는 반면, 긍정적 피드백을 많이 끼워 넣는 미국인들의 성향은 독일인 입장에서는 불필요하고 심지어 성의 없는 태도로 비칠 수도 있다.

이처럼 나라마다 피드백을 주는 방법은 다를 수밖에 없다. 태국인 매니저들은 다른 사람들 앞에서 동료를 비판하면 안 된다고 배

우지만, 이스라엘인 매니저는 항상 솔직하고 직설적으로 의견을
드러내라고 말한다. 콜롬비아인들은 부정적인 메시지도 긍정적
인 표현에 담아 우회적으로 전달하라고 하지만, 프랑스인들은 비
판할 때는 긍정적인 피드백을 자제하고 솔직담백하게 지적하도록
훈련받는다. 넷플릭스 기업문화와 주요 해외지사가 위치한 지역
문화의 위치는 다음과 같다.

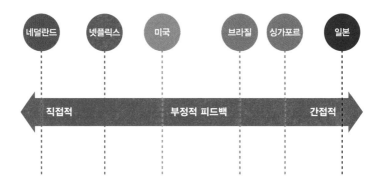

비판에 관한 한 네덜란드인은 상당히 직설적인 편이다. 일본인
은 같은 이야기라도 매우 우회적으로 표현한다. 싱가포르는 동아
시아 국가 중에는 가장 직설적이지만, 세계 전체로 보면 그래도
우회적인 편이다. 미국은 중간에서 약간 왼쪽이다. 브라질은 지역
적 차이가 심하지만, 싱가포르보다는 조금 더 직설적이다. 넷플릭
스의 위치는 2015년에 리드가 주도한 컬처 매핑 연습을 근거로
삼아 작성했다.

수직선상에 놓인 국가의 위치는 그 나라 사람들이 비판할 때 사용하는 말투와 관련 있다. 직설적인 문화에서는 언어학자들이 말하는 '강조어upgraders'가 많이 사용된다. 이런 나라에서는 '절대로, 전혀, 철저히' 등, 보다 강한 느낌을 주는 단어들이 부정적 피드백의 앞뒤로 붙는다. 가령 "이것은 '절대로' 안 된다" 또는 "이건 '전혀' 프로답지 못하다" 같은 식이다. 반면에 우회적인 문화에서는 부정적인 피드백을 줄 때 '유화어downgraders'를 많이 사용한다. '어느 정도, 다소, 약간, 조금, 어쩌면'처럼 비판을 순화하는 말이 그런 것들이다. 그뿐이 아니다. "우리는 목표 근처에도 못 갔다"라는 말을 하고 싶을 때 "아직은 아니다"처럼, 조심스럽게 말하는 방식도 일종의 유화적인 표현이다.

넷플릭스의 지사가 있는 나라 중 가장 우회적으로 표현하는 문화를 가진 일본은 부정적인 피드백을 줄 때 유화어를 많이 사용한다. 그러나 비판을 순화하는 방법이 그 하나만은 아니다. 하고 싶은 말을 암시적으로 전달하거나 아예 말을 하지 않는 경우도 많다. 2015년에 일본 지사를 열었을 때, 넷플릭스의 경영진들은 상사에 대한 명확한 피드백이 자주 나올 것으로 기대했다. 하지만 새로 들어온 현지 사원들에게 그런 피드백이 매우 거북한 요구라는 사실을 알아차리는 데는 그리 오랜 시간이 걸리지 않았다. 아시아계 미국인이면서 사업 및 법률문제 부사장인 조세핀 초이Josephine Choy는 이런 일화를 소개한다.

저는 도쿄 지사가 처음 문을 열었을 때 들어왔습니다. 일본 현지 법무 책임자로서 저의 첫 번째 임무는 법률 전문가들을 채용하여 팀을 꾸리는 것이었어요. 저는 영어를 할 줄 알면서 넷플릭스 문화를 몸소 실천하거나 아니면, 적어도 넷플릭스 문화에 매력을 느끼는 일본인들을 찾으려고 했죠.

전문가들을 채용하는 일은 그런대로 순조롭게 마무리됐지만, 막상 실무에 들어가자 문제가 드러났다. 어떤 문제나 실수를 논의해야 하는 아주 민감한 순간에, 부원들은 솔직하게 의사를 표현하는 것 같으면서도 정작 핵심 내용을 전할 때는 우회적인 방법을 택했다. 조세핀은 이렇게 설명한다.

우리는 보통 영어로 대화합니다. 그래서 주어가 앞에 오고 이어서 동사가 오고 다음에 목적어가 오죠. 영어는 웬만해서 주어를 생략하지 않아요. 주어를 생략하면 말이 안 되니까요. 하지만 일본의 구문론은 규칙이 아주 유연합니다. 주어든 동사든 목적어든 모두 선택적이죠. 일본에서는 명사만 가지고도 문장을 만들 수 있습니다. 보통은 핵심 주제를 먼저 말하고, 이어서 구체적인 내용이 나오고, 동사는 맨 마지막에 와요. 어떨 때는 주어가 무엇인지 모두 알고 있는 것으로 간주하여 아예 빼고 말하기도 합니다. 갈등을 기피하는 문화에서는 일본어의 이런 특징이 아주 쓸모 있어요. 그래서 일본인들이 주어를 생략하고 말할 때는 말하는 내용의 앞뒤 문맥을 잘 따져봐야 말하는 사람의 진짜 의도를 파악할 수 있습니다.

예를 들어, 조세핀 팀에서는 누가 실수를 하거나 마감 기한을 놓쳤을 때, 영어로 대화하더라도 일본식 언어 기법을 사용하여 상대방을 지적해야 하는 부담을 피해간다.

잘못된 일을 다룰 때 저희 팀 사람들은 종종 수동태를 사용하곤 했어요. 이런 식이죠. "자금이 조성되지 않아 광고를 진행할 수 없었습니다." 아니면, "결재가 되지 않아 놀랐습니다. 그 탓에 청구한 금액이 지급되지 않았습니다." 이런 식으로 그들은 문제를 완전히 공개적으로 다루면서도 상대방을 당황하게 만들거나 정면으로 비난하는 방식을 피합니다.

그런 탓에 유일한 외국인이었던 나는 상황 파악이 잘 안 돼서 수시로 그들의 말을 제지해야 했어요. "잠깐, 자금을 조성하지 못한 사람이 누구죠? 우리인가요, 에이전시인가요?" 때로 수동태 구문을 보면 제가 할 일을 안 했다고 지적하는 말인 것 같았지만, 아무도 감히 그렇다고 말하지는 못했어요. "잠깐. 내 결재가 필요했던 거예요? 그게 내 잘못이었나요? 그럼 내가 어떻게 해드려야 되죠?"

이처럼 우회적이고 언외적인 표현을 구사하는 경향은 잘못을 지적하는 피드백이나 반대 의견이나 부정적인 인상을 전달할 때 특히 두드러진다. 불쾌한 메시지도 우회적인 방법을 쓰면 좋은 관계를 유지하면서 전달할 수 있다. 일본 문화에서는 상호 발전적인 피드백도 좀처럼 분명하게 표현하지 않는다. 그리고 위계상 한참 위에 있는 상사에게는 아예 피드백을 줄 생각조차 하지 않는다. 조세핀은 일본 직원에게 피드백을 처음 요청했을 때의 어려움을 이렇게 토로한다.

도쿄에 가서 처음 채용한 사람 중에 미호라는 디렉터급 변호사가 있었습니다. 연수 교육이 끝난 뒤 저는 미호와 일대일 미팅 자리를 마련했어요. 저는 첫 미팅에서 다룰 의제를 미리 미호에게 보냈는데, 마지막 항목에 피드백이 있었죠. 일대일 미팅은 순조롭게 진행되었어요. 그러다 마지막 항목 차례가 되었죠. 저는 말했어요. "아시겠지만, 넷플릭스에는 피드백과 솔직함이라는 문화가 있어요. 먼저 미호 씨의 피드백부터 듣고 싶군요. 연

수 교육은 어땠나요? 제가 당신에게 좀 더 효율적인 매니저가
되기 위해 바꿔야 할 부분이 있었나요?"

조세핀은 미국에서 수십 명의 직원에게 했던 방식대로 질문했
지만, 미호의 예기치 않은 반응에 크게 당황했다.

미호는 나를 바라보더니 갑자기 눈물을 흘렸습니다. 두렵거나
화가 나서가 아니었어요. '세상에, 이분이 나더러 자기의 문제
점을 지적하라니. 어떻게 그런 걸 하지?' 그런 생각을 하는 것
같았어요. 조금 진정한 뒤 미호는 이렇게 말하더군요. "죄송합
니다, 눈물을 보여서. 저도 사실은 하고 싶은데요. 그런데 어떻
게 해야 할지 잘 모르겠어요. 일본에서는 상사에게 이런 식으로
피드백을 하는 법이 없거든요."
저는 분위기를 좀 부드럽게 바꿔보기로 했어요. "그럼 제가 먼
저 하죠. 앞으로 제가 미팅 의제를 보낼 때 미호 씨가 다루고 싶
은 주제가 있으면, 얼마든지 목록에 덧붙이세요. 오늘 미호 씨
에게 주는 피드백은 이게 전부예요." 눈물을 닦은 그녀가 말하
더군요. "알겠습니다. 이제 조금 감이 잡혀요. 잘 생각해 보고
다음 미팅 때는 저도 피드백을 드리겠습니다."

　미호와의 대화를 마친 후, 조세핀 역시 깨달은 것이 있었다. 그는 이렇게 말한다.

확실히 일본인들은 미국인에 비해 직설적인 표현을 삼가는 편입니다. 상사에게 생각 없이 솔직하게 피드백을 주었다가는 오히려 일만 더욱 복잡해진다고 생각하는 것 같아요. 하지만 저는 우리의 일대일 미팅에서 미호가 보여준 반응에는 전혀 준비되어 있지 않았습니다. 그 후로 몇 번의 시행착오를 거친 뒤에야, 미호는 제게 분명하고 실질적인 피드백을 주기 시작했어요. 그것은 확실한 성공이었습니다.

그러나 회의나 프레젠테이션에서 일본인들에게 서로 피드백을 주고받으라고 요구하는 건 더욱 힘들었다. 시행착오를 겪은 넷플릭스의 리더들은 일본뿐 아니라 비교적 우회적인 표현 방법을 선호하는 세계 여러 나라의 문화에서 솔직한 문화를 제대로 수행하는 데 필요한 핵심적인 요령을 몇 가지 터득했다.

　첫 번째 요령은, 직설적이지 않은 문화가 자리 잡은 나라에서는 문제를 다룰 때 공식적으로 피드백을 주고받는 시간을 늘려야 한다는 것이었다.

우회적인 문화에서는
공식적인 피드백 시간을 늘려야 한다

미국에서 파견된 일단의 매니저들은 도쿄 지사에서 겪은 피드백의 어려움을 고려하여, 그들이 데리고 있는 일본인 직원들에게 4A 지침에 따른 피드백을 시험해 보려 했다. 그들은 캘리포니아에서 일본으로 건너가 피드백 클리닉을 개설했다. 그 클리닉에 참여했던 일본인 콘텐츠 매니저인 유카는 그때의 상황을 이렇게 기억한다.

미국인 리더 4명이 도쿄에 와서 피드백을 주고받는 방법을 설명했습니다. 그들은 무대에 서서 상대방의 잘못을 지적했고 상대방은 그 피드백에 대응하는 법을 보여 주었어요. 그들은 미국에서 거친 피드백을 받았던 때의 느낌과 그런 피드백이 준 긍정적인 영향에 관해 말했습니다.

시연이 끝났을 때 우리는 모두 예의를 갖춰 손뼉을 쳤어요. 하지만 솔직히 말해, 전혀 도움이 되지 않았어요. 미국인이 다른 미국인에게 영어로 피드백을 주는 것은 어려운 일이 아니에요. 우리도 그런 상황은 수십 번도 더 봤거든요. 하지만 정작 우리가 보고 싶었던 것은 일본인이 일본인에게 (가능하면 일본어로) 상대방을 존중해가며 관계에 금이 가지 않는 적절한 방법으로 피드백을 주는 모습이었습니다. 우리에겐 그런 연결 고리가 없었습니다.

더 좋은 방법을 찾아낸 것은 CPO인 그레그 피터스였다. 일본인 여성과 결혼한 그레그는 일본어도 유창하다. 2015년에 리드가 그레그에게 도쿄 지사를 맡아달라고 부탁한 데는 그런 이유도 있었다. 그레그는 당시를 이렇게 회상한다.

일본에 간 지 6개월쯤 되었을 때일 겁니다. 여러 차례 직원들의 등을 떠밀었는데도, 즉석에서 이루어지는 피드백은 거의 안 되더라고요. 그래서 360도 서면 평가서를 돌릴 때가 되었을 때도 별 기대를 하지 않았죠.

우리는 360도 서면 평가서를 작성한 다음, 라이브 360을 진행했습니다. 사실 여러 사람 앞에서 동료나 상사에게 솔직한 피드백을 주는 것은 전혀 일본인답지 않은 방식이었습니다. 그러나 저는 그들에게는 이런 집단 피드백을 가능하게 만들 수 있는 자질이 있다고 판단했어요. 일본인들은 대부분 신중하고 일정이 잡히면 헌신적으로 준비합니다. 큰 기대를 하고 있다는 사실을 확실히 보여준다면, 그들은 그 기대를 충족시키기 위해 할 수 있는 노력을 다합니다. "이것 좀 준비해 주세요. 이게 우리가 따라야 할 지침입니다." 그렇게 부탁하면 그들은 항상 그 이상을 해내거든요.

결과는 놀라웠어요. 360도 평가 과정에서 저희 팀에 있는 일본인들은 그동안 우리가 미국에서 해왔던 것보다 더 높은 수준의 피드백을 제공했죠. 그들의 논평은 솔직하고 건설적이었으며, 권고는 실질적이었고, 비판할 때는 사정을 봐주지 않았어요. 그들은 거친 피드백도 유쾌하게 받으며 감사를 표했습니다.

나중에 제가 그런 피드백 중 몇 가지를 브리핑할 때 그들이 말하더군요. "지사장님은 그것이 우리가 할 일 중 하나라고 하셨죠. 그리고 피드백의 내용과 전달 방법을 일러주셨습니다. 그래서 우리는 준비했고 몇몇은 연습까지 했습니다. 우리의 이런 모습이 넷플릭스의 기대를 충족시켰기를 바랍니다."

우리는 이 사례를 통해 한 가지를 배웠다. 일본뿐 아니라 직설적이고 부정적인 피드백을 거북하게 여기는 나라에서는, 비공식적인 방법으로 동료나 상사에 대한 피드백을 주라고 아무리 이야기해도 소용이 없다. 그러나 좀 더 공식적인 행사를 만들어 의제에 피드백을 포함하고 교육을 통해 확실한 지침을 정해주면, 그들역시 매우 유용한 피드백을 제공한다.

조세핀은 일본에서 그리고 나중에는 브라질과 싱가포르에서 얻은 경험을 토대로 이런 결론을 내린다.

이제 저는 미국만큼 직설적이지 않은 나라에 근무하면서 직원들을 관리하는 넷플릭스 동료들에게 이렇게 말합니다. "가능하면 빨리, 자주 피드백을 실천해야 합니다. 가능하면 많은 미팅에서 피드백을 정식 의제로 삼아 결함을 찾아내세요. 처음 몇 번은 쉽게 실천할 수 있는 사소한 것부터 점잖게 언급하는 것이 좋습니다. 정식으로 피드백을 주고받는 시간을 늘리는 한편, 원만한 관계를 만드는 데도 시간을 투자해야 합니다." 비공식적이고 자발적인 피드백은 잘 이루어지지 않겠지만, 의제에 피드백을 넣고 사람들에게 준비할 시간을 준다면 사심 없는 솔직함으로부터 많은 혜택을 얻을 수 있습니다.

 공식적인 피드백 시간을 늘리는 것은 넷플릭스 매니저들이 세계 여러 나라에서 솔직한 문화를 조성하는 과정에서 터득한 첫 번째 요령이다. 두 번째 요령은?

원래 하던 방식을 각색하고, 수시로 대화하라

넷플릭스가 일본에 진출할 때, 조세핀과 그레그를 비롯한 경영진들은 문화적 차이로 인해 업무 효율성이 크게 떨어지지 않을까 매우 걱정했다. 그들은 일본 문화가 매우 이질적이라는 사실을 미리 알고 들어갔다. 그러나 싱가포르에 진출할 때는 문화적 차이가 뚜렷하지 않았기에 별다른 주의를 기울이지 않았다. 싱가포르의 동료들은 완벽한 영어를 구사했고, 서양인들과 일한 경험도 많았으며, 미국인들의 업무수행 방식에 익숙했기 때문이다. 그래서 미국인들은 그들의 문화에 대해 큰 걱정은 하지 않았다. 그러나 그곳에서도 조금씩 차이가 드러나기 시작했다.

2017년 10월에 HBO에서 넷플릭스로 옮겨 온, 마케팅 코디네이터 칼라인 왕Karlyne Wang이 바로 그런 차이로 어려움을 겪었다.

행정비서가 일을 그만두어, 제가 임시로 그 일을 맡았을 때였습니다. 일주일 전에 우리의 외부 파트너가 미국에 있는 저의 두 선임과 통화하기로 되어 있었죠. 하지만 통화 일정은 제가 아닌 전임자가 예약한 것이라, 저는 그 사실을 모르고 있었습니다. 본토의 미국인들은 전화를 받기 위해 일찍 일어나 기다렸지만, 외부 파트너는 전화하지 않았어요.

화가 난 미국인 선임들은 각각 따로 제게 질책하는 문자를 보냈어요. 그 내용이 너무 무례해서 화가 나더군요. 분한 마음에 저는 그 문자를 무시하기로 했고, 그래서 답장도 하지 않았어요. 산책 시간에 걸으면서 저는 저 자신에게 말했죠. '내가 대범해져야지. 진정하자. 그게 그 사람들 방식이니까. 어쩌면 그들은 그런 메시지가 대단히 무례하다는 것도 모르고 있을지 몰라. 그런 문자가 상대방 기분에 어떤 영향을 미치는지 모르는 게 분명해. 알고 보면 좋은 사람들일 수도 있지. 그래, 분명 좋은 사람들일 거야.'

칼라인의 이야기를 들었을 때, 나는 그 두 미국인이 얼마나 밉살스럽게 굴었는지 알고 싶었다. 어쩌면 문화적 오해가 아니라, 정말로 못된 행동이었을지도 몰랐다. 칼라인은 그 무례하다는 문자 메시지를 찾아서 내게 보여 주었다.

칼라인, 우리는 전화를 받으려고 일찍 일어났는데 그쪽에서 아무 소식이 없네요. 그 자리를 다른 곳과의 통화에 이용할 수도 있었는데. 이런 식으로 일정이 삭제되는 일이 없도록 전날에 모든 전화 스케줄을 다시 확인해 줄래요?

미국인인 내가 보기에, 그 문자 메시지는 무례하지도 부적절하지도 않았다. 문자를 보낸 사람은 업무를 제대로 처리할 방법을 찾기 위해 문제를 제기했고, 실행 가능한 해결책을 내놓았다. 칼라인을 야단친 구석은 어디에도 없었다. 선임은 이렇게 저렇게 처리해 주었으면 좋겠다고 설명하면서 '부디'라는 말도 넣었다. 나는 칼라인의 반응이 문화적인 차이에서 온 것인지, 아니면 그녀가 지나치게 민감한 것인지 궁금했다.

그래서 넷플릭스 내의 다른 싱가포르 직원들에게 비슷한 문자 메시지를 화면으로 보여준 다음, 그들의 의견을 구했다. 8명 중 7명은 칼라인과 같은 반응을 보였다. 다들 그 문자가 무례하다고 했다. 프로그램 매니저인 크리스토퍼 로Christopher Low도 그 7명 중 하나였다.

크리스토퍼: 싱가포르인들이 보기에 이런 문자 메시지는 명백히 도발적입니다. 너무 직설적이고요. 지금 상황이 이렇다. 그러니 A를 하라. B를 하라. 이런 메시지를 받으면 상대방이 날 야단치고 있다는 생각이 들죠. 특히 이 부분은 최악이에요. "그 자리를 다른 곳과의 통화에 이용할 수도 있었는데." 이런 말은 할 필요가 없어요. 첫 문장에 이미 그런 뜻이 함축되어 있으니까요. 꼭 그렇게 거슬리는 말을 대놓고 해야 하나요? 그러면 이렇게 생각할 수밖에 없죠. '아니, 왜 이렇게 고약하게 굴지?'

에린: 문자를 보낸 사람이 단지 솔직했을 뿐, 상대방의 심기를 건드리려 한 것은 아니지 않을까요?

크리스토퍼: 서양인들은 이런 식인 것 같아요. "난 이 일이 급하고, 그래서 확실히 해두어야겠어. 쓸데없는 말로 시간 낭비하고 싶지 않아." 하지만 싱가포르인들에게 그런 표현은 퇴짜 놓겠다는 말로 들립니다. 그건 솔직한 게 아니에요. 한번 해보자는 얘기라고요.

에린: 똑같은 메시지를 무례하거나 모욕적이지 않게 전달하려면 어떻게 해야 했나요?

크리스토퍼: 좀 더 개인적인 얘기로 시작할 수도 있죠. 가령 이렇게 말하는 겁니다. "아, 거기 싱가포르 시각으로는 자정이죠? 듣기 싫은 얘기로 하루를 시작하게 해서 미안해요." 아니면 이렇게 말해 비난하는 말투를 피할 수도 있죠. "당신 잘못은 아니에요. 당신이 스케줄을 잡은 건 아니니까요." 명령조도 피할 수 있죠. "많이 바쁘신 것 잘 알아요. 그래도 이 문제 좀 도와주실 수 있을까요?" 거기에 친근감을 주는 이모티콘을 덧붙이면 더욱 좋고요.

이렇게 이야기를 하면서도 크리스토퍼는 미국인들의 태도에만 문제가 있는 것은 아니라는 말을 덧붙였다. 싱가포르인들도 미국 문화에 적응할 필요가 있다고 말하면서.

제 말을 오해하지 마세요! 미국 회사에 근무하는 이상 우리도 미국 문화에 적응하기 위해 노력해야 한다는 것 정도는 알아요. 그런 상황에 부딪혔을 때, 싱가포르인들은 순간적으로 당황하거나 화를 내는 식으로 반응합니다. 하지만 넷플릭스에서 일을 원만하게 하려면 우리도 반응을 자제해야겠죠. 미국에서는 이런 문자 메시지가 아무 문제가 되지 않는다는 것을 빨리 파악하고, 대화로 해결할 생각을 해야 해요. 전화를 걸어 메시지를 보낸 여성과 솔직하게 터놓고 말하면 되는 겁니다. "결국 일이 이렇게 됐군요. 많이 속상했겠어요. 하지만 저도 당신의 메시지 때문에 기분이 안 좋았답니다." 그리고 문화적 차이를 설명할 수도 있죠. "아마도 문화적인 문제일 거예요. 일부러 그런 건 아니라는 걸 알아요. 하지만 저한테 화를 내신 것 같아 저도 좀 속상했습니다." 이렇게 터놓고 얘기하면 넷플릭스 문화에 맞추면서 전 세계에 있는 우리 동료들과 피드백을 주고받는 일에 좀 더 빨리 익숙해질 겁니다.

크리스토퍼가 지적한 것은 우리가 터득한 두 번째 요령을 요약한 것이다. 넷플릭스는 솔직함을 중시한다. 그래서 직설적인 표현을 기피하는 문화에 있는 직원들은 조금 불편해도 솔직하게 피드백을 주고받는 방식에 익숙해질 필요가 있다. 그렇게 하려면 2장에서 설명했던 4A 피드백 지침을 강조하고, 또 강조해야 한다. 직설적인 피드백을 질책이 아닌 격려로 받아들이려면, 문화적 차이를 공개적으로 이야기하고, 직원들을 교육하고 지원해야 한다. 넷플릭스의 상파울루 지사의 경우, 기업문화를 토론하는 회의를 매주 열고 있다. 이 회의의 단골 의제가 피드백이다.

그러나 해외에서 솔직한 문화를 조성할 때, 일방통행 방식으로는 성과를 거두기 어렵다. 직설적인 표현을 꺼리는 문화와 협업할

때, 우리는 본사에서 상대방의 심기를 건드린다거나 단순히 표현
방식 때문에 거부감을 일으키는 일이 없도록 하기 위해, 좀 더 세
심한 주의를 기울인다. 크리스토퍼의 메시지는 간단하다. 직설적
인 표현을 기피하는 문화에서는 동료에게 피드백을 줄 때 조심하
라는 것이다. 좀 더 친근한 표현을 써라. 비난조가 되지 않도록 노
력하라. 명령이 아니라 제안이 되게끔 신중하게 접근하라. 스마일
이모티콘 같은 관계 중심적인 수단을 사용하라 등등. 이런 것들은
업무 환경에서 우리의 메시지가 좀 더 적절한 느낌이 들게 만드는
수단이다.

우리가 터득한 중요한 교훈은 어느 나라 출신이든 상관없이 다
른 문화를 가진 나라의 동료들과 일할 때는 대화하고, 또 대화하
고, 또 대화해야 한다는 것이다. 외국 동료에게 피드백을 주는 법
을 제대로 배우려면, 상대방 문화에 관해 수시로 묻고 궁금증을
드러내야 한다. 그 나라 출신 중 신뢰할 만한 동료에게 이렇게 물
어보라. "저의 메시지가 좀 거칠게 들리진 않나요?" "당신들은 어
떤 식으로 하죠?" 질문을 자주 하고 호기심을 많이 드러낼수록, 피
드백은 더욱 세련되어질 것이다.

해외에서 적절한 질문을 하고 또 그들로부터 받은 답을 제대로
이해하려면, 마지막으로 비교문화적 관점에서 한 가지 요령을 더
알아야 한다.

모든 것은 상대적이다

문화적 차원에서는 모든 것이 그렇지만, 피드백도 글로벌 차원에서 보면 모두 상대적이다. 일본인들은 싱가포르인들이 지나치게 직설적이라고 생각하지만, 미국인들은 싱가포르인들이 솔직하지 못하다고 생각한다. 넷플릭스에 들어온 싱가포르인들은 미국인들의 솔직한 태도에 충격을 받는다. 하지만 네덜란드인들이 보기에 넷플릭스에 있는 미국인들은 전혀 직설적인 사람들이 아니다.

넷플릭스는 다문화를 지향하지만, 그래도 미국 중심적인 문화는 여전하다. 부정적인 피드백에 관한 한 미국인들은 다른 나라 사람들보다 더 직설적이지만, 네덜란드인에 비하면 그렇지도 않다. 2014년에 넷플릭스 암스테르담 지사에 입사한 네덜란드 공공 정책 디렉터인 이즈에는 그 차이를 이렇게 설명한다.

___

넷플릭스 문화는 실질적인 피드백을 자주 주고받을 수 있는 환경을 조성하는 데 성공했습니다. 그러나 넷플릭스에서도 미국인들은 피드백을 줄 때 정말로 하고 싶은 이야기를 하기 전에, 먼저 상대방이 잘한 것부터 이야기하죠. 미국인들은 '부정적인 것 한 가지를 얘기할 때는 반드시 긍정적인 면을 세 가지 말하라' 또는 '상대방이 무엇을 잘하고 있는지 간파하라'와 같은 말을 듣습니다. 네덜란드인들에게는 헷갈리는 방법이에요. 네덜란드인은 부정적인 피드백도 주고 긍정적인 피드백도 주지만, 두 가지를 한자리에서 모두 말하는 일은 거의 없습니다.

이즈에는 넷플릭스에 들어와 알게 된 것이 한 가지 있다. 네덜란드 문화에서는 자연스럽고 편안했던 자신의 피드백 전달 방식을 미국인 동료들은 너무 퉁명스럽게 여긴다는 것이다.

최근에 네덜란드에서 근무하게 된 미국인 동료 도널드가 암스테르담에서 미팅을 주재할 때였어요. 미팅에는 유럽 각지에서 비행기나 기차를 타고 온 넷플릭스의 외부 파트너 7명도 참여했죠. 미팅은 원만하게 진행되었어요. 도널드는 세부적인 부분을 꼼꼼히 짚어가며 설득력 있게 설명했습니다. 한눈에도 준비를 철저히 했다는 걸 알 수 있었죠. 하지만 다른 참석자들이 의견을 말하려 하다가도 도널드가 말을 너무 많이 해서 단념하는 경우가 몇 차례 보이더군요.

미팅이 끝난 후 도널드가 제게 물었어요. "이야기가 잘 된 것 같은데, 어떻게 보셨어요?" 이때야말로 넷플릭스 리더들이 늘 강조해 온 솔직한 피드백을 줄 완벽한 기회라고 생각해 말했습니다. "스틴은 이 모임에 참석하기 위해 노르웨이에서 먼 길을 왔는데, 당신이 너무 말을 많이 해서 한마디도 못 했어요. 비행기와 기차를 타고 오라고 해놓고는 말할 시간도 주지 않았다고요. 그 탓에 도움이 될 만한 그들의 의견을 제대로 듣지 못했습니다. 당신이 80%를 말하는 바람에 다른 사람은 말할 틈을 찾기가 어려웠어요."

이즈에가 다음에는 좀 더 나은 미팅을 만들 수 있는 실질적인 제안을 하려는 찰나, 도널드는 네덜란드인인 그녀가 보기에 전형적인 미국인다운 반응을 보였다.

제 말이 다 끝나지도 않았는데 그가 머쓱한 표정을 지으면서 낮은 신음을 하더군요. 저의 피드백이 너무 가혹하다고 여긴 것이 분명했죠. 미국인들은 종종 그러거든요. 그는 말했어요. "세상에, 제가 일을 모두 망쳤군요. 정말 미안해요." 천만에요. 그는 절대로 '일을 모두 망치지' 않았어요. 저는 그런 뜻으로 한 말이 아니었어요. 미팅은 성공적이었습니다. 도널드 역시 "이야기가 잘 됐다"라고 했잖아요. 한 가지 사소한 문제가 있었을 뿐이고, 저는 그 점을 지적하여 다음에 좀 더 잘할 수 있도록 도와주려 했을 뿐이었죠.

미국인 동료들이 이렇게 나올 때마다 저는 참 난감해집니다. 그들은 피드백도 열심히 주고 또 열심히 받으려고 하지만, 뭔가 긍정적인 말로 시작하지 않으면 피드백 전체가 잘못되었다고 생각해요. 네덜란드인의 입에서 부정적인 말이 먼저 나오면, 일을 전부 망쳤다고 생각해서 비판한 사람을 무색하게 만들죠.

지난 5년 동안 이즈에는 넷플릭스에서 타국의 동료들, 특히 미국인에게 피드백을 주는 요령에 관해 많은 것을 배웠다.

이런 문화적 성향을 좀 더 알고 나면, 아무래도 피드백을 더 자주 하게 됩니다. 그러면서 메시지를 받는 쪽의 입장을 헤아려보고 또 바람직한 결과를 얻기 위해서 저의 태도를 어떻게 바꿔야 할지 생각하죠. 그래서 저는 좀 더 우회적인 방법을 택해 긍정적인 코멘트와 감사의 말로 시작합니다. 전반적으로 일이 잘 됐으면, 그 이야기부터 신이 난 어조로 이야기하죠. 그런 다음 '몇 가지 제안'을 하겠다면서 천천히 분위기를 잡습니다. 그러고는 이런 말로 끝을 맺죠. "중요한 이야기는 아니고, 그냥 제 생각이에요." 또는 "안 받아들여도 그만이지만." 네덜란드인의 관점에서 볼 때는 분명 우스꽝스러운 말이지만, 그래도 바람직한 결과를 낳는 것만은 분명합니다!

이즈에는 넷플릭스가 해외의 여러 지사에서 솔직한 문화를 조성하는 데 필요한 전략을 한마디로 요약해 주었다. 해외에서 팀을 운영할 때는 다른 문화권의 직원과 스카이프를 할 때처럼 당신의 말이 그쪽 문화의 맥락에 따라 의미가 과장되거나 축소될 수 있으니 조심해야 한다. 그래서 전략과 유연성이 필요하다. 그럴 때 약간의 정보와 기술을 동원하여 피드백의 형식만 조금 수정해도 뜻밖의 좋은 결과를 얻을 수 있다.

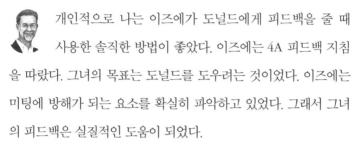 개인적으로 나는 이즈에가 도널드에게 피드백을 줄 때 사용한 솔직한 방법이 좋았다. 이즈에는 4A 피드백 지침을 따랐다. 그녀의 목표는 도널드를 도우려는 것이었다. 이즈에는 미팅에 방해가 되는 요소를 확실히 파악하고 있었다. 그래서 그녀의 피드백은 실질적인 도움이 되었다.

단지 이즈에에게 부족한 것이 있다면, 국제적 감각이었다. 그녀는 솔직했지만, 피드백 기술이 세련되지 못해 오해를 샀다. 그녀는 미팅이 성공적이었고, 다음에는 도널드가 말수만 좀 줄인다면 더 좋겠다고 말하려던 것이었다. 하지만 메시지를 전달하는 방법 때문에 도널드는 미팅을 그르친 것으로 판단했다. 그리고 만약 도널드가 브라질인이나 싱가포르인이었다면, 아마도 다음 주에 자신이 해고될지도 모른다고 생각하면서 미팅 자리를 떠났을 것이다.

이제 결론을 내려야 할 때가 왔다.

같은 문화권에 있는 사람에게 피드백을 줄 때는 2장에서 설명한 4A 피드백 지침을 사용하라. 그러나 다른 나라에서 피드백을 줄 때는 다섯 번째 A도 필요하다.

4A 피드백 지침은 다음과 같다.

- **AIM TO ASSIST**(도움을 주겠다는 생각으로 하라)
- **ACTIONABLE**(실질적인 조치를 포함하라)
- **APPRECIATE**(감사하라)
- **ACCEPT OR DISCARD**(받아들이거나 거부하라)

여기에 다섯 번째를 덧붙이자.

- **ADAPT**(각색하라): 함께 일하는 사람의 문화에 맞춰 전달하는 내용과 당신의 반응을 적절히 조절하라

넷플릭스의 해외 지사는 계속 늘어나고 있다. 따라서 각국의 문화에 맞게 우리의 기업문화를 융합하는 문제를 진지하게 생각해 봐야 한다. QBR을 열 때마다 우리는 기업문화에 관해 적어도 한 번씩은 토론하게 된다. 앞으로 우리의 성장은 대부분 미국 이외의

지역에서 이루어질 것이기에, 넷플릭스의 가치를 글로벌한 맥락에 적용하는 문제를 좀 더 진지하게 생각해야 할 것이다.

미국의 기업문화와 다른 여러 나라의 문화를 원만하게 융합하려면, 무엇보다 겸손해야 하고 호기심을 가져야 하며 말하기 전에 듣고 가르치기 전에 배워야 한다. 이런 태도로 접근한다면, 지금처럼 매력적인 다문화 세계에서 우리의 문화는 더욱 빛을 발할 것이다.

▶ 10장 요약

☑ 기업문화를 지도로 만들어, 진출하는 나라의 문화와 비교해 보라. F&R 문화와 관련하여 솔직함을 적용할 때는 특별한 주의가 필요하다.

☑ 직설적인 표현을 기피하는 문화에서는 비공식적인 피드백의 잦은 교환을 기대하기 어렵기 때문에, 공식적인 피드백을 더 많이 하고 피드백을 좀 더 자주 의제로 설정해야 한다.

☑ 솔직한 문화를 조성하려 할 때는, 문화적 차이를 공개적으로 이야기함으로써 피드백의 원래 의도를 납득시켜야 한다.

☑ 솔직한 피드백을 위한 4A 피드백 지침의 다섯 번째에, 'ADAPT(각색하라)'를 추가하라. 솔직하다는 것의 의미가 나라에 따라 지역에 따라 어떻게 달라지는지 공개적으로 토론하라. 아울러 그런 가치를 구현하기 위해 양측이 상대방에게 적응할 수 있는 방법을 찾는 데 힘을 모아야 한다.

결론

미국 미니애폴리스에 있는 내 고향 집 근처에는 둘레가 5km가량 되는 '베데마카스카Bde Maka Ska'라는 호수가 있다. 무더운 여름날 토요일이면 호숫가의 조깅 코스와 선착장으로 많은 시민이 몰려든다. 하지만 사람들이 아무리 많아도 이곳은 희한할 정도로 평온하다. 지켜야 할 사항을 알려주는 수칙이 많기 때문이다. 보행자는 자전거도로에 들어서면 안 된다. 자전거는 시계방향으로만 돌아야 한다. 흡연은 어디서도 안 된다. 부표를 넘어 수영하면 안 된다. 롤러블레이드를 타는 사람과 스쿠터 운전자는 보행로가 아닌 자전거 도로로만 다녀야 한다. 조깅하는 사람들은 보행로만 이용할 수 있다. 복잡한 것 같아도 누구나 다 알고 있는 규정이 있기 때문에, 호숫가는 늘 질서 있고 평온한 안식처라는 인상을 준다.

넷플릭스에 F&R 문화가 있다면, 베데마카스카 호수에는 R&P Rules and Process, 즉 규정과 절차가 있다.

R&P 문화는 평온한 환경을 조성하지만, 몇 가지 불편한 점도 있다. 자전거를 타다가 잠깐 시계 반대 방향으로 갈 일이 생겨도, 자전거를 탄 상태로는 갈 수 없다. 멀리 돌더라도 무조건 시계방향으로 진행해야 한다. 헤엄쳐서 호수를 건너가고 싶어도 그렇게 하면 즉시 인명구조요원이 보트를 타고 달려와 제지할 것이다. 수영을 잘한다고 아무리 얘기해 봐야 소용없다. 개인의 자유가 아니라, 더 큰 집단의 평화와 안전을 위해 개발한 문화이기 때문이다.

R&P는 집단행동을 조정하기 위한 패러다임으로는 아주 친숙한 것이어서 따로 설명이 필요 없을 것 같다. 유치원에 처음 들어갔을 때 샌더스 선생님은 초록색 융단에 다섯 살짜리 아이들을 모두 앉히고서, 해도 되는 것과 해서는 안 되는 것을 자세하게 설명하셨다. 그때 우리는 이미 R&P를 배웠다. 나중에 쇼핑몰 옆에 있는 팬케이크 가게에서 처음으로 접시 닦는 아르바이트를 할 때도, 유니폼을 입을 때는 어떤 색 양말을 신어야 하고 어떤 색 양말은 안 되는지 그리고 근무 시간에 비스킷을 먹으면 수당에서 얼마가 깎이는지 등의 이야기를 들으며 R&P 도제 수업을 이어갔다.

규정과 절차는 수세기 동안 집단행동을 조정하는 일차적 방법이었다. 그러나 그것만이 유일한 방법도 아니고, 넷플릭스만 다른 방법을 사용하는 것도 아니다. 나는 19년째 파리 개선문에서 차로 9분 거리에 있는 곳에 살고 있다. 이 웅장한 기념물까지 가는 짧은 시간에 샹젤리제 거리와 에펠탑, 사크레쾨르 대성당의 장관을 볼 수 있는 것도 축복이지만, 무엇보다 인상적인 것은 '별'이라는 뜻의 '레뚜알l'Etoile'로 알려진 개선문 주변의 원형 궤도를 따라 도는 거대한 차량의 행렬이다. 리드는 가끔 F&R을 혼돈의 가장자리에서 운영하는 방법이라고 말한다. 이를 설명하는 데 레뚜알의 교통환경보다 더 잘 어울리는 이미지는 없을 것이다.

1분마다 수백 대의 차량이 12개로 나뉜 대로에서 쏟아져 나와 개선문을 둘러싼 원형 도로로 모여드는데, 폭은 10차선 도로에 가깝지만, 여기에는 따로 표시된 차선이 없다. 그래서 이층 버스 사이를 빠져나가려다 갑자기 휙 지나치는 오토바이에 놀라기도 한다. 여기저기서 몰려든 택시들도 아무 데서나 멈춰 중앙에 관광객을 내려준다. 방향 지시등도 켜지 않은 채 중앙에서 다시 방사형으로 갈라진 대로로 돌진하는 차도 흔하다. 그런데 차량과 사람이 혼잡한 이곳에도 모든 차량 흐름을 안내하는 기본 규칙이 한 가지 있다. 일단 원형도로에 들어서면 12개 진입로에서 들어오는 차량에 우선권을 줘야 한다는 것이다. 이 외에는 내가 빠져나가야 할 방향을 알고서 목표에 초점을 맞춘 후, 정확한 순간에 판단을 내려 핸들을 꺾어야 한다. 그래야 사고를 내지 않고 빨리 갈 수 있다.

개선문 꼭대기에 올라 혼잡한 아래를 내려다보면, 이처럼 규칙을 정하지 않고 운영해도 되는지 의아해진다. 원형 도로 주변에 신호등을 수십 개 설치하여 차들이 기다렸다가 돌게 하면 좋지 않을까? 차선을 그려 어느 순간에 어느 쪽으로 움직일지 엄격하게 통제하는 것은 어떨까?

수십 년 동안 거의 매일 개선문 주변을 차를 몰고 지나는 프랑스인인 내 남편은, 그렇게 하면 모든 것이 느려질 것이라고 말한다. "레뚜알은 믿어지지 않을 만큼 효율적이야. 숙련된 운전자가 A 지점에서 B 지점까지 가는 데 이보다 빠른 방법은 없어." 그는 그렇게 주장한다. "게다가 이런 체계는 놀라울 정도로 유연해. 원형 도로에 들어와 샹젤리제 거리로 나가려는데, 관광버스가 길을 막을 수도 있어. 그럼 진로를 살짝 바꾸면 돼. 애비뉴 드 프리들랑이나 애비뉴 오슈로 나가도 되고, 아니면 버스가 움직일 때까지 레뚜왈 주변을 몇 바퀴 더 돌 수도 있지. 중간에 코스를 그렇게 빨리 바꿀 수 있는 교통 체계는 다른 어디에서도 찾기 힘들걸."

이 책을 거의 다 읽었으니, 당신은 팀이나 회사를 이끄는 방식에 대한 확실한 선택안을 갖게 되었을 것이다. 베데마카스카 호수처럼 R&P로 직원들의 움직임을 통제하는 것도 한 가지 선택이다. 아니면 F&R 문화의 속도와 유연성을 택해 직원들에게 좀 더 자유를 줄 수도 있다. 어느 방법이든 각기 장점이 있다. 이 책을 처음 펼쳤을 때, R&P로 사람들을 조정하는 방법은 이미 알고 있었을 것이다. 그리고 이제 당신은 F&R로도 같은 것을 할 수 있다는 사실을 알게 되었다.

언제 규정과 절차를 택하는가?

산업혁명은 지난 300년 동안 세계 경제를 견인해 온 원동력이다. 대량생산과 낮은 오류율에서 비롯된 경영 패러다임이 기업의 지배적인 조직 관행이 된 것도 어찌 보면 당연한 결과다. 제조업은 변동성을 제거하는 것이 목표이기에, 경영이나 관리 방식도 대부분 이 점을 염두에 두고 설계되었다. 어떤 회사가 100만 회분의 페니실린이나 1만 대의 동일한 자동차를 오류 없이 생산할 수 있다는 것은 그들의 운영 방식이 놀라울 정도로 탁월하다는 증거다.

산업 시대를 이끈 굴지의 회사들이 교향악단처럼 운영되어 동시성과 정밀성, 완벽한 조화를 목표로 삼은 것도 그 때문일 것이다. 교향악단이 제대로 돌아갈 수 있는 것은 악보와 지휘자, 즉 프로세스와 규정이 있기 때문이다. 요즘도 공장을 운영하거나 안전을 최우선 과제로 하는 환경을 조성하거나 직원들이 막중한 책임감으로 제품을 균일하게 생산하길 바란다면, R&P, 즉 교향곡을 연주하는 것 같은 운영 방식이 맞다.

넷플릭스에도 안전과 오류 예방이 주요 목표인 부분이 있다. 그럴 때 우리는 완벽한 R&P를 연주하는 작은 교향악단을 세우기 위해 울타리를 친다.

직원의 안전과 성희롱 관련 문제를 예로 들어보자. 상해나 성희롱으로부터 직원을 보호하는 문제에 관한 한 우리는 오류 예방 훈련과 핫라인에 투자한다. 우리는 접수된 모든 보고를 적절히 조사할 수 있는 확실한 절차를 마련해 놓고 있으며, 사고 발생률이 제로가 될 때까지 그 절차를 계속 개선해간다.

마찬가지로, 실수가 재앙으로 이어지는 순간에는 R&P가 우리의 선택지다. 넷플릭스가 매 분기 월스트리트에 공개하는 금융 정보가 그 일례다. 재정 상태를 발표한 다음 이렇게 말한다고 생각해 보라. "잠깐, 우리가 틀렸네. 실제는 우리가 말했던 것보다 수익이 적었어." 이렇게 되면 재앙이다. 우리의 뷰어 데이터의 프라이버시도 또 다른 예다. 누군가가 우리 시스템을 해킹하여 직원 개개인이 보는 정보를 훔치고 그 내용을 인터넷에 공개하면 어떻게 되겠는가? 그것 역시 재앙일 것이다.

혁신보다는 오류 예방이 중요한 이런 몇 가지 특별한 사례에서, 우리는 일을 그르치지 않기 위해 반복해서 확인하고 수정하는 절차를 거친다. 이럴 때 우리는 외과 의사가 엉뚱한 무릎을 수술하는 불상사가 없도록 5명의 확인 절차를 거치는 병원처럼 운영한다. 하나의 오류가 재앙으로 이어지는 곳에서 R&P는 괜찮은 방법이 아니라, 필수다.

따라서 F&R과 R&P 중 어느 쪽이 더 좋을지 결정하기 전에, 기업과 팀의 목적이 무엇인지부터 신중히 생각해야 한다. 올바른 방법을 선택하려면 먼저 이런 질문을 해야 한다.

- 직원과 고객의 건강이나 안전이 철저히 지켜져야 하는 산업에 종사하

는가? 그렇다면 R&P가 답이다.

- 한 번의 실수가 재앙으로 이어지는가? R&P가 답이다.
- 일관성 있게 동일한 제품을 생산해야 하는 제조업을 운영하는가? R&P
가 답이다.

응급실을 운영하거나 항공기를 점검하거나 광산을 경영하거나 노인들에게 적시 생산 의약품을 제공한다면, 절차에 따른 규정을 택해야 한다. 수 세기 동안 R&P는 대다수 조직이 믿고 채택해 온 조정 모델이었고, 그중 일부는 앞으로 몇 년 뒤에도 여전히 최선의 선택으로 남을 것이다.

그러나 창의적인 경제를 이끌면서 혁신과 속도와 유연성이 성패를 가르는 경우라면, 교향곡을 포기하고 대신 다른 음악을 모색해야 한다.

교향곡이 아닌, 재즈

산업 시대에도 광고회사처럼 창의적 사고가 성공의 동력인 분야가 있었다. 그들은 혼돈의 가장자리에서 기업을 운영했다. 물론 그런 조직들이 많지는 않았다. 그러나 지금처럼 지식재산권과 창의적 서비스가 성장의 기반이 되는 환경에서는 창의성과 혁신을 배양하는 데 의존하는 경제의 비중이 훨씬 더 커졌고, 이 같은 추세는 앞으로도 가속화될 것이다. 그런데도 대부분의 회사는 여전히 지난 300년 동안 앞장서서 부를 창출해 온 산업혁명의 패러다임에 갇혀 있다.

오늘 같은 정보 시대에 기업이나 팀은 더는 오류 예방이나 정확한 복제를 목표로 내세우지 않는다. 오히려 이들에게 필요한 것은 창의성과 혁신의 속도 그리고 민첩성이다. 산업 시대의 목표는 변화를 최소화하는 것이었지만, 지금처럼 창의적인 시대에는 변화를 극대화하는 것이 무엇보다 중요하다. 이런 상황에서 가장 무서운 위험은, 오류를 예방하거나 일관성을 잃는 것이 아니라 최고의 인재를 끌어들이지 못하고 새로운 제품을 내놓지 못하며 환경이 바뀔 때 신속하게 방향을 틀지 못하는 것이다. 일관성과 반복성은 회사에 이익을 가져오기는커녕, 참신한 생각을 억누를 가능성이 더 크다. 사소한 실수가 잦으면 고통스럽겠지만, 그래도 무언가를 배울 수 있는 좋은 기회가 된다. 실수는 혁신 사이클의 주요 부분이다. 이런 상황에서 R&P는 더 이상 정답이 아니다. 교향곡은 당신이 지향해야 할 목표가 아니다. 지휘자와 악보에는 더 눈을 두지 말라. 그보다는 재즈 밴드를 결성하라.

재즈는 개인의 자발성을 강조한다. 연주자는 음악의 전체 구조를 알고 있지만, 경우에 따라 즉흥적으로 흐름에서 벗어나 혼자 흥에 겨워 연주할 자유가 있으며, 이로써 믿을 수 없을 정도로 놀라운 음악을 창조해 낸다.

물론 무조건 규정이나 절차를 던져버리고 팀에게 재즈를 연주

하라고 할 수는 없다. 그렇게 해서 좋은 음악이 나올 것으로 기대해서도 안 된다. 즉흥 연주라도 적절한 조건이 없으면 혼란만 초래한다. 이제 이 책을 덮고 나면, 여러분은 하나의 지도를 가지게 될 것이다. 음악이 들리기 시작하면 계속 집중하라. 문화는 한 번 만들어놓고 모른 척할 수 있는 것이 아니다. 넷플릭스에서 우리는 우리 문화를 꾸준히 논의하고 그것이 계속 진화하기를 기대한다. 혁신적이고 빠르고 유연한 팀을 만들기 위해서는 긴장을 조금 늦출 필요가 있다. 꾸준한 변화를 환영하라. 혼돈의 가장자리를 향해 조금씩 나아가라. 교향악단을 조직하지도, 악보를 주지도 말라. 재즈 연주에 어울리는 무대를 만들고 즉흥 연주에 능한 직원들을 고용하라. 그런 조건들이 하나로 모일 때, 무대에서는 멋진 음악이 흘러나올 것이다.

여기까지 오는 동안 우리는 꾸준히 인재 밀도와 솔직한 문화의 중요성에 대해 이야기했다. 이 책을 만들어내는 과정 또한 이 두 가지 요소가 밑바탕이 되었다.

저작권 대리인 어맨다 '빙키' 어번Amanda "Binky" Urban을 필두로, 놀라운 재능을 갖춘 우리의 드림팀에게 먼저 고맙다고 말하고 싶다. 어맨다는 책을 구상할 당시부터 가능성을 알아보았고, 출판 제작에 관한 여러 가지 문제를 짚어주었다. '펭귄Penguin'의 전설적인 편집자 앤 고도프Ann Godoff에게도 감사의 말을 전한다. 앤은 이 프로젝트에 꾸준한 믿음을 보여주었고 처음부터 마지막까지 함께해주었다.

편집 작업에 큰 도움을 준 데이비드 챔피언David Champion에게도 감사하다. 그는 이 원고를 자신이 쓴 것처럼 아끼고 각 장을 일일이 수차례에 걸쳐 편집하면서 유달리 까다로운 자신의 기준에 맞을 때까지 세심하게 검토하며 손질했다. 우리가 힘들 때 솔직하고 거침없는 피드백을 해준 데즈 디얼러브Des Dearlove와 스튜어트 크레이너Stuart Crainer에게도 감사를 전한다. 그런 솔직함 덕분에 이 책은 활기찬 생명력을 얻을 수 있었다. 엘린 윌리엄스Elin Williams 역시 고마운 사람 중 하나다. 그는 각 장 초고를 다른 사람에게 보여주기 전에, 먼저 탁견을 제시하고 나중에 문장을 다듬으며 불필요한 부분을 들어내어 우리가 말하고자 하는 메시지를 간결하고 명료하게 압축해 주었다.

패티 맥코드에게는 따로 감사를 전하고 싶다. 패티는 넷플릭스 기업문화를 개발하는 데 결정적인 역할을 했으며, 우리와 수많은 시간을 함께하며 초기 넷플릭스 시절의 이야기를 지치지 않고 들려 주었다.

200명이 넘는 전·현직 넷플릭스 직원들에게 어떻게 감사해야 할지 모르겠다. 그들은 이 책의 기반이 된 자신들의 이야기를 솔직하게 털어놓아 주었다. 이 책이 세상의 빛을 보게 된 것은 그들의 관대하고 투명하고 다채로운 스토리텔링 덕분이다. 리처드 시클로스Richard Siklos, 바오 응우옌Bao Nguyen, 토니 아전트Tawni Argent 등 초기부터 이 프로젝트에서 요긴한 역할을 해준 넷플릭스의 동료에게도 특별히 감사 인사를 전한다.

책의 마지막 부분에서 가족에게 감사를 전하는 것은 으레 하는 일이지만, 내 가족은 정말 아무나 쉽게 할 수 없는 역할을 맡아주었다. 어머니(린다 버킷Linda Burkett)께 먼저 고맙다는 말씀을 드린다. 어머니는 초고가 한 장씩 완성될 때마다 인내심을 갖고 꼼꼼히 살피며 군더더기를 찾아내고 빠뜨린 쉼표를 찾아내고 수월하게 읽히도록 요긴한 조언을 해주셨다. 내 아이 이선Ethan과 로건Logan에게도 고맙다. 덕분에 글을 쓰는 내내 하루하루를 즐겁게 보낼 수 있었다. 남편이자 사업 파트너인 에릭에게도 무한한 감사를 보낸다. 에릭은 책을 쓰는 내내 한결같은 사랑과 전폭적인 지지를 보내주었으며, 책의 각 부분을 읽고 또 읽고 재차 읽으면서 제안과 조언을 아끼지 않았다.

 무엇보다 지난 20년 동안 넷플릭스의 문화를 개발하는 데 헌신해 준 수백 명의 넷플릭스 리더들에게 감사하다는 말을 전한다. 이 책은 깊고 고요한 사색의 순간을 거쳐 내가 찾아낸 어떤 것이 아니라, 열띤 토론과 끝없는 연구와 끊임없는 시행착오를 통해 우리가 함께 찾아낸 것을 기술한 결과물이다. 넷플릭스가 오늘과 같은 문화를 보유하게 된 것은 여러분들의 창의력과 용기와 기량 덕분이다.

참고문헌

서문

Edmondson, Amy C. *The Fearless Organization: Creating Psychological Safety in the Workplace for Learning, Innovation, and Growth*. Hoboken, NJ: Wiley, 2019.

"Glassdoor Survey Finds Americans Forfeit Half of Their Earned Vacation/Paid Time Off." *Glassdoor*, About Us, May 24, 2017, www.glassdoor.co /about-us/ glassdoor-survey-fids-americans-forfeit-earned-vacationpaid-time/.

"Netflx Ranks as #1 in the Reputation Institute 2019 US RepTrak 100."

Reputation Institute, 3 Apr., 2019, www.reputationinstitute.com/about-ri/press-re-lease/netflx-ranks-1-reputation-institute-2019-us-reptrak-100.

Stenovec, Timothy. "One Huge Reason for Netflx 's Success." *HuffPost*, Dec. 7, 2017, www.huffpost.com/entry/netflx-culture-deck-success_n_6763716.

1장_비범한 동료들이 곧 훌륭한 직장이다

Felps, Will, et al. "How, When, and Why Bad Apples Spoil the Barrel: Negative Group Members and Dysfunctional Groups." *Research in Organizational Behavior* 27 (2006): 175-222.

"370: Ruining It for the Rest of Us." This American Life, December 14, 2017, www.thisamericanlife.org/370/transcript

2장_자신의 생각을 있는 그대로 말하라(긍정적인 의도로)

Coyle, Daniel. *The Culture Code: The Secrets of Highly Successful Groups*. New York: Bantam Books, 2018.

Edwardes, Charlotte. "Meet Netflx 's Ted Sarandos, the Most Powerful Person in

464   Hollywood." *Evening Standard*. May 9, 2019. www.standard.co.uk/tech/netflx-ted-sarandos-interview-the-crown-a4138071.html.

Goetz, Thomas. "Harnessing the Power of Feedback Loops." *Wired*. June 19, 2011. www.wired.com/2011/06/ff_feedbackloop.

Zenger, Jack, and Joseph Folkman. "Your Employees Want the Negative Feedback You Hate to Give." *Harvard Business Review*. January 15, 2014. hbr.org/2014/01/your-employees-want-the-negative-feedback-you-hate-to-give.

3-1장_휴가 규정을 없애라

Bellis, Rich. "We Offered Unlimited Vacation for One Year: Here's What We Learned." *Fast Company*, November 6, 2015, www.fastcompany.com/3052926 / we-offered-unlimited-vacation-for-one-year-heres-what-we-learned.

Blitstein, Ryan. "At Netflx, Vacation Time Has No Limits." *The Mercury News*. March 21, 2007. www.mercurynews.com/2007/03/21/at-netflx-vacation-time-has-no-limits.

Branson, Richard. "Why We're Letting Virgin Staff Take as Much Holiday as They Want." Virgin. April 27, 2017. www.virgin.com/richard-branson/why-were-letting-virgin-staff-take-much-holiday-they-want.

Haughton, Jermaine. "'Unlimited Leave': "How Do I Ensure Staff Holiday's Don't Get out of Control? June 16, 2015, www.managers.org.uk/insights/news/2015/june/unlimited-leave-how-do-i-ensure-staff-holidays-dont-get-out-of-control.

Millet, Josh. "Is Unlimited Vacation a Perk or a Pain? Here's How to Tell." *CNBC*. September 26, 2017. www.cnbc.com/2017/09/25/is-unlimited-vacation-a-perk-or-a-pain-heres-how-to-tell.html.

3-2장_출장 및 경비 승인을 없애라

Pruckner, Gerald J., and Rupert Sausgruber. "Honesty on the Streets: A Field Study on Newspaper Purchasing." *Journal of the European Economic Association* 11, no. 3 (2013): 661-79.

4장_업계 최고 수준으로 대우하라

Ariely, Dan. "What's the Value of a Big Bonus?" *Dan Ariely* (blog). November 20, 2008. danariely.com/2008/11/20/what's-the-value-of-a-big-bonus/.

Gates, Bill quoted in chapter 6 in, Thompson, Clive. *Coders: Who They Are, What They Think and How They Are Changing Our World*. New York: Picador, 2019.

Kong, Cynthia. "Quitting Your Job." Infographic. *Robert Half* (blog). July 9, 2018. www.roberthalf.com/blog/salaries-and-skills/quitting-your-job.

Lawler, Moira. "When to Switch Jobs to Maximize Your Income." *Job Search Advice* (blog). Monster. www.monster.com/career-advice/article/switch -jobs-earn-more-0517.

Lucht, John. *Rites of Passage at $100,000 to $1 Million+: Your Insider's Strategic Guide to Executive Job-Changing and Faster Career Progress*. New York: The Viceroy Press, 2014.

Luthi, Ben. "Does Job Hopping Increase Your Long-Term Salary?" Chime. October 4, 2018. www.chimebank.com/2018/05/07/does-job-hopping-increase-your-long-term-salary.

Sackman, H., et al. "Exploratory Experimental Studies Comparing Online and Offline Programing Performance." *Communications of the ACM* 11, no. 1 (January 1968): 3-11. https://dl.acm.org/doi/10.1145/362851.362858.

Shotter, James, Noonan, Laura, and Ben McLannahan. "Bonuses Don't Make Bankers Work Harder, Says Deutsche's John Cryan." *CNBC*, November 25, 2015, www.cnbc.com/2015/11/25/deutsche-banks-john-cryan-says-bonuses-dont-make-bankers-work-harder-says.html.

5장_모든 것을 공개하라

Aronson, Elliot, et al. "The Effect of a Pratfall on Increasing Interpersonal Attractiveness." *Psychonomic Science* 4, no. 6 (1966): 227-28.

Brown, Brené. *Daring Greatly: How the Courage to Be Vulnerable Transforms the Way We Live, Love, Parent, and Lead*. New York: Penguin Random House Audio Publishing Group, 2017.

Bruk, A., Scholl, S. G., and Bless, H. "Beautiful Mess Effect: Self- other Differences in Evaluation of Showing Vulnerability. *Journal of Personality and Social Psychology*, 115 (2), 2018. https://doi.org/10.1037/pspa0000120.

Jasen, Georgette. "Keeping Secrets: Finding the Link Between Trust and Well-Being." *Columbia News*. February 19, 2018. https://news.columbia.edu/news/keeping-secrets-fiding-link-between-trust-and-well-being.

Mukund, A., and A. Neela Radhika. "SRC H ldings: The 'Open Book' Management Culture." Curriculum Library for Employee Ownership (CLEO). Rutgers. January 2004. https://cleo.rutgers.edu/articles/src-holdings-the-open-book-man-agement-culture/.

Rosh, Lisa, and Lynn Offermann. "Be Yourself, but Carefully." *Harvard Business Review*, August 18, 2014, hbr.org/2013/10/be-yourself-but-carefully.

Slepian, Michael L., et al. "The Experience of Secrecy." *Journal of Personality and Social Psychology* 113, no. 1 (2017): 1-33.

Smith, Emily Esfahani. "Your Flaws Are Probably More Attractive Than You Think They Are." *The Atlantic*. January 9, 2019. www.theatlantic.com/health/archive/2019/01/beautiful-mess-vulnerability/579892.

6장_어떤 의사결정도 승인받을 필요가 없다

Daly, Helen. "Black Mirror Season 4: Viewers RAGE over 'Creepy Marketing' Stunt 'Not Cool'." Express.co.uk, December 31, 2017, www.express.co.uk/show-biz/tv-radio/898625/Black-Mirror-season-4-release-Netflx-Waldo-Turkish-View-ers-RAGE-creepy-marketing-stunt.

Fingas, Jon. "Maybe Private 'Black Mirror' Messages Weren't a Good Idea, Netflx. " *Engadget*, July, 18 2019, www.engadget.com/2017-12-29-maybe-private-black-mirror-messages-werent-a-good-idea-netflhtml.

Gladwell, Malcolm. *Outliers: Why Some People Succeed and Some Don't*. New York: Little Brown, 2008.

"Not Seen on SNL: Parody of the Netflx/Qwikster Apology Video." The Comic's Comic, October 3, 2011, http://thecomicscomic.com/2011/10/03/not-seen-on-snl-parody-of-the-netflxqwikster-apology-video.

7장_키퍼 테스트

Eichenwald, Kurt. "Microsoft's Lost Decade." *Vanity Fair*. July 24, 2012. www.vanityfair.com/news/business/2012/08/microsoft-lost-mojo-steve-ballmer.

Kantor, Jodi, and David Streitfeld. "Inside Amazon: Wrestling Big Ideas in a Bruising Workplace." *The New York Times*, August 15, 2015, www.nytimes.com/2015/08/16/technology/inside-amazon-wrestling-big-ideas-in-a-bruising-workplace.html.

Ramachandran, Shalini, and Joe Flint. "At Netflx, Radical Transparency and

Blunt Firings Unsettle the Ranks." *The Wall Street Journal*, October 25, 2018, www.wsj.com/articles/at-netflx-radical-transparency-and-b unt-fiings-unsettle-the-ranks-1540497174.

SHRM. "Benchmarking Service." SHRM, December 2017, www.shrm.org/hr-to-day/trends-and-forecasting/research-and-surveys/Documents/2017-Human-Capi-tal-Benchmarking.pdf.

The Week Staff. "Netflx 's Culture of Fear." *The Week*. November 3, 2018. www.theweek.com/articles/805123/netflxs-culture-fear.

8장_피드백 서클

Milne, A. A., and Ernest H. Shepard. *The House at Pooh Corner*. New York: E.P. Dutton & Company, 2018.

9장_통제가 아닌, 맥락으로 리드하라

Fast Company Staff. "The World's 50 Most Innovative Companies of 2018."

Fast Company. February 20, 2018. www.fastcompany.com/most-innovative-companies/2018.

Saint-Exupéry, Antoine de, et al. *The Wisdom of the Sands*. Chicago: University of Chicago Press, 1979.

"Vitality Curve." Wikipedia, Wikimedia Foundation, November 5, 2019, en.wikipedia.org/wiki/Vitality_curve.

10장_이제는 세계로!

Meyer, Erin. *The Culture Map: Breaking through the Invisible Boundaries of Global Business*. New York: PublicAffairs, 2014.

To view the culture maps presented in this chapter as well as to create your own corporate culture maps, go to: www.erinmeyer.com/tools.

옮긴이 이경남

숭실 대학교 철학과와 동 대학원을 수료하고 뉴욕 〈한국일보〉 취재부 차장을 역임했다. 현재 전문 번역가로 활동하며 비소설 분야의 다양한 양서를 우리말로 옮기고 있다. 옮긴 책으로는 《생각이 돈이 되는 순간》, 《서른 살 백만장자》, 《부의 독점은 어떻게 무너지는가》 등이 있다.

규칙 없음

1판 1쇄 발행 2020년 9월 8일
1판 28쇄 발행 2024년 7월 5일

지은이 리드 헤이스팅스, 에린 마이어
옮긴이 이경남

발행인 양원석
영업마케팅 양정길, 윤송, 김지현
펴낸 곳 ㈜알에이치코리아
주소 서울시 금천구 가산디지털2로 53, 20층 (가산동, 한라시그마밸리)
편집문의 02-6443-8826 **도서문의** 02-6443-8800
홈페이지 http://rhk.co.kr
등록 2004년 1월 15일 제2-3726호

ISBN 978-89-255-9963-2 (03320)